Die Wirkung von Schiedsvereinbarungen, Schiedsklauseln und Schiedssprüchen im Gesellschaftsrecht

Schriften zum Verfahrensrecht

Herausgegeben von
Jens Adolphsen, Peter Gottwald und Ulrich Haas

Band 46

PL ACADEMIC RESEARCH

Gero von Jhering

Die Wirkung von Schiedsvereinbarungen, Schiedsklauseln und Schiedssprüchen im Gesellschaftsrecht

Eine Zusammenführung von Schiedsverfahrens- und Gesellschaftsrecht

PL ACADEMIC RESEARCH

Bibliografische Information der Deutschen Nationalbibliothek
Die Deutsche Nationalbibliothek verzeichnet diese Publikation in der Deutschen Nationalbibliografie; detaillierte bibliografische Daten sind im Internet über http://dnb.d-nb.de abrufbar.

Zugl.: Hamburg, Univ., Diss., 2013

D 18
ISSN 1619-344X
ISBN 978-3-631-62771-6 (Print)
E-ISBN 978-3-653-02769-3 (E-Book)
DOI 10.3726/978-3-653-02769-3

Peter Lang – Frankfurt am Main · Bern · Bruxelles · New York · Oxford · Warszawa · Wien

www.peterlang.de

Meinen Eltern

Beate & Thomas

Vorwort

Die vorliegende Arbeit entstand während meiner Zeit als wissenschaftlicher Mitarbeiter am Seminar für Zivilprozess- und Allgemeines Prozessrecht der Universität Hamburg. Sie wurde vom Promotionsausschuss der Fakultät für Rechtswissenschaften der Universität Hamburg im November 2012 als Dissertation angenommen.

Mein besonderer Dank gilt Herrn Professor Dr. Reinhard Bork – als Doktorvater und als geschäftsführender Direktor des Seminars für Zivilprozess- und Allgemeines Prozessrecht. Die Zeit, die ich für ihn tätig sein durfte, war zum einen lehrreich und anspruchsvoll, zum anderen eine erfrischende und Vergnügen bereitende Zeit, die ich nicht missen möchte. Ich habe in dieser Zeit viel gelernt, wovon ich noch lange schöpfen werde. Herzlichen Dank!

Ebenfalls bedanken möchte ich mich bei Herrn Professor Dr. Robert Koch LL.M. (McGill) für die rasche Erstellung des Zeitgutachtens und gemeinsam mit den beiden Vorgenannten bei Herrn Professor Dr. Heribert Hirte LL.M. (Berkeley) für eine angenehme Disputation. Mein Dank gilt zudem Herrn Professor Dr. Jens Adolphsen, Herrn Professor Dr. Dr. h.c. Peter Gottwald sowie Herrn Professor Dr. Ulrich Haas für die Aufnahme in die Reihe ‚Schriften zum Verfahrensrecht'. Die Arbeit wird in der im Promotionsverfahren eingereichten Fassung (Oktober 2012) veröffentlicht; vereinzelt konnte anschließende Rechtsprechung und Literatur noch berücksichtigt werden.

Ein herzlicher Dank gebührt zudem Herrn Dr. Christian Müller für zahlreiche (und leidvolle) Stunden des Korrekturlesens. Ebenfalls herzlich bedanken möchte ich mich bei meinen Arbeitskollegen des Seminars, allen voran Frau Serena Köppen, die mir als Zimmerkollegin stets mit Rat und Tat zur Seite stand. Bedanken möchte ich mich zudem bei Herrn Béla Knof und Dr. Sebastian Mock, die mich gerade in der Startphase und den ersten Schritten der Dissertation unterstützt haben.

Mein ganz besonderer Dank gilt meiner Frau, Janina von Jhering, mit der ich stets eine aufmunternde, zuhörende, versorgende und verständnisvolle Begleiterin hatte. Herzlichen Dank!

Meinen Eltern Beate und Thomas ist diese Arbeit gewidmet. Nicht allein, weil sie dieses Dissertationsvorhaben unterstützten, sondern, weil sie mir viele Wege bereitet haben, die weit mehr als diese Dissertation ermöglicht haben. Herzlichen Dank!

"Like consummated romance, arbitration rests on consent."

‚Ein US-amerikanischer Richter',
zitiert nach: Park, William W., Non-signatories and International Arbitration: An Arbitrator's Dilemma, in: Multiple party actions in international arbitration, S. 3.

Inhaltsübersicht

Inhaltsverzeichnis

Einleitung

§ 1
Übersicht

Die Schiedsgerichtsbarkeit stellt ein Surrogat für die staatliche Gerichtsbarkeit dar, das einen der staatlichen Gerichtsbarkeit grundsätzlich gleichwertigen Rechtsschutz bietet – so zumindest das Credo des Reformgesetzgebers des Schiedsverfahrensrechts der ZPO.[1]

Als Folge dieses Gleichwertigkeitscredos hat der Gesetzgeber den Weg in die Schiedsgerichtsbarkeit wesentlich erleichtert und das ‚Tor zur Schiedsgerichtsbarkeit' durch die Reform der §§ 1025 ff. ZPO weiter aufgestoßen als je zuvor. Die objektive Schiedsfähigkeit i.S.d. § 1030 ZPO wurde ausgedehnt und die Formerfordernisse für den Abschluss einer Schiedsvereinbarung wurden verringert (§ 1031 ZPO). Dies gilt weitestgehend nur für Vertragsstreitigkeiten und daraus folgende Haftungsstreitigkeiten. Die Reform des Schiedsverfahrensrechts der ZPO war eng mit dem *UNCITRAL Model Law on International Commercial Arbitration* verknüpft, das auf die besonderen Belange von Handelsstreitigkeiten zugeschnitten ist.

Für Schiedsverfahren mit gesellschaftsrechtlichen Anknüpfungspunkten unterließ der Gesetzgeber weitergehende Reformen des geltenden Rechts, obwohl gesetzliche Regelungen an zahlreichen entscheidenden Schnittstellen von Gesellschafts- und Schiedsverfahrensrecht fehlen. Zur Lösung dieser Probleme verwies der Gesetzgeber auf Rechtsprechung und Lehre[2] – dies, obwohl schätzungsweise ein Drittel aller in Deutschland verhandelten Schiedsverfahren einen gesellschaftsrechtlichen Hintergrund haben.[3] Die folgende Erörterung beschäftigt sich

---

1 Begr. RegE SchiedsVfG, BT-Drucks. 13/5274, S. 34, 36, 66; kritisch dazu *Rosenberg/Schwab/Gottwald,* Zivilprozessrecht, § 174 Rn. 7; *Voit,* JZ 1997, 120 ff.; vgl. auch *Gaul,* in: FS Sandrock (2000), 285, 285-287.

2 Siehe nur die offen gelassene Einordnung von Schiedsklausel in Satzungen von Kapitalgesellschaften, Begr. RegE SchiedsVfG, BT-Drucks. 13/5274, S. 66.

3 Vgl. *Böckstiegel,* in: Böckstiegel (Hrsg.), Schiedsgerichtsbarkeit in gesellschaftsrechtlichen und erbrechtlichen Angelegenheiten, 1; *Reichert,* in: FS Ulmer (2003), 511; siehe zu den Gründen für die Beliebtheit der Schiedsgerichtsbarkeit in gesellschaftsrechtlich geprägten Sachverhalten *Harry Westermann,* in: FS Fischer (1979), 853, 856-860.

daher im Kern mit der Wirkung von Schiedsvereinbarungen bzw. Schiedsklauseln auf gesellschaftsrechtlich Verbundene. Ziel der Arbeit ist es, vor dem Hintergrund des Zusammentreffens von Verfassungs-, Gesellschafts- und Schiedsverfahrensrechts, Thesen zu den einzelnen Dreh- und Angelpunkten des Aufeinandertreffens herauszuarbeiten und zu untersuchen. So sollen die einzelnen Rechtsgebiete stringenter verzahnt werden.

Aufgrund der Vielschichtigkeit der Verbindungen im Gesellschaftsrecht kommt eine Wirkung von Schiedsvereinbarungen bzw. Schiedsklauseln auf zahlreichen Wegen in Betracht. Die Pluralität der Beziehungen zwischen Gesellschaften und deren Gesellschaftern, zwischen Gesellschaften und deren Organen sowie zwischen Gesellschaftern untereinander führt zu einer komplexen Problematik der Drittwirkung von Schiedsvereinbarungen und Schiedsklauseln. Hier treffen noch nicht abschließend diskutierte Problemfelder des Gesellschaftsrechts, des Schiedsverfahrensrechts, des allgemeinen Zivilrechts und des Verfassungsrechts aufeinander.

Mit Blick auf das Grundgesetz stellt sich die Frage nach der Reichweite des Verzichts auf staatlichen Rechtsschutz und auch dessen Entbehrlichkeit. Im Bereich des allgemeinen Zivilrechts ist die Wirkung von Schiedsvereinbarungen auf zugrunde liegende Forderungen zu untersuchen, insbesondere, ob Schiedsvereinbarungen diese Forderungen ‚prozessual modifizieren' können. Aus gesellschaftsrechtlicher Perspektive stellt sich folgende Frage: Bietet die Schiedsgerichtsbarkeit in innergesellschaftlichen Streitigkeiten tatsächlich einen der staatlichen Gerichtsbarkeit gleichwertigen Rechtsschutz, insbesondere bei Beschlussmängelstreitigkeiten? Mit Blick auf das Schiedsverfahrensrecht ist zu erörtern, ob Schiedsklauseln in Satzungen und Gesellschaftsverträgen als Anordnungen schiedsgerichtlicher Entscheidungskompetenz (§ 1066 ZPO) oder als Vereinbarungen i.S.v. § 1029 ZPO zu sehen sind.

§ 2
Untersuchungsgegenstand und Gang der Untersuchung

Der Gegenstand der folgenden Untersuchung ist die Wirkungserstreckung von Schiedsvereinbarungen und Schiedsklauseln in Sachverhalten, die auf gesellschaftsrechtlich begründeten Beziehungen beruhen.

Soweit im Folgenden der Begriff der *Wirkungserstreckung* genutzt wird, ist damit die Wirkung von Schiedsvereinbarungen bzw. Schiedsklauseln gemeint. Mit diesem Begriff wurde bewusst ein rechtlich bislang nicht vorgeprägter Begriff gewählt. Dies soll die Vielschichtigkeit der Rechtsbeziehungen verdeutlichen, die zwischen Gesellschaft und Gesellschaftern, zwischen Gesellschaft und Gesellschaftsorganen, zwischen Gesellschaftern untereinander und auch zwischen Gesellschaften und Gesellschaftern mit gesellschaftsfremden Dritten bestehen. Gerade diese Vielschichtigkeit begründet bei der Beurteilung der Reichweite von Schiedsvereinbarungen und Schiedsklauseln eine Rechtsunsicherheit, zu deren Beseitigung die folgende Untersuchung einen Beitrag leisten soll. Trotz der Vielzahl an Rechtsbeziehungen muss stets gesichert sein, wer als Gesellschafter, Gesellschaftsorgan oder Mitglied eines Organs der Wirkung einer Schiedsvereinbarung bzw. Schiedsklausel untersteht.

Hierbei wird im Folgenden zwischen den Begriffen *Schiedsvereinbarung* und *Schiedsklausel* unterschieden:

Schiedsvereinbarung wird allein im Sinne einer Vereinbarung zwischen einer Gesellschaft und einem gesellschaftsfremden Dritten verstanden.

Der Begriff Schiedsklausel wird dagegen als eine Klausel in Satzungen und Gesellschaftsverträgen verstanden, die für Streitigkeiten zwischen Gesellschaft, Gesellschaftern und Gesellschaftsorganen im Zusammenhang mit dem Gesellschaftsverhältnis gelten.

Infolge dieser Unterscheidung lässt sich der Untersuchungsgegenstand in zwei Hauptteile aufspalten:

Im ersten Hauptteil (§§ 4-7) wird eingangs untersucht, wie *Schiedsvereinbarungen,* die Personengesellschaften mit gesellschaftsfremden Dritten abschließen, auf deren persönlich haftende Gesellschafter wirken. Schließt ein Dritter mit einer Personengesellschaft einen Vertrag ab, der eine Schiedsvereinbarung enthält, und nimmt der Gesellschaftsgläubiger dann die Gesellschaft vor einem Schiedsgericht in Anspruch, so stellt sich folgende Frage: Kann der Gesellschaftsgläubiger auch den nach § 128 HGB haftenden Gesellschafter vor dem Schiedsgericht in Anspruch nehmen? Anhand dieser Frage wird dem Problem nachgegangen, inwieweit die Gesellschafterhaftung die Wirkungserstreckung einer Schiedsvereinbarung begründen kann. Dies hängt wiederum maßgeblich von der umstrittenen Frage ab, ob eine Schiedsvereinbarung den zugrunde liegenden materiell-rechtlichen Anspruch prozessual modifiziert oder ob die Schiedsvereinbarung ein eigenständiger Vertrag ist, dessen vertragliche Wirkung sich im Grundsatz nur auf die Vertragsparteien richtet. Sieht man die Schiedsvereinbarung als prozessual modifizierende Vereinbarung, ist zu fragen, ob sich diese Modifizierung auch auf die Haftung aus § 128 HGB auswirkt. Am Musterbeispiel der Gesellschafterhaftung lässt sich dieser Problemfall der Wirkungserstreckung am anschaulichsten darstellen.

Darauf aufbauend wird erörtert, welche Rückschlüsse im Hinblick auf persönlich haftende Gesellschafter von Kapitalgesellschaften und auf Organwalter gezogen werden können.

Im zweiten Hauptteil (§§ 8-13) werden die Wirkungen von *Schiedsklauseln* in Satzungen und Gesellschaftsverträgen erörtert. Dabei wird zunächst untersucht, inwieweit Schiedsklauseln eine vertragliche Regelung unter Gesellschaftern darstellen – also eine Schiedsvereinbarung – oder eine Anordnung schiedsgerichtlicher Entscheidungskompetenz i.S.v. § 1066 ZPO, deren Wirkung sich nach dem Gesellschaftsrecht der jeweiligen Gesellschaftsform richtet.

Im Anschluss ist zu fragen, auf welche Streitigkeiten eine statutarische Schiedsklausel überhaupt wirken kann und wie die Gesellschafter für solche Streitigkeiten eine schiedsgerichtliche Entscheidungszuständigkeit vorsehen können. Dabei wird insbesondere die Entscheidung *Schiedsfähigkeit II*[4] mit den dort relevanten Beschlussmängelstreitigkeiten von Bedeutung sein. Das Urteil des *BGH* eröffnete zwar die Möglichkeit einer schiedsgerichtlichen Entscheidungskompetenz; es hat jedoch zugleich zahlreiche Fragen offen gelassen oder neu entstehen lassen, die im Folgenden behandelt werden. Anschließend werden, unter Zugrundelegung der gewonnenen Ergebnisse, Schiedsklauseln in Satzungen von AGs untersucht.

Im Anschluss wird die Wirkungserstreckung von Schiedsklauseln auf die Gesellschaftsorgane und Organwalter von Kapitalgesellschaften erörtert. Hier steht die Frage im Mittelpunkt, unter welchen Voraussetzungen einzelne Organwalter an statutarische Schiedsklauseln gebunden sein können, ohne in ihrem Recht auf staatlichen Rechtsschutz verletzt zu werden. Danach wird die Wirkungserstreckung von Schiedsklauseln innerhalb von Personengesellschaften untersucht.

Abschließend wird im Rahmen eines Exkurses (§ 14) die Wirkungserstreckung auf den Insolvenzverwalter in gesellschaftsrechtlich geprägten Sachverhalten untersucht.

§ 3
Eckpunkte der Wirkungserstreckung

A. Übersicht

Im Folgenden wird zunächst eine der tragenden Thesen der Reform des Schiedsverfahrensrechts erörtert: die Gleichwertigkeit des Rechtsschutzes durch Schiedsgerichte und durch staatliche Gerichte. Darauf folgt eine Untersuchung

4 BGHZ 180, 221.

der verfassungsrechtlichen Aspekte der Wirkungserstreckung und eine kurze Darstellung der Grundlagen der Mehrparteienschiedsgerichtsbarkeit.

B. Credo der Gleichwertigkeit staatlichen und schiedsgerichtlichen Rechtsschutzes

Eine der tragenden Thesen der Reform des Schiedsverfahrensrechts war, dass die Schiedsgerichtsbarkeit einen der staatlichen Gerichtsbarkeit grundsätzlich gleichwertigen Rechtsschutz bietet.[5] Die Tragweite dieser Annahme lässt sich anhand von zwei Überlegungen verdeutlichen: der erweiterten Grenze der objektiven Schiedsfähigkeit und der Erleichterung der Formerfordernisse für den Abschluss von Schiedsvereinbarungen.

I. Erweiterte Schiedsfähigkeit als Ausprägung des Credos

Auf Grundlage des § 1025 Abs. 1 ZPO a.F.[6] war für die objektive Schiedsfähigkeit entscheidend, ob die Parteien berechtigt sind, über den Gegenstand des Streits einen Vergleich zu schließen. Mit Blick auf die Begrifflichkeit ‚Vergleich' war lange umstritten, wie diese auszulegen ist: Entweder sollte entscheidend sein, ob die Streitigkeit überhaupt einer Beendigung durch Vergleich zugänglich war – sodass auf die objektive Verfügbarkeit des Vergleichsgegenstands abgestellt wurde –, oder es war zu fragen, ob ein Vergleich mit dem Inhalt des angestrebten Schiedsspruchs wirksam gewesen wäre, mit der Folge der Prüfung sämtlicher Wirksamkeitsvoraussetzungen des entsprechenden Vergleichs.[7] Es stellte sich generell die folgende Frage: Ist jeder Gegenstand objektiv schiedsfähig, sofern sich der Staat nicht ein Rechtsprechungsmonopol vorbehalten hat, sodass einzig ein staatlicher Richter die Urteilswirkungen legitimieren kann?[8] Nach der Reform der §§ 1025 ff. ZPO durch das SchiedsVfG stellt sich diese Frage nur noch für nicht vermögensrechtliche Streitigkeiten (§ 1030 Abs. 1 ZPO). Bei vermögensrechtlichen Streitigkeiten ist dagegen davon auszugehen, dass der Staat kein Interesse an einem Rechtsprechungsmonopol hat.[9]

---

5 Nw. bei Fn. 1.

6 In der Fassung vom 1.01.1964, gültig bis 31.12.1997.

7 Siehe zu diesem Streit *Bork,* ZZP 100 (1987), 249 ff.; *Münch,* in: MünchKomm.ZPO, § 1030 Rn. 5-10; siehe auch der autonom verfahrensrechtliche Ansatz von *Kornmeier,* Vergleichsbefugnis und Schiedsfähigkeit, 49-51.

8 So tendenziell BGHZ 132, 278, 282 f.

9 Begr. RegE SchiedsVfG, BT-Drucks. 13/5274, S. 34, siehe zu spezialgesetzlichen Ausnahmen S. 35 f.

Den Anwendungsbereich des begrenzend wirkenden Merkmals der objektiven Schiedsfähigkeit hat der Gesetzgeber bewusst eingeengt, um „das Tor zur Schiedsfähigkeit weiter aufzustoßen“. Denn in Anbetracht der Gleichwertigkeit von staatlichem und schiedsgerichtlichem Rechtsschutz solle die Schiedsgerichtsbarkeit nur in solchen (Ausnahme-)Fällen gesetzlich ausgeschlossen werden, in denen sich der Staat ein Rechtsschutzmonopol vorbehalte.[10]

II. Erleichterung des Abschlusses der Schiedsvereinbarung als Indiz für die Gleichwertigkeit

Die Tragweite der Gleichwertigkeitsthese spiegelt sich auch in § 1031 ZPO und den darin neu geregelten Formerfordernissen für den Abschluss von Schiedsvereinbarungen wider:[11] Nach § 1027 Abs. 1 S. 1 ZPO aF. musste eine Schiedsvereinbarung ausdrücklich und in schriftlicher Form geschlossen werden; andere Vereinbarungen, die sich nicht auf das Schiedsverfahren beziehen, durften nicht mit in der Urkunde enthalten sein. Ausschließlich für Handelsgeschäfte wurde in § 1027 Abs. 2 ZPO aF. eine Formerleichterung vorgesehen. Die strenge Schriftform war somit der Regelfall, die Möglichkeit des erleichterten Abschlusses der Schiedsvereinbarung die Ausnahme. Dies hat die Reform des Schiedsverfahrensrechts geändert.

Nach § 1031 Abs. 1-4 ZPO kann eine Schiedsvereinbarung formlos durch den sukzessiven Austausch von Schreiben erfolgen, durch ein kaufmännisches Bestätigungsschreiben oder durch die Bezugnahme auf AGB-Schiedsklauseln.[12] Nur für Verbraucher gelten besondere Formerfordernisse (§ 1031 Abs. 5 ZPO): Diese müssen eine Schiedsvereinbarung in schriftlicher Form abschließen, und andere Vereinbarungen als die Schiedsvereinbarung dürfen in der Urkunde nicht getroffen werden.

Im Ergebnis ist jetzt das strenge Formerfordernis die Ausnahme und die Möglichkeit des formlosen Abschlusses die Regel. Dadurch brachte der Gesetzgeber zum Ausdruck, dass er im Grundsatz eine Warnung vor der Schiedsgerichtsbarkeit für entbehrlich hält.[13] Nur Verbraucher müssen vor den Folgen der Schiedsvereinbarung gewarnt und geschützt werden.

Dies führt mit Blick auf Gerichtsstandsvereinbarungen zu einer skurril anmutenden Situation, die hier nur am Rande erwähnt werden soll:[14] Nach der Reform

---

10 Begr. RegE SchiedsVfG, BT-Drucks. 13/5274, S. 34.

11 Vgl. zum Folgenden *Voit*, JZ 1997, 120, 120 f.

12 Zur Schiedsvereinbarung durch kaufmännisches Bestätigungsschreiben BGH NJW 2005, 3499, 3500; zur Schiedsvereinbarung durch AGB BGH NJW-RR 2007, 1466.

13 *Voit*, JZ 1997, 120, 121.

14 Vgl. auch *Münch*, in: MünchKomm.ZPO, § 1031 Rn. 4 („Verblüffend ist dabei vor allem das Formgefälle“).

der §§ 1029 ff. ZPO ist es für die Parteien wesentlich schwerer, innerhalb der staatlichen Gerichte verbindlich zu prorogieren (§§ 38, 40 ZPO), als die staatliche Gerichtsbarkeit ganz auszuschließen und die Zuständigkeit eines Schiedsgerichts zu vereinbaren.

III. Ausblick auf die folgende Untersuchung

Dem Gleichwertigkeitscredo des Reformgesetzgebers ist nur eingeschränkt zuzustimmen. Denn mit Blick auf die hier maßgeblichen Streitigkeiten – deren Hintergrund stets ein gesellschaftsrechtlicher ist – ist eine differenzierte Betrachtung angebracht, wie hier kurz skizziert und im Folgenden deutlich gemacht wird.

1. Credo der Gleichwertigkeit als Prämisse des ersten Hauptteils

Handelt es um ein Mehrparteienschiedsverfahren, bei dem auf der Beklagtenseite eine Gesellschaft und deren persönlich haftender Gesellschafter stehen und auf Klägerseite ein Gesellschaftsgläubiger, dann ist dem Reformgesetzgeber zuzustimmen. Die Parteimehrheit auf Seiten mehrerer an eine Schiedsvereinbarung gebundener Beklagter birgt diesbezüglich keine entscheidenden Probleme; insbesondere begründet die Benennung eines gemeinsamen Parteischiedsrichters auf Beklagtenseite im Regelfall keine Schwierigkeiten.[15] Es handelt sich um ein „bereits bestelltes Feld der Mehrparteienschiedsgerichtsbarkeit". Die Prämisse des ersten Hauptteils (§§ 4-7) lautet daher: Die Schiedsgerichtsbarkeit bietet einen der staatlichen Gerichtsbarkeit grundsätzlich gleichwertigen Rechtsschutz.

Das Grundproblem des ersten Hauptteils liegt in einem anderen Stadium des Schiedsverfahrens: Es betrifft die Wirkung der Schiedsvereinbarung einer Gesellschaft mit einem gesellschaftsfremden Dritten auf persönlich haftende Gesellschafter und Gesellschaftsorgane, und damit die Frage, ob alle Beteiligten an die Schiedsvereinbarung gebunden sind und wie diese Bindung begründet werden kann. Dies ist ein Problem der Reichweite der Schiedsvereinbarung und des Verzichts auf staatlichen Rechtsschutz auf Grundlage materiell-rechtlicher Haftungstatbestände.

2. Mögliche Gleichwertigkeit als These des zweiten Hauptteils

Im zweiten Hauptteil (§§ 8-13) ist dies anders. Hier wird die Wirkung von Schiedsklauseln auf innergesellschaftliche Streitigkeiten, insbesondere Beschlussmängelstreitigkeiten, erörtert. Die These zur Gleichwertigkeit für diesen

---

15 Zur Schiedsrichterbenennung bei Gesamtschuldverhältnissen *Schlosser*, Schiedsgerichtsbarkeit, Rn. 576.

zweiten Teil lautet: Die Schiedsgerichtsbarkeit *kann* einen im Vergleich zur staatlichen Gerichtsbarkeit grundsätzlich gleichwertigen Rechtsschutz bieten. Aus welchem Grund diese Einschränkung einer der grundlegenden Annahmen des Reformgesetzgebers?

Die Anerkennung der Schiedsgerichtsbarkeit als grundsätzlich gleichwertige Rechtsschutzmöglichkeit setzt voraus, dass Schiedsgerichte über Beschlussmängelstreitigkeiten entscheiden können und dass Schiedssprüchen Gestaltungswirkung zukommen kann. Unter welchen Voraussetzungen dies möglich ist und wer diese Voraussetzungen zu erfüllen hat, ist ein entscheidendes Problem des zweiten Hauptteils (§§ 8-13). Dies mündet mit Blick auf das Gleichwertigkeitscredo in die folgenden Fragen: Unter welchen Voraussetzungen bietet die Schiedsgerichtsbarkeit einen der staatlichen Gerichtsbarkeit gleichwertigen Rechtsschutz? Und sind allein die Gesellschafter für die Einhaltung dieser Voraussetzungen verantwortlich?

C. Wirkungserstreckung und Verfassungsrecht

Die Basis der Schiedsgerichtsbarkeit ist die in Art. 2 Abs. 1 GG verankerte Privatautonomie, die die „Selbstbestimmung des Einzelnen im Rechtsleben" gewährleistet.[16] Aber auch die Grenzen der schiedsgerichtlichen Wirkungserstreckung werden durch verfassungsrechtliche Aspekte festgelegt.

I. Privatautonomie als Grundlage der Schiedsgerichtsbarkeit

Die Privatautonomie ist der zentrale Ausgangspunkt der Schiedsgerichtsbarkeit. Denn die Vereinbarung oder Anordnung einer schiedsgerichtlichen Entscheidungskompetenz ist Ausfluss der privatautonomen Entscheidung, auf den Rechtsschutz durch staatliche Gerichte zu verzichten und sich dem Urteil eines privaten Gerichts zu beugen; mit einem Gericht, dessen Zusammensetzung frei bestimmt werden kann; einem Gerichtsverfahren, dessen Verfahrensregeln selbst gestaltet werden können;[17] und einem Verfahren, in dem die Dispositionsfreiheit der Parteien so weit reicht, dass einem Schiedsspruch nachträglich die Bindungswirkung genommen werden kann.[18]

Diejenigen, die eine schiedsgerichtliche Entscheidungskompetenz vereinbaren oder anordnen, sind die *‚Herren des Verfahrens'*. In diesem Zusammenhang wird die folgende Untersuchung jedoch auch deutlich machen, dass die Gestal-

16 BVerfG NJW 1996, 2021.

17 *Münch*, in: MünchKomm.ZPO, Vor §§ 1025 ff. Rn. 3.

18 BGHZ 171, 245, 250.

tungsfreiheit zugleich eine große Last birgt.[19] Denn erfordern die gesetzlich angeordneten Folgen eines Schiedsspruchs, wie im Fall der stattgebenden aktienrechtlichen Anfechtungsklage, die Einhaltung bestimmter rechtsstaatlicher Verfahrensstandards, dann obliegt die Sicherung dieser Voraussetzungen ebenfalls den ‚Herren des Verfahrens'. Anders als in Verfahren vor staatlichen Gerichten ist die Einhaltung dieser Verfahrensstandards nicht stets gesichert; dies ist die Kehrseite der Gestaltungsfreiheit im Schiedsverfahren. Aus großer Gestaltungsmacht folgt in diesen Fällen eine große Gestaltungslast.

II. Kein abschließender Verzicht auf staatlichen Rechtsschutz

Die Unterwerfung unter die Schiedsgerichtsbarkeit hat keinen abschließenden Verzicht auf staatlichen Rechtsschutz zur Folge.[20] Denn das Grundgesetz toleriert keine vollständig abgeschirmte private Rechtsprechung.[21] Es bestehen zum einen allgemeine Schranken, die den privatautonomen Verzicht auf die staatliche Gerichtsbarkeit begrenzen (beispielsweise § 138 BGB); deren Kontrolle untersteht den staatlichen Gerichten. Zum anderen sehen auch die §§ 1025 ff. ZPO ein Mindestmaß an staatlicher Kontrolle vor; so können Aufhebungsgründe i.S.v. § 1059 Abs. 2 ZPO im Aufhebungsverfahren oder im Verfahren der Vollstreckbarerklärung des Schiedsspruchs geltend gemacht werden.[22]

Für die Frage der Wirkungserstreckung ist von Bedeutung, dass ein Schiedsspruch gegen den *ordre public* verstößt, wenn nicht sämtliche Verfahrensbeteiligte von der Wirkung der Schiedsvereinbarung umfasst werden.[23] Dies verdeutlicht die tragende Rolle der Frage der Wirkungserstreckung von Schiedsvereinbarungen und Schiedsklauseln.

Auch ist die ständige Rechtsprechung zur Kompetenz-Kompetenz des Schiedsgerichts mit der Neuregelung des § 1040 ZPO überholt:[24] Vor der Reform des Schiedsverfahrensrechts konnten die Parteien der Schiedsvereinbarung vorsehen, dass das angerufene Schiedsgericht abschließend und mit Bindung für staatliche Gerichte über Wirksamkeit und Auslegung der Schiedsvereinbarung entscheiden

---

19 Siehe dazu insbesondere die folgenden Ausführungen zur den Gestaltungsvoraussetzungen für eine Schiedsklausel, die Beschlussmängelstreitigkeiten umfassen soll, § 10 B. II. 2.

20 *Geimer,* in: Schlosser (Hrsg.), Integritätsprobleme im Umfeld der Justiz, 113, 170 f.; *Hillgruber,* in: Maunz/Dürig, GG, Art. 92 Rn. 88; *Schwab/Walter,* Schiedsgerichtsbarkeit, Kap. 1 Rn. 1.

21 *Hillgruber,* in: Maunz/Dürig, GG, Art. 92 Rn. 88; siehe auch *Dütz,* Rechtsstaatlicher Gerichtsschutz im Privatrecht, 238 f.

22 Vgl. *Classen,* in: v. Mangoldt/Klein/Starck, GG, Art. 92 Rn. 44, wonach die §§ 1036, 1059 Abs. 2 ZPO dem Grunde nach von der Verfassung „gefordert" sind.

23 BGH NJW 1978, 1744, 1745; *Schlosser,* in: Stein/Jonas, ZPO, § 1059 Rn. 16.

24 Siehe *Münch,* in: MünchKomm.ZPO, § 1040 Rn. 46; *Schlosser,* in: Stein/Jonas, ZPO, § 1040 Rn. 1.

kann. In diesem Fall konnte das staatliche Gericht nur die Gültigkeit dieser Kompetenz-Kompetenz-Klausel überprüfen.[25] Nunmehr liegt die endgültige Entscheidung über die Zuständigkeit des Schiedsgerichts stets in der Kompetenz staatlicher Gerichte (§ 1040 Abs. 3 ZPO). Eine Kompetenz-Kompetenz steht einem Schiedsgericht nicht mehr zu.[26]

III. Recht auf den gesetzlichen Richter und auf staatliche Justizgewährung

Überwiegend wird die Schiedsgerichtsbarkeit stets mit einem Verzicht auf das Recht auf den gesetzlichen Richter aus Art. 101 Abs. 1 S. 2 GG verbunden.[27] Art. 101 Abs. 1 S. 2 GG gewährt jedoch kein Recht auf einen Prozess vor staatlichen Gerichten.[28] Dies wird vielmehr vorausgesetzt,[29] weshalb sich Art. 101 Abs. 1 S. 2 GG auch nicht auf private Gerichte, wie Schiedsgerichte, bezieht.[30]

Treffender und präziser ist es daher, die Vereinbarung schiedsgerichtlicher Entscheidungskompetenz als Verzicht auf den *staatlich garantierten Justizgewährungsanspruch* zu sehen.[31] Denn aus dem Rechtsstaatsprinzip folgt, dass Rechtsschutz durch staatliche Gerichte im Rahmen des allgemeinen Justizgewährungsanspruchs garantiert wird.[32] So wird gewährleistet, dass jeder ein staatliches Gericht anrufen kann, um wirksamen Rechtsschutz zu erlangen.[33] Durch den Abschluss der Schiedsvereinbarung oder die Anordnung schiedsgerichtlicher Entscheidungskompetenz verzichten die Parteien darauf, diesen Anspruch auf staatliche Justizgewährung geltend zu machen. Die Schiedsgerichtsbarkeit ist

---

25 BGHZ 68, 356, 366 f.; BGH WM 1988, 1430, 1431; NJW 1991, 2215; eingehend *K. H. Schwab*, KTS 1961, 17, 21-25.

26 BGHZ 162, 9, 13; BGH NJW 2007, 772, 775 („das letzte Wort hat stets das staatliche Gericht" – insoweit nicht abgedruckt in BGHZ 166, 278).

27 BGHZ 68, 356, 360; 71, 162, 166; *Ebbing*, NZG 1998, 281, 282; *Emmerich/Bitter,* in: Scholz, GmbHG, § 13 Rn. 30; *Habscheid*, KTS 1966, 1, 1 f.; *Niklas,* Subjektive Reichweite von Schiedsvereinbarungen, 23 f.; *Raiser,* in: Ulmer, GmbHG, § 13 Rn. 37; *Spohnheimer,* Gestaltungsfreiheit bei antezipiertem Legalanerkenntnis des Schiedsspruchs, 26; siehe auch *Münch,* in: MünchKomm. ZPO, Vor §§ 1025 ff. Rn. 4.

28 *Classen,* in: v. Mangoldt/Klein/Starck, GG, Art. 101 Rn. 9; *Dütz,* Rechtsstaatlicher Gerichtsschutz im Privatrecht, 73 f.; *Geimer,* in: Schlosser (Hrsg.), Integritätsprobleme im Umfeld der Justiz, 113, 123.

29 *Classen,* in: v. Mangoldt/Klein/Starck, GG, Art. 101 Rn. 9.

30 *Maunz,* in: Maunz/Dürig, GG, Art. 101 Rn. 17.

31 *Prütting,* in: FS Schlosser (2005), 705, 707 f.; siehe auch BGH ZIP 2008, 478, 480.

32 BVerfGE 54, 277, 291; 93, 99, 107; 107, 395, 401; *Rosenberg/Schwab/Gottwald,* Zivilprozessrecht, § 3 Rn. 1-4.

33 BVerfGE 84, 59, 77; BGHZ 37, 113, 120.

Ausfluss der in Art. 2 GG verankerten Handlungsfreiheit und der daraus folgenden Möglichkeit, auf staatlichen Rechtsschutz zu verzichten.

Im Ergebnis ist die Reichweite von Schiedsvereinbarungen und Schiedsklauseln stets an dem staatlich garantierten Justizgewährungsanspruch zu messen. Entscheidend ist, dass niemand gegen seinen Willen der Schiedsgerichtsbarkeit unterstehen darf.[34] Andernfalls würde der Anspruch auf staatliche Justizgewährung verletzt.

IV. Rechtliches Gehör als Prozessgrundrecht

Das Prozessrecht wird vom Anspruch auf rechtliches Gehör beherrscht, und dieser Grundsatz wurde in den Rang eines „Prozessgrundrechts" erhoben.[35] Schiedsgerichte müssen rechtliches Gehör im gleichen Umfang gewähren wie staatliche Gerichte.[36]

Dies konkretisiert sich im Wesentlichen wie folgt[37]:

- das Recht, von dem Gericht über die Einleitung des Verfahrens und über die Sach- und Rechtslage informiert zu werden *(Recht auf Information)*;
- das Recht, sich in dem Verfahren äußern zu können *(Äußerungsrecht)*;
- die Pflicht des Gerichts, die Stellungnahme des Beteiligten auch in seiner Urteilsfindung zu berücksichtigen *(Berücksichtigungspflicht)*.

V. Grundsatz der Waffengleichheit

Auch im Schiedsverfahren gilt der Grundsatz der Waffengleichheit, der aus dem Rechtsstaatsprinzip und dem Allgemeinen Gleichheitssatz (Art. 3 Abs. 1 GG) folgt.[38] Dieser Grundsatz ist vor allem in Mehrparteienschiedsverfahren bei der Auswahl der Parteischiedsrichter bedeutsam.

Dabei muss zwischen zwei Ausprägungen unterschieden werden: der externen und der internen Waffengleichheit.[39] Eine *externe Waffengleichheit* muss es zwischen den Parteien des Schiedsverfahrens geben, wobei dies nur im Sinne einer

---

34 BAG NJW 1964, 268, 269; *Geimer,* in: Schlosser (Hrsg.), Integritätsprobleme im Umfeld der Justiz, 113, 161 f.; *Hillgruber,* in: Maunz/Dürig, GG, Art. 92 Rn. 88; *Schlosser,* in: Stein/Jonas, ZPO, vor § 1025 Rn. 3.

35 *Schmid-Aßmann,* in: Maunz/Dürig, GG, Art. 103 Rn. 4; *M. Schwab,* Prozeßrecht gesellschaftsinterner Streitigkeiten, 262.

36 BGHZ 3, 215, 218 f.; 31, 43, 45; 85, 288, 291; *Rosenberg/Schwab/Gottwald,* Zivilprozessrecht, § 179 Rn. 3 f.

37 Siehe *Rosenberg/Schwab/Gottwald,* Zivilprozessrecht, § 82 Rn. 9.

38 Vgl. BVerfGE 52, 131, 144; BVerfG NJW 1988, 2597.

39 *C. Berger,* ZHR 164 (2000), 295, 306.

„prozessualen Gleichstellung“[40] zu verstehen ist. Eine *interne Waffengleichheit* muss es zudem innerhalb der Kläger- und Beklagtengruppierung geben, was beispielsweise das Recht eines jeden Gesellschafters auf eine gleichwertige Mitwirkungsmöglichkeit bei der Benennung des Parteischiedsrichters betrifft.

D. Grundlagen der Mehrparteienschiedsgerichtsbarkeit

Die Zulässigkeit von Mehrparteienschiedsverfahren ist im Grundsatz unumstritten, solange ein solches Verfahren – ausdrücklich oder konkludent – vereinbart oder angeordnet wurde.[41] Im Folgenden werden kurz die relevanten Eckpunkte von Mehrparteienschiedsverfahren erläutert, da zahlreiche hier relevante Sachverhalte zu Mehrparteienschiedsverfahren führen, etwa die Schiedsklage eines Gesellschaftsgläubigers gegen die Gesellschaft und deren persönlich haftende Gesellschafter oder die Schiedsklage eines Gesellschafters gegen einen Beschluss der Gesellschafterversammlung.

I. Schiedsrichterliches Verfahrensermessen und Parteivorgaben

Die Regeln über die Mehrheit von Prozessbeteiligten aus der ZPO finden im Schiedsverfahren keine Anwendung, weder direkt noch analog.[42] Mangels zwingender Regelungen steht dem Schiedsgericht ein Ermessenspielraum hinsichtlich der Zulässigkeit des Mehrparteienschiedsverfahrens zu.[43] Ordnet die Schiedsvereinbarung ausdrücklich die Beteiligung mehrerer an und regelt sie die Art und Weise der Beteiligung, grenzt dies das Ermessen des Schiedsgerichts jedoch ein.

II. Streitgenossenschaft im Schiedsverfahren

Die Streitgenossenschaft ist zunächst nur die Folge einer subjektiven Klagenhäufung auf Beklagten- oder Klägerseite, wobei die ZPO zwischen der einfachen

---

40 *Münch,* in: MünchKomm.ZPO, § 1042 Rn. 19.

41 *Münch,* in: MünchKomm.ZPO, § 1029 Rn. 59-61; *Schlosser,* Schiedsgerichtsbarkeit, Rn. 560 f.; *ders.,* in: Stein/Jonas, ZPO, § 1042 Rn. 27.

42 *Massuras,* Mehrparteienschiedsgerichtsbarkeit, 384 f., 403; *Münch,* in: MünchKomm.ZPO, § 1029 Rn. 66; *Schlosser,* in: Stein/Jonas, ZPO, § 1042 Rn. 1.

43 Für den Fall der Streitgenossenschaft *Habscheid,* in: Reymond/Bucher (Hrsg.), Schweizer Beiträge, 173, 183; *Massuras,* Mehrparteienschiedsgerichtsbarkeit, 349 f.; *Schlosser,* in: Stein/Jonas, ZPO, § 1042 Rn. 20; für den Fall der Nebenintervention OLG Stuttgart SchiedsVZ 2003, 84, 86; *Schlosser,* in: FS Geimer (2002), 947, 956 f.; *ders.,* in: Stein/Jonas, ZPO, § 1042 Rn. 27; *Schwab/ Walter,* Schiedsgerichtsbarkeit, Kap. 19 Rn. 18; a.A. *Münch,* in: MünchKomm.ZPO, § 1029 Rn. 59 (Parteivereinbarung maßgeblich).

(§§ 59, 60 ZPO) und der notwendigen Streitgenossenschaft (§ 62 ZPO) unterscheidet.

Auch im Schiedsverfahren ist eine subjektive Klagenhäufung im Wege der Streitgenossenschaft denkbar,[44] auch wenn die §§ 59 ff. ZPO keine Anwendung finden; die Verbindung beruht auf der von Zweckmäßigkeitserwägungen getragenen Entscheidung des Schiedsgerichts.[45] Voraussetzung ist freilich, dass sich alle Parteien der Schiedsgerichtsbarkeit unterworfen haben. Bei der notwendigen Streitgenossenschaft führt die fehlende Wirkung einer Schiedsvereinbarung bzw. Schiedsklausel auf einen Einzelnen nicht dazu, dass das Schiedsgericht über einen Teilbereich entscheidet, sondern dazu, dass das staatliche Gericht für eine einheitliche Entscheidung zuständig ist – auch für diejenigen Streitgenossen, die eigentlich der Zuständigkeit des Schiedsgerichts unterfallen würden.[46]

III. Nebenintervention im Schiedsverfahren

Eine Nebenintervention ist in Schiedsverfahren ebenfalls denkbar.[47] Dazu bedarf es der Zustimmung der Hauptparteien, die bereits (konkludent) in Form der Schiedsvereinbarung gegeben werden kann. Bei Beschlussmängelstreitigkeiten ist in der Schiedsklausel zugleich eine Zustimmung zur Drittbeteiligung eines jeden Gesellschafters zu sehen.

Ob eine Interventionswirkung eintritt, ist nicht nach § 68 ZPO zu beurteilen, sondern allein auf Grundlage der Schiedsvereinbarung oder einer entsprechenden Erklärung im Schiedsverfahren.[48]

---

44 Sehr umfassend *Massuras,* Mehrparteienschiedsgerichtsbarkeit, 346-385.

45 *Münch,* in: MünchKomm.ZPO, § 1029 Rn. 66; *Schlosser,* in: Stein/Jonas, ZPO, § 1042 Rn. 20; *Schwab/Walter,* Schiedsgerichtsbarkeit, Kap. 19 Rn. 15-17.

46 *Massuras,* Mehrparteienschiedsgerichtsbarkeit, 380 f.; *Münch,* in: MünchKomm.ZPO, § 1029 Rn. 67.

47 Sehr umfassend *Massuras,* Mehrparteienschiedsgerichtsbarkeit, 409-485.

48 *Schlosser,* in: Stein/Jonas, ZPO, § 1042 Rn. 28; *Schwab/Walter,* Schiedsgerichtsbarkeit, Kap. 7 Rn. 16.

Erster Hauptteil
Wirkungserstreckung von Schiedsvereinbarungen von Personen- und Kapitalgesellschaften

§ 4
Übersicht

Die Grundkonstellation, die dem folgenden Teil der Untersuchung zugrunde liegt, ist der Abschluss eines Vertrags samt Schiedsvereinbarung zwischen einer Gesellschaft und einem gesellschaftsfremden Dritten. Die Schiedsvereinbarung bindet als vertragliche Vereinbarung i.S.d. § 1029 ZPO zunächst nur die Vertragsparteien – also die Gesellschaft und den gesellschaftsfremden Dritten. Darüber hinaus können sich solche Schiedsvereinbarungen jedoch auch auf Gesellschafter und Gesellschaftsorgane erstrecken, was Gegenstand der folgenden Untersuchung ist.

Ausgangspunkt ist die Wirkungserstreckung auf persönlich haftende Gesellschafter von Personengesellschaften. Dabei steht die Frage im Mittelpunkt, ob sich die Wirkung der Schiedsvereinbarung auf Grundlage der Haftung aus § 128 HGB auf den Gesellschafter erstreckt oder ob die Wirkungserstreckung auf einer Ausweitung der vertraglichen Bindung der Schiedsvereinbarung beruht.

In diesem Zusammenhang ist auch der Frage nachzugehen, welche Wirkung von einer Schiedsvereinbarung auf das zugrunde liegende Rechtsverhältnis ausgeht, insbesondere, ob eine Schiedsvereinbarung eine modifizierende Inhalts- und Nebenbestimmung der zugrunde liegenden Forderung ist.

Darauf aufbauend wird erörtert, unter welchen Voraussetzungen eine Wirkungserstreckung auf Gesellschafter von Kapitalgesellschaften in Betracht kommt. Abschließend wird dann die Wirkungserstreckung auf Gesellschaftsorgane untersucht.

§ 5
Wirkungserstreckung einer Schiedsvereinbarung auf Personengesellschafter

A. Übersicht

Streng von einander zu unterscheiden sind der Rechtskreis der Personengesellschaft und der Rechtskreis der Gesellschafter: Schließt eine Personengesellschaft ein Rechtsgeschäft mit einem gesellschaftsfremden Dritten ab, so bindet dies nur die Gesellschaft selbst; die persönlich haftenden Gesellschafter werden nicht Vertragspartei. Auf prozessualer Ebene sind der Rechtsstreit gegen die Gesellschaft und der Rechtsstreit gegen die Gesellschafter zu unterscheiden,[49] und der Übergang vom Gesellschaftsprozess auf den Gesellschafterprozess stellt einen Parteiwechsel dar.[50]

Dennoch bindet nach überwiegender Ansicht die Schiedsvereinbarung einer Personengesellschaft mit einem Dritten nicht nur die Gesellschaft, sondern auch deren persönlich haftende Gesellschafter.[51] Auch wenn dies im Ergebnis nahezu unbestritten ist, stehen sich zwei Begründungsansätze unvereinbar gegenüber. Exemplarisch für diesen Streit ist der Beitrag von *Ulrich Hass* und *Paul Oberhammer* in der Festschrift für Karsten Schmidt:[52] Die Verfasser konnten selbst in einem gemeinsamen Beitrag keinen Begründungsansatz finden, der beide überzeugt hat. *Haas* sieht mit der Rechtsprechung und Teilen der Literatur die Grundlage der Wirkungserstreckung in der Haftung gemäß § 128 HGB. *Oberhammer* sieht, in Anlehnung an andere Stimmen in der Literatur, die Schiedsvereinbarung als

49 *Hopt,* in: Baumbach/Hopt, HGB, § 124 Rn. 41.

50 BGHZ 62, 131, 132; *Flume,* Personengesellschaften, § 4.II (S. 57).

51 BGH NJW-RR 1991, 423 (für den Partenreeder); NJW-RR 2009, 637, 639 (zur Schlichtungsabrede für den GbR-Gesellschafter); OLG Hamburg Hans. RGZ 1928, 453, 454; OLG Köln NJW 1961, 1312 (jeweils für den oHG-Gesellschafter); BayObLG SchiedsVZ 2004, 45 (für den Komplementär); *Hopt,* in: Baumbach/Hopt, HGB, § 128 Rn. 40; *Geimer,* in: Zöller, ZPO, § 1029 Rn. 71; *Massuras,* Mehrparteienschiedsgerichtsbarkeit, 167; *W. Müller/Keilmann,* SchiedsVZ 2007, 113, 115; *Münch,* in: MünchKomm.ZPO, § 1029 Rn. 51; *Niklas,* Subjektive Reichweite von Schiedsvereinbarungen, 196; *Schlosser,* Schiedsgerichtsbarkeit, Rn. 425; *ders.,* in: Stein/Jonas, ZPO, § 1029 Rn. 34; *Schmidt,* DB 1989, 2315, 2318; *ders.,* ZHR 162 (1998), 265, 272 f.; *ders.,* in: MünchKomm.HGB, § 128 Rn. 22; *Schwab/Walter,* Schiedsgerichtsbarkeit, Kap. 7 Rn. 35; *Wagner,* in: Böckstiegel/Berger/Bredow (Hrsg.), Beteiligung Dritter an Schiedsverfahren, 7, 36-40; *Weber/v. Schlabrendorff,* in: FS Glossner (1994), 477, 482 f.; *Wiegand,* SchiedsVZ 2003, 53, 57; a.A. *Habersack,* SchiedsVZ 2003, 241, 246; *ders.,* in: Großkomm.HGB, § 124 Rn. 29.

52 Siehe *Haas/Oberhammer,* in: FS K. Schmidt (2009), 493, 520.

separate schuldrechtliche Vereinbarung, die dergestalt auszulegen sei, dass bei Abschluss der Schiedsvereinbarung mit der Gesellschaft zugleich eine Schiedsvereinbarung im Namen der Gesellschafter abgeschlossen werde („Doppelverpflichtungstheorie im Verfahrensrecht“[53]).

Im Folgenden wird zunächst die Wirkungserstreckung kraft § 128 HGB untersucht und im Anschluss die Wirkungserstreckung als Folge der Auslegung der Schiedsvereinbarung diskutiert. Im Rahmen der Erörterung des § 128 HGB ist zum einen zu untersuchen, ob Schiedsvereinbarungen der Gesellschaft den Anspruch gegen den Gesellschafter aus § 128 HGB prozessual modifizieren können; zum anderen ist zu fragen, ob die Gesellschafterhaftung auch prozessuale Modifikationen umfasst oder ob es sich um eine rein materiell-rechtliche Haftung handelt. Bei der Diskussion der Wirkungserstreckung als Folge der Auslegung der Schiedsvereinbarung steht im Mittelpunkt, ob die vertretene ‚verfahrensrechtliche Doppelverpflichtungstheorie‘ überzeugen kann.

Hervorzuheben ist die unterschiedliche dogmatische Grundlage dieser beiden Ansätze: Während die Wirkungserstreckung kraft § 128 HGB von einer gesetzlich begründeten Erweiterung der Wirkung der Schiedsvereinbarung ausgeht, ist Ausgangpunkt der ‚verfahrensrechtlichen Doppelverpflichtungstheorie‘ der Abschluss einer zweiten Schiedsvereinbarung zwischen dem Gesellschafter und dem Gesellschaftsgläubiger neben der ersten Schiedsvereinbarung zwischen der Gesellschaft und dem Gesellschaftsgläubiger. Daher geht es nicht um eine gesetzlich begründete Wirkungserweiterung, sondern um eine Ausdehnung der vertraglichen Wirkung der Schiedsvereinbarung.

B. Wirkungserstreckung auf Grundlage des § 128 HGB

Die Wirkungserstreckung einer Schiedsvereinbarung der Gesellschaft auf den Gesellschafter ergibt sich für die Rechtsprechung und Teile der Literatur aus der Haftungsnorm des § 128 HGB.[54] Die Schiedsvereinbarung sei letztendlich eine

---

53 *Haas/Oberhammer,* in: FS K. Schmidt (2009), 493, 503.

54 BGH NJW-RR 1991, 423 (für den Partenreeder); NJW-RR 2009, 637, 639 (zur Schlichtungsabrede für den GbR-Gesellschafter); OLG Hamburg Hans. RGZ 1928, 453, 454; OLG Köln NJW 1961, 1312 (jeweils für den oHG-Gesellschafter); BayOblG SchiedsVZ 2004, 45 (für den Komplementär); *Geimer,* in: Zöller, ZPO, § 1029 Rn. 71; *Münch,* in: MünchKomm.ZPO, §1029 Rn. 51; *Niklas,* Subjektive Reichweite von Schiedsvereinbarungen, 191; *Schütze/Tscherning/Wais,* Handbuch des Schiedsverfahrens, Rn. 59; *Schwab/Walter,* Schiedsgerichtsbarkeit, Kap. 7 Rn. 35; *Wagner,* in: Böckstiegel/Berger/Bredow (Hrsg.), Beteiligung Dritter an Schiedsverfahren, 7, 38-40; *Wiegand,* SchiedsVZ 2003, 53, 57 f.

„Modalität" des Anspruchs gegen die Gesellschaft, und diese „Modalität" wirke *ipso iure* auf den Gesellschafter kraft der Gesellschafterhaftung.

Diesem Begründungsansatz treten gewichtige Stimmen in der Literatur entgegen.[55] Im Zentrum der Kritik stehen zwei Gesichtspunkte: Die Schiedsvereinbarung sei keine „Modalität" eines Anspruchs, sondern ein eigenständiger Vertrag; darüber hinaus könne die materiell-rechtliche Gesellschafterhaftung eine solche „prozessuale Modalität" nicht umfassen.

I. Arbeitsthese zur Wirkungserstreckung kraft § 128 HGB

Der *BGH* hat in seinem Urteil vom 12.11.1990 ausgeführt, dass die Grundlage der Wirkungserstreckung „allein in der besonderen Haftungsvorschrift des § 128 S. 1 HGB" liege.[56] Denn nur so könne eine Aufspaltung der Gerichtswege vermieden werden, und nur so könnten die Vorteile des Schiedsgerichtsverfahrens dem Anspruchsteller und dem Anspruchsgegner zugute kommen. Dies mag zwar aus rechtspraktischer Sicht überzeugen, aus rechtsdogmatischer Sicht jedoch nicht.

Stringenter sind dagegen die Ausführungen des *OLG Köln:*[57] Die Schiedsvereinbarung verändere den Inhalt des Anspruchs gegen die Gesellschaft, vergleichbar der Vereinbarung einer Bedingung oder Befristung. Dies verändere nicht nur den Inhalt der Verbindlichkeit gegen die Gesellschaft, sondern auch die Verbindlichkeit gegen die Gesellschafter.

Die Ausführungen des *OLG Köln* dienen als Ausgangspunkt der Arbeitsthese, die der folgenden Untersuchung der Wirkungserstreckung kraft § 128 HGB zugrunde liegt. Die Auseinandersetzung mit dieser These gliedert sich in zwei Schritte: Zum einen wird untersucht, ob die Schiedsvereinbarung der zugrunde liegenden Forderung derart anhaftet, dass sie *ipso iure* auch gegen Dritte wirkt, sofern diese Anspruchsinhaber oder Anspruchsgegner sind. Zum zweiten wird erörtert, ob die Haftung aus § 128 HGB die Wirkungserstreckung der Schiedsvereinbarung rechtfertigt.

55 *Habersack*, SchiedsVZ 2003, 241, 246; *ders.*, in: Großkomm.HGB, § 124 Rn. 29; *Habscheid*, KTS 1962, 1, 4 f.; *ders.*, KTS 1966, 1, 2 f.; *ders.*, KTS 1970, 133, 139; *Hopt*, in: Baumbach/Hopt, HGB, § 128 Rn. 40; *Massuras*, Mehrparteienschiedsgerichtsbarkeit, 143-150; *W. Müller/Keilmann*, SchiedsVZ 2007, 113, 115; *Schmidt*, DB 1989, 2315, 2318; *ders.*, ZHR 162 (1998), 265, 273; *ders.*, in: MünchKomm.HGB, § 128 Rn. 22; *Schlosser*, in: Stein/Jonas, ZPO, § 1029 Rn. 34; *Weber/v. Schlabrendorff*, in: FS Glossner (1994), 477, 483 f.

56 BGH NJW-RR 1991, 423, 424.

57 OLG Köln NJW 1961, 1312, 1313.

II. Grundlagen der Haftung nach § 128 HGB

Für die folgende Untersuchung ist es hilfreich, sich zunächst kurz die Grundlagen des § 128 HGB in Erinnerung zu rufen. Die Norm begründet die Haftung des oHG-Gesellschafters (in direkter Anwendung), die Haftung des Komplementärs (i.V.m. § 161 Abs. 2 HGB) und die Haftung des GbR-Gesellschafters (in analoger Anwendung). Die Gesellschafter haften persönlich, unbeschränkt, unmittelbar, primär, aufs Ganze und als Gesamtschuldner,[58] und der Inhalt der Haftung „folgt den Bewegungen der Gesellschaftsschuld"[59]. Diese Haftung gründet sich auf das durch Vertrag eingegangene Gesellschaftsverhältnis und ist ein Strukturmerkmal der Personengesellschaft.[60] Soweit in der älteren Literatur noch zwischen GbR, oHG und KG unterschieden wird, ist dies für die folgende Erörterung nicht (mehr) von Relevanz. Nach der Entscheidung des *BGH* vom 29.01.2001 in Sachen Arbeitsgemeinschaft *Weißes Ross*[61] gilt auch die (Außen-)GbR als rechts- und parteifähig. Die zentrale Norm für die persönliche Haftung des oHG-Gesellschafters und des Komplementärs, § 128 HGB, die auch im Mittelpunkt der Diskussion zur Wirkungserstreckung der Schiedsvereinbarung steht, wird auf den GbR-Gesellschafter entsprechend angewendet.[62] Insofern erübrigt sich eine getrennte Erörterung der Wirkungserstreckung für die verschiedenen Personengesellschaften.[63]

III. Schiedsvereinbarung als Modalität des Anspruchs

Die Diskussion, ob eine Schiedsvereinbarung eine „Modalität" eines Anspruchs ist, hat ihren Ausgangspunkt nicht allein in der Problematik der Wirkungserstreckung. In der Literatur wird die Schiedsvereinbarung bereits seit geraumer Zeit als „Modalität"[64], „Eigenschaft"[65], „Inhalts- und Nebenbestimmung"[66] oder „Modifizierung"[67] des zugrunde liegenden Anspruchs betrachtet. Ungeachtet der einzelnen Begrifflichkeiten steht dahinter die folgende These: Die Schiedsverein-

---

58 Statt aller *Hopt,* in: Baumbach/Hopt, HGB, § 128 Rn. 1.

59 *Schmidt,* in: MünchKomm.HGB, § 128 Rn. 16.

60 *Wiedemann,* Gesellschaftsrecht, Bd. 1, § 7 IV.1 (S. 393).

61 BGHZ 146, 341.

62 Siehe BGH NJW 2006, 3716, 3717; ZIP 2007, 2313, 2314.

63 *Wagner,* in: Böckstiegel/Berger/Bredow (Hrsg.), Beteiligung Dritter an Schiedsverfahren, 7, 37.

64 *Kisch,* JW 1925, 2608: „so handelt es sich nicht um die Auferlegung von (wirklichen, regelrechten) Verpflichtungen, sondern um eine Modalität der dem Dritten verliehenen Rechte. Die Notwendigkeit schiedsrichterlicher Entscheidung bildet sozusagen eine Qualität (Maßgabe, Beschränkung, Bedingung oder wie man es sonst nennen will) der für den Dritten begründeten privatrechtlichen Stellung."

65 *Wünsch,* Schiedsgerichtsbarkeit in Handelssachen, 118.

66 *Wagner,* Prozeßverträge, 313.

67 *Vollmer,* Satzungsmäßige Schiedsklauseln, 76.

barung ist ein Bestandteil der zugrunde liegenden Forderung – *eine prozessuale Modalität der Forderung;* als solche wirkt sie gegen jeden Anspruchsinhaber und Anspruchsgegner, auch wenn diese die Schiedsvereinbarung nicht geschlossen haben. Die Schiedsvereinbarung kann *ipso iure* somit auch gegen Dritte wirken, ohne dass ein eigenständiger Übertragungsakt notwendig ist.

Dies ist die erste These, die der der Wirkungserstreckung kraft § 128 HGB zugrunde liegt;[68] dies ist daher eingehend zu erörtern.

1. Fallvergleich zur Modalität des Anspruchs

Da der Ursprung der Frage – nach der Einordnung der Schiedsvereinbarung als ‚Modalität' – nicht ausschließlich in der Wirkungserstreckung auf den Gesellschafter liegt, ist es naheliegend, nach einer dogmatischen Rechtfertigung auch nicht allein im Gesellschaftsrecht zu suchen. Im Wege eines typisierenden Fallvergleichs sollen zwei Fälle der Wirkungserweiterung einer Schiedsvereinbarung erörtert werden: die Haftung gemäß § 128 HGB für eine Forderung, für die eine Schiedsvereinbarung abgeschlossen wurde, und die Abtretung einer Forderung, für die ebenfalls eine Schiedsvereinbarung gilt.

Der Fallvergleich erfolgt dabei in zwei Schritten: Zunächst wird am Beispiel der Abtretung untersucht, ob die Schiedsvereinbarung der zugrunde liegenden Forderung derart anhaftet, dass sie nach deren Abtretung *ipso iure* auch auf für und gegen den Zessionar Wirkung entfaltet. Eine vergleichbare Annahme – eine Wirkung *ipso iure* gegen einen Dritten, der nicht Vertragspartei ist – liegt auch der Wirkungserstreckung kraft § 128 HGB zugrunde. Darauf aufbauend ist in einem zweiten Schritt zu fragen, ob eine parallele Betrachtung von Abtretung und Gesellschafterhaftung den allgemeinen Schluss rechtfertigt, dass eine Schiedsvereinbarung der zugrunde liegenden Forderung derart anhaftet, dass sie *ipso iure* für und gegen Dritte wirken kann.

a) Wirkungserweiterung einer Schiedsvereinbarung im Fall der Forderungsabtretung

Im Fall der Abtretung wirkt eine Schiedsvereinbarung, die zwischen Zedent und Schuldner für Streitigkeiten im Zusammenhang mit einer Forderung geschlossen wurde, auch auf den Zessionar.[69] Anders als bei der Gesellschafterhaftung ist

68 Siehe soeben B. I.

69 RGZ 146, 52, 56; BGHZ 68, 356, 359; 71, 162, 164 f.; 77, 32, 35; BGH NJW 1976, 852; NJW 1979, 2567; NJW 1998, 371; NZG 2002, 955; *Busche,* in: Staudinger, BGB, § 401 Rn. 10; *Geimer,* in: Zöller, ZPO, § 1029 Rn. 63, 67; *Münch,* in: MünchKomm.ZPO, § 1029 Rn. 47; *Niklas,* Subjektive Reichweite von Schiedsvereinbarungen, 119 f.; *Nörr,* in: Nörr/Scheyhing/Pöggeler, Sukzessionen, § 4.II (S. 39); *Roth,* in: MünchKomm.BGB, § 401 Rn. 12; *Schlosser,*

diese Verknüpfung von Forderung und Schiedsvereinbarung im Fall der Abtretung im Grundsatz unbestritten; allein die Grundlage der Wirkung auf den Zessionar ist umstritten.

aa) § 401 BGB als Grundlage der Wirkungserweiterung

§ 401 BGB kann nicht Grundlage der Wirkungserweiterung auf den Zessionar sein.[70] Denn dieser bewirkt allein den Übergang von Rechten im Sinne vorteilhafter Rechtspositionen auf den Zessionar. So wurden in der Entstehungsgeschichte des § 401 BGB zunächst Vorzugsrechte und der Verstärkung der Forderung dienenden Nebenrechte genannt,[71] bevor die beispielhafte Aufzählung der heutigen Vorschrift gewählt wurde.[72] Folglich kann die Schiedsvereinbarung, die Rechte beschneidet und Pflichten begründet, nicht allein auf dieser Grundlage für und gegen den Zessionar wirken.[73]

bb) § 404 BGB als Grundlage der Wirkungserweiterung

Sofern § 404 BGB als Grundlage der Wirkungserweiterung der Schiedsvereinbarung auf den Zessionar angeführt wird,[74] überzeugt dies ebenfalls nicht.[75] Denn

---

Schiedsgerichtsbarkeit, Rn. 427; *ders.*, in: Liber Amicorum Böckstiegel (2001), 697, 702 f.; *ders.*, in: Stein/Jonas, ZPO, § 1029 Rn. 36; *Schütze/Tscherning/Wais,* Handbuch des Schiedsverfahrens, Rn. 63; *Schwab/Walter,* Schiedsgerichtsbarkeit, Kap. 7 Rn. 31; *Wagner,* Prozeßverträge, 311-316; *ders.*, in: Böckstiegel/Berger/Bredow (Hrsg.), Beteiligung Dritter an Schiedsverfahren, 7, 14-17; krit. *Schricker,* in: FS Quack (1991), 99, 105; aA allein *Martens,* Wirkungen der Schiedsvereinbarung und des Schiedsverfahrens auf Dritte, 60-87 (dazu im Folgenden Fn. 73 a.E.).

70 So aber BGHZ 71, 162, 164 f.; BGH NJW 1976, 852; *Schütze/Tscherning/Wais,* Handbuch des Schiedsverfahrens, Rn. 63; unentschlossen *Geimer,* in: Zöller, ZPO, § 1029 Rn. 68 („Geschmackssache").

71 Mot. S. 124 in *Mugdan,* Gesammte Materialien zum Bürgerlichen Gesetzbuch, Bd. 2, 68.

72 *Roth,* in: MünchKomm.BGB, § 401 Rn. 2.

73 So auch *Baur,* in: FS Fasching (1988), 81, 91; *Bosch,* Rechtskraft und Rechtshängigkeit im Schiedsverfahren, 132 f.; *Busche,* in: Staudinger, BGB, § 401 Rn. 10; *Massuras,* Mehrparteienschiedsgerichtsbarkeit, 117; *v. Olshausen,* Gläubigerrecht und Schuldnerschutz bei Forderungsübergang und Regreß, 137; *Schricker,* in: FS Quack (1991), 99, 103-105; *Schwab/Walter,* Schiedsgerichtsbarkeit, Kap. 7 Rn. 32; *Wagner,* Prozeßverträge, 312; *ders.*, in: Böckstiegel/Berger/Bredow (Hrsg.), Beteiligung Dritter an Schiedsverfahren, 7, 14 f. Allerdings mit Blick auf § 401 BGB wenig überzeugend *Martens,* Wirkungen der Schiedsvereinbarung und des Schiedsverfahrens auf Dritte, 70; dieser hält dem Übergang der Schiedsvereinbarung entgegen, dass die Schiedsvereinbarung als Nebenrecht nicht in § 401 erwähnt ist; dies setzt jedoch einen Vollständigkeitsanspruch des § 401 BGB voraus, dem die Norm nicht gerecht werden kann, siehe *Wagner,* in: Böckstiegel/Berger/Bredow (Hrsg.), Beteiligung Dritter an Schiedsverfahren, 7, 16.

74 *Schlosser,* in: Stein/Jonas, ZPO, § 1029 Rn. 36.

75 So auch *Massuras,* Mehrparteienschiedsgerichtsbarkeit, 116; *Wagner,* Prozeßverträge, 312.

die Norm dient dem Schutz des Schuldners, der an der Abtretung nicht beteiligt war und dessen Lage durch diese nicht verschlechtert werden darf.[76] Dem Schuldner sollen daher auch nach der Abtretung alle Verteidigungsmöglichkeiten erhalten bleiben.[77] Eine Wirkungserweiterung der Schiedsvereinbarung, die für beide Seiten Rechte und Pflichten begründet, lässt sich damit nicht vereinbaren. § 404 BGB begründet ausschließlich auf Seiten des Schuldners die Möglichkeit, sich auf die Schiedsvereinbarung zu berufen.[78]

cc) Rechtsgedanke der §§ 398 S. 2, 401, 404 BGB als Grundlage der Wirkungserweiterung

Grundlage der Bindung des Zessionars an die Schiedsvereinbarung zwischen dem Zedenten und einem Dritten ist vielmehr der Rechtsgedanke aus §§ 398 S. 2, 401, 404 BGB.[79] Diesen Vorschriften liegt der Gedanke zugrunde, dass die Identität der Forderung durch die Übertragung auf eine andere Person nicht berührt wird.[80] Hierbei beschränkt sich die Identität der Forderung nicht auf die isolierte Forderung im „luftleeren Raum“[81], sondern auf das gesamte die abgetretene Forderung umfassende Rechtsverhältnis. Der Forderung haften dabei auch „Schwächen“ oder „innere Mängel“ an, sodass durch die Forderungsabtretung kein besseres oder schlechteres Recht entsteht.[82] Das folgende Beispiel verdeutlicht dies: Wird ein Anspruch auf Rückzahlung eines Gesellschafterdarlehens i.S.v. § 39 Abs. 1 Nr. 5 InsO von einem Gesellschafter an einen Nichtgesellschafter übertragen, so führt dies nicht zur Beseitigung des gesetzlich angeordneten Nachrangs der Forderung.[83] Die Belastung der Forderung bleibt ungeachtet der fehlenden Gesellschaftereigenschaft des Zessionars bestehen. Denn dieser erwirbt keine Forderung im „luftleeren Raum“, sondern eine komplexe Forderung,

---

76 BGH NJW-RR 2004, 1347, 1348; *Busche,* in: Staudinger, BGB, § 404 Rn. 2.

77 *Roth,* in: MünchKomm.BGB, § 404 Rn 5.

78 Diese Einrede steht dem Schuldner zu, siehe RGZ 146, 52, 55; *Busche,* in: Staudinger, BGB, § 404 Rn. 32; *Roth,* in: MünchKomm.BGB, § 404 Rn. 5a.

79 *Massuras,* Mehrparteienschiedsgerichtsbarkeit, 118 f.; *Wagner,* Prozeßverträge, 311; *ders.,* in: Böckstiegel/Berger/Bredow (Hrsg.), Beteiligung Dritter an Schiedsverfahren, 7, 14 f.; so auch für Gerichtsstandsvereinbarungen *Bork,* in: Stein/Jonas, ZPO, § 38 Rn. 50.

80 *Busche,* in: Staudinger, BGB, Einl. zu §§ 398 ff. Rn. 4, § 404 Rn. 2; *Dörner,* Dynamische Relativität, 154-158, 226-228; *Nörr,* in: Nörr/Scheyhing/Pöggeler, Sukzessionen, § 4 I (S. 36-38); *Roth,* in: MünchKomm.BGB, § 404 Rn. 1.

81 *Nörr,* in: Nörr/Scheyhing/Pöggeler, Sukzessionen, § 4 I (S. 36).

82 Mot. S. 128 f. in *Mugdan,* Gesammte Materialien zum Bürgerlichen Gesetzbuch, Bd. 2, 70; RGZ 85, 157, 159; 86, 301, 304.

83 OLG Stuttgart ZIP 2012, 879, 880; zu §§ 32a, 32b GmbHG a.F. BGHZ 104, 33, 43; 166, 125, 130; BGH ZIP 2011, 328, 330 f.; vgl. auch *Hirte,* in: Uhlenbruck, InsO, § 39 Rn. 46.

die im Hinblick auf das zugrunde liegende Rechtsverhältnis mit Rechten des Schuldners belastet und mit Rechten des Gläubigers bereichert ist. § 401 BGB sichert den Übergang von (Gläubiger-)Nebenrechten auf den Zessionar, wobei dies auch zahlreiche nicht ausdrücklich genannte Nebenrechte umfasst.[84] Als Pendant dazu sichert § 404 BGB die schutzwürdigen Interessen des Schuldners, der durch den Gläubigerwechsel nicht benachteiligt werden darf.

Daher können Rechtsverhältnisse, die Forderungen derart anhaften, dass sie dessen Inhalt maßgeblich bestimmen, nicht durch eine Abtretung von der Forderung gelöst werden; sie wirken *ipso iure* auf Grundlage der §§ 398 S. 2, 401, 404 BGB auf den Zessionar. Ein solches zugrunde liegendes Rechtsverhältnis begründen Schiedsvereinbarungen – und im Übrigen auch Gerichtsstandsvereinbarungen. Denn aus ihnen folgen forderungsgebundene Verteidigungsmittel des jeweiligen Forderungsinhabers, und diese Verteidigungsmittel sind Bestandteil der Forderung. Die einzelnen Rechtspositionen bleiben als innerer Bestandteil der Forderung von dem Gläubigerwechsel unberührt.

dd) Notwendigkeit der Zustimmung des Zessionars zur Wirkungserweiterung

Entgegen dem Konzept einer gesetzlich begründeten Wirkungserweiterung der Schiedsvereinbarung wird vertreten, dass diese Wirkung für und gegen den Zessionar einer vertraglichen Übernahme[85] oder der Zustimmung der Parteien[86] bedarf. Unterstellt man *arguendi causa*, die Schiedsvereinbarung wirke nicht *ipso iure* auf den Zessionar, so hätte dies entweder zur Folge, dass sich nur der Schuldner gemäß § 404 BGB auf die Einrede aus dem Schiedsvertrag berufen könnte,[87] oder man lehnt eine gesetzliche Wirkung der Schiedsvereinbarung für das Verhältnis von Schuldner und Zessionar gänzlich ab.[88] Beides überzeugt nicht.

Geht man auf Grundlage des § 404 BGB davon aus, dass allein dem Schuldner die Einrede aus dem Schiedsvertrag zusteht, so überbewertet dies den Schutz des Schuldners. Auch wenn der Grundsatz der Forderungsidentität in erster Linie dem Schuldnerschutz dient, bedeutet dies indes weder, dass der Schuldner unbegrenzt schützenswert ist, noch, dass dies dessen einziger Zweck ist. Es ist unbillig, dem Schuldner die Einrede aus dem Schiedsvertrag gegen den Zessionar gemäß

---

84 *Busche*, in: Staudinger, BGB, § 401 Rn. 28-35; *Roth*, in: MünchKomm.BGB, § 401 Rn. 7-13.

85 So *Schricker*, in: FS Quack (1991), 99, 104 f.

86 So *Baur*, in: FS Fasching (1988), 81, 91; *Bosch*, Rechtskraft und Rechtshängigkeit im Schiedsverfahren, 134 f.; *Martens*, Wirkungen der Schiedsvereinbarung und des Schiedsverfahrens auf Dritte, 81-84; *Schricker*, in: FS Quack (1991), 99, 103-105; *Schwab/Walter*, Schiedsgerichtsbarkeit, Kap. 7 Rn. 32.

87 So *Baur*, in: FS Fasching (1988), 81, 91.

88 So *Martens*, Wirkungen der Schiedsvereinbarung und des Schiedsverfahrens auf Dritte, 81-84.

§ 404 BGB zu ermöglichen und dem Zessionar dieses Recht vorzuenthalten. Dies hätte eine Verbesserung der Position des Schuldners zufolge, die durch keinen überzeugenden Grund geboten ist.[89]

Dies rechtfertigt allerdings nicht den Schluss, eine vor der Abtretung geschlossene Schiedsvereinbarung wirke nicht zwischen Schuldner und Zessionar.[90] Andernfalls könnte sich der Zedent durch Abtretung der Forderung der Schiedsvereinbarung entledigen, ohne dass es der Zustimmung des Schuldners bedürfte. Dies widerspricht dem Grundgedanken des Schuldnerschutzes und damit der gesetzlichen Wertung des § 404 BGB.

Im Ergebnis kommt mit Blick auf den Schutz des Schuldners und das gerechtfertigte Vertrauen des Rechtsverkehrs in die dauerhafte Wirkung der abgeschlossenen Schiedsvereinbarung nur eine Konsequenz in Betracht: die gesetzliche Wirkungserweiterung der Schiedsvereinbarung auf den Zessionar.

ee) Zwischenergebnis zur Wirkungserweiterung im Fall der Abtretung

Bei der Abtretung einer Forderung wirkt die Schiedsvereinbarung, die für Streitigkeiten im Zusammenhang mit dieser Forderung gilt, für und gegen den Zessionar auf Grundlage des Rechtsgedankens der §§ 398 S. 2, 401, 404 BGB. Die Wirkung der Schiedsvereinbarung erstreckt sich damit *ipso iure* auf einen Dritten, der nicht Partei der Schiedsvereinbarung ist.

Dabei ist im Übrigen nicht entscheidend, welche Rechtsnatur man der Schiedsvereinbarung beimisst; denn eine Inhalts- und Nebenbestimmung – wie die Schiedsvereinbarung – haftet der zugrunde liegenden Forderung ungeachtet ihrer Rechtsnatur an.[91]

b) Vergleichbarkeit mit dem Fall der Gesellschafterhaftung aus § 128 HGB

Nachdem im ersten Teil des Fallvergleichs erörtert wurde, ob eine Schiedsvereinbarung im Fall der Forderungsabtretung *ipso iure* für und gegen den Zessionar wirkt, stellt sich darauf aufbauend im zweiten Teil des Fallvergleichs die folgende Frage: Ist eine parallele Betrachtung von Abtretung und Gesellschafterhaftung gerechtfertigt, sodass eine Schiedsvereinbarung der zugrunde liegenden Forderung derart anhaftet, dass eine Wirkungserstreckung für und gegen Gesellschafter kraft Gesetzes und ohne zusätzliche Einigung möglich ist? Dies ist die Voraussetzung, um im Anschluss erörtern zu können, ob § 128 HGB eine Wir-

---

89 *v. Olshausen*, Gläubigerrecht und Schuldnerschutz bei Forderungsübergang und Regreß, 137.

90 So aber *Martens*, Wirkungen der Schiedsvereinbarung und des Schiedsverfahrens auf Dritte, 81-84.

91 *Wagner*, Prozeßverträge, 313.

kungserstreckung auf Gesellschafter begründet, die vergleichbar mit der Wirkungserweiterung des §§ 398 S. 2, 401, 404 BGB ist.

aa) Gemeinsame Vergleichsbasis für Parallelbetrachtung

Als Grundlage der Parallelbetrachtung ist zunächst eine einheitliche Vergleichsbasis zu ermitteln, die sowohl der Forderungsabtretung als auch der Gesellschafterhaftung gemäß § 128 HGB zugrunde liegt.

Eine solche Vergleichsbasis findet sich in dem Grundgedanken der Kongruenz. Im Fall der Forderungsabtretung zeigt sich die Kongruenz in der Identität der Forderungen[92] zwischen Zedent und Schuldner einerseits und zwischen Zessionar und Schuldner andererseits.[93] Im Fall der Gesellschafterhaftung findet sich der Grundgedanke der Kongruenz in dem Grundsatz der Akzessorietät wieder; denn der Inhalt der Gesellschafterhaftung richtet sich nach der Schuld der Gesellschaft.[94] Es gilt demnach in beiden Fällen, dass die ‚Grundforderung' mit der ‚Nebenforderung' – der Forderung gegen den Zessionar bzw. der Forderung gegen den Gesellschafter – hinsichtlich der Durchsetzbarkeit, des Inhalts und des Fortbestands übereinstimmt.[95]

Im Fall der Forderungsabtretung ist es aus der Sicht des Schuldners unerheblich, ob er vom Zedenten oder vom Zessionar in Anspruch genommen wird; die Rechtsposition des Schuldners ist identisch. Im Fall der Gesellschafterhaftung ist es für den Gläubiger mit Blick auf den Haftungsinhalt gleichbedeutend, ob er die Gesellschaft oder den Gesellschafter als Schuldner in Anspruch nimmt; beide Forderungen sind inhaltsgleich.[96] Der Grundgedanke der Kongruenz wohnt folglich sowohl der Forderungsabtretung als auch der Gesellschafterhaftung inne.

bb) Rechtfertigung einer Parallelbetrachtung

Auf Grundlage dieser gemeinsamen Vergleichsbasis ist weiter zu fragen, ob eine vergleichbare Interessenslage besteht, die eine Gleichbewertung rechtfertigt.

---

92 Freilich sollte dies nicht in dem Sinn verstanden werden, dass durch die Abtretung eine zweite Forderung entsteht.

93 *Roth,* in: MünchKomm.BGB, § 404 Rn. 1: Die „relativen Rechtspositionen von Gläubiger und Schuldner [bleiben] von dem Gläubigerwechsel unberührt."

94 *Schmidt,* in: MünchKomm.HGB, § 128 Rn. 16: „Die Haftung folgt den Bewegungen der Gesellschaftsschuld."

95 Für die Abtretung RGZ 146, 52, 56; BGHZ 71, 162, 164 f.; *Busche,* in: Staudinger, BGB, § 398 Rn. 27 f.; *Dörner,* Dynamische Relativität, 154-158, 226-228; *Nörr,* in: Nörr/Scheyhing/Pöggeler, Sukzessionen, § 4 II (S. 38-40); für die Gesellschafterhaftung BGHZ 73, 217, 224; 104, 76, 78; *Habersack,* in: Großkomm.HGB, § 128 Rn. 21; *Schmidt,* in: MünchKomm.HGB, § 128 Rn. 16.

96 Siehe zum Streit um Erfüllungs- und Haftungstheorie im Folgenden IV. 3.

Gemein haben beide Fälle, dass der Zessionar und der haftende Gesellschafter auch ohne ihren ausdrücklichen Willen in den Wirkungsbereich der Schiedsvereinbarung einbezogen werden. Dem Zessionar ist dies zumutbar, da ihm bekannt ist, dass sich die Geltendmachung der erworbenen Forderung nach dem ursprünglich zugrunde liegenden Rechtsverhältnisses richtet, ohne dass er auf dieses Einfluss hatte oder im Einzelnen Kenntnis haben muss. Der haftende Gesellschafter nimmt die persönliche Haftung billigend in Kauf, was auch bereits bestehende Verbindlichkeiten oder andere Belastungen der Gesellschaft umfasst, und zwar ungeachtet der Vorhersehbarkeit, der Kenntnis oder der Zustimmung des Gesellschafters (vgl. §§ 130, 128 HGB[97]). In beiden Fällen gehen die Handelnden ein bewusstes Risiko ein – ein Risiko, das sie weder vorhersehen noch beeinflussen können. Im Fall der Schiedsvereinbarung tragen der Zessionar bzw. der Gesellschafter damit auch das Risiko, die Forderung betreffende Streitigkeiten vor einem Schiedsgericht austragen zu müssen.

In beiden Fällen ist die „Belastung" der Forderung mit der Schiedsvereinbarung durch ein beachtenswertes Interesse des Schuldners (im Fall der Forderungsabtretung) bzw. des Gläubigers (im Fall der Gesellschafterhaftung) gerechtfertigt. Im Fall der Forderungsabtretung besteht ein anerkennenswertes Interesse des Schuldners, vor dem Schiedsgericht in Anspruch genommen zu werden, unabhängig davon, durch wen. Denn sicher ist, dass ihm dieses Recht nicht durch eine Abtretung, auf die er keine Einflussmöglichkeiten hat, genommen werden darf. Ebenso ist dem Gläubiger einer Personengesellschaft das Interesse daran zuzubilligen, die Gesellschaft und die haftenden Gesellschafter an einem einheitlichen Gerichtsstand in Anspruch nehmen zu können.[98]

cc) Prozessualer Seitenblick auf Gerichtsstandsvereinbarungen

Für eine Gleichbehandlung der Forderungsabtretung und der Gesellschafterhaftung spricht zuletzt auch ein prozessualer Seitenblick auf die Wirkung von Gerichtsstandsvereinbarungen in den Fällen der Abtretung und der Gesellschafterhaftung. Im Fall der Abtretung wirkt eine zwischen Schuldner und Zedent geschlossene Gerichtsstandsvereinbarung auch für und gegen den Zessionar.[99] Im Fall der Gesellschafterhaftung wirkt eine Gerichtsstandsvereinbarung der Gesell-

97 Siehe auch *Hopt,* in: Baumbach/Hopt, HGB, § 130 Rn. 1.

98 Vgl. BGHZ 146, 341, 357, wonach es stets ratsam ist, die Gesellschaft und die haftenden Gesellschafter gemeinsam in Anspruch zu nehmen.

99 OLG Köln NJW-RR 1992, 571; *Bork,* in: Stein/Jonas, ZPO, § 38 Rn. 50; *Busche,* in: Staudinger, BGB, § 401 Rn. 10; *Vollkommer,* in: Zöller, ZPO, § 38 Rn. 10; die Bindung des nicht prorogationsbefugten Rechtsnachfolgers ablehnend *Patzina,* in: MünchKomm.ZPO, § 38 Rn. 20.

schaft ebenfalls für und gegen die Gesellschaft und die haftenden Gesellschafter.[100] Sowohl Gerichtsstandsvereinbarungen als auch Schiedsvereinbarungen sind als prozessuale Verteidigungsmittel forderungsgebunden und können für und gegen Dritte *ipso iure* wirken.

2. *Zwischenergebnis des Fallvergleichs*

Mit Blick auf die oben aufgestellte Arbeitsthese und deren ersten Teil,[101] wonach eine Schiedsvereinbarung eine Modalität des zugrunde liegenden Anspruchs darstellt, ist auf rechtsdogmatisch gefestigter Grundlage festzuhalten: Die Schiedsvereinbarung begründet eine solche Modalität und kann daher *ipso iure* auch gegenüber Dritten wirken, die nicht Partei der Schiedsvereinbarung sind. Dies gilt unbeschadet der verschiedenen Begrifflichkeiten – „Modalität", „Eigenschaft", „Inhalts- und Nebenbestimmung" oder „Modifizierung" –, die die Verbindung von Schiedsvereinbarung und zugrunde liegendem Anspruch beschreiben.

IV. § 128 HGB als Grundlage der Wirkungserstreckung einer Schiedsvereinbarung der Gesellschaft

Im Fall der Abtretung rechtfertigt der Rechtsgrundsatz aus den §§ 398 S. 2, 401, 404 BGB die Wirkungserstreckung auf einen Dritten, der nicht Vertragspartei ist: den Zessionar. Zu untersuchen ist nun, ob § 128 HGB die Wirkungserstreckung auf einen haftenden Gesellschafter rechtfertigt.

Den Befürwortern der Wirkungserstreckung kraft § 128 HGB zufolge erstreckt sich die Haftung des Gesellschafters auf Modalitäten des Anspruchs gegen die Gesellschaft, auch wenn diese lediglich prozessual wirken.[102] Dem treten jedoch weite Teile der Literatur entgegen: § 128 HGB begründe nur eine materiellrechtliche Haftungsregelung; die Zuständigkeit des Schiedsgerichts könne daher keine unmittelbare Folge des § 128 HGB sein.[103]

Ausgehend von der oben dargestellten Arbeitsthese, wonach die Haftung aus § 128 HGB die Wirkungserstreckung einer Schiedsvereinbarung als eine prozes-

---

100 BGH NJW 1981, 2644, 2646; *Bork,* in: Stein/Jonas, ZPO, § 38 Rn. 50; *Hopt,* in: Baumbach/Hopt, HGB, § 128 Rn. 41; a.A. *Habersack,* in: Großkomm.HGB, § 128 Rn. 29.

101 Siehe dazu oben B. I.

102 Siehe nur *Wagner,* in: Böckstiegel/Berger/Bredow (Hrsg.), Beteiligung Dritter an Schiedsverfahren, 7, 39 f.

103 *Habscheid,* KTS 1962, 1, 4 f.; *Massuras,* Mehrparteienschiedsgerichtsbarkeit, 147; *W. Müller/Keilmann,* SchiedsVZ 2007, 113, 115; *Schlosser,* in: Stein/Jonas, ZPO, § 1029 Rn. 34; *Schmidt,* DB 1989, 2315, 2318; *ders.,* ZHR 162 (1998), 265, 273; *Weber/ v. Schlabrendorff,* in: FS Glossner (1994), 477, 483 f.

suale Modalität rechtfertigt,[104] sind im Folgenden zwei Problemkreise zu unterscheiden und zu untersuchen: Zum einen, wie sich der Rechtsgrundsatz der Akzessorietät auf die Wirkungserstreckung auswirkt; zum andern, ob die Gesellschafterhaftung allein die Forderung gegen die Gesellschaft umfasst oder auch die Schiedsvereinbarung als deren prozessuale Modalität.

1. Rechtsgrundsatz der Akzessorietät im Allgemeinen

Allgemein wird unter einem Rechtsgrundsatz ein leitender Gedanke i.S. eines Wertungsmaßstabes verstanden, der bei der Entscheidung von Rechtsfragen zu berücksichtigen ist.[105] In Abgrenzung zur Rechtsnorm enthält ein Rechtsgrundsatz keine verbindlichen Regeln für einen bestimmten Tatbestand, die zu einer bestimmten Rechtsfolge führen. Sie enthalten vielmehr Grundentscheidungen und Leitgedanken einer gesetzlichen Regelung (positive Funktion) und schließen widersprechende Wertungen aus (negative Funktion).[106]

Der Rechtsgrundsatz der Akzessorietät bezeichnet die unmittelbare Verknüpfung eines Nebenrechts mit einem Hauptrecht i.S. einer ständigen Abhängigkeit des Nebenrechts von dem Hauptrecht.[107] Diese Abhängigkeit hat einen Gleichlauf von Entstehung, Umfang, Fortbestand, Inhalt, Zuständigkeit[108] und Durchsetzbarkeit des Rechts zur Folge.[109] Dies bewirkt eine enorme rechtstechnische Vereinfachung und erspart den Parteien den Abschluss eines Rechtsgeschäfts, das die Verknüpfung von Haupt- und Nebenrecht bezweckt.[110]

2. Rechtsgrundsatz der Akzessorietät als Grundlage der Wirkungserstreckung

Nach dieser Grundlegung ist zu erörtern, ob der Rechtsgrundsatz der Akzessorietät ein einheitliches Prinzip darstellt, mit dem die Frage der Wirkungserstreckung für den Fall der akzessorischen Haftung beantwortet werden kann. Nur unter

---

104 Siehe B. I.

105 *Bydlinski,* Juristische Methodenlehre und Rechtsbegriff, 132; *Esser,* Grundsatz und Norm in der richterlichen Fortbildung des Privatrechts, 50 f.; *Larenz/Canaris,* Methodenlehre der Rechtswissenschaft, 48; die Begriffe ‚Rechtsprinzip' und ‚Rechtsgrundsatz'" werden im Allgemeinen synonym gebraucht – so auch hier –, siehe *Larenz/Canaris,* Methodenlehre der Rechtswissenschaft, 308.

106 *Bydlinski,* Juristische Methodenlehre und Rechtsbegriff, 132.

107 *Habersack*, JZ 1997, 857, 862; *ders.*, AcP 198 (1998), 152, 153; *Medicus*, JuS 1971, 497 ff.

108 Zuständigkeit freilich im Sinne der Gläubigereigenschaft, nicht im Sinne einer gerichtlichen Zuständigkeit.

109 *Habersack*, JZ 1997, 857, 862; *ders.*, AcP 198 (1998), 152, 153.

110 *Becker-Eberhard,* Forderungsgebundenheit der Sicherungsrechte, 37 f.; *Habersack*, JZ 1997, 857, 862; *Medicus*, JuS 1971, 497, 498.

dieser Voraussetzung handelt es sich um eine Fragestellung der „materiell-rechtliche[n] Haftungsakzessorietät des § 128 HGB", wie von den Kritikern der Wirkungserstreckung kraft § 128 HGB vorgetragen.[111]

Es muss jedoch von vornherein bezweifelt werden, dass der Rechtsgrundsatz der Akzessorietät eine Antwort auf die Frage nach der Wirkungserstreckung bietet. Dies zeigt der Vergleich des persönlich haftenden Gesellschafters und des – ebenfalls akzessorisch haftenden – Bürgen. Die Wirkung der Schiedsvereinbarung, die für die zugrunde liegende „Hauptforderung" gilt, ist mit Blick auf die akzessorisch Haftenden verschieden: Auf einen persönlich haftenden Gesellschafter erstreckt sich die Wirkung einer Schiedsvereinbarung der Gesellschaft; dies entspricht zumindest im Ergebnis der herrschenden Ansicht, auch wenn über die Begründung der Wirkungserstreckung Streit besteht.[112] Anders ist dies im Fall des Bürgen. Nach ebenfalls herrschender Ansicht wirkt eine Schiedsvereinbarung des Hauptschuldners mit einem Gläubiger nicht auf das Rechtsverhältnis zwischen dem Bürgen und dem Gläubiger.[113]

Diese differenzierte Betrachtung der Wirkungserstreckung ist auch gerechtfertigt. Bürgschafts- und Gesellschafterhaftung unterscheiden sich im Haftungs*grund*, was sich auch in den Haftungsfolgen widerspiegelt. Der Bürgschaftsvertrag begründet eine einseitige Verpflichtung des Haftenden. Bei der Gesellschafterhaftung handelt es sich dagegen um eine gesetzlich begründete Schuld, die allein an die Stellung als Gesellschafter anknüpft. Der Grundsatz der Akzessorietät begründet zwar in beiden Fällen einen Gleichlauf der Grund- und der Haftungsverbindlichkeit; über den tatsächlichen Inhalt der Haftung des Bürgen und des Gesellschafters sagt dies aber nichts aus. Dieser bestimmt sich im Fall des Bürgen in erster Linie nach dem Bürgschaftsvertrag[114] und im Fall des Gesellschafters nach den §§ 128 ff. HGB. Dies zeigt auch der Streit um Haftungs- und Erfüllungstheorie im Rahmen von § 128 HGB, der im Fall der Bürgschaft schwer denkbar ist.

Daher ist es auch nur konsequent, dass sich die Wirkung der Schiedsvereinbarung nicht *ipso iure* auf den Bürgen erstreckt. Denn es steht dem Bürgen und seinem Gläubiger bei Abschluss des Bürgschaftsvertrags offen, zugleich eine

---

111 So *Schmidt*, ZHR 162 (1998), 265, 273.

112 Nw. bei Fn. 51.

113 BGHZ 68, 356, 359 f.; BGH VersR 1983, 776; OLG Hamburg VersR 1982, 1096; OLG Düsseldorf BauR 2004, 874; *Geimer,* in: Zöller, ZPO, § 1029 Rn. 63; *Habersack,* in: Münch Komm.BGB, § 765 Rn. 80; *Massuras,* Mehrparteienschiedsgerichtsbarkeit, 96; *Münch,* in: MünchKomm.ZPO, § 1029 Rn. 52; *Schlosser,* in: Stein/Jonas, ZPO, § 1029 Rn. 33; *Schwab/ Walter,* Schiedsgerichtsbarkeit, Kap. 7 Rn. 34; differenzierend: *Niklas,* Subjektive Reichweite von Schiedsvereinbarungen, 167-173; *Wagner,* Prozeßverträge, 316-321.

114 *Habersack,* in: MünchKomm.BGB, § 765 Rn. 79.

Schiedsvereinbarung abzuschließen. Damit kann zugleich der Ansicht entgegen getreten werden, wonach die Nichterstreckung der Schiedsvereinbarung auf den Bürgen auch gegen die Wirkungserstreckung auf den persönlich haftenden Gesellschafter spreche.[115] Wie dargelegt, rechtfertigt allein die Gemeinsamkeit der akzessorischen Haftung noch keine Gleichbehandlung des Bürgen und des persönlich haftenden Gesellschafters, im Gegenteil: Die unterschiedliche Behandlung ist im Hinblick auf den Rechtsgrund der Haftung geboten.

Folglich bestimmt sich der letztendliche Inhalt der Gesellschafterhaftung nicht nach dem Grundsatz der Akzessorietät; dieser bewirkt im Rahmen von § 128 HGB allein, dass die Haftung des Gesellschafters unmittelbar und ohne besonderen Rechtsakt den Bewegungen der Gesellschaftsschuld folgt.[116] Ob Modalitäten der Gesellschaftsschuld auch für und gegen einen Gesellschafter wirken, bleibt damit offen. Dies bestimmt sich danach, ob man der Erfüllungs- oder der Haftungstheorie den Vorzug gibt. Die Ansicht derer, die die Wirkungserstreckung allein als „Akzessorietätsproblem" auffassen,[117] dringt daher nicht bis zum eigentlichen Kern des Problems der Wirkungserstreckung vor.

3. *Identität von Gesellschafts- und Gesellschafterverbindlichkeit mit Blick auf die Wirkungserstreckung einer Schiedsvereinbarung*

Die Bestätigung des zweiten Teils der aufgestellten Arbeitsthese,[118] wonach die Haftung aus § 128 HGB auch die Schiedsvereinbarung als eine prozessuale Modalität umfassen muss, ist damit im Streit um Erfüllungs- und Haftungstheorie zu suchen.

a) Grundlage: Erfüllungs- und Haftungstheorie

Freilich ist hier weder der geeignete Ort noch besteht die Notwendigkeit, den Streit zwischen Erfüllungs- und Haftungstheorie in seiner ganzen Breite darzustellen und neu zu erörtern. Dieser Streit, bei dem es sich nach *Robert Fischer* um „eine der schwierigsten Fragen auf dem Gebiet des Personengesellschaftsrechts"[119] handelte, darf nach heutigem Stand als entschieden betrachtet werden.

---

115 So *Habersack*, SchiedsVZ 2003, 241, 246; *Massuras*, Mehrparteienschiedsgerichtsbarkeit, 96.

116 So im Ergebnis auch *Flume*, Personengesellschaften, § 16 II.2 a) (S. 288) („Das Akzessorietätsprinzip gilt für die Haftungsverbindlichkeit des Gesellschafters, gleich welchen Inhalt diese hat").

117 So *Massuras*, Mehrparteienschiedsgerichtsbarkeit, 147; *Schmidt*, DB 1989, 2315, 2318; *ders.*, ZHR 162 (1998), 265, 273.

118 Siehe oben B. I.

119 *Fischer*, LM § 128 HGB, Nr. 4.

Die vormals vertretene Haftungstheorie,[120] wonach die Gesellschafterschuld stets eine Geldschuld war, um die gesellschaftsfreie Sphäre der Gesellschafters zu schützen, ist mit der herrschenden Auffassung in Rechtsprechung und Literatur als überholt anzusehen. Durchgesetzt hat sich die Erfüllungstheorie; nach dieser ist die Haftungsverbindlichkeit des Gesellschafters mit der Gesellschaftsverbindlichkeit grundsätzlich inhaltsgleich.[121] Denn der Gläubiger muss prinzipiell auf die Erfüllung des Vertrages vertrauen können, unabhängig davon, ob er die Gesellschaft als Vertragspartei oder den Gesellschafter als solidarisch Haftenden in Anspruch nimmt.[122] Dies geht mit dem ordnungspolitisch gewollten Gleichlauf von Herrschaft und Haftung einher. Eine solche Erfüllungshaftung verletzt den Gesellschafter auch nicht unzumutbar in seinen Rechten. Denn dieser nimmt die Gefahr der Haftung durch den Beitritt in die Gesellschaft bewusst in Kauf; daneben wird er, wie jeder andere Schuldner, durch die allgemeinen Grundsätze des Schuldrechts und des Zwangsvollstreckungsrechts ausreichend geschützt.[123] Auch bestehen im Rahmen der Erfüllungstheorie Grenzen der Erfüllungshaftung.[124] Diese Grenzen bestimmen sich durch Abwägung des Interesses des Gesellschafters auf Wahrung einer gesellschaftsfreien Sphäre einerseits gegen das Sicherungsinteresse des Gläubigers andererseits.[125]

Ohne Bedeutung ist dagegen die Vertretungsmacht des für die Gesellschaft Handelnden.[126] Denn der Umfang der Vertretungsmacht kann nur für das „Ob" der Gesellschaftsschuld entscheidend sein. Der Inhalt der gesetzlichen Haftung kann dagegen nicht von der Vertretungsmacht oder den Regelungen im Innenverhältnis abhängen.[127] Damit kann die Vertretungsmacht des für die Gesellschaft Handelnden auch nicht entscheidend für die Wirkungserstreckung auf einen Gesellschafter sein.

---

120 *Fischer,* in: Großkomm.HGB (3. Aufl.), § 128 Rn. 9-12; *John,* Organisierte Rechtsperson, 250-270.

121 BGHZ 73, 217, 224; 104, 76, 78; BGH ZIP 1987, 842; *Emmerich,* in: FS Lukes (1989), 639, 652; *Flume,* in: FS Reinhardt (1995), 223; *Habersack,* in: Großkomm.HGB, § 128 Rn. 27; *Hadding,* ZGR 1981, 577, 582 ff.; *Hopt,* in: Baumbach/Hopt, HGB, § 128 Rn. 8 f.; *Schmidt,* Gesellschaftsrecht, § 49 III.1 (S. 1424 f.); *ders.,* in: MünchKomm.HGB, § 128 Rn. 24.

122 So bereits RG JW 1902, 78.

123 *Habersack,* in: Großkomm.HGB, § 128 Rn. 27.

124 *Habersack,* in: Großkomm.HGB, § 128 Rn. 27; *Hopt,* in: Baumbach/Hopt, HGB, § 128 Rn. 9; *Schmidt,* in: MünchKomm.HGB, § 128 Rn. 24.

125 BGHZ 73, 217, 221; BGH ZIP 1987, 842, 844; *Habersack,* in: Großkomm.HGB, § 128 Rn. 28; *Hopt,* in: Baumbach/Hopt, HGB, § 128 Rn. 9.

126 BGHZ 73, 217, 221; *Schmidt,* in: MünchKomm.HGB, § 128 Rn. 24; a.A. *Hopt,* in: Baumbach/Hopt, HGB, § 128 Rn. 9.

127 *Hadding,* ZGR 1981, 577, 582; *Schmidt,* in: MünchKomm.HGB, § 128 Rn. 24.

b) Wirkungserstreckung im Lichte der Erfüllungstheorie

Im Grundsatz ist die Haftungsverbindlichkeit der Gesellschafter mit der Gesellschaftsverbindlichkeit inhaltsgleich, sodass die Gesellschafterhaftung auch Modalitäten des zugrunde liegenden Anspruchs umfasst. Eine Trennung zwischen prozessualem und materiellem Inhalt der Gesellschaftsverbindlichkeit ist nach den Grundsätzen der Erfüllungstheorie nicht geboten.

aa) Grenzen der Erfüllungshaftung

Allerdings muss erörtert werden, ob die anerkannten Grenzen der Erfüllungshaftung einer Wirkungserstreckung kraft § 128 HGB entgegenstehen. Daher ist zu fragen, ob die Wirkung einer Schiedsvereinbarung für und gegen einen Gesellschafter in dessen Recht auf seine gesellschaftsfreie Sphäre unangemessen eingreift. Anders als in den bislang diskutierten Grenzfällen der Erfüllungshaftung[128] kommt es hierbei jedoch nicht auf den materiell-rechtlichen Anspruchsinhalt an, sondern auf die Art und Weise der gerichtlichen Geltendmachung des Anspruchs gegen den Gesellschafter.

Für die Grenze der Erfüllungshaftung ist daher maßgeblich, ob ein anerkennenswertes Interesse des Gesellschafters besteht, das dem Interesse des Gläubigers an der schiedsgerichtlichen Geltendmachung vorgeht.

bb) Interessensabwägung zulasten der Wirkungserstreckung?

Auf Seiten des Gläubigers ist zu beachten, dass es ein tragender Bestandteil des Sicherungsinteresses ist, die Forderung gegen Gesellschaft und Gesellschafter einheitlich und in einem Rechtsstreit geltend machen zu können. Eine getrennte Inanspruchnahme der Gesellschaft vor einem Schiedsgericht und des Gesellschafters vor einem staatlichen Gericht würde zu einer Aufspaltung der gerichtlichen Geltendmachung führen, und nur durch eine gemeinsame Inanspruchnahme kann ein effektiver und dem Gesichtspunkt des Gläubigerschutzes dienender Ausgleich für das Fehlen eines gesetzlich vorgeschriebenen Haftungskapitals der Gesellschaft bestehen. Ansonsten wäre der Gläubiger um den Vorteil eines niedrigeren Kostenrisikos bei einer gemeinsamen Inanspruchnahme gebracht und würde zudem den Vorteil einer rascheren Entscheidung durch das Schiedsgericht verlieren.

Auf Seiten des Gesellschafters ist zunächst festzuhalten, dass die potentielle Haftung nach § 128 HGB ein Strukturmerkmal der übernommenen Gesellschaf-

128 So z.B. die Frage, ob die Gesellschafterhaftung auch die Erfüllung einer Stückschuld umfasst oder ob Inhalt der Gesellschafterhaftung auch Unterlassungs- und Duldungspflichten sein können, vgl. Aufzählung bei *Habersack,* in: Großkomm.HGB, § 128 Rn. 30-40.

terstellung ist.[129] Durch seine Stellung als Gesellschafter bringt dieser zum Ausdruck, dass er eine Verkürzung seiner Rechte – durch die Haftung – akzeptiert. Dass diese potentielle Rechtsverkürzung allein sein Vermögen betrifft und nicht auch sein Recht auf staatlichen Rechtsschutz, ist nicht erkennbar. Der Gesellschafter akzeptiert vielmehr das Risiko der Haftung, das in erster Linie immer ein materielles Risiko ist; ein solches materielles Haftungsrisiko hat aber stets auch eine prozessuale Seite – wobei in Erinnerung zu rufen ist, dass stets die Möglichkeit einer „Endkontrolle" durch staatliche Gerichte verbleibt.[130]

Wenn namentlich *Emmerich* von einer mit der Einbeziehung in das Schiedsverfahren „regelmäßig verbundenen Verschlechterung der prozessualen Position des Gesellschafters" spricht,[131] überzeugt dies nicht.[132] Angemessen erscheint es, nicht von einer Verschlechterung der prozessualen Situation des Gesellschafters zu sprechen, sondern vielmehr von einer Verlagerung, die den Gesellschafter grundsätzlich nicht stärker beeinträchtigt als ein Prozess vor einem staatlichen Gericht. Die wirkliche Last der Inanspruchnahme und damit einhergehend die Beschneidung der gesellschaftsfreien Sphäre liegt vielmehr in der Inanspruchnahme als solcher und der damit zusammenhängenden Vermögensbelastung. Diese Last muss der Gesellschafter infolge seiner Mitgliedschaft in der Gesellschaft tragen, so wie er eine Inanspruchnahme vor einem Schiedsgericht dulden muss.

Damit ist auch der Ansicht von *Weber/von Schlabrendorff*[133] entgegenzutreten; danach soll die Wirkungserstreckung grundsätzlich dem Sinn und Zweck des § 128 HGB zuwiderlaufen. Denn wie erläutert, entspricht es Sinn und Zweck der Regelung, einen Ausgleich zwischen dem Sicherungsinteresse des Gläubigers und dem Interesse des Gesellschafters auf Schutz seiner gesellschaftsfreien Sphäre zu schaffen. Eine Inanspruchnahme vor dem Schiedsgericht greift in dieses Recht des Gesellschafters jedoch nicht unangemessen ein.

cc) Seitenblick auf andere prozessuale Haftungskonstellationen

Es ist in diesem Zusammenhang kein Grund ersichtlich, wieso die Haftung des Gesellschafters grundsätzlich nur als materielle Haftung verstanden werden sollte. Es wird schließlich auch in anderen Fällen toleriert, dass die materielle Haftung prozessuale Konsequenzen mit sich bringen kann, ohne dass es eines Rückgriffs auf Konstrukte außerhalb des Haftungskonzepts der §§ 128 ff. HGB bedarf. So kann ein Gesellschafter vor einem Arbeitsgericht von einem Arbeit-

---

129 *Wiedemann,* Gesellschaftsrecht, Bd. 1, § 7 IV.1 (S. 393).

130 Siehe oben § 3 C. II.

131 *Emmerich,* in: Heymann, HGB, § 128 Rn. 12a.

132 So auch *Massuras*, Mehrparteienschiedsgerichtsbarkeit, 149.

133 *Weber/v. Schlabrendorff,* in: FS Glossner (1994), 477, 484.

nehmer auf Zahlung ausstehender Arbeitsvergütung verklagt werden.[134] Der Gesellschafter wird infolge der materiellen Haftung prozessual als Arbeitgeber i.S.v. § 2 Abs. 1 Nr. 3 ArbGG behandelt, und damit wird dem Gesellschafter die Kostenlast hinsichtlich der eigenen Verteidigung aufgebürdet (vgl. § 12a S. 1 ArbGG).

Ferner begründet der Gerichtsstand des Erfüllungsorts der Gesellschaftsschuld einen Gerichtsstand für die Gesellschafterschuld.[135] Auch wenn es sich hier um prozessuale Zuständigkeitsverschiebungen innerhalb der staatlichen Gerichtsbarkeit handelt, verdeutlicht dies, dass die pauschale Einordnung der Gesellschafterhaftung als lediglich materielle Haftung keinen Bestand haben kann.

4. *Keine prozessual wirkende Haftungsbeschränkung*

Ein weiterer Gesichtpunkt streitet für eine Wirkungserstreckung auf persönlich haftende Gesellschafter kraft § 128 HGB. Eines der zentralen Argumente der Befürworter der Akzessorietätstheorie – nämlich, die unternehmerische Tätigkeit führe im deutschen Privatrecht notwendigerweise zu einer unbeschränkten Haftung der Beteiligten, es sei denn, diese bedienen sich hierzu einer Rechtsform zum Zwecke der Haftungsbeschränkung[136] – streitet auch für die Wirkungserstreckung der Schiedsvereinbarung kraft § 128 HGB. Die persönlich haftenden Gesellschafter sind als Mitglieder einer Personengesellschaft Teil einer „Arbeits- und Haftungsgemeinschaft“, und die Gesellschafter tragen durch ihre unbeschränkte persönliche Haftung die volle Verantwortung für die unternehmerische Tätigkeit.[137] Es ist nicht ersichtlich, wieso das Grundmodell einer unbeschränkten Haftung lediglich auf die materiell-rechtliche Seite des Anspruchs gegen die Gesellschaft beschränkt sein soll. Dass das Regel-Ausnahme-Verhältnis einer unbeschränkten Haftung auch im Verfahrensrecht gilt, zeigt das bereits genannte Beispiel der Zuständigkeit der Arbeitsgerichte bei Klagen des Arbeitnehmers gegen die Gesellschafter.[138] Hier müssen die Gesellschafter neben der materiellrechtlichen Haftung für das Arbeitsentgelt auch auf verfahrensrechtlicher Ebene für die Arbeitgeber-Eigenschaft der Gesellschaft einstehen.

---

134 BAGE 32, 187, 189; 117, 151, 153 f.; *Habersack,* in: Großkomm.HGB, § 124 Rn. 29; *Hopt,* in: Baumbach/Hopt, HGB, § 128 Rn. 42; *v. Hoyningen-Huene,* in: MünchKomm.HGB, § 59 Rn. 13.

135 BayOblG ZIP 2002, 1998; OLG Schleswig BB 2004, 462, 463; *Habersack,* in: Großkomm.HGB, § 124 Rn. 29; *Patzina,* in: MünchKomm.ZPO, § 29 Rn. 54; *Vollkommer,* in: Zöller, ZPO, § 29 Rn. 25.

136 BGHZ 134, 333, 336: „Zutreffend wird darauf hingewiesen, daß angesichts dieser gesetzlichen Konzeption außerhalb der gesetzlich geregelten Fälle nicht etwa die Annahme einer unbeschränkten, sondern diejenige einer beschränkten Haftung begründungsbedürftig ist.“; ebenso *Schmidt,* Gesellschaftsrecht, § 60 III.2 (S. 1791); *Ulmer*, ZIP 1999, 554, 555 f.

137 BGHZ 38, 306, 312.

138 Siehe soeben cc).

Stellt man dagegen auf eine Auslegung der Schiedsvereinbarung ab,[139] so führt dies zu einer prozessualen Haftungsbeschränkung. Denn im Grundsatz sind die Verbindlichkeit der Gesellschaft und die Haftungsverbindlichkeit der Gesellschafter inhaltsgleich, vorausgesetzt, in deren gesellschaftsfreie Sphäre wird nicht unangemessen eingegriffen. Lehnt man eine Wirkungserstreckung auf persönlich haftende Gesellschafter kraft § 128 HGB ab, führt dies zu einer Haftungsbegrenzung, da Gesellschafts- und Gesellschafterverbindlichkeiten nicht mehr identisch sind. Eine solche Beschränkung zugunsten persönlich haftender Gesellschafter bedarf einer gesonderten Rechtfertigung – woran es jedoch fehlt. Weder das Recht der Gesellschafter auf eine gesellschaftsfreie Sphäre noch deren Recht auf staatlichen Rechtsschutz rechtfertigen eine solche Haftungsbeschränkung. Denn durch den Beitritt zu einer Personengesellschaft gehen die Gesellschafter bewusst ein Haftungsrisiko ein, das ihr eigenes persönliches übersteigt. Mit diesem gesteigerten Risiko geht auch eine Beschneidung eigener Rechte einher, wobei im Hinblick auf die Beschneidung von Rechten durch eine Schiedsvereinbarung stets zu bedenken ist, dass auch die Schiedsgerichtsbarkeit keinen vollkommenen Verzicht auf den staatlichen Rechtsschutz bedeutet und dass auch ein Schiedsverfahren rechtsstaatlichen Grundsätzen unterliegt. Insofern handelt es sich aus Sicht der persönlich haftenden Gesellschafter um eine zumutbare Verlagerung der Gerichtszuständigkeit, die durch das Sicherungsinteresse des Gesellschaftsgläubigers gerechtfertigt ist.

5. *Zwischenergebnis*

Nach der hier herausgearbeiteten Haftungskonstellation des Gesellschafters ist für die Wirkungserstreckung kraft § 128 HGB nicht der Grundsatz der Akzessorietät maßgeblich, sondern der Inhalt der akzessorischen Gesellschafterhaftung und damit der Streit um Haftungs- und Erfüllungstheorie. Auf Grundlage der (mittlerweile) herrschenden Erfüllungstheorie umfasst die Gesellschafterhaftung auch die Modalitäten des Anspruchs gegen die Gesellschaft und folglich auch die Schiedsvereinbarung.

V. Wirkungserstreckung im Lichte der modernen Gesamthandslehre

Aufgrund der Rechtsnatur der Personengesellschaft wenden sich Literaturstimmen gegen die oben untersuchte Wirkungserstreckung auf Grundlage des § 128 HGB.[140]

---

139 Eingehend im Folgenden C.

140 *Haas/Oberhammer,* in: FS K. Schmidt (2009), 493, 501-503; *Massuras,* Mehrparteienschiedsgerichtsbarkeit, 146-148; *Oberhammer,* Offene Handelsgesellschaft im Zivilprozeß, 126 f.; *Schmidt,* DB 1989, 2315, 2317 f.; *Weber/v. Schlabrendorff,* in: FS Glossner (1994), 477, 483.

Mit der modernen Gesamthandslehre sei eine Wirkungserstreckung kraft § 128 HGB nicht zu vereinbaren; nur auf Grundlage eines „Identitätsdogmas“[141] zwischen Gesellschaft und Gesellschaftern könne sich eine unmittelbare Verpflichtung der Gesellschafter aus der Schiedsvereinbarung der Gesellschaft ergeben.

Um diesen Einwand erörtern zu können, ist zunächst der folgende Streit in Erinnerung zu rufen: Mit Blick auf die Rechtsnatur von Personengesellschaften war lange umstritten, ob die Gesellschafter persönlich – wenn auch in gesamthänderischer Verbundenheit – Träger der zum Gesellschaftsvermögen gehörenden Rechte und Pflichten sind und folglich das Gesellschaftsvermögen nur ein Sondervermögen der Gesellschafter mit der Fähigkeit zur selbstständigen Rechtsträgerschaft ist[142] oder ob die Gesellschaft ein eigenständiger, von ihren Gesellschaftern verschiedener Rechtsträger ist.[143]

Auf Grundlage der modernen Gesamthandslehre können drei wesentliche Grundsätze herausgestellt werden, anhand derer die angesprochene Kritik erörtert werden soll:

- Die Gesellschaft und die Gesellschafter sind verschiedene eigene Rechtssubjekte *(Grundsatz I).*[144]
- Es ist streng zwischen Gesellschafts- und Gesellschafterschuld zu trennen *(Grundsatz II).*[145]
- Folglich muss auch zwischen dem Gesellschaftsprozess und dem Gesellschafterprozess unterschieden werden *(Grundsatz III).*[146]

Diese Grundsätze stehen jedoch, anders als Teile der Literatur[147] meinen, einer Wirkungserstreckung nicht entgegen. Grundlage der Wirkungserstreckung kraft § 128 HGB ist allein die gesetzliche Haftung des Gesellschafters für eine Verbindlichkeit der Gesellschaft und eine Modalität dieser Verbindlichkeit. Die

141 *Weber/v. Schlabrendorff,* in: FS Glossner (1994), 477, 483.

142 Früher h. M., siehe RGZ 139, 252, 254; BGHZ 34, 293, 297; *Hueck,* Recht der offenen Handelsgesellschaft, § 3.IV (S. 32-34).

143 Heutige h. M., siehe BGHZ 146, 341, 344-347; BGH ZIP 2008, 692, 693; *Hopt,* in: Baumbach/Hopt, HGB, § 124 Rn. 1; *Schäfer,* in: Großkomm.HGB, § 105 Rn. 40 f.; *Schmidt,* Gesellschaftsrecht, § 46 II.1 (S. 1363); *ders.*, in: MünchKomm.HGB, § 124 Rn. 2.

144 BGHZ 62, 131, 132 f.; 64, 155, 156; *Haas/Oberhammer,* in: FS K. Schmidt (2009), 493, 502; *Hopt,* in: Baumbach/Hopt, HGB, § 124 Rn. 2; *Schäfer,* in: Großkomm.HGB, § 105 Rn. 40 f.

145 RGZ 136, 266, 270 f.; BGHZ 74, 240, 242; *Habersack,* in: Großkomm.HGB, § 128 Rn. 2; *Hopt,* in: Baumbach/Hopt, HGB, § 128 Rn. 8; *Schmidt,* in: MünchKomm.HGB, § 128 Rn. 1.

146 BGHZ 62, 131, 132 f.; BGH ZIP 1981, 1268, 1269; ZIP 1982, 1318, 1319; *Flume,* Personengesellschaften, § 4.II (S. 57); *Habersack,* in: Großkomm.HGB, § 124 Rn. 26; *Schmidt,* in: MünchKomm.HGB, § 124 Rn. 29.

147 Vgl. *Massuras,* Mehrparteienschiedsgerichtsbarkeit, 146 f.; *Schmidt,* DB 1989, 2315, 2317 f.; *Weber/v. Schlabrendorff,* in: FS Glossner (1994), 477, 483.

Parteien der Schiedsvereinbarung sind die Gesellschaft und der gesellschaftsfremde Dritte; die Gesellschafter werden selbst nicht Partei der Schiedsvereinbarung und es findet kein „Abschlussdurchgriff" auf die Gesellschafter statt. Weder werden die Rechtskreise von Gesellschaft und Gesellschaftern vermischt noch werden die Gesellschafter auf Grundlage eines „Identitätsdogmas"[148] zwischen Gesellschaft und Gesellschaftern Partei einer Vereinbarung der Gesellschaft. Insofern bewirkt die Wirkungserstreckung keinen Bruch des *Grundsatzes I.*

Die Gesellschafter haften lediglich für die Verbindlichkeit der Gesellschaft. Diese Verbindlichkeit und die daneben bestehenden Haftungsverbindlichkeiten der Gesellschafter sind dabei – im Einklang mit dem oben dargestellten *Grundsatz II* – voneinander getrennt. Die Schiedsvereinbarung ist eine Modalität des Anspruchs gegen die Gesellschaft; diese Modalität haftet der Verbindlichkeit an, wie dies auch für eine Bedingung oder Befristung gilt. Die gesetzliche Haftung des Gesellschafters umfasst wiederum nicht nur den rein materiellen Anspruch, sondern auch Modalitäten des Anspruchs. Dies gilt für eine Schiedsvereinbarung als prozessualer Dispositionsakt über den Inhalt der Gesellschaftsverbindlichkeit.

Zuletzt wird entsprechend dem *Grundsatz III* zwischen Gesellschaftsprozess und Gesellschafterprozess unterschieden. Durch die Schiedsvereinbarung findet kein Schiedsverfahren gegen Gesellschaft und Gesellschafter im Sinne einer unzulässigen Vermischung von Gesellschafts- und Gesellschafterprozess statt. Es handelt sich vielmehr um den Fall, dass verschiedene Ansprüche gegen unterschiedliche Anspruchsgegner im Wege einer einfachen Streitgenossenschaft auf (Schieds-)Beklagtenseite geltend gemacht werden. Dies ist sowohl vor einem staatlichen Gericht als auch vor einem Schiedsgericht unstreitig möglich.

VI. Resümee

Die Begründung der Wirkungserstreckung kraft § 128 HGB überzeugt auf Grundlage zweier aufeinander aufbauender Thesen: Zunächst ist die Schiedsvereinbarung eine Modalität des Anspruchs gegen die Gesellschaft. Es bedarf daher keiner eigenständigen rechtsgeschäftlichen Vereinbarung, um den Wirkungsbereich der Schiedsvereinbarung auf Dritte zu erweitern; das gilt freilich nur unter der Voraussetzung, dass diese Erweiterung gesetzlich angeordnet wird. Im Fall der Gesellschafterhaftung erweitert § 128 HGB die Wirkungserstreckung der Schiedsvereinbarung. Denn die Haftung gemäß § 128 HGB ist nicht grundsätzlich auf eine materielle Haftung beschränkt, sondern ist im Grundsatz unbeschränkt; dies gilt für materiell-rechtliche und prozessuale Inhalte. Inhaltlich begrenzt wird diese Haftung, wenn eine Abwägung zwischen den Interessen der

148 *Weber/v. Schlabrendorff,* in: FS Glossner (1994), 477, 483.

Gesellschafter und den Gläubigerinteressen dies rechtfertigt; auch dies gilt sowohl für materiell-rechtliche als auch für prozessuale Haftungsinhalte.

C. Wirkungserstreckung als Folge der Auslegung der Schiedsvereinbarung

Im Lichte des Vorgesagten sind indes erhebliche Zweifel an der These angebracht, die Wirkungserstreckung der Schiedsvereinbarung ergebe sich aus deren Auslegung. Nach dieser von gewichtigen Stimmen[149] vertretenen Ansicht muss die Schiedsvereinbarung nach den §§ 133, 157 BGB dergestalt ausgelegt werden, dass bei Abschluss der Schiedsvereinbarung durch die Gesellschaft zugleich die Gesellschafter vertreten werden. Diese sind dann als Vertragspartei an die Schiedsvereinbarung gebunden.

Diese Grundkonstruktion – ein Vertreter der Gesellschaft handelt stets auch für die Gesellschafter und vertritt diese bei Vertragsabschlüssen – erinnert an die vormals vertretene Doppelverpflichtungstheorie, sodass *Haas/Oberhammer* zu Recht fragen, ob es sich um eine *„Reinkarnation der Doppelverpflichtungstheorie im Verfahrensrecht“*[150] handelt.

I. Prolog: die lediglich prozessuale Wirkung der Schiedsvereinbarung

Der Auseinandersetzung mit der ‚verfahrensrechtlichen Doppelverpflichtungstheorie‘ geht ein Prolog voraus, der verdeutlichen soll, dass sich die prozessuale Wirkung einer Schiedsvereinbarung maßgeblich von materiell-rechtlich wirkenden Verträgen unterscheidet. Daher bedarf es für eine Wirkungserstreckung auf Dritte, die nicht Parteien der Schiedsvereinbarungen sind, auch keines gesonderten Vertragsabschlusses.

1. These der Gleichstufigkeit von Schiedsvereinbarung und Hauptvertrag

Die These von der Wirkungserstreckung kraft Doppelverpflichtung beruht auf der Annahme der Gleichstufigkeit von Schiedsvereinbarung und Hauptvertrag. Gleiches gilt im Übrigen für die Annahme, die Wirkung der Schiedsvereinbarung

149 So *Hopt,* in: Baumbach/Hopt, HGB, § 128 Rn. 40; *Massuras,* Mehrparteienschiedsgerichtsbarkeit, 151-153; *W. Müller/Keilmann*, SchiedsVZ 2007, 113, 115; *Schlosser,* in: Stein/Jonas, ZPO, § 1029 Rn. 34; *Schmidt*, DB 1989, 2315, 2318; *ders.*, ZHR 162 (1998), 265, 273; *ders.*, in: MünchKomm.HGB, § 128 Rn. 22; *Weber/v. Schlabrendorff,* in: FS Glossner (1994), 477, 483 f.

150 *Haas/Oberhammer,* in: FS K. Schmidt (2009), 493, 503.

auf den Zessionar stütze sich auf eine Vertragsübernahme oder einen Neuabschluss der Schiedsvereinbarung.[151]

Bereits dieser Ausgangspunkt der beiden Thesen überzeugt nicht. Denn die Schiedsvereinbarung ist keine auf gleicher Stufe mit dem Hauptvertrag stehende Vereinbarung,[152] was die folgenden Überlegungen zeigen.

a) Schiedsvereinbarung als nicht hauptvertragsautonome Vereinbarung

Die Schiedsvereinbarung ist von ambivalenter Rechtsnatur: Einerseits ist sie eine rechtlich selbstständige Vereinbarung, andererseits besteht eine untrennbare Verbindung mit dem Hauptvertrag, da für die Streitigkeiten aus dem Hauptvertrag ein Schiedsverfahren vereinbart wird.

Die Schiedsvereinbarung ist grundsätzlich ein eigenständiger Vertrag – ungeachtet der Einordnung als Prozess- oder materiell-rechtlicher Vertrag – und als solcher unabhängig vom Hauptvertrag,[153] mithin ist sie *„hauptvertragsautonom"*[154]. Dies betrifft jedoch nur das Zustandekommen und Bestehen der Schiedsvereinbarung. Die Wirkung ist nicht „hauptvertragsautonom", und insofern überzeugt die Annahme der Gleichstufigkeit von Schiedsvereinbarung und Hauptvertrag nicht. Denn Bestandteil eines jeden materiellen Rechtsverhältnisses ist stets auch ein prozessualer Aspekt: die Klagbarkeit des Rechts.[155] Über diese Klagbarkeit können die Parteien auf Grundlage der Privatautonomie verfügen,[156] und eine solche Verfügung ist der Abschluss einer Schiedsvereinbarung. Es handelt sich daher um einen *„prozessualen Dispositionsakt"*[157]. Die Wirkung der Schiedsvereinbarung wohnt dem materiellen Rechtsverhältnis inne und ist damit nicht „hauptvertragsautonom". Infolge dessen kann die Schiedsvereinbarung nicht als eine mit dem Hauptvertrag gleichstufige Vereinbarung gesehen werden.

---

151 Siehe dazu bereits S. 23 f.

152 So auch *Schlosser,* in: Liber Amicorum Böckstiegel (2001), 697, 712 f.

153 Begr. RegE SchiedsVfG, BT-Drucks. 13/5274, S. 43; *Geimer,* in: Zöller, ZPO, § 1029 Rn. 1; *Münch,* in: MünchKomm.ZPO, § 1029 Rn. 8 f.; *K. H. Schwab,* KTS 1961, 17, 18 f.; *Schwab/Walter,* Schiedsgerichtsbarkeit, Kap. 4 Rn. 16.

154 *Schlosser,* in: Liber Amicorum Böckstiegel (2001), 697, 698.

155 Mot. I S. 357 in *Mugdan,* Gesammte Materialien zum Bürgerlichen Gesetzbuch, Bd. 1, 548 f.: „Der Begriff des subjektiven Privatrechtsrechts bedingt für das moderne Recht die gerichtliche Verfolgbarkeit. […] Die *Klagbarkeit* des Rechts ist die selbstverständliche *Regel.*" (Hervorhebungen im Original); *Roth,* in: Stein/Jonas, ZPO, vor § 253 Rn. 126; *Wagner,* Prozeßverträge, 402, 411.

156 BGH NJW 1982, 2072, 2073; *Greger,* in: Zöller, ZPO, vor § 253 Rn. 19; *Roth,* in: Stein/Jonas, ZPO, vor § 253 Rn. 128 f.; eingehend *Wagner,* Prozeßverträge, 408-413.

157 *Geimer,* in: Zöller, ZPO, § 1029 Rn. 17.

Aus diesem Grund bedarf weder die Wirkungserstreckung einer Schiedsvereinbarung einer Gesellschaft auf persönlich haftende Gesellschafter noch die Wirkung einer Schiedsvereinbarung zwischen Zedent und Schuldner auf den Zessionar der Zustimmung der Betroffenen.[158]

b) Abhängigkeit der Schiedsvereinbarung vom Hauptvertrag am Beispiel des § 139 BGB

Ein weiterer Aspekt soll die Abhängigkeit der Schiedsvereinbarung vom Hauptvertrag verdeutlichen. Die Schiedsvereinbarung verliert ohne das zugrunde liegende Rechtsverhältnis ihren eigentlichen Sinn und kann allenfalls als rechtlich bedeutungslose Vereinbarung weiter bestehen.[159] Folglich findet § 139 BGB im Verhältnis Haupt- und Schiedsvertrag keine Anwendung, da die Frage, ob die Schiedsvereinbarung ohne den Hauptvertrag geschlossen worden wäre, sinnlos ist.[160] Der Hauptvertrag und die Schiedsvereinbarung bilden eine denklogisch nicht zu trennende Einheit und die mit der Schiedsvereinbarung bezweckte Wirkung steht in einem untrennbaren Zusammenhang mit dem Hauptvertrag.

c) Prozessualer Seitenblick ins Insolvenzrecht

Auch ein Seitenblick ins Insolvenzrecht verdeutlicht, dass Hauptvertrag und Schiedsvereinbarung keine gleichstufigen Vereinbarungen sind. Nach § 103 InsO besteht ein Erfüllungswahlrecht des Insolvenzverwalters für gegenseitige und noch nicht erfüllte Verträge des Schuldners. Dies gilt jedoch nach ganz herrschender Ansicht nicht für eine vom Schuldner getroffene Schiedsvereinbarung.[161] Tragendes Element der Begründung ist, dass die Schiedsvereinbarung kein selbstständiger Vertrag ist, dessen Erfüllung der Insolvenzverwalter nach § 103 Abs. 2 S. 1 InsO ablehnen kann – im Gegenteil: Die Schiedsvereinbarung ist lediglich eine Vereinbarung über die prozessuale Behandlung des materiellen Rechts, die über die Insolvenz hinaus gilt. Wählt der Insolvenzverwalter die Erfüllung des Hauptvertrags, so muss er auch die prozessuale Wirkung der Schiedsvereinbarung als „Anhängsel" des Hauptvertrags hinnehmen.

---

158 Vgl. zur Abtretung *Schlosser,* in: Liber Amicorum Böckstiegel (2001), 697, 702 f.

159 Die Nichtigkeit oder Unwirksamkeit des Hauptvertrages bewirkt i. d. R. nicht die Nichtigkeit bzw. Unwirksamkeit der Schiedsvereinbarung *(‚Autonomie der Schiedsvereinbarung'),* siehe BGHZ 53, 315, 318 f.; *Geimer,* in: Zöller, ZPO, § 1029 Rn. 1.

160 BGHZ 53, 315, 318 f.; BGH NJW 1979, 2567, 2568; *Rosenberg/Schwab/Gottwald,* Zivilprozessrecht, § 175 Rn. 9; *K. H. Schwab,* KTS 1961, 17, 20.

161 BGH NJW 1979, 2567; ZInsO 2004, 88; ZIP 2011, 1477, 1478; *Schlosser,* in: Stein/Jonas, ZPO, § 1029 Rn. 35; *Tintelnot,* in: Kübler/Prütting/Bork, InsO, § 103 Rn. 136; *Wagner*, KTS 2010, 39, 42; *Wegener,* in: Uhlenbruck, InsO, § 103 Rn. 55.

d) Schiedsvereinbarung als Prozessvertrag

Die Annahme von der fehlenden Gleichstufigkeit von Schiedsvereinbarung und Hauptvertrag wird auch durch die Einordnung der Schiedsvereinbarung als Prozessvertrag durch die herrschende Lehre untermauert.[162] Mit der Qualifizierung als Prozessvertrag geht die Überlegung einher, dass die charakteristische Wirkung der Schiedsvereinbarung eine prozessuale, die Grundlage dieser Wirkung jedoch materiell-rechtlicher Natur ist. Die Geltung eines solchen Prozessvertrags hängt von dem zugrunde liegenden Rechtsverhältnis ab. Daher kann die Schiedsvereinbarung nicht als auf einer Stufe mit dem Hauptvertrag stehend angesehen werden. Die Schiedsvereinbarung modifiziert letztlich den Inhalt des Hauptvertrags, sodass sich die Wirkung der Schiedsvereinbarung nach dessen Wirkung richtet.

2. *Wirkungserstreckung im Lichte der Relativität der Rechtsgeschäftswirkungen*

Sowohl der Kritik an einer Wirkungserstreckung kraft § 128 HGB als auch der Kritik an einer *ipso-iure*-Bindung des Zessionars an eine vor der Abtretung geschlossene Schiedsvereinbarung liegt eine gemeinsame Annahme zugrunde: die Relativität der Wirkung der Schiedsvereinbarung. An die Schiedsvereinbarung könne nur gebunden sein, wer auch Partei derselben sei; daher könne der Gesellschafter nur als Partei der Schiedsvereinbarung an diese gebunden sein; ebenso könne der Zessionar nur durch eine rechtsgeschäftliche Übernahme der Schiedsvereinbarung an diese gebunden sein. Dem ist jedoch zu widersprechen.

Zunächst ist zwar richtig, dass für Schiedsvereinbarungen der Grundsatz der Relativität der Rechtsgeschäftswirkung gilt[163] und dass diese grundsätzlich nur die Vertragsparteien bindet.[164] Dennoch müssen auch Dritte die Wirkung der Schiedsvereinbarung gegen sich gelten lassen, und zwar ohne deren unmittelbare Zustimmung. Denn die Wirkungserstreckung beruht nicht auf Vertrag, sondern auf Gesetz, im Fall der Wirkungserstreckung in der Personengesellschaft auf

162 Siehe *Geimer,* in: Zöller, ZPO, § 1029 Rn. 15-17; *Hellwig,* Systematik des zivilprozeßrechtlichen Vertrages, 56 f.; *Münch,* in: MünchKomm.ZPO, § 1029 Rn. 13; *Rosenberg/Schwab/Gottwald,* Zivilprozessrecht, § 175 Rn. 7; *Schlosser,* in: Stein/Jonas, ZPO, § 1029 Rn. 1; *Schwab/Walter,* Schiedsgerichtsbarkeit, Kap. 7 Rn. 37; *Wagner,* Prozeßverträge, 578-582; neuerdings auch BGHZ 99, 143, 147; 180, 221, 228 („Unterfall des Prozessvertrages"); einen doppelfunktionellen, teils prozessrechtlichen, teils privatrechtlichen Vertrag nimmt an, *Habscheid,* KTS 1962, 1, 3 f.; *ders.*, KTS 1966, 1, 2 f.; *ders.*, KTS 1970, 133, 139; einen materiellrechtlichen Vertrag nahm (bislang) die Rspr. an, siehe RGZ 144, 98, 99; BGHZ 23, 198, 200; 40, 320, 322.

163 *Massuras,* Mehrparteienschiedsgerichtsbarkeit, 95; *Schlosser,* Schiedsgerichtsbarkeit, Rn. 424.

164 BGH NJW-RR 1991, 423, 424; *Schwab/Walter,* Schiedsgerichtsbarkeit, Kap. 7 Rn. 22.

§ 128 HGB, im Fall der Forderungsabtretung auf dem Gesamtprinzip der §§ 398 S. 2, 401, 404 BGB. Derjenige, der sich der Wirkungserstreckung aussetzt, schließt zunächst selbst ein Rechtsgeschäft ab (Gesellschaftsvertrag oder Vertrag zur Forderungsabtretung), und dessen gesetzliche Folge ist die Wirkungserstreckung der Schiedsvereinbarung. Eine solche gesetzliche Einbeziehung in ein fremdes Rechtsverhältnis ist im BGB an zahlreichen Stellen angelegt, wie zB. in § 566 BGB („Kauf bricht nicht Miete") oder in § 613a BGB („Rechte und Pflichten bei Betriebsübergang"). Das Gesetz selbst durchbricht damit in gewissem Umfang den Grundsatz der Relativität der Rechtsgeschäftswirkungen[165] und trägt damit der Tatsache Rechnung, dass einzelne Verträge nicht vollständig losgelöst vom „Rest der Welt"[166] betrachtet werden können.

II. Parallele Kritik an den Doppelverpflichtungstheorien

Bevor die „verfahrensrechtliche Doppelverpflichtungstheorie" in ihren Einzelheiten erörtert wird, ist zu fragen, ob die grundsätzlichen Einwände gegen die Doppelverpflichtungstheorie[167] in gleicher Weise gegen eine Doppelverpflichtungstheorie im Verfahrensrecht sprechen. Bemerkenswert ist in diesem Kontext, dass mit *Karsten Schmidt* ein langjähriger Befürworter der Akzessorietätstheorie und vehementer Kritiker der Doppelverpflichtungstheorie[168] zugleich prominenter Fürsprecher der Wirkungserstreckung qua Doppelverpflichtung ist.[169]

Gewichtiger Kritikpunkt an dieser Theorie im Allgemeinen ist, dass sie zu einer Fiktion von Willenserklärungen führt.[170] Letztendlich wollen die Beteiligten nicht eine Vielzahl von Verträgen zum Zwecke der Haftung schließen, sondern nur *einen* Vertrag; für dessen Erfüllung müssten die Gesellschafter dann haften.[171] Dabei ist aus rechtsdogmatischer Sicht das Konstrukt basierend auf einer Vielzahl von (fiktiven) Willenserklärungen für die Haftungsbegründung entbehrlich. Denn

---

165 *Olzen,* in: Staudinger, BGB, § 241 Rn. 303.

166 *Medicus*, JuS 1973, 613, 622: „Die im Schuldverhältnis angelegte Isolation auf G[läubiger] und S[chuldner], die Abkapselung gegenüber „dem Rest der Welt", befriedigt heute nicht mehr überall. Daher wird das Schuldverhältnis zunehmend durch Drittbeziehungen erweitert. Ein erheblicher Teil von ihnen trägt insbesondere den sozialen Bindungen Rechnung, die über den rechtlichen Mikrokosmos des Schuldverhältnisses hinaus reichen".

167 Zur Darstellung des Streits mit Nachweisen für beide Ansichten *Ulmer*, ZIP 1999, 554 ff.; *ders.*, ZIP 2001, 585 ff.

168 Siehe *Schmidt,* Gesellschaftsrecht, § 60 III.3 (S. 1801 f.); *ders.*, in: MünchKomm.HGB, § 128 Rn. 4.

169 *Schmidt*, DB 1989, 2315, 2318 f.; *ders.*, ZHR 162 (1998), 265, 272 f.; *ders.*, in: Münch Komm.HGB, § 128 Rn. 22.

170 *Ulmer*, ZIP 1999, 554, 564; *ders.,* ZIP 2001, 585, 590.

171 *Schmidt,* Gesellschaftsrecht, § 60 III.3 (S. 1801).

in den §§ 128-130 HGB mit den hierzu entwickelten Auslegungsgrundsätzen besteht ein bereits „vorgeprägtes Haftungsmodell“[172], das den Gläubigern die persönliche Gesellschafterhaftung garantiert und den Gesellschaftern das Recht sichert, sich gegenüber den Gesellschaftsgläubigern auf Einreden der Gesellschaft berufen zu können und Einwendungen vorzutragen.

Diese Kritik lässt sich auf die verfahrensrechtliche Doppelverpflichtungstheorie übertragen. Ein Rückgriff auf das Konstrukt – aufbauend auf Auslegung der Schiedsvereinbarung und Abschluss der Schiedsvereinbarung durch jeden einzelnen Gesellschafter, vertreten durch den handelnden Geschäftsführer oder Gesellschafter – ist aus rechtsdogmatischer Sicht nicht notwendig. Betrachtet man die Schiedsvereinbarung als Modalität des Anspruchs gegen die Gesellschaft und lässt man die Gesellschafter kraft § 128 HGB für die Erfüllung der Gesellschaftsschulden samt prozessualer Modalitäten haften, dann bedarf es keines Rückgriffs auf dieses rechtsgeschäftliche Konstrukt. Auch die Vorstellung, der für die Gesellschaft Handelnde agiere stets zugleich für die Gesellschafter, führt zu einer nicht notwendigen Fiktion von Willenserklärungen.

III. Wirkungserstreckung auf Grundlage einer „verfahrensrechtlichen Doppelverpflichtungstheorie“

Trotz der vorhergehend geäußerten grundlegenden Bedenken sollen die Merkmale einer Wirkungserstreckung kraft Doppelverpflichtung im Einzelnen erörtert werden, um sich mit den Begründungsansätzen dieser Ansicht[173] auseinanderzusetzen.

1. Auslegung der Schiedsvereinbarung

So ist zunächst zu fragen, ob Schiedsvereinbarungen regelmäßig dahingehend ausgelegt werden können, dass aus Sicht eines gesellschaftsfremden Dritten – des Gesellschaftsgläubigers – auch die haftenden Gesellschafter Parteien der Schiedsvereinbarung werden.

Die Auslegung von Schiedsvereinbarungen richtet sich nach den §§ 133, 157 BGB.[174] Bei der objektiv normativen Auslegung nach den §§ 133, 157 BGB ist maßgeblich, wie die Erklärung nach Treu und Glauben unter Berücksichtigung der Verkehrssitte von denen verstanden werden musste, für die sie bestimmt war.[175]

---

172 *Ulmer*, ZIP 1999, 554, 563.

173 Nw. bei Fn. 149.

174 *Münch*, in: MünchKomm.ZPO, § 1029 Rn. 105.

175 BGHZ 36, 30, 33; *Bork*, Allgemeiner Teil des BGB, Rn. 499 f.; *Singer*, in: Staudinger, BGB, § 133 Rn. 18.

Die Verkehrssitte wird definiert als die den Verkehr tatsächlich beherrschende Übung, wobei die Auslegung von der Kenntnis der Beteiligten unabhängig ist.[176] Der entscheidende Aspekt ist dabei der Schutz des Vertrauens des Erklärungsempfängers.[177]

Von den Befürwortern der Wirkungserstreckung qua Auslegung wird nun angeführt, dass die herrschende Ansicht von der Bindung der Gesellschafter an die Schiedsvereinbarung der Gesellschaft ausgeht, sodass es dem Erwartungshorizont der Vertragsparteien entspricht, auch die Gesellschafter durch die Schiedsvereinbarung zwischen Gesellschaft und dem Dritten zu binden.[178] Dem ist zuzustimmen; denn die Einbeziehung der Gesellschafter in die Wirkung der Schiedsvereinbarung – ungeachtet der dogmatischen Begründung – und die darauf aufbauende jahrzehntelange Spruchpraxis der Gerichte ist als Verkehrssitte zu sehen. Folglich darf ein objektiver Dritter bei Abschluss einer Schiedsvereinbarung mit einer Personengesellschaft darauf vertrauen, auch die persönlich haftenden Gesellschafter vor dem Schiedsgericht in Anspruch nehmen zu können.

2. *Einzelne Voraussetzungen der Doppelverpflichtung*

Die §§ 1025 ff. ZPO enthält keine Regelungen über das Zustandekommen von Schiedsvereinbarungen, sodass auf die allgemeinen Vorschriften zurückzugreifen ist, im Fall der Vertretung: § 164 Abs. 1 BGB.

a) Handeln in fremdem Namen

Eine Schiedsvereinbarung zwischen einem gesellschaftsfremden Dritten – dem Geschäftsgläubiger – und dem Gesellschafter setzt zunächst voraus, dass der für die Gesellschaft Handelnde nicht nur im Namen der Gesellschaft, sondern auch im Namen des Gesellschafters aufgetreten ist (§ 164 Abs. 1 BGB). Dabei genügen bereits Anhaltspunkte, die nach den allgemeinen Auslegungsregeln den Schluss zulassen, dass mit Rechtswirkung für einen anderen gehandelt werden soll.[179] Im Rahmen der Auslegung ist dabei eine nach beiden Seiten interessengerechte Beurteilung anzustreben, die den Vertragserklärungen einen vertretbaren Sinngehalt gibt,[180] wobei sowohl rechtliche als auch wirtschaftliche Aspekte zu

---

176 *Busche,* in: MünchKomm.BGB, § 157 Rn. 16, 18; *Singer,* in: Staudinger, BGB, § 133 Rn. 65-67.

177 *Bork,* Allgemeiner Teil des BGB, Rn. 500.

178 Siehe *Schmidt,* DB 1989, 2315, 2318; *Weber/v. Schlabrendorff,* in: FS Glossner (1994), 477, 484 f.

179 *Schilken,* in: Staudinger, BGB, § 164 Rn. 1; *Schramm,* in: MünchKomm.BGB, § 164 Rn. 14, 21.

180 BGHZ 21, 319, 328; 115, 1, 5; 131, 136, 138; BGH ZIP 1994, 857, 858.

berücksichtigen sind. Entscheidend ist dabei, wie sich die Erklärung nach Treu und Glauben für den Empfänger erkennbar darstellt.[181]

Auf dieser Grundlage spricht vieles – im Einklang mit dem zuvor zur Auslegung der Schiedsvereinbarung Gesagten[182] – für ein Handeln auch im Namen der haftenden Gesellschafter. Denn die Offenlegung der Stellvertretung dient dem Schutz des Vertragspartners,[183] und der schützenswerte Gesellschaftsgläubiger konnte beim Abschluss der Schiedsvereinbarung davon ausgehen, dass auch die persönlich haftenden Gesellschafter an die Schiedsvereinbarung gebunden sind. Diese Sicht des Gesellschaftsgläubigers ist hier entscheidend

Fehl geht daher der dogmatische Ausgangspunkt von *Weber/von Schlabrendorff,* da diese meinen, dass bei den Gesellschaftern einer oHG regelmäßig ein Interesse an der schiedsrechtlichen Bindung bestehe, da es sich zumeist um Branchenangehörige handele, die hauptberuflich für die Gesellschaft tätig seien.[184] Diese gehen somit nicht von der Sicht des Erklärungsempfängers – hier: des Gesellschaftsgläubigers – aus, sondern von der Sicht des vermeintlich Vertretenen. Auch erscheint die Annahme von *Weber/von Schlabrendorff* als Fingieren eines Gesellschafterwillens, der sich höchstens hypothetisch ermitteln lässt und der nicht generell angenommen werden kann.[185] Es könnte im Gegenteil sehr wohl dem Interesse eines Gesellschafters entsprechen, der Schiedsvereinbarung nicht zu unterstehen. Der Anspruchsteller wäre damit vor die Wahl gestellt, ob er tatsächlich parallel vor dem Schiedsgericht und vor den staatlichen Gerichten klagen will oder ob er den Rechtsstreit gegen die Gesellschaft zunächst nur vor dem Schiedsgericht anstrengt. Der Typus des haftenden Gesellschafters, der nicht versucht, sich der Haftung zu entziehen, erscheint eher realitätsfern.

Im Ergebnis lässt sich ein Handeln in fremdem Namen begründen, ohne einen solchen Gesellschafterwillen zu unterstellen oder zu konstruieren.

b) Handeln mit Vertretungsmacht

Selbst wenn man die geäußerten Bedenken aus dem Fokus rückt, ist fraglich, ob der vermeintliche Vertreter auch befugt ist, die Gesellschafter zu vertreten – oder ob es sich dabei letztlich nicht um eine (weitere) Fiktion handelt.

---

181 BGHZ 36, 30, 33; 125, 175, 178; BGH ZIP 2000, 1719, 1721; *Bork,* Allgemeiner Teil des BGB, Rn. 1384.

182 Siehe soeben 1.

183 *Bork,* Allgemeiner Teil des BGB, Rn. 1378; *Schilken,* in: Staudinger, BGB, Vorbem. zu §§ 164 ff. Rn. 35; *Schramm,* in: MünchKomm.BGB, § 164 Rn. 14.

184 *Weber/v. Schlabrendorff,* in: FS Glossner (1994), 477, 484 f.; dagegen *Haas/Oberhammer,* in: FS K. Schmidt (2009), 493, 503 f.

185 So auch *Haas/Oberhammer,* in: FS K. Schmidt (2009), 493, 504 f.

Im Grundsatz umfasst die organschaftliche Vertretungsmacht der Gesellschafter oder die einem Dritten verliehene Vertretungsmacht allein die Vertretung der Gesellschaft und nicht zugleich die Vertretung der Gesellschafter.[186] Den Befürwortern der Wirkungserstreckung kraft „Doppelverpflichtung" zufolge kann die Vertretungsmacht für die Gesellschafter „in der Regel"[187] bzw. „im Zweifel"[188] angenommen oder zumindest „vermutet"[189] werden. Dieses Konstrukt erinnert wiederum an die überkommene Doppelverpflichtungstheorie, wonach der im Namen und in Vertretung der Gesellschaft handelnde Gesellschafter gleichzeitig auch mit Vertretungsmacht für seine Mitgesellschafter handelte; die Vertretungsmacht sollte sich hierbei aus dem Gesellschaftsvertrag ergeben. Mit der nunmehr herrschenden Akzessorietätstheorie ist dies abzulehnen. Denn nach (nunmehr) einhelliger Auffassung ist der zur Vertretung der Gesellschaft berechtigte Gesellschaft nicht ermächtigt, auch die übrigen Gesellschafter zu verpflichten.

Zudem wäre dies im Lichte der verfassungsrechtlich geschützten Vertragsfreiheit überaus bedenklich. Denn die Vertragsfreiheit umfasst auch die Abschlussfreiheit, also die Freiheit des Einzelnen, ob und mit wem er einen Vertrag abschließen möchte.[190] Darüber, ob die Gesellschafter aus rechtsökonomischen oder wirtschaftlichen Gründen tatsächlich den Willen haben, eine Vollmacht zum Abschluss einer Schiedsvereinbarung zu erteilen, kann nur gemutmaßt werden. Eine dahingehende grundsätzliche Vermutung oder Regel ist jedenfalls nicht anzunehmen.

Hilfsweise sollen nach einer weiteren Ansicht die Grundsätze der Duldungs- oder Anscheinsvollmacht die Vertretungsmacht für die Gesellschafter begründen.[191] Auch dieser Gedanke überzeugt im Ergebnis nicht. Denn bei Duldungs- oder Anscheinsvollmacht muss der Rechtsschein einer Bevollmächtigung bestanden haben, aufgrund dessen dem Vertretenen eine Bevollmächtigung zugerechnet werden kann. Im Fall der Duldungsvollmacht wird ihm dies zugerechnet, weil er die dem Rechtsschein zugrunde liegenden Tatsachen kannte und nicht dagegen eingeschritten ist, obwohl ihm das möglich gewesen wäre;[192] im Fall der

---

186 *Habersack,* in: Großkomm.HGB, § 126 Rn. 4; *Ulmer/Schäfer,* in: MünchKomm.BGB, § 715 Rn. 2, § 714 Rn. 5 f.; *Weber/v. Schlabrendorff,* in: FS Glossner (1994), 477, 485.

187 *Hopt,* in: Baumbach/Hopt, HGB, § 128 Rn. 40.

188 *Schmidt,* ZHR 162 (1998), 265, 273.

189 *Schmidt,* DB 1989, 2315, 2318.

190 *Bork,* Allgemeiner Teil des BGB, Rn. 661.

191 *Schlosser,* in: Stein/Jonas, ZPO, § 1029 Rn. 34; *Weber/v. Schlabrendorff,* in: FS Glossner (1994), 477, 485.

192 *Schilken,* in: Staudinger, BGB, § 167 Rn. 40; *Schramm,* in: MünchKomm.BGB, § 167 Rn. 47, 50; vgl. zu der Frage, ob auch ein einmaliges oder erstmaliges Auftreten den Tatbestand der Duldungsvollmacht erfüllt *Bork,* Allgemeiner Teil des BGB, Rn. 1550.

Anscheinsvollmacht kannte er diese Tatsachen zwar nicht, hätte diese aber bei Anwendung pflichtgemäßer Sorgfalt erkennen müssen und den Rechtsschein beseitigen können.[193]

Ob ein solcher Rechtsschein der Vertretungsmacht besteht und den Gesellschaftern zugerechnet werden kann, lässt sich ohne Kenntnis des konkreten Sachverhalts nicht feststellen. Allein der Umstand, Mitglied einer Personengesellschaft zu sein, begründet jedenfalls keinen derartigen Rechtsschein der Bevollmächtigung der Gesellschafter.[194] Das Konzept der Anscheins- oder Duldungsvollmacht kann allenfalls im Einzelfall herangezogen werden; zur Begründung eines grundsätzlichen Lösungsweges ist dieses Konzept somit nicht geeignet.

c) Formerfordernis des § 1031 ZPO

Gleich, ob rechtsgeschäftlich erteilte Vertretungsmacht bzw. Anscheins- oder Duldungsvollmacht: Die Wirkungserstreckung kraft „Doppelverpflichtung" ist abschließend an dem abgestuften Formerfordernis des § 1031 ZPO zu messen.[195] Daher ist zu erörtern, ob das gefundene Auslegungsergebnis auch der Formvorschrift des § 1031 ZPO genügt. Davon getrennt ist zu prüfen, ob die Bevollmächtigung durch die Gesellschafter einem Formerfordernis unterliegt.

aa) Form der Bevollmächtigung

Bevollmächtigungen zum Abschluss von Schiedsvereinbarungen können trotz des Formerfordernisses des § 1031 ZPO formfrei erfolgen.[196] Dies entspricht dem allgemein anerkannten Grundsatz, dass die Erteilung der Vollmacht grundsätzlich keiner Form bedarf (§ 167 Abs. 2 BGB), soweit eine solche nicht gesetzlich angeordnet ist oder die Vollmacht unwiderruflich erteilt wird.[197]

---

193 BGH NJW 1998, 1854, 1855; *Schilken,* in: Staudinger, BGB, § 167 Rn. 40; *Schramm,* in: MünchKomm.BGB, § 167 Rn. 54, 56.

194 *Haas/Oberhammer,* in: FS K. Schmidt (2009), 493, 506.

195 Ein Großteil der Literatur gründet sich noch auf der Vorgängervorschrift des 1031 ZPO: § 1027 Abs. 1, 2 ZPO i. d. F. vom 1.01.1964; daher erörtern *Schmidt*, DB 1989, 2315, 2318 f. und *Weber/v. Schlabrendorff,* in: FS Glossner (1994), 477, 481 f., 485 f., wie sich die Kaufmannseigenschaft der persönlich haftenden Gesellschafter auf die Diskussion um § 1027 Abs. 2 ZPO a.F. auswirkt.

196 *Geimer,* in: Zöller, ZPO, § 1031 Rn. 13; *Münch,* in: MünchKomm.ZPO, § 1031 Rn. 17; *Schlosser,* in: Stein/Jonas, ZPO, § 1031 Rn. 12; *Weihe,* Schutz der Verbraucher im Recht der Schiedsgerichtsbarkeit, 176 f.; a.A. *Wagner,* in: Böckstiegel/Berger/Bredow (Hrsg.), Beteiligung Dritter an Schiedsverfahren, 7, 39.

197 RGZ 110, 319, 320; BGHZ 138, 239, 242 f.; BGH NJW 1979, 2306; *Bork,* Allgemeiner Teil des BGB, Rn. 1467; *Schilken,* in: Staudinger, BGB, § 167 Rn. 18-20.

bb) Auslegungsergebnis und Form des § 1031 ZPO

Bei der Auslegung eines formbedürftigen Rechtsgeschäfts ist die Formfrage von der Inhaltsfrage zu unterscheiden. Formvorschriften sagen nichts über den Inhalt von Rechtsgeschäften aus, sondern regeln ihrem Inhalt und Zweck nach einzig, wie das Erklärte beschaffen sein muss, um wirksam zu werden.[198] Für die Wirkungserstreckung qua Auslegung ist demnach zu fragen, ob die Formvorschrift des § 1031 ZPO einer solchen Auslegung der Schiedsvereinbarung im Wege steht. Auf Grundlage der Andeutungstheorie ist der durch Auslegung festgestellte Inhalt des Rechtsgeschäfts nur formwirksam erklärt, wenn dieser in der Urkunde einen – wenn auch nur unvollkommenen oder andeutungsweisen – Ausdruck gefunden hat.[199] Dies wird typischerweise nicht der Fall sein. Schiedsvereinbarungen zielen regelmäßig nur auf die Bindung der „eigentlichen Vertragsparteien“ ab und nicht auch auf die Bindung Dritter, wie z.B. der Gesellschafter.[200]

IV. Resümee

Letztendlich erkennen auch die Befürworter der Wirkungserstreckung nach der Doppelverpflichtungslehre an, dass „diese Lösung nicht mit zwingender Schärfe begründbar ist“[201]. Denn dieser Lösungsweg fingiert zweierlei:

- die Abgabe einer Willenserklärung der Gesellschafter,
- die mit Vertretungsmacht abgegeben sein soll.

Diese zwei Fiktionen werden auf Seiten der Gesellschafter mit der Mitgliedschaft in der Personengesellschaft gerechtfertigt und auf Seiten des Vertragspartners mit dessen Vertrauen auf die – im Ergebnis fast unbestrittene – Wirkungserstreckung der Schiedsvereinbarung. Gegenüber der Wirkungserstreckung kraft § 128 HGB überzeugt dies nicht.

---

198 BGHZ 86, 41, 46 f.; *Singer,* in: Staudinger, BGB, § 133 Rn. 30.

199 BGHZ 63, 359, 362; 74, 116, 119 f.; 80, 242, 245; 87, 150, 154; kritisch dazu *Bork,* Allgemeiner Teil des BGB, Rn. 562.

200 So auch *Haas/Oberhammer,* in: FS K. Schmidt (2009), 493, 506.

201 *Schmidt,* DB 1989, 2315, 2318.

D. Zusammenfassung und Schlussfolgerungen

I. Zusammenfassung

Wie ein Déjà-vu wirkt der Streit zwischen den beiden diskutierten Ansichten: Wirkungserstreckung auf Grundlage des § 128 HGB und Wirkungserstreckung auf Grundlage der Auslegung der Schiedsvereinbarung. Die Diskussion mutet als eine verfahrensrechtliche Kopie des Streits zwischen Akzessorietäts- und Doppelverpflichtungstheorie an. Im Ergebnis sprechen sowohl in dem althergebrachten materiell-rechtlichen Streit als auch in dem hier aufgeworfenen verfahrensrechtlichen Streit die überzeugenderen Argumente für eine Anwendung des § 128 HGB und gegen eine Doppelverpflichtung von Gesellschaft und Gesellschaftern.

II. Schlussfolgerungen für den Kommanditisten

Diese Wertung ist auch mit der Ansicht der herrschenden Meinung vereinbar, dass der Kommanditist – anders als der Komplementär als persönlich haftender Gesellschafter – von der Wirkungserstreckung der Schiedsvereinbarung der KG nicht umfasst wird.[202] Für den Kommanditisten gilt der Grundsatz der unbeschränkten Haftung nicht, da er sich für das Modell einer gesetzlich beschränkten Haftung entschieden hat. Folglich fehlt es an einer gesetzlichen Grundlage, die eine Wirkungserstreckung rechtfertigen würde. Der Kommanditist geht ein bewusst geringeres Haftungsrisiko ein, was sich in der fehlenden Wirkungserstreckung der Schiedsvereinbarung widerspiegelt.

202 BGH NJW-RR 1991, 423, 424; OLG Hamburg RIW 1989, 574, 577; *Geimer,* in: Zöller, ZPO, § 1029 Rn. 64; *Hopt,* in: Baumbach/Hopt, HGB, § 171 Rn. 3; *Münch,* in: MünchKomm.ZPO, § 1029 Rn. 51; *Massuras,* Mehrparteienschiedsgerichtsbarkeit, 162 f. (einschränkend für den geschäftsführenden Kommanditisten); *Rosenberg/Schwab/Gottwald,* Zivilprozessrecht, § 175 Rn. 42; *Schlosser,* in: Stein/Jonas, ZPO, § 1029 Rn. 34; *Schwab/Walter,* Schiedsgerichtsbarkeit, Kap. 7 Rn. 35; *Schütze/Tscherning/Wais,* Handbuch des Schiedsverfahrens, Rn. 59; *Weber/ v. Schlabrendorff,* in: FS Glossner (1994), 477, 487 f.

§ 6
Wirkungserstreckung einer Schiedsvereinbarung auf GmbH-Gesellschafter und Aktionäre

A. Übersicht

Auch im Recht der Kapitalgesellschaften ist die Wirkungserstreckung einer Schiedsvereinbarung zwischen einer Gesellschaft und einem Gesellschaftsgläubiger auf die Gesellschafter denkbar. Anders als bei Personengesellschaften steht dem zunächst der Trennungsgrundsatz entgegen, der – wie im Folgenden aufgezeigt wird[203] – nicht nur eine materiell-rechtliche Trennung, sondern auch eine prozessuale Trennung bewirkt. Deshalb kann die Wirkungserstreckung im Recht der Kapitalgesellschaften nicht die Regel, sondern nur die Ausnahme sein – anders als im Recht der Personengesellschaften.

Im Folgenden werden als Grundlage der Wirkungserstreckung zwei gänzlich verschiedene Begründungsansätze in Betracht gezogen. Erstens wird im Anschluss an die Wirkungserstreckung auf Personengesellschafter erörtert, ob und unter welchen Voraussetzungen eine materielle Haftung der Gesellschafter einer Kapitalgesellschaft eine Wirkungserstreckung rechtfertigt. Zweitens wird untersucht, ob eine Wirkungserstreckung losgelöst von einer materiellen Haftung der Gesellschafter in Betracht kommt.

B. Trennungsgrundsatz und Wirkungserstreckung

Den Gesellschaftsgläubigern haftet grundsätzlich nur das Gesellschaftsvermögen (§ 13 Abs. 2 GmbHG; § 1 Abs. 1 S. 2 AktG). Dem Trennungsgrundsatz liegt die durch das positive Recht begründete Notwendigkeit zugrunde, zwischen dem Vermögen und den Schulden der Gesellschaft einerseits und der Gesellschafter andererseits zu unterscheiden. So wie sich die Rechtsfähigkeit der Kapitalgesellschaft nicht auf die Vermögensfähigkeit beschränkt,[204] beschränkt sich der Trennungsgrundsatz nicht auf allein vermögensrechtliche Aspekte.[205] Er schützt die Gesellschafter auch vor der Wirkung einer Schiedsvereinbarung der Gesellschaft. Die Rechtswirkungen von Vereinbarungen der Gesellschaft mit gesellschaftsfremden Dritten treffen allein die Gesellschaft und nicht die Gesellschafter; dies

203 Siehe sogleich B.

204 *Wiedemann,* Gesellschaftsrecht, Bd. 1, § 4 I.2 (S. 200).

205 *Raiser,* in: Ulmer, GmbHG, § 13 Rn. 5.

gilt auch für eine Schiedsvereinbarung der Gesellschaft mit einem Dritten. Ein Eingriff in die Rechte der Gesellschafter einer Kapitalgesellschaft aufgrund einer vertraglichen Verbindung zwischen der Gesellschaft und einem Dritten erfordert stets eine besondere Rechtfertigung. Dies gilt unabhängig davon, ob es sich um einen Eingriff in das Eigentum der Gesellschafter handelt oder um einen Eingriff in das Recht der Gesellschafter auf staatlichen Rechtsschutz.

C. Wirkungserstreckung einer Schiedsvereinbarng als Folge des Durchgriffs

Im Folgenden sollen drei Begründungsansätze zur Wirkungserstreckung auf Gesellschafter von Kapitalgesellschaften untersucht werden: Zunächst wird auf Grundlage der bereits erörterten Wirkungserstreckung kraft § 128 HGB erörtert, ob die Durchgriffshaftung die Wirkungserstreckung einer Schiedsvereinbarung auf die Gesellschafter rechtfertigt. Im Anschluss werden losgelöst von der (materiellen) Durchgriffshaftung zwei Ansätze erörtert: Zum einen ist mit Blick auf die Monografie von *Holeweg*[206] zu fragen, ob eine Wirkungserstreckung losgelöst von der materiellen Haftung begründet werden kann. Daran schließt sich die Erörterung an, ob eine Wirkungserstreckung auf Grundlage eines Zurechnungsdurchgriffs in Betracht kommt.

Bei der Problematik des Durchgriffs handelt es sich nicht um ein spezifisches GmbH-Problem, sondern um eine allgemeine Fragestellung rechtlich verselbstständigter Verbände. Aufgrund der unterschiedlichen Struktur der AG im Vergleich zur GmbH werden Probleme der Durchgriffshaftung dort selten problematisiert, und auch die folgende Erörterung der Wirkungserstreckung wird die AG zugunsten der GmbH vernachlässigen.[207] Da es sich bei der UG im Grundsatz um eine GmbH handelt, und alle Vorschriften des GmbH-Gesetzes und des gesamten deutschen Rechts, die die GmbH betreffen, auch für die UG gelten, sofern das GmbH-Gesetz nicht anders bestimmt,[208] gilt das zur GmbH Geschriebene auch für die UG.

206 *Holeweg,* Schiedsvereinbarungen und Strohmanngesellschaften.

207 So ebenfalls für das Problem des Haftungsdurchgriffs *Dauner-Lieb,* in: KK.AktG, § 1 Rn. 31; *Ehricke*, AcP 199 (1999), 257, 259.

208 Vgl. Begr. RegE MoMiG, BT-Drucks 16/6140, S. 31; *H. P. Westermann,* in: Scholz, GmbHG, § 5a Rn. 7.

I. Grundlagen des Durchgriffs

Aufgrund der uneinheitlichen Terminologie sollen zunächst kurz Grundlagen und Begrifflichkeiten des Durchgriffs für die weiteren Ausführungen geklärt werden.

Möchte ein Gläubiger auf das Vermögen der Gesellschafter zugreifen, kann er dies regelmäßig nur mittelbar über die Pfändung von Ansprüchen der Gesellschaft gegen die Gesellschafter erreichen. Nach der herrschenden, jedoch keineswegs unbestrittenen Auffassung weist dieses Haftungskonzept schwerwiegende Lücken auf, die nicht hinnehmbar sind.[209] In Ausnahmefällen, nämlich wenn die Anwendung des Trennungsgrundsatzes zu Ergebnissen führen würde, die Treu und Glauben widersprechen, muss dieser formale Grundsatz deshalb weichen.

Ungeachtet der anhaltenden Diskussion über Voraussetzungen und Folgen der Durchgriffshaftung haben sich zwei Hauptformen des Durchgriffs herausgebildet: Haftungsdurchgriff und Zurechnungsdurchgriff.[210] Ein Zurechnungsdurchgriff wird angenommen, wenn der Gesellschaft bestimmte Eigenschaften, Kenntnisse oder Erklärungen eines Gesellschafters zugerechnet werden.[211] Von Haftungsdurchgriff spricht man in den Fällen, in denen ein Gesellschafter für Verbindlichkeiten der Gesellschaft persönlich haftet, ohne dass ein besonderer Verpflichtungsgrund besteht.[212] Damit wird der Trennungsgrundsatz durch eine Reihe von Tatbeständen durchbrochen oder relativiert: *‚durchbrochen‘* im Fall einer Außenhaftung der Gesellschafter gegenüber den Gesellschaftsgläubigern und *‚relativiert‘* im Fall der Innenhaftung der Gesellschafter.

Zur dogmatischen Begründung stehen sich in der Lehre Missbrauchs-, Normanwendungs- und organschaftliche Haftungstheorien gegenüber.[213] Diese unterscheiden sich in den tatbestandlichen Voraussetzungen, unter denen ein Durch-

---

209 BSGE 56, 76, 81; vgl. auch *Röhricht,* in: FS 50 Jahre BGH (2000), 83, 92, 97-102 („Gewollter Freiraum oder planwidrige Schutzlücke?"); *Schmidt,* Gesellschaftsrecht, § 9 IV.1 (S. 234); kritisch *Flume,* Juristische Person, § 3 I (S. 68 f.);

210 Zur Unterscheidung von Zurechnung und Haftung *Bork*, ZGR 1994, 237, 240 f.; *Wiedemann,* Unternehmensgruppe im Privatrecht, 21 f.

211 *Michalski/Funke,* in: Michalski, GmbHG, § 13 Rn. 313; *Raiser,* in: Ulmer, GmbHG, § 13 Rn. 52. Inwieweit der Zurechnungsdurchgriff der eigentlichen Durchgriffsproblematik zuzuordnen ist, kann hier dahinstehen, vgl. dazu *Emmerich/Bitter,* in: Scholz, GmbHG, § 13 Rn. 70, 75.

212 Treffend BGHZ 31, 258, 271: „Wenn der Gesellschafter aus einem besonderen Rechtsgrunde (Bürgschaft, Schuldbeitritt, Kreditauftrag, Garantievertrag, Verschulden beim Vertragsschluß oder unerlaubte Handlung) ohnehin haftet, geht es nicht um das Durchgriffsproblem."

213 Übersicht bei *Emmerich/Bitter,* in: Scholz, GmbHG, § 13 Rn. 112-129; *Schmidt,* Gesellschaftsrecht, § 9 II (S. 221-226); kritisch zur dogmatischen Begründung der Durchgriffshaftung *Ehricke*, AcP 199 (1999), 257 ff.

griff erwogen wird, und in den Rechtsfolgen. Keine dieser Theorien hat sich bislang als herrschender Begründungsansatz durchgesetzt, und eine umfassende Auseinandersetzung wäre hier fehl am Platz. Daher wird im Folgenden auf die einzelnen Theorien nur eingegangen, soweit dies für die Erörterung der Wirkungserstreckung gewinnbringend erscheint.

II. Schiedsdurchgriff als Folge des (materiellen) Haftungsdurchgriffs

Im Anschluss an die vorhergehende Erörterung der Wirkungserstreckung kraft § 128 HGB beruht die Wirkungserstreckung auf Grundlage des materiellen Haftungsdurchgriffs auf zwei aufeinander aufbauenden Thesen. Die erste These lautet, Schiedsvereinbarungen sind eine Modalität des zugrunde liegenden Anspruchs und können daher *ipso iure* gegen Dritte wirken, die nicht Partei der Vereinbarung sind; dies bedarf keiner neuerlichen Erörterung.[214] Die zweite These, die im Folgenden untersucht wird, ist: Zur Begründung der Wirkungserstreckung auf Gesellschafter von Kapitalgesellschaften bedarf es einer Rechtsgrundlage, die den Trennungsgrundsatz überwindet und die Wirkungserstreckung auf die Gesellschafter rechtfertigt. Dies erfordert eine Unterscheidung nach der Art der Haftung: danach, ob die Befriedigung des Gläubigers mittelbar erfolgt und nur der Gesellschaft ein direkter Anspruch gegen ihre Gesellschafter zusteht *(Innenhaftung)*, oder danach, ob ein Gesellschaftsgläubiger direkt auf die Vermögen der Gesellschafter zugreifen kann *(Außenhaftung)*.

1. Wirkungserstreckung und Durchgriffshaftung als Innenhaftung

Bei einer Innenhaftung des Gesellschafters, gleich aus welchem Grund und in welcher Höhe, besteht die Trennung der Rechtskreise der Gesellschaft und der Gesellschafter fort. Zwar haftet der Gesellschafter persönlich, jedoch nur im Innenverhältnis gegenüber der Gesellschaft und nicht gegenüber den Gesellschaftsgläubigern. Der Anspruch eines Gesellschaftsgläubigers gegen die Gesellschaft und der Innenhaftungsanspruch der Gesellschaft gegen den Gesellschafter sind jeweils eigenständige, voneinander zu trennende Ansprüche. Diese Eigenständigkeit der Ansprüche wird durch die unterschiedlichen Anspruchsinhalte verdeutlicht: Der Anspruch gegen die Gesellschaft ist ein vertraglicher Anspruch, der sich nach dem zugrunde liegenden Schuldverhältnis richtet. Der Anspruch gegen den Gesellschafter ist ein Schadensersatzanspruch, gerichtet auf den Ausgleich des Betrages, der erforderlich ist, um den zur Insolvenz führenden

214 Siehe zu dieser These und deren Bestätigung bereits § 5 B. III.

Eingriff auszugleichen;[215] eine akzessorische Haftung für eine fremde und inhaltsgleiche Schuld, wie § 128 HGB sie begründet, liegt daher nicht vor.

Eine Wirkungserstreckung auf den Gesellschafter kommt auf dieser Grundlage nicht in Betracht, wie das folgende Beispiel verdeutlicht.

2. *Existenzvernichtungshaftung als Beispiel der Innenhaftung*

Seit der *Trihotel*-Entscheidung wird die Existenzvernichtungshaftung von der Rechtsprechung[216] und großen Teilen der Literatur[217] als eine besondere Fallgruppe der vorsätzlichen sittenwidrigen Schädigung gem. § 826 BGB gesehen, die keine Außenhaftung des Gesellschafters gegenüber den Gesellschaftsgläubigern, sondern eine Innenhaftung gegenüber der Gesellschaft begründet.[218] Der *BGH* begreift die neue Existenzvernichtungshaftung als „folgerichtige Verlängerung [des] Schutzsystems der §§ 30, 31 GmbHG auf der Ebene des Deliktsrechts".[219]

Dieses „neue" Haftungskonzept der Existenzvernichtungshaftung begründet keine Wirkungserstreckung einer Schiedsvereinbarung auf die Gesellschafter. Es fehlt an der „Überwindung des Trennungsgrundsatzes", die zur Rechtfertigung der Wirkungserstreckung notwendig ist. Daher bleiben das Rechtsverhältnis zwischen der Gesellschaft und deren Gläubigern einerseits und das Rechtsverhältnis zwischen der Gesellschaft und den Gesellschaftern andererseits streng getrennt. Ein Durchgriff zur Begründung der Wirkungserstreckung liegt somit nicht vor.

3. *Wirkungserstreckung und Durchgriffshaftung als Außenhaftung*

Haftet ein Gesellschafter dagegen unmittelbar gegenüber den Gesellschaftsgläubigern, so kommt eine Wirkungserstreckung auf den Gesellschafter durchaus in Betracht. Entscheidend ist, wie die Außendurchgriffshaftung dogmatisch begründet wird, insbesondere, ob der GmbH-Gesellschafter analog § 128 HGB oder aufgrund eines eigenständigen Haftungsgrunds haftet.

Zurückgehend auf *Serick* wurde der Durchgriff durch eine Gleichsetzung des Gesellschafters mit der Gesellschaft begründet, als Sanktion für den Missbrauch

215 *Wagner,* in: FS Canaris, Bd. 2 (2007), 473, 483 f.

216 BGHZ 173, 246; bestätigt durch BGHZ 176, 204, 209 f.; 179, 344, 349.

217 *Altmeppen,* NJW 2007, 2657, 2660; *Hirte,* Kapitalgesellschaftsrecht, Rn. 5.173 f.; kritisch gegenüber § 826 BGB als Anspruchsgrundlage, im Ergebnis aber zustimmend *Schall,* Kapitalgesellschaftsrechtlicher Gläubigerschutz, 220-240; *Wagner,* in: FS Canaris, Bd. 2 (2007), 473, 492; vgl. zur Entwicklung der Existenzvernichtungshaftung *Emmerich/Bitter,* in: Scholz, GmbHG, § 13 Rn. 153-156.

218 BGHZ 173, 246, 251 f., vgl. zum Innenhaftungskonzept *Habersack,* ZGR 2008, 533, 547-549.

219 BGHZ 173, 246, 260.

der Rechtsform der juristischen Person *(Missbrauchslehre)*.[220] Ausgangspunkt der – mit Blick auf die Vermögensvermischung[221] überwiegend vertretenen – *Normzwecktheorie* ist die anzuwendende Vorschrift, deren Normzweck eine Anwendung unmittelbar auf den Gesellschafter rechtfertigt, wenn nur so der Sinngehalt der Norm vollzogen werden kann.[222] Auf dieser Grundlage kann ein unmittelbarer und unbeschränkter Anspruch des Gesellschaftsgläubigers gegen den Gesellschafter bestehen, dessen Grundlage aus einer Analogie zu § 128 HGB hergeleitet wird. Die darauf aufbauende Rechtsprechung gründet sich in der Tendenz auf eine teleologische Reduktion der Haftungsbeschränkung des § 13 Abs. 2 GmbHG, verbunden mit einer analogen Anwendung des § 128 HGB, wobei der Verlust des Haftungsprivilegs an objektive Umstände geknüpft ist.[223]

Dagegen gehen andere Vertreter der Literatur von einer *organschaftlichen Sorgfaltspflicht des Gesellschafters* analog § 43 GmbHG aus.[224] Um Herrschaft und Haftung zu verbinden, müsse der Gesellschafter analog § 43 GmbHG haften, selbst wenn er nicht Geschäftsführer sei. Dies gründet sich auf eine konsequente Rückkehr zum Grundsatz der Trennung zwischen rechtlich selbstständiger juristischer Person und deren Gesellschaftern. Diesen Ausgangspunkt greift auch *Ehricke* auf, der grundsätzliche methodische Kritik an der Begründung des Haftungsdurchgriffs übt und die diskutierten Fallgruppen des Durchgriffs auf Grundlage normierter gesellschafts-, insolvenz- und allgemein bürgerlich-rechtlicher Haftungstatbestände lösen möchte, die an eine eigenständige Verantwortlichkeit der Gesellschafter anknüpfen.[225] Eine Wirkungserstreckung auf den Gesellschafter kommt auf dieser Grundlage nicht in Betracht. Denn haften die Gesellschafter nicht für eine Verbindlichkeit der Gesellschaft, der eine Schiedsvereinbarung anhängt, sondern für eine eigene Pflichtverletzung und aufgrund einer eigenständigen Schadensersatznorm, so scheidet eine Wirkungserstreckung auf den Gesellschafter aus.

Eine eingehende Auseinandersetzung mit der bestehenden Meinungsvielfalt wäre aufgrund des schiedsrechtlichen Ansatzes fehl am Platz. Zielführender ist

---

220 *Serick,* Rechtsform und Realität juristischer Personen, 38, 208; ablehnend BGHZ 20, 4, 13.

221 Dazu sogleich unter 4.

222 Grundlegend *Müller-Freienfels,* AcP 156 (1957), 522 ff.; zur Rechtsfolgenseite *Nirk,* in: FS Stimpel (1985), 443, 459; siehe auch *Wiedemann,* Gesellschaftsrecht, Bd. 1, § 4 III.1 (S. 221-223).

223 BGHZ 95, 330, 332; 173, 246, 257; Überblick der Rspr. des BGH, des BSG und des BAG bei *Emmerich/Bitter,* in: Scholz, GmbHG, § 13 Rn. 113-115.

224 *Wilhelm,* Rechtsform und Haftung bei der juristischen Person, 330-379, insbes. 336-339; kritisch dahingehend die ganz h.L., vgl. *Ulmer*, ZIP 2001, 2021, 2025 f.; *Wagner,* in: FS Canaris, Bd. 2 (2007), 473, 485.

225 *Ehricke,* AcP 199 (1999), 257, 289.

es, sich von den umstrittenen Fragen grundsätzlicher Art zu lösen und anhand des Haftungsdurchgriffs bei Vermögensvermischung die Wirkungserstreckung zu erörtern; dabei handelt es sich um den einzig „echten“ Fall der Durchgriffshaftung.[226]

4. *Vermögensvermischung als Beispiel der Außenhaftung*

a) Voraussetzungen und Rechtsfolge

Voraussetzung der Haftung für Vermögensvermischung ist, dass Gesellschafter ihr eigenes Vermögen nicht eindeutig vom Vermögen der Gesellschaft trennen und damit „vermischen“. Die Gesellschafter haften in diesen Fällen analog § 128 HGB unbeschränkt nach außen,[227] beispielsweise wenn aufgrund unzureichender Buchführung eine Zuordnung einzelner Vermögensgegenstände zum Gesellschafts- oder Gesellschaftervermögen nicht möglich ist („Waschkorbablage“).[228] Dies gilt jedoch nur für denjenigen Gesellschafter, der die Vermögensvermischung auch verantwortet hat, also denjenigen, der die Vermischung veranlasst bzw. gefördert hat oder zumindest von ihr Kenntnis hatte.[229]

Es handelt sich nicht um eine Ausfallhaftung,[230] sondern um eine *„grundsätzlich unbeschränkte Durchgriffs-Außenhaftung gegenüber den Gläubigern nach dem Vorbild einer Analogie zu § 128 HGB.“*[231] § 13 Abs. 2 GmbHG (wie auch § 1 Abs. 1 S. 2 AktG) ordnet eine Haftungsbeschränkung zugunsten des Gesellschafters an und beschränkt die grundsätzliche Haftung für eine unternehmerische Tätigkeit. Verliert der Gesellschafter dieses Haftungsprivileg, so tritt wieder der „Normalzustand“ der Haftung ein, der in Form des § 128 HGB normiert ist. Damit gilt der Grundsatz wieder, dass eine unternehmerische Tätigkeit zu einer

---

226 So *Emmerich/Bitter,* in: Scholz, GmbHG, § 13 Rn. 131.

227 BGHZ 95, 330, 332; 165, 85, 89 f.; 173, 246, 257; *Emmerich/Bitter,* in: Scholz, GmbHG, § 13 Rn. 126, 132; *Hirte,* Kapitalgesellschaftsrecht, Rn. 5.165 f.; *Raiser,* in: Ulmer, GmbHG, § 13 Rn. 126, 130; *Schall,* Kapitalgesellschaftsrechtlicher Gläubigerschutz, 241.

228 Bei der sog. Sphärenvermischung, also einem Auftreten eines Gesellschafters im Rechtsverkehr bei dem nicht mehr ausreichend zwischen der Sphäre der Gesellschaft und der eigenen unterschieden werden kann, führen i.d.R. Rechtsscheingesichtspunkte zu einer persönlichen Haftung, weshalb dies keinen „echten“ Durchgriffsfall darstellt, vgl. *Emmerich/Bitter,* in: Scholz, GmbHG, § 13 Rn. 136.

229 BGHZ 125, 336, 368 f.; *Emmerich/Bitter,* in: Scholz, GmbHG, § 13 Rn. 133; *Röhricht,* in: FS 50 Jahre BGH (2000), 83, 89.

230 So jedoch BAG ZIP 2002, 2137, 2140.

231 BGHZ 173, 246, 257; siehe zur Rechtsfolgenseite der Durchgriffshaftung *Nirk,* in: FS Stimpel (1985), 443, 459.

unbeschränkten Haftung des Unternehmers führt, es sei denn, dieser bedient sich zum Zwecke der Haftungsbeschränkung einer entsprechenden Rechtsform.[232]

b) Wirkungserstreckung im Fall der Vermögensvermischung

Mit Blick auf die Erörterung der Wirkungserstreckung kraft § 128 HGB[233] ist einzig ein Schluss gerechtfertigt: Die Wirkung der Schiedsvereinbarung erstreckt sich auch auf den wegen Vermögensvermischung persönlich haftenden GmbH-Gesellschafter. Sowohl der Personengesellschafter als auch der GmbH-Gesellschafter haften akzessorisch für die Gesellschaftsschuld; für den Personengesellschafter ist dies die unmittelbare Folge des Gesellschaftsbeitritts, für den GmbH-Gesellschafter die Folge des Verlusts des Haftungsprivilegs. Infolge dessen verliert der GmbH-Gesellschafter nicht nur den Schutz vor den materiell-rechtlichen Folgen einer Inanspruchnahme, sondern auch den Schutz vor den prozessualen Folgen in Form der Wirkung der Schiedsvereinbarung.

Soweit sich *Frank* gegen diese Ansicht stellt,[234] ist dem nicht zu folgen. *Frank* meint, es fehle der Schiedsvereinbarung an einem Vermögensbezug, und die allein verfahrensrechtliche Verpflichtung des Schiedsvertrags könne nicht der materiellen Durchgriffshaftung wegen Vermögensvermischung unterfallen; dies sei die Folge der Selbstständigkeit der Schiedsvereinbarung vom Hauptvertrag. Dem ist auf Grundlage der bereits bestätigten Thesen zu widersprechen: Zum einen begründet die Durchgriffshaftung keine rein materielle Durchgriffshaftung, so wie auch § 128 HGB keine rein materielle Haftungsnorm ist.[235] Zum anderen ist die Schiedsvereinbarung keine selbstständige Vereinbarung, deren Wirkung losgelöst von dem zugrunde liegenden Rechtsverhältnis betrachtet werden kann.[236] Entfällt die haftungsbegrenzende Wirkung des § 13 Abs. 2 GmbHG, so haftet (auch) der GmbH-Gesellschafter unbeschränkt, unmittelbar und akzessorisch nach außen. Aufgrund der Verbindung zwischen Hauptvertrag und Schiedsvereinbarung umfasst die Gesellschafterhaftung auch die prozessualen Modalitäten der materiell-rechtlichen Hauptforderung. Würde man der Ansicht von *Frank* folgen, so billigte man den GmbH-Gesellschaftern eine ‚prozessuale Haftungsbeschränkung' zu; dies ist wegen des vollständigen Verlusts des Haftungsprivilegs des § 13 Abs. 2 GmbH nicht (mehr) begründbar.

Wenig konsequent ist im Übrigen der „dogmatische Schlenker" von *Frank,* der im Ergebnis doch die Wirkungserstreckung annimmt und dies mit einer te-

232 Nw. bei Fn. 136.

233 Siehe oben § 5 B. IV. 3.

234 *Frank,* Durchgriff im Schiedsvertrag, 293 f.

235 Siehe zu § 128 HGB oben bereits § 5 B. IV.

236 Zur Gleichstufigkeit von Schiedsvereinbarung und Hauptvertrag bereits § 5 C. I. 1.

leologischen Einschränkung der Selbstständigkeit der Schiedsvereinbarung i.V.m. § 242 BGB rechtfertigt.[237]

5. Zwischenergebnis

Die Wirkungserstreckung einer Schiedsvereinbarung zwischen einer GmbH und deren Gläubiger auf die Gesellschafter kommt allein im Fall der Vermögensvermischung in Betracht. Eine Innenhaftung, wie im Fall der Existenzvernichtungshaftung, begründet dagegen keine Wirkungserstreckung.

III. Schiedsdurchgriff unabhängig von einer (materiellen) Haftung

Losgelöst von der Haftung analog § 128 HGB werden in der Literatur zwei weitere Ansätze erörtert. In Betracht kommen sollen ein Schiedsdurchgriff als eigene Fallgruppe des Haftungsdurchgriffs sowie ein Schiedsdurchgriff auf Grundlage des Zurechnungsdurchgriffs.

1. Schiedsdurchgriff als eigene prozessuale Fallgruppe des Durchgriffs

a) Holewegs Schiedsdurchgriff bei Strohmanngesellschaften

In Anlehnung an die Monografie von *Holeweg*[238] soll erörtert werden, ob der Schiedsdurchgriff als eigene, rein verfahrensrechtliche Fallgruppe des Durchgriffs eine dogmatische Grundlage findet.

Dem Ansatz liegt ein Missbrauch der juristischen Personen durch Strohmanngesellschaften zugrunde, der durch eine wirtschaftliche Abhängigkeit und einen für die Willensbildung maßgeblichen Einfluss durch einen Gesellschafter gekennzeichnet ist.[239] Dies soll der Umgehung einer Schiedsvereinbarung zwischen Gesellschaft und Gesellschaftsgläubiger dienen.[240] Aufbauend auf der objektiven Missbrauchstheorie nimmt *Holeweg* einen Missbrauch an, wenn eine unterkapitalisierte Strohmanngesellschaft eine Schiedsvereinbarung abschließt und eine schiedsgerichtliche Inanspruchnahme für den Gesellschaftsgläubiger nutzlos ist, da die Strohmanngesellschaft über kein haftendes Kapital verfügt. Zur Begründung des Durchgriffs führt *Holeweg* an, dass dem herrschenden Gesellschafter nach Treu und Glauben die Berufung auf die Haftungsfreistellung verwehrt bleibe,

237 *Frank,* Durchgriff im Schiedsvertrag, 296 f.

238 *Holeweg,* Schiedsvereinbarungen und Strohmanngesellschaften, 126-130.

239 *Holeweg,* Schiedsvereinbarungen und Strohmanngesellschaften, 27 f.

240 *Holeweg,* Schiedsvereinbarungen und Strohmanngesellschaften, 126 f.

da der Gesellschaftsgläubiger bei Kenntnis der Strohmanneigenschaft der Gesellschaft keine Schiedsvereinbarung mit dieser abgeschlossen hätte.[241]

Bei genauerer Betrachtung stellt sich dieser Ansatz als prozessualer Unterfall der Unterkapitalisierung der juristischen Person dar.[242] Die Strohmanngesellschaft als prozessualer Schutzschild dient tatsächlich der materiellen Haftungsbegrenzung. Denn die eigentliche Last der Inanspruchnahme liegt nicht in dem Schiedsverfahren, sondern in dessen Folge: der materiellen Haftung. Aufgrund der Wertlosigkeit des Anspruchs gegen die Gesellschaft ist auch die Schiedsvereinbarung wirkungslos. Im Mittelpunkt der Strohmanneigenschaft steht damit die fehlende Kapitalausstattung der Gesellschaft, die einem Schiedsverfahren den Nutzen nimmt. Anders als *Holeweg* meint, liegt der Schaden des Gläubigers nicht in der fehlenden Möglichkeit, das Schiedsverfahren durchführen zu können,[243] sondern in der fehlenden Werthaltigkeit eines etwaigen stattgebenden Schiedsspruchs.

Damit mündet die Diskussion in der Frage, inwieweit die materielle Unterkapitalisierung eine Fallgruppe des Haftungsdurchgriffs darstellt. Im Ergebnis begründet der Ansatz *Holewegs* keine eigenständige Gruppe eines prozessualen Durchgriffs.

b) Haftungsdurchgriff bei materieller Unterkapitalisierung

Um den Ansatz *Holewegs* abschließend zu erörtern, ist auf den Streit einzugehen, inwiefern eine Durchgriffshaftung wegen Unterkapitalisierung gerechtfertigt ist. Von materieller Unterkapitalisierung spricht man, wenn das Eigenkapital einer Gesellschaft im Verhältnis zu Art und Umfang der angestrebten oder tatsächlichen Geschäftstätigkeit derart unzureichend ist, dass „ordentliche Kaufleute" Eigenkapital zugeführt hätten, um damit ihrer „Finanzierungsverantwortung" gerecht zu werden.[244] Inwieweit dies einen Haftungsdurchgriff rechtfertigt, ist seit langem umstritten.

Eine angemessene Kapitalausstattung, die sich nach Art und Umfang der Geschäftstätigkeit bemisst, schreibt das Gesetz jedenfalls nicht vor. Nur in wenigen Ausnahmefällen, im Grunde nur bei Banken und Versicherungen, besteht eine Verpflichtung der Gesellschafter, ein angemessenes Eigenkapital zur Verfügung

241 *Holeweg,* Schiedsvereinbarungen und Strohmanngesellschaften, 126-129.

242 So im Ergebnis auch *Ahrens,* Reichweite internationaler Schiedsvereinbarungen, 192; *Frank,* Durchgriff im Schiedsvertrag, 289 f.

243 So aber *Holeweg,* Schiedsvereinbarungen und Strohmanngesellschaften, 128.

244 *Emmerich/Bitter,* in: Scholz, GmbHG, § 13 Rn. 139; *Raiser,* in: Ulmer, GmbHG, § 13 Rn. 153; eingehend *Eckhold,* Materielle Unterkapitalisierung, passim.

zu stellen (vgl. § 10 KWG, § 5 Abs. 4 VAG); im Übrigen reicht das gesetzlich vorgesehene Mindestkapital zur Kapitalausstattung.

Der *BGH* lehnte daher eine Durchgriffshaftung auf Grundlage einer materiellen Unterkapitalisierung in der *Gamma*-Entscheidung ausdrücklich ab.[245] Zur Begründung führte er an, dass der Gesetzgeber zunächst im Rahmen der GmbH-Novelle von 1980 eine Haftung wegen Unterkapitalisierung aus Gründen der Rechtssicherheit abgelehnt habe[246] und diese ablehnende Haltung dann im Rahmen der Überlegungen des MoMiG bekräftigt habe.[247] Daneben geht der *BGH* davon aus, dass eine Finanzausstattungspflicht des GmbH-Gesellschafters systemwidrig sei, sodass eine gesellschaftsrechtliche Haftung des Gesellschafters nicht in Betracht komme.[248] Dabei hat der *BGH* offengelassen, ob innerhalb des Tatbestands des § 826 BGB „Anlass und Raum für die Bildung einer besonderen Fallgruppe der ‚Haftung wegen Unterkapitalisierung einer GmbH'" sei. [249] Bereits vor der *Gamma*-Entscheidung hatte der *BGH* eine Gesellschafter- und Geschäftsführerhaftung aus § 826 BGB in Betracht gezogen, wenn die Rechtsbeziehungen zwischen der Gesellschaft und den Gesellschaftsgläubigern so gestaltet waren, dass die Gläubiger einseitig den Verlustrisiken ausgesetzt waren.[250]

Dagegen befürworten gewichtige Stimmen in der Literatur eine Durchgriffshaftung wegen Unterkapitalisierung, wenn auch mit unterschiedlicher Akzentuierung hinsichtlich des Tatbestands und der Rechtsfolge.[251] *Ulmer* zufolge kommt eine Durchgriffshaftung bei einer qualifizierten Unterkapitalisierung in Betracht; d.h. wenn die Kapitalausstattung der Gesellschaft eindeutig und für Insider klar erkennbar unzureichend ist.[252] Andere gehen von einem Schadensersatzanspruch

---

245 BGHZ 176, 204, 212-217; so auch BAGE 89, 349, 356; BAG ZIP 1999, 878, 879 f.; Überblick bei *Heermann,* in: Theobald (Hrsg.), Entwicklungen zur Durchgriffs- und Konzernhaftung, 11, 38-40.

246 Vgl. Begr. RegE des Gesetzes zur Änderung eines GmbH-Gesetzes und anderer handelsrechtlicher Vorschriften, BT-Drucks. 8/1347, S. 39: „Aufgrund einer nachträglichen Berechnung über eine angemessene Eigenkapitalausstattung die Gesellschafter gegebenenfalls generell haften zu lassen, wäre mit dem Gebot der Rechtssicherheit nicht vereinbar und könnte letztlich die GmbH als solche in Frage stellen."

247 Vgl. Begr. RegE MoMiG, BT-Drucks 16/6140, S. 29 f.: „Für das System des MoMiG ist jedenfalls das gezeichnete Stammkapital die Grenze, eine Unterkapitalisierungshaftung ist bewusst nicht vorgesehen."

248 BGHZ 176, 204, 215 f.

249 BGHZ 176, 204, 216.

250 BGH NJW 1979, 2104, 2105; NJW-RR 1988, 1181; ZIP 1991, 1140, 1144; zustimmend *Altmeppen*, ZIP 2008, 1201, 1205 f.; *Schall,* Kapitalgesellschaftsrechtlicher Gläubigerschutz, 241-243; *Veil*, NJW 2008, 3264, 3265 f.

251 *Emmerich/Bitter,* in: Scholz, GmbHG, § 13 Rn. 143-147; *Lutter/Bayer,* in: Lutter/Hommelhoff, GmbHG, § 13 Rn. 20 f.; *Ulmer,* in: Hachenburg, GmbHG, Anh. § 30 Rn. 50-65.

252 *Ulmer,* in: Hachenburg, GmbHG, Anh § 30 Rn. 55.

der Gesellschaft gegen die betreffenden Gesellschafter aus § 280 Abs. 1 BGB aus, wenn die Gesellschafter ihre Finanzierungsverantwortung schuldhaft verletzen.[253] Wieder andere vertreten eine Haftung für Unterkapitalisierung als Unterfall der Existenzvernichtungshaftung in Form einer Existenzgefährdungshaftung.[254]

c) Keine Wirkungserstreckung auf Grundlage einer Haftung wegen Unterkapitalisierung

Eine ausführliche Stellungnahme zu dieser Problematik wäre angesichts der verfahrensrechtlichen Kernfrage dieser Arbeit fehl am Platz. Ohne eine vollständige Streitentscheidung anzustreben, soll im Folgenden allein erörtert werden, ob eine solche Haftung eine Wirkungserstreckung rechtfertigen kann. Dabei sind zwei Grundmodelle des Durchgriffs zu unterscheiden.

aa) Haftung wegen Unterkapitalisierung als gesellschaftsrechtlich begründete Innenhaftung

Geht man im Fall der materiellen Unterkapitalisierung von einer gesellschaftsrechtlich verorteten Durchgriffshaftung aus, so muss dies in Anlehnung an *Trihotel* eine Innenhaftung sein. Denn es ist nicht ersichtlich, wieso der nachträgliche Entzug des geschäftsnotwendigen Gesellschaftsvermögens anders zu bewerten sein sollte als eine von vornherein unzulängliche Kapitalausstattung.[255] Eine Haftung wegen unzureichender anfänglicher Kapitalausstattung muss die gleichen Rechtsfolgen haben wie der spätere Entzug der Kapitalausstattung: eine Innenhaftung der Gesellschafter. Dieses Ergebnis steht – wiederum in Anlehnung an die *Trihotel*-Entscheidung – im Einklang mit dem Innenhaftungskonzept des GmbH-Gesetz, das den gesellschaftsrechtlichen Gläubigerschutznormen der §§ 30, 31 GmbHG und § 19 GmbHG zugrunde liegt. Diese sichern zwar Aufbringung und Erhalt des Stammkapitals, gewähren dem Gesellschaftsgläubiger jedoch keinen direkten Haftungszugriff auf die Gesellschafter. Sowohl der Erhalt des Stammkapitals auf Grundlage der §§ 30, 31 GmbHG als auch die Aufbringung des Stammkapitals wird durch ein reines Innenhaftungskonzept gesichert. Es besteht ein Anspruch der Gesellschaft gegen die Gesellschafter auf Zahlung der vereinbarten Einlage (§ 19 GmbHG), der sich bei Ausfall eines Gesellschafters gegen die übrigen Gesellschafter richtet (§ 24 GmbHG). Auch im Fall der Insol-

253 *Eckhold,* Materielle Unterkapitalisierung, 719 f.

254 *Emmerich/Bitter,* in: Scholz, GmbHG, § 13 Rn. 147.

255 Vgl. *Raiser,* in: Ulmer, GmbHG, § 13 Rn. 164.

venz der Gesellschaft werden diese Ansprüche vom Insolvenzverwalter und nicht von den Gesellschaftsgläubigern geltend gemacht (§ 80 InsO).[256]

Folglich liegt sowohl dem Grundsatz der Kapitalerhaltung als auch dem Prinzip der Kapitalaufbringung ein reines Innenhaftungskonzept zugrunde. Eine Außenhaftung würde dieser Haftungssystematik des GmbHG widersprechen.[257] Eine solche Innenhaftung kann keine Wirkungserstreckung rechtfertigen, wie das Beispiel der Existenzvernichtungshaftung verdeutlicht hat.[258]

bb) Haftung wegen Unterkapitalisierung auf Grundlage des § 826 BGB

Lehnt man eine solche gesellschaftsrechtlich verortete Haftung ab, was mit dem geäußerten Willen des Gesetzgebers einhergeht,[259] so ist fraglich, ob – ungeachtet der Frage nach Innen- oder Außenhaftung des Gesellschafters – diese deliktische Haftung überhaupt eine Wirkungserstreckung auf die Gesellschafter begründen kann.

Die Haftung aus § 826 BGB beruht auf einem selbstständigen Verpflichtungsgrund. Denn die Gesellschafter haften für eine *eigene* vorsätzliche Verletzung fremder Rechtsgüter, im Fall der Unterkapitalisierung für eine Finanzausstattung der Gesellschaft, die zwingend zu einem Nachteil der Gesellschaftsgläubiger führen muss.[260] Die Unterkapitalisierung ist danach kein eigentlicher Fall des Durchgriffs,[261] sodass der Trennungsgrundsatz der Wirkungserstreckung entgegensteht. Darüber hinaus fehlt es an einem Gleichlauf von Gesellschafts- und Gesellschafterverbindlichkeit. Dieser durch den Rechtsgrundsatz der Akzessorietät erzeugte Gleichlauf begründet die erste Voraussetzung für die Wirkungserstreckung kraft § 128 HGB. Sind die Verbindlichkeit der Gesellschaft und die Haftungsverbindlichkeit der Gesellschafter nicht inhaltsgleich, kann sich die Wirkung der Schiedsvereinbarung nicht auf die Gesellschafterhaftung erstrecken.

Daher kommt auch bei Annahme einer Außenhaftung auf Grundlage des § 826 BGB keine Wirkungserstreckung auf die Gesellschafter in Betracht.

---

256 *Emmerich,* in: Scholz, GmbHG, § 24 Rn. 20; *Veil,* in: Scholz, GmbHG, § 19 Rn. 29; *Verse,* in: Scholz, GmbHG, § 31 Rn. 7.

257 Im Ergebnis ebenfalls *Eckhold,* Materielle Unterkapitalisierung, 621-625; *Heermann,* in: Theobald (Hrsg.), Entwicklungen zur Durchgriffs- und Konzernhaftung, 11, 52 f.; *Schmidt,* Gesellschaftsrecht, § 9 IV.4 (S. 243 f.); für eine Außenhaftung dagegen *Lutter,* in: Schmidt/Lutter, AktG, § 13 Rn. 17.

258 Vgl. oben C. II. 1., 2.

259 Nw. bei Fn. 246 sowie Fn. 247.

260 *Altmeppen*, ZIP 2008, 1201,1206; *Schall,* Kapitalgesellschaftsrechtlicher Gläubigerschutz, 242.

261 So *Lutter/Bayer,* in: Lutter/Hommelhoff, GmbHG, § 13 Rn. 22 zur Rspr. des BGH.

d) Ergebnis zu Strohmanngesellschaft und Unterkapitalisierungshaftung

Abschließend ist damit festzuhalten, dass die Fallgruppe der materiellen Unterkapitalisierung – soweit man diese überhaupt in Betracht zieht – unter keinem Gesichtspunkt eine Wirkungserstreckung begründen kann. Und auch die von *Holeweg* gebildete Fallgruppe kann somit keine Wirkungserstreckung rechtfertigen, weder im Sinne einer eigenständigen verfahrensrechtlichen Fallgruppe der Durchgriffshaftung noch auf Grundlage einer Durchgriffshaftung wegen Unterkapitalisierung.

2. Schiedsdurchgriff als Zurechnungsdurchgriff

Andere Stimmen in der Literatur begründen eine Wirkungserstreckung auf den Gesellschafter auf Grundlage eines Zurechnungsdurchgriffs.[262]

a) Grundlagen der Zurechnung

Allgemein bewirkt die Zurechnung eine tatbestandliche Gleichstellung von Gesellschaft und Gesellschaftern.[263] Anders als eine Haftungsnorm, die selbst einen Tatbestand formuliert und daher auf die Rechtsfolgenseite abzielt, stellt die Zurechnung auf die Tatbestandsseite einer Norm oder eines Vertrags ab. Nicht selbst verwirklichte tatbestandsrelevante Merkmale können zugerechnet werden, sodass die Rechtsfolgen eintreten, obwohl der die Rechtsfolgen auslösende Tatbestand eigentlich nicht erfüllt ist.[264] Die Rechtsfolge ergibt sich dann aus der entsprechenden Norm selbst. Erforderlich ist dafür ein Zurechnungsgrund, also eine Norm oder Rechtsregel, die die Zurechnung begründet.[265] In Betracht kommen Normen, die die Zurechnung ausdrücklich anordnen, wie z.B. § 5 Abs. 1 S. 1 MitbestG. Ohne ausdrücklich angeordnete Zurechnung kann auch das Telos einer Norm oder eines Vertrags eine Zurechnung rechtfertigen. Die Verantwortlichkeit eines Rechtssubjekts für ein anderes Rechtssubjekt allein legitimiert noch keine Zurechnung.[266]

262 *Raeschke-Kessler/Berger,* Recht und Praxis des Schiedsverfahrens, Rn. 302; wohl auch *Niklas,* Subjektive Reichweite von Schiedsvereinbarungen, 211 f.

263 *Wiedemann,* Unternehmensgruppe im Privatrecht, 23.

264 *Bork,* ZGR 1994, 237, 238, 240.

265 *Bork,* ZGR 1994, 237, 239 f.

266 *Bork,* ZGR 1994, 237, 239.

b) Zurechnungsdurchgriff auf einen Gesellschafter

Ein Zurechnungsdurchgriff liegt vor, wenn einem Gesellschafter die Verhältnisse, Erklärungen oder Eigenschaften der Gesellschaft zugerechnet werden.[267]

c) Zurechnung des Abschlusses der Schiedsvereinbarung

Im Fall der Wirkungserstreckung einer Schiedsvereinbarung kraft Zurechnungsdurchgriffs müsste folglich einem Gesellschafter der Abschluss der Schiedsvereinbarung durch die Gesellschaft zugerechnet werden. Infolge der Zurechnung würde die Schiedsvereinbarung auch gegenüber dem Gesellschafter wirken, obwohl dieser die tatbestandlichen Voraussetzungen nicht erfüllt. Die Wirkungserstreckung einer Schiedsvereinbarung kann sich mangels einer Norm, die unmittelbar oder mittelbar eine Zurechnung gegenüber dem Gesellschafter anordnet, allein aus der Auslegung der Schiedsvereinbarung selbst ergeben. Anders als bei einer Personengesellschaft, bei der eine interessengerechte Auslegung eine Einbeziehung der Gesellschafter nahe legen kann,[268] erscheint es bei einer Kapitalgesellschaft nicht interessengerecht, den Gesellschafter in den Wirkungskreis der Schiedsvereinbarung einzubeziehen. Das Auslegungsergebnis im Rahmen der Personengesellschaft beruht vorrangig auf der berechtigten Erwartung des Gläubigers, dass der Gesellschafter von der Wirkung der Schiedsvereinbarung umfasst ist; der Gesellschafter seinerseits muss auch mit einer Wirkungserstreckung zu seinen Lasten rechnen. Bei der Kapitalgesellschaft ist die Interessenslage eine andere: Der Gläubiger hat kein berechtigtes Interesse an einer Wirkungserstreckung auf den Gesellschafter, da im Grundsatz allein die Gesellschaft vor dem Schiedsgericht als Anspruchsgegner dient. Folglich besteht weder Raum noch Notwendigkeit für einen Schiedsdurchgriff auf Grundlage eines Zurechnungsdurchgriffs.

3. Zwischenergebnis zur Wirkungserstreckung losgelöst von einer (materiellen) Haftung

Losgelöst von einer materiellen Haftung kommt eine Wirkungserstreckung auf Gesellschafter einer GmbH nicht in Betracht. Weder ein Zurechnungsdurchgriff noch ein Schiedsdurchgriff als eigene verfahrensrechtliche Fallgruppe des Haftungsdurchgriffs sind geeignet, eine Wirkungserstreckung zu begründen.

267 Nw. bei Fn. 211.

268 Siehe oben § 5 C. III. 1.

IV. Exkurs: Wirkungserstreckung bei vertraglicher Mithaftung des Gesellschafters

Kein Fall des Durchgriffs ist die in der Praxis häufig anzutreffende vertragliche Mithaftung der Gesellschafter.[269] Dabei kommen neben einer Bürgschaft auch ein Schuldbeitritt, ein Garantieversprechen oder eine Patronatserklärung in Betracht.

Bei der Wirkung einer Schiedsvereinbarung zwischen Gesellschaft und Gesellschaftsgläubiger ist zu beachten, dass die vertraglich begründete Gesellschafterhaftung keine Wirkungserstreckung auf den haftenden Gesellschafter rechtfertigt. Dies gilt sowohl für den Bürgen als auch für den Garanten, den Aussteller einer Patronatserklärung und den zu einer fremden Schuld Beitretenden.[270] Es obliegt bei einer vertraglich begründeten Gesellschafterhaftung dem Gesellschaftsgläubiger, eine vertragliche Wirkung der Schiedsvereinbarung auch auf den Gesellschafter zu vereinbaren.

V. Noch einmal: Gleichstufigkeit von Schiedsvereinbarung und Hauptvertrag

Im Ergebnis verdeutlichen die vorstehenden Überlegungen, dass eine selbstständige Erörterung der Wirkung der Schiedsvereinbarung – losgelöst von der zugrunde liegenden materiellen Haftung – nicht zweckmäßig ist. Dies hat seinen Ursprung in der bereits dargelegten Abhängigkeit der Schiedsvereinbarung vom zugrunde liegenden Anspruch und bestätigt die Widerlegung der These der Gleichstufigkeit von Schiedsvereinbarung und Hauptvertrag.[271] Auch das Eingeständnis in der Monografie von *Frank* verdeutlicht dies: Dieser geht zunächst von der Gleichstufigkeit von Schiedsvereinbarung und Hauptvertrag aus, muss diese Annahme dann aber teleologisch reduzieren, um so zu der angestrebten Wirkungserstreckung zu gelangen.[272] Im Ergebnis folgt die Schiedsvereinbarung stets dem materiellen Anspruch, sodass auch nur der unmittelbar dem Gesellschaftsgläubiger haftende Gesellschafter der Wirkungserstreckung der Schiedsvereinbarung unterliegt.

---

269 Siehe bereits Fn. 212.

270 Nw. zum Bürgen bei Fn. 113; zu den übrigen Haftungsformen *Massuras,* Mehrparteienschiedsgerichtsbarkeit, 98 f.; *Rosenberg/Schwab/Gottwald,* Zivilprozessrecht, § 175 Rn. 42; *Schlosser,* in: Stein/Jonas, ZPO, § 1029 Rn. 33; *Schwab/Walter,* Schiedsgerichtsbarkeit, Kap. 7 Rn. 34.

271 Siehe dazu oben § 5 C. I. 1.

272 *Frank,* Durchgriff im Schiedsvertrag, 296 f.

VI. Schlussfolgerungen für die AG

Wie eingangs bereits festgehalten,[273] handelt es sich bei der Problematik des Durchgriffs um kein reines GmbH-Problem – auch wenn dort der Schwerpunkt für Lehre und Praxis liegt. Ebenfalls für die AG gilt, dass sie Zuordnungssubjekt für Rechte und Pflichten ist und dass für Verbindlichkeiten nur das Gesellschaftsvermögen haftet (§ 1 Abs. 1 S. 2 AktG).

1. Haftung wegen Vermögensvermischung

In der aktienrechtlichen Literatur ist anerkannt, dass die Gesellschafter im Fall des echten Haftungsdurchgriffs analog § 128 HGB gegenüber dem Gesellschaftsgläubiger haften.[274] In diesem Fall erstreckt sich die Wirkung der Schiedsvereinbarung der AG auch auf den Aktionär.[275]

Im Kontext des Aktienrechts ist dabei zu beachten, dass der Anwendungsbereich der Fallgruppe der Vermögensvermischung eingeschränkt ist. Denn ein solcher Haftungsdurchgriff kommt nur in Betracht, wenn die primär anzuwendenden Kapitalerhaltungsregeln (§§ 57, 62 AktG) nicht eingreifen.[276] Diese untersagen jegliche Auszahlung, soweit dies nicht der Ausschüttung ordnungsgemäß festgestellter und zur Verteilung freigegebener Bilanzgewinne an die Aktionäre dient; zum Vergleich: die §§ 30, 31 GmbHG sanktionieren lediglich Zahlungen, die das Stammkapital der Gesellschaft angreifen würden.

Außerdem sind an das Tatbestandsmerkmal der Verantwortlichkeit für die Vermögensvermischung wesentlich strengere Anforderungen zu stellen als bei der GmbH.[277] Eine Einflussnahme des Aktionärs, die eine haftungsbegründende Vermögensvermischung auslöst, muss eine solche Intensität erreichen, dass sich der Vorstand einer tatsächlichen Zwangslage ausgesetzt sieht.[278] Denn anders als der Geschäftsführer ist der Vorstand nicht verpflichtet, Weisungen der Gesellschafter- bzw. Hauptversammlung zu befolgen.

---

273 Siehe oben C.

274 *Dauner-Lieb,* in: KK.AktG, § 1 Rn. 58; *Heider,* in: MünchKomm.AktG, § 1 Rn. 86; *Hirte,* Kapitalgesellschaftsrecht, Rn. 5.166; *Lutter,* in: Schmidt/Lutter, AktG, § 1 Rn. 17.

275 Vgl. oben C. II. 3., 4.

276 *Dauner-Lieb,* in: KK.AktG, § 1 Rn. 53; *Heider,* in: MünchKomm.AktG, § 1 Rn. 71.

277 *Dauner-Lieb,* in: KK.AktG, § 1 Rn. 53; *Heider,* in: MünchKomm.AktG, § 1 Rn. 71.

278 *Heider,* in: MünchKomm.AktG, § 1 Rn. 72.

2. *Existenzvernichtender Eingriff*

Bislang nicht abschließend geklärt ist die Anwendung der *Trihotel*-Grundsätze[279] auf die AG. Die überwiegende Meinung des Schrifttums nimmt im Hinblick auf die deliktsrechtliche Grundlage der Existenzvernichtungshaftung an, dass das Haftungskonzept aus *Trihotel* auch im Aktienrecht gilt.[280] Die Wirkungserstreckung einer Schiedsvereinbarung scheidet aufgrund des Innenhaftungskonzepts auch in der AG aus.[281]

3. *Haftung des Aktionärs im Übrigen*

Im Übrigen begründet auch § 117 Abs. 1 AktG nur eine Innenhaftung des Aktionärs gegenüber der Gesellschaft. Den Gesellschaftsgläubigern, die diesen Anspruch nach § 117 Abs. 5 AktG eigenständig geltend machen können, steht auch in diesem Fall kein eigener Anspruch zu, sondern nur das Recht, den Anspruch der Gesellschaft zu verfolgen.[282] Eine solche gesetzliche Prozessstandschaft kann keine Wirkungserstreckung begründen. Die Prozessstandschaft bezieht sich allein auf die Prozessführungsbefugnis und damit auf das Recht, über den Anspruch einen Rechtsstreit führen zu können.[283]

Gleiches gilt für die Haftung des Aktionärs gegenüber dem Gesellschaftsgläubiger gemäß § 62 Abs. 2 S. 1 AktG; eine Haftungsnorm, die dem GmbH-Gesetz fremd ist. Diese Regelung begründet kein eigenes materielles Forderungsrecht eines Gesellschaftsgläubigers, sondern ermächtigt diesen lediglich, den Anspruch der Gesellschaft im eigenen Namen geltend zu machen.[284] Auch dieser Fall der gesetzlichen Prozessstandschaft rechtfertigt keine Wirkungserstreckung.

---

279 BGHZ 173, 246.

280 *Fuchs,* Verlustausgleich bei „qualifizierter Nachteilszufügung", 154; *Habersack,* ZGR 2008, 533, 559; *Lutter,* in: Schmidt/Lutter, AktG, § 1 Rn. 22. Die Existenzvernichtungshaftung wird im Wesentlichen durch die Haftung aus § 117 Abs. 1 AktG überlagert, wobei die Haftung aus § 117 AktG und § 826 BGB konkurrierend zur Anwendung kommen.

281 Siehe zur Innenhaftung und Existenzvernichtungshaftung bei der GmbH C. II. 1., 2.

282 *Hommelhoff/Witt,* in: Schmidt/Lutter, AktG, § 117 Rn. 22; *Spindler,* in: MünchKomm.AktG, § 117 Rn. 46.

283 *Bork,* in: Stein/Jonas, ZPO, vor § 50 Rn. 19 f.

284 *Bayer,* in: MünchKomm.AktG, § 62 Rn. 78; *Drygala,* in: KK.AktG, § 62 Rn. 101; *Fleischer,* in: Schmidt/Lutter, AktG, § 62 Rn. 27.

VII. Resümee

Damit ist festzuhalten, dass allein eine Außenhaftung der Gesellschafter eine Wirkungserstreckung rechtfertigen kann; dies gilt sowohl für die GmbH als auch für die AG. Letztlich verbleibt als Fallgruppe des echten Haftungsdurchgriffs und damit als einzige Fallgruppe einer Wirkungserstreckung allein die der Vermögensvermischung. Nur in diesem Fall erstreckt sich die Wirkung einer Schiedsvereinbarung zwischen einer Gesellschaft und einem Dritten auch auf den Gesellschafter. Verstößt der Gesellschafter gegen das Verbot der Vermögensvermischung, das eine elementare Regelung des Kapitalgesellschaftsrechts darstellt, kann er sich weder auf die gesetzliche Haftungsbegrenzung berufen, weshalb er materiell in Anspruch genommen werden kann, noch hat er ein anerkennenswertes Interesse, das der Inanspruchnahme vor einem Schiedsgericht entgegensteht. Das Interesse der Gesellschaftsgläubiger an der Inanspruchnahme des Gesellschafters vor einem Schiedsgericht überwiegt in diesem Fall die Interessen des Gesellschafters.

Eine Wirkungserstreckung der Schiedsvereinbarung, die losgelöst von der materiellen Haftung des Gesellschafters besteht, ist nicht begründbar. Weder kommt eine eigenständige prozessuale Fallgruppe des Schiedsdurchgriffs in Betracht noch rechtfertigen ein Haftungsdurchgriff in Form der Innenhaftung oder ein Zurechnungsdurchgriff die Wirkungserstreckung einer Schiedsvereinbarung der Gesellschaft.

D. Wirkungserstreckung im Rahmen von Vorbelastungs- und Unterbilanzhaftung

Auch wenn die Vorbelastungs- und die Unterbilanzhaftung der Durchgriffshaftung zeitlich vorangehen, werden diese wegen der geringen Bedeutung vorliegend erst im Anschluss an die Durchgriffshaftung erörtert.

I. Gründerhaftung als Innenhaftung

Ausgangspunkt der Vorbelastungs- und Unterbilanzhaftung ist die Möglichkeit der Gesellschafter, bereits vor der Eintragung der Gesellschaft in das Handelsregister mit den Geschäften der Gesellschaft zu beginnen; dies gilt sowohl für die GmbH[285] als auch für die AG[286]. In der Phase zwischen Aufnahme der Ge-

285 *Hirte,* Kapitalgesellschaftsrecht, Rn. 2.16; *Ulmer,* in: Ulmer, GmbHG, § 11 Rn. 100.

286 *Drygala,* in: Schmidt/Lutter, AktG, § 41 Rn. 3; *Hirte,* Kapitalgesellschaftsrecht, Rn. 2.16.

schäftstätigkeit und Eintragung tritt neben die Haftung der Vorgesellschaft eine unbeschränkte *pro-rata*-Haftung der Gründer (Verlustdeckungshaftung); diese Haftung wandelt sich nach der Eintragung in die Vorbelastungshaftung. In beiden Fällen handelt es sich grundsätzlich nur um eine Innenhaftung der Gesellschafter gegenüber der Gesellschaft.[287]

Auch in diesen Fällen einer Innenhaftung der Gesellschafter kommt keine Wirkungserstreckung einer Schiedsvereinbarung der Vorgesellschaft in Betracht.[288]

II. Gründerhaftung im Sonderfall der Außenhaftung

In einigen wenigen – wenngleich praktisch überaus relevanten – Fallkonstellationen schlägt die Gründerhaftung in eine Außenhaftung um: nämlich unter der Voraussetzung, dass die Vorgesellschaft vermögenslos ist, das Insolvenzverfahren mangels kostendeckender Masse eingestellt wird oder es nur einen einzigen Gläubiger oder Gesellschafter gibt.[289] Auch wenn diese Grundsätze für die GmbH entwickelt wurden, können sie uneingeschränkt auf die AG übertragen werden.[290]

In diesen Fällen der Außenhaftung ist von einer Wirkungserstreckung der Schiedsvereinbarung auszugehen, wie in den anderen Fällen einer unbeschränkten Außenhaftung.[291] Wiederum überwiegt das schützenswerte Gläubigerinteresse an einer Geltendmachung des Anspruchs gegen die Gesellschafter vor dem Schiedsgericht gegenüber dem Interesse der Gesellschafter an staatlichem Rechtsschutz.

III. Haftung in der unechten Vorgesellschaft

Handelt es sich um eine unechte Vorgesellschaft, wird also die Gesellschaft trotz fehlender Eintragungsabsicht fortgesetzt, müssen sich die Handelnden so behandeln lassen, als wären sie in einer Personengesellschaft miteinander verbunden. [292] Damit haften die Gesellschafter für sämtliche Verbindlichkeiten der Gesell-

287 BGHZ 134, 333, 338-340 (zur GmbH); OLG Karlsruhe ZIP 1998, 1961 (zur AG); *Arnold,* in: KK.AktG, § 41 Rn. 48; *Hirte,* Kapitalgesellschaftsrecht, Rn. 2.24; *Ulmer,* in: Ulmer, GmbHG, § 11 Rn. 80 f.; a.A. *Schmidt,* Gesellschaftsrecht, § 34 III.3 (S. 1024).

288 Zur Innenhaftung im Fall der Durchgriffshaftung C. II. 1., 2.

289 BAG ZIP 1997, 2199, 2201 (zur vermögenslosen Vorgesellschaft); ZIP 2006, 1044, 1046 (zur Masseunzulänglichkeit); *Schmidt,* in: Scholz, GmbHG, § 11 Rn. 90 (der ein grundsätzliches Außenhaftungsmodel befürwortet, siehe dort Rn. 91 f.); offen gelassen BGHZ 134, 333, 341.

290 *Arnold,* in: KK.AktG, § 41 Rn. 49.

291 Zur Außenhaftung im Fall der Durchgriffshaftung C. II. 3., 4.

292 BGHZ 152, 290, 294 f.; *Schmidt,* in: Scholz, GmbHG, § 11 Rn. 163.

schaft, auch für solche, die vor Aufgabe der Eintragungsabsicht entstanden sind, und die Wirkung einer Schiedsvereinbarung der Gesellschaft erstreckt sich auf die Haftenden.[293]

E. Zusammenfassung

Bei der Begründung der Wirkungserstreckung einer Schiedsvereinbarung im Kapitalgesellschaftsrecht sind zwei Schritte zu unterscheiden: Zum einen bedarf es – wie bei der Personengesellschaft – einer Norm, die eine Wirkungserstreckung rechtfertigt. Zum zweiten – und darin liegt der maßgebliche Unterschied zur Personengesellschaft – muss diese Norm eine Wirkungserstreckung begründen, die den Trennungsgrundsatz überwindet. Denn der Trennungsgrundsatz bewirkt eine strukturelle Trennung von Gesellschaft und Gesellschaftern, und erst, wenn ein Gesellschafter diesen Schutz verliert, kommt eine Wirkungserstreckung in Betracht. Diese Voraussetzungen sind nur in den Fällen einer Außendurchgriffshaftung erfüllt, sodass sich allein bei einer Gesellschafterhaftung für Vermögensvermischung die Wirkung einer Schiedsvereinbarung der Gesellschaft auch auf den Gesellschafter erstreckt.

§ 7
Wirkungserstreckung einer Schiedsvereinbarung auf Organwalter von Kapitalgesellschaften

A. Übersicht

Nach der bisher erörterten Wirkungserstreckung auf Gesellschafter wird im Folgenden die Wirkungserstreckung auf Organwalter von Kapitalgesellschaften untersucht. Zwei Fragestellungen sind dabei zu unterscheiden: erstens, ob die *Haftung* eines Organwalters die Wirkungserstreckung einer Schiedsvereinbarung zwischen Gesellschaft und Gesellschaftsgläubigern rechtfertigt; und zweitens, ob bereits die *Stellung* als Organwalter eine Wirkungserstreckung begründen kann, wovon das *OLG München*[294] ausgegangen ist.

293 Zur Wirkungserstreckung kraft § 128 HGB oben § 5 B.

294 OLG München NJW-RR 1998, 198.

B. Wirkungserstreckung kraft Organhaftung

Als Grundlage der Wirkungserstreckung kommen die Haftung als Organwalter der Gesellschaft und die Handelndenhaftung in der Vorgesellschaft in Betracht.

I. Organhaftung gegenüber Gesellschaftsgläubigern als Grundlage der Wirkungserstreckung?

1. Außenhaftung der Organwalter

Geschäftsführer, Vorstand und Aufsichtsrat können auf Grundlage allgemein-zivilrechtlicher Institute und auf Grundlage des Deliktsrechts gegenüber gesellschaftsfremden Dritten haften.[295] Gemein haben sämtliche dieser Haftungstatbestände, dass es sich nicht um eine akzessorische Haftung für Gesellschaftsschulden, sondern um Schadensersatzansprüche auf Grundlage eigenständiger Verpflichtungsgründe handelt. Dies rechtfertigt keine Wirkungserstreckung auf Organwalter.

Die Organhaftung beruht auf eigenem Fehlverhalten und ist keine Haftung für Verbindlichkeiten der Gesellschaft. So haftet der Geschäftsleiter nach den §§ 280 Abs. 1, 311 Abs. 2 BGB, wenn dieser seine eigene Pflicht verletzt, den Geschäftspartner auf eine drohende Überschuldung der Gesellschaft hinzuweisen.[296] Die Haftung aus § 823 Abs. 2 BGB i.V.m. § 15a InsO beruht auf der Pflicht zur Stellung des Insolvenzantrags, und dies ist eine Pflicht, die kraft der Stellung als Organ besteht.[297] Eine solche nicht akzessorische und auf einem selbstständigen Haftungsgrund beruhende Haftung für eigenes Fehlverhalten begründet keine Wirkungserstreckung.[298]

2. Innenhaftung der Organwalter

§ 43 GmbHG ist die zentrale Vorschrift für die organisationsrechtliche Pflichten- und Haftungsanordnung des Geschäftsführers; § 93 AktG regelt als aktienrechtliches Pendant die Sorgfaltspflicht und die Haftung der einzelnen Vorstandsmitglieder. Beide Normen begründen jedoch nur Pflichten der Geschäftsleiter im

---

295 Z. B. aus §§ 280 Abs. 1, 311 Abs. 2 BGB oder § 823 Abs. 2 i.V.m. § 15a InsO, Überblick bei *Hirte,* Kapitalgesellschaftsrecht, Rn. 3.108-3.143.

296 BGHZ 87, 27, 32 f.; BGH ZIP 1982, 1435, 1436 f.; einschränkend: BGHZ 126, 181, 189 f.; *Hirte,* Kapitalgesellschaftsrecht, Rn. 3.111.

297 *Hirte,* in: Uhlenbruck, InsO, § 15a Rn. 1; *Preuß,* in: Kübler/Prütting/Bork, InsO, § 15a Rn. 1, 21.

298 Siehe bereits zur Gesellschafterhaftung S. 61 f.

Innenverhältnis zur Gesellschaft und somit allein eine Innenhaftung gegenüber der Gesellschaft.[299] Bei der Innenhaftung eines Geschäftsleiters kommt eine Wirkungserstreckung ebenso wenig in Betracht wie bei der Innenhaftung eines Gesellschafters[300].

3. *Verfolgungsrecht der Gesellschaftsgläubiger (§ 93 Abs. 5 AktG)*

Eine Wirkungserstreckung kommt auch dann nicht in Betracht, wenn der Ersatzanspruch der AG nach Maßgabe des § 93 Abs. 5 AktG von einem Gesellschaftsgläubiger geltend gemacht wird.[301] Zwar handelt es sich dabei nach der mittlerweile herrschenden Ansicht um einen eigenen Anspruch des Gläubigers und nicht um eine Verfolgung des Anspruchs der Gesellschaft im Wege der Prozessstandschaft;[302] dennoch ist in diesem Fall keine Wirkungserstreckung gerechtfertigt. Die Haftung aus § 93 AktG ist eine Haftung für die Verletzung einer Vorstandspflicht und keine akzessorische Haftung für Verbindlichkeiten der Gesellschaft. Das Verfolgungsrecht des Gläubigers soll lediglich den Umweg über die vorherige Pfändung und Überweisung des Anspruchs ersparen.[303] Bei einer Pfändung des Anspruchs der Gesellschaft gegen ein Vorstandsmitglied käme ebenso wenig eine Wirkungserstreckung der Schiedsvereinbarung von Gesellschaft und Gesellschaftsgläubiger in Betracht.[304]

II. Handelndenhaftung in der Vorgesellschaft

Auch die Handelndenhaftung nach § 11 Abs. 2 GmbHG kann Grundlage der Wirkungserstreckung einer Schiedsvereinbarung der Vorgesellschaft sein.

1. *Grundlagen der Handelndenhaftung gemäß § 11 Abs. 2 GmbHG*

Nach § 11 Abs. 2 GmbHG haften die Handelnden persönlich, wenn sie vor der Eintragung der Gesellschaft im Handelsregister in deren Namen als Geschäfts-

299 Zur AG *Krieger/Sailer-Coceani,* in: Schmidt/Lutter, AktG, § 93 Rn. 1; zur GmbH *Schneider,* in: Scholz, GmbHG, § 43 Rn. 14-17 .

300 Siehe dazu § 6 C. II. 1.

301 § 52 Abs. 1 GmbHG verweist für den fakultativen Aufsichtsrat der GmbH nicht auf § 93 Abs. 5 AktG.

302 *Fleischer,* in: Spindler/Stilz, AktG, § 93 Rn. 294; *Hopt,* in: Großkomm.AktG, § 93 Rn. 396-399; *Krieger/Sailer-Coceani,* in: Schmidt/Lutter, AktG, § 93 Rn. 55; *Spindler,* in: MünchKomm. AktG, § 93 Rn. 234; a.A. OLG Frankfurt WM 1977, 59, 62.

303 *Fleischer,* in: Spindler/Stilz, AktG, § 93 Rn. 293; *Spindler,* in: MünchKomm.AktG, § 93 Rn. 234.

304 Siehe zur Pfändung eines Innenhaftungsanspruchs bereits § 6 C. II. 1.

führer oder faktischer Geschäftsführer handeln. Die Haftung ist eine unbeschränkte und primäre Außenhaftung, die inhaltsgleich neben die Haftung der Gesellschaft tritt.[305] Der Handelnde haftet neben der vorhandenen und noch nicht eingetragenen Vor-GmbH.

2. *Wirkungserstreckung kraft § 11 Abs. 2 GmbHG*

Die überwiegende Ansicht geht von einer Wirkungserstreckung auf den Handelnden aus.[306] Als Begründung dient meist der Verweis auf ein Urteil des *Kammergerichts*.[307] Dieses hat – im Einklang mit der ersten oben aufgestellten These einer Wirkungserstreckung kraft § 128 HGB – ausgeführt, dass eine Schiedsvereinbarung zu einer „einschneidenden" Modifizierung des Anspruchs führe.[308] Weiter habe dies – in Übereinstimmung mit der zweiten oben aufgestellten These zu § 128 HGB – eine Angleichung von Haftung und zugrunde liegendem Anspruch zur Folge. Eine Wirkungserstreckung auf den nach § 11 Abs. 2 GmbHG Haftenden ist somit gerechtfertigt. Denn die Schiedsvereinbarung modifiziert die Verbindlichkeit des Gesellschaftsgläubigers gegen die Vor-GmbH,[309] und der Inhalt der Haftung aus § 11 Abs. 2 GmbHG ist identisch mit der Gesellschaftsschuld;[310] dies rechtfertigt eine Wirkungserstreckung kraft § 11 Abs. 2 GmbHG.

3. *Schlussfolgerungen für die Handelndenhaftung gemäß § 41 AktG*

Als Parallelnorm zu § 11 Abs. 2 GmbHG sieht § 41 Abs. 1 S. 2 AktG eine Handelndenhaftung bei Gründung der AG vor. § 41 Abs. 1 S. 2 AktG begründet – wie § 11 Abs. 2 GmbHG – eine persönliche Haftung des Handelnden für die Schulden der Gesellschaft, also eine akzessorische Haftung ähnlich der Haftung des Gesellschafters aus § 128 HGB.[311] Daher erstreckt sich die Schiedsvereinba-

---

305 *Schmidt,* in: Scholz, GmbHG, § 11 Rn. 123; *Ulmer,* in: Ulmer, GmbHG, § 11 Rn. 141.

306 KG JW 1929, 2163; *Ahrens,* Reichweite internationaler Schiedsvereinbarungen, 68; *Geimer,* in: Zöller, ZPO, § 1029 Rn. 65; *W. Müller/Keilmann,* SchiedsVZ 2007, 113, 113; *Schlosser,* in: Stein/Jonas, ZPO, § 1029 Rn. 34; *Schütze/Tscherning/Wais,* Handbuch des Schiedsverfahrens, Rn. 59; inkonsequent *Sessler,* BB 1998 (Beilage 9), 21 (diese begründet die Wirkungserstreckung kraft § 11 Abs. 2 GmbHG mit der materiellen Haftung, lehnt dies im Fall des § 128 HGB aber an); a.A. *Schwab/Walter,* Schiedsgerichtsbarkeit, Kap. 7 Rn. 35.

307 KG JW 1929, 2163.

308 Siehe oben § 5 B. I.

309 Siehe dazu bereits § 5 B. III.

310 Vgl. insofern zu § 128 HGB oben § 5 B. IV.

311 *Drygala,* in: Schmidt/Lutter, AktG, § 41 Rn. 27; *Heidinger,* in: Spindler/Stilz, AktG, § 41 Rn. 109; *Pentz,* in: MünchKomm.AktG, § 41 Rn. 142.

rung der AG mit einem Dritten ebenfalls auf den nach § 41 Abs. 1 S. 2 AktG Haftenden.[312]

III. Exkurs: Wirkungserstreckung und Rechtsscheinhaftung des Geschäftsleiters

Neben der normierten Geschäftsleiterhaftung, auf die sich die Wirkungserstreckung gründet, ist zu erörtern, ob außerdem eine Wirkungserstreckung kraft Rechtsscheinhaftung in Betracht kommt. Dabei sind zwei Haftungskonstellationen zu unterscheiden.

1. Rechtsschein der persönlichen Haftung

Erweckt der Handelnde durch sein Auftreten den Rechtsschein, er selbst sei der Geschäftsinhaber und hafte als solcher persönlich, so haftet er dem gutgläubigen Geschäftspartner gegenüber so, als habe er sich als Einzelunternehmer selbst verpflichten wollen (daneben haftet freilich auch die Gesellschaft).[313] In diesem Fall erstreckt sich Wirkung der Schiedsvereinbarung auch auf ihn.

2. Rechtsscheinhaftung wegen Fortlassen der Haftungsbegrenzung

Daneben kommt eine Rechtsscheinhaftung in Betracht, wenn der Auftretende erkennbar als Vertreter für einen Unternehmensträger auftritt, dabei jedoch nicht kenntlich macht, dass es sich dabei um eine Gesellschaftsform mit beschränkter Haftung handelt, und daher den Eindruck erweckt, ein Dritter hafte persönlich.[314] Der so Handelnde haftet dem gutgläubigen Geschäftspartner nach dem im § 179 Abs. 2 BGB zum Ausdruck kommenden Rechtsgedanken.[315]

Die Rechtsscheinhaftung bedarf hinsichtlich der Wirkungserstreckung einer weitergehenden Erörterung.

a) Wirkungserstreckung auf den falsus procurator

Die Wirkungserstreckung einer Schiedsvereinbarung zwischen dem vermeintlich Vertretenen und dessen Geschäftspartner auf den *falsus procurator* lehnt die

---

312 So auch *Pentz,* in: MünchKomm.AktG, § 41 Rn. 153.

313 BGHZ 61, 11, 17 f.; BGH ZIP 1996, 1511, 1512; *Hirte,* Kapitalgesellschaftsrecht, Rn. 3.108; grundlegend *Canaris,* Vertrauenshaftung im deutschen Privatrecht, 177-180.

314 Ein solcher Rechtsschein kann jedoch regelmäßig nur durch schriftliche Erklärungen erzeugt werden und nicht bereits durch mündliche Äußerungen, z.B. in Vertragsverhandlungen.

315 BGH ZIP 1981, 983, 984; ZIP 1991, 1004, 1005; *Emmerich,* in: Scholz, GmbHG, § 4 Rn. 54b f.

herrschende Ansicht ab.[316] Eine solche Wirkungserstreckung könne im Hinblick auf das Recht aus Art. 101 Abs. 1 S. 2 GG nicht durch § 179 BGB gerechtfertigt werden.[317] Eine Wirkungserstreckung, die den vollmachtlosen Vertreter einer in dem gescheiterten Vertrag enthaltenen Schiedsabrede unterwerfe, müsse durch gewichtige Gründe gestützt sein, denen schützenswerte Interessen der Beteiligten nicht entgegenstehen dürften.[318] § 179 BGB wolle den *falsus procurator* jedoch nicht zu einem Vertragspartner machen, sondern nur eine Vertrauenshaftung im Interesse der Verkehrssicherheit normieren.

Gegen diese Ansicht wenden sich Stimmen in der Literatur, die in Anlehnung an die Wirkungserstreckung kraft § 11 Abs. 2 GmbHG eine Wirkungserstreckung auf den *falsus procurator* befürworten.[319] *Niklas* macht eine Wirkungserstreckung davon abhängig, ob der Dritte Erfüllung verlangt – dann erstreckt sich die Schiedsvereinbarung auch auf den *falsus procurator* –, oder ob der Dritte den Schadensersatzanspruch wählt.[320] Dem ist zwar zuzugeben, dass der Dritte alle Ansprüche, die er vertraglich gegen den Vertretenen hätte geltend machen können, im Fall der Erfüllungshaftung auch gegen den *falsus procurator* geltend machen kann.[321] Dennoch überzeugt der Ansatz nicht: Die Zuständigkeit eines Schiedsgerichts kann nicht von dem alleinigen Wahlrecht des Gläubigers abhängen, da eine derartige Unsicherheit über den Rechtsweg wegen des Verlusts staatlichen Rechtsschutzes nicht hingenommen werden kann. Es muss für sämtliche Parteien stets erkennbar sein, ob sie vor einem staatlichen Gericht oder einem Schiedsgericht klagen müssen bzw. verklagt werden können. Daher ist – im Einklang mit der herrschenden Ansicht – eine Wirkungserstreckung auf den *falsus procurator* abzulehnen.

b) Wirkungserstreckung kraft Rechtsscheinhaftung

Ob sich dieser Begründungsansatz auf die Haftung kraft Rechtsscheins wegen Fortlassung des Rechtsformzusatzes übertragen lässt, ist zu bezweifeln.

---

316 BGHZ 68, 356, 360-362; *Ahrens,* Reichweite internationaler Schiedsvereinbarungen, 66 f.; *Geimer,* in: Zöller, ZPO, § 1029 Rn. 73; *Massuras,* Mehrparteienschiedsgerichtsbarkeit, 98; *Rosenberg/Schwab/Gottwald,* Zivilprozessrecht, § 175 Rn. 43; *Schlosser,* in: Stein/Jonas, ZPO, § 1029 Rn. 33; *Schwab/Walter,* Schiedsgerichtsbarkeit, Kap. 7 Rn. 26.

317 Siehe zu Art. 101 Abs. 1 S. 2 GG als Grenze der Wirkungserstreckung oben S. 10 f.

318 BGHZ 68, 356, 360 f.

319 *Münch,* in: MünchKomm.ZPO, § 1029 Rn. 53; *Niklas,* Subjektive Reichweite von Schiedsvereinbarungen, 73-81.

320 *Niklas,* Subjektive Reichweite von Schiedsvereinbarungen, 81.

321 *Bork,* Allgemeiner Teil des BGB, Rn. 1627; *Schilken,* in: Staudinger, BGB, § 179 Rn. 14; *Schramm,* in: MünchKomm.BGB, § 179 Rn. 32.

Denn im Fall der Rechtsscheinhaftung haften der Handelnde, der nicht Vertragspartei wird, und die Gesellschaft als Gesamtschuldner.[322] Die Rechtsscheinhaftung des Handelnden ist keine subsidiäre Ausfallhaftung für den wirklichen Unternehmensträger. Damit sind die Haftung des Handelnden und die vertragliche Verpflichtung der Gesellschaft inhaltsgleich, was für eine Wirkungserstreckung auf den Handelnden spricht. Auch konnten sich haftungsbegrenzende Ansätze nicht durchsetzen; danach sollten Angestellte, die mit firmenrechtlichen Feinheiten nicht vertraut sind, analog § 179 Abs. 2 BGB nur auf den Vertrauensschaden haften.[323] Dies wird von der ganz herrschenden Ansicht abgelehnt, da im Vordergrund der Rechtsscheinhaftung der Schutz des berechtigten Vertrauens des Geschäftspartners steht, und die Unterscheidung nach der internen Unternehmensstellung des Handelnden ist mit einem umfassenden Verkehrsschutz nicht zu vereinbaren. Insofern überwiegt auch das anerkennenswerte Interesse des Gläubigers, den Haftenden vor einem Schiedsgericht in Anspruch nehmen zu können.

Im Ergebnis erstreckt sich die Schiedsvereinbarung auch auf den nach Rechtsscheingrundsätzen analog § 179 BGB Haftenden.

C. Wirkungserstreckung kraft Organstellung

Ausgehend vom Urteil des *OLG München* vom 13.02.1997[324] wird in der Literatur diskutiert, ob die Wirkungserstreckung einer Schiedsvereinbarung der Gesellschaft bereits durch die Stellung als Organ legitimiert werden kann.

I. Entscheidung des OLG München vom 13.02.1997

Der Entscheidung des *OLG München* lag folgender Sachverhalt zugrunde: Die beklagte GmbH und die Klägerin waren Mitglieder des ‚Media-Analyse e.V.', dessen Satzung eine Schiedsvereinbarung enthielt. Der beklagten GmbH standen die Beklagten zu 2) und 3) zum Zeitpunkt des Rechtsstreits als Geschäftsführer vor; zum Zeitpunkt des Beitritts der beklagten GmbH zum ‚Media-Analyse e.V.' waren sie noch keine Geschäftsführer. Sämtliche Beklagte wurden auf Unterlassung einer wettbewerbswidrigen Handlung in Anspruch genommen.

Das OLG ging von einer Wirkungserstreckung der Schiedsvereinbarung auf die beklagten Geschäftsführer mit folgender Begründung aus:

322 BGH ZIP 1991, 1004, 1006; *Emmerich,* in: Scholz, GmbHG, § 4 Rn. 55.

323 So *Canaris*, NJW 1991, 2628; ablehnend: BGH ZIP 1991, 1004, 1005; ZIP 1996, 1511, 1512; ZIP 2007, 908, 909; *Michalski,* in: Michalski, GmbHG, § 4 Rn. 111.

324 OLG München NJW-RR 1998, 198 f.

„Juristische Personen handeln durch ihre gesetzlichen Vertreter. Sie schließen ihre Verträge – und so auch die vorliegende Schiedsvereinbarung – durch ihre gesetzlichen Vertreter, die GmbH sonach durch ihre Geschäftsführer. Die Geschäftsführer sind folglich unmittelbar in die Vereinbarung eingebunden, deren Zustandekommen sie als Organe der juristischen Person veranlaßt haben. Aufgrund ihrer Organstellung wirkt die Schiedsvereinbarung auch für sie, denen die gesamten Interessen der Gesellschaft anvertraut sind und durch die sie ausschließlich handelt. Die Schiedsvereinbarung muß sonach in gleicher Weise, wie für die juristische Person selbst, auch für die gesetzlichen Vertreter wirken, wenn sie als Organe der juristischen Person tätig geworden sind, aber auch wenn sie persönlich für das Handeln der juristischen Person in Anspruch genommen werden."[325]

Daneben stützte das *OLG München* seine Ansicht auf die Auslegung der Schiedsvereinbarung, die wie im Fall des nach § 128 HGB Haftenden „im Zweifel“ auch zu einer Einbeziehung des geschäftsführenden Kommanditisten oder der Geschäftsführer einer GmbH & Co. KG führen müsse. Weiter war aus Sicht des *OLG München* fraglich, ob die Wirkungserstreckung der Schiedsvereinbarung auf die Geschäftsführer überhaupt eine Erstreckung zu deren Lasten sei. Denn durch die Einbeziehung kämen auch diese in den Genuss der Vorteile des Schiedsverfahrens.[326]

II. Meinungsbild in der Literatur

Das Urteil des *OLG München* wurde überwiegend heftig kritisiert.[327] *Sandrock*[328] führt an, dass es – erstens – dem Grundsatz der Relativität des Vertragsverhältnisses widerspreche, nach dem nur die Parteien der Schiedsvereinbarung an diese gebunden sind. Zweitens würden Geschäftsführer u. U. regelmäßig ausgetauscht (*„revolving doors“*) und es könne nicht jeder dieser Geschäftsführer der Wirkung der Schiedsvereinbarung unterstehen. Dem schließen sich auch *W. Müller/ Keilmann* an,[329] indem sie ausführen: die Entscheidung missachte die Rechtsnatur der GmbH und stehe im Widerspruch zu den Grundsätzen der Stellvertretung und der Privatautonomie.

Allein *Frank* befürwortet die Entscheidung des *OLG München.*[330] Allerdings lässt er offen, ob eine Auslegung der Schiedsvereinbarung zu einer Erweiterung

325 OLG München NJW-RR 1998, 198 f.

326 OLG München NJW-RR 1998, 198, 199.

327 *Ahrens,* Reichweite internationaler Schiedsvereinbarungen, 60 f.; *W. Müller/Keilmann,* SchiedsVZ 2007, 113, 116; *Sandrock*, Journal of International Arbitration, Vol. 19 (2002), 423, 440 f.; *Schwab/Walter,* Schiedsgerichtsbarkeit, Kap. 7 Rn. 35; *Sessler*, BB 1998, Beilage 9, 21, 22 f.

328 *Sandrock*, Journal of International Arbitration, Vol. 19 (2002), 423, 440 f.

329 *W. Müller/Keilmann*, SchiedsVZ 2007, 113, 116.

330 *Frank,* Durchgriff im Schiedsvertrag, 275-277.

der Wirkungserstreckung führen kann oder ob die Wirkungserstreckung letztlich auf einem Vertrag zugunsten Dritter basiere.

III. Stellungnahme

Sowohl der Entscheidung des *OLG München* als auch der Ansicht *Franks* ist entgegenzutreten. Eine Erstreckung der Wirkungen vertraglicher Vereinbarungen, die im Namen der Gesellschaft geschlossen wurde, auf die Gesellschaftsorgane findet keine gesetzliche Grundlage. Im Grundsatz gilt: GmbH und AG sind eigenständige Träger von Rechten und Pflichten (§ 13 Abs. 1 GmbHG, § 1 Abs. 1 S. 1 AktG) und die Geschäftsleiter nur deren Vertreter. Erst recht nicht können die (prozess-)ökonomischen Vorteile eines Schiedsgerichtsverfahrens eine Wirkungserstreckung rechtfertigen. Dies missachtet das Recht der Geschäftsleiter auf staatlichen Rechtsschutz.[331] Im Ergebnis kommt eine Wirkungserstreckung allein kraft Organstellung nicht in Betracht.

D. Schlussfolgerungen für die Mitglieder des Aufsichtsrats

Aufsichtsratsmitglieder – nicht aber der Aufsichtsrat als solcher[332] – haften gegenüber ihrer Gesellschaft für Schäden, die infolge einer von ihnen zu vertretenden Pflichtverletzung verursacht werden, §§ 116 S. 1, 93 Abs. 2 S. 1 AktG.[333] Eine solche Innenhaftung der Aufsichtsratsmitglieder rechtfertigt ebenso wenig wie die Innenhaftung eines Gesellschafters oder Geschäftsleiters die Wirkungserstreckung einer Schiedsvereinbarung zwischen Gesellschaft und gesellschaftsfremdem Dritten.[334]

Eine Außenhaftung der Aufsichtsratsmitglieder ist weder im AktG noch im GmbHG normiert; dies kann allein auf ein Verschulden bei Vertragsschluss oder eine deliktische Grundlage gestützt werden.[335] Diese mögliche Haftung beruht auf einem selbstständigen Verpflichtungsgrund und nicht auf einer akzessori-

---

331 Vgl. BGHZ 68, 356, 360 f.; *Habscheid*, KTS 1966, 1,1 f.

332 Zur AG *Drygala,* in: Schmidt/Lutter, AktG, § 116 Rn. 35; zur GmbH *Schneider,* in: Scholz, GmbHG, § 52 Rn. 461.

333 Darauf verweist für den fakultativen Aufsichtsrat § 52 Abs. 1 GmbHG; für den obligatorischen GmbH-Aufsichtsrat verweisen darauf § 1 Abs. 1 Nr. 3 S. 2 DrittelbG, § 25 Abs. 1 S. 1 Nr. 2 MitbestG, § 3 Abs. 2 Montan-MitbestG, § 3 Abs. 1 S. 2 MitbestG, § 6 Abs. 2 InvG.

334 Zur Innenhaftung des GmbH-Gesellschafters § 6 C. II. 1 und zur Innenhaftung des Geschäftsleiters § 7 B. I. 2.

335 Zur AG *Drygala,* in: Schmidt/Lutter, AktG, § 116 Rn. 50; zur GmbH *Schneider,* in: Scholz, GmbHG, § 52 Rn. 539.

schen Haftung für Gesellschaftsschulden, sodass eine Wirkungserstreckung auf die Aufsichtsratsmitglieder ausscheidet.[336]

E. Zusammenfassung

Die Wirkungserstreckung einer von einer GmbH oder einer AG geschlossenen Schiedsvereinbarung auf Geschäftsführer oder Vorstands- und Aufsichtsratsmitglieder kommt im Regelfall nicht in Betracht. Weder die Stellung als Organwalter noch die Haftung des Organwalters gegenüber der Gesellschaft können eine Wirkungserstreckung rechtfertigen. Eine Wirkungserstreckung kommen allein in dem eher seltenen Fall der Handelndenhaftung (§ 11 Abs. 2 GmbHG, § 41 Abs. 1 S. 2 AktG) sowie im Fall der Rechtsscheinhaftung wegen Fortlassung des Rechtsformzusatzes in Betracht.

336 Zur deliktischen Außenhaftung des GmbH-Gesellschafters § 6 C. III. 1. c) und zur deliktischen Haftung des Geschäftsleiters § 7 B. I. 1.

Zweiter Hauptteil Wirkungserstreckung bei statutarischen Schiedsklauseln

§ 8 Übersicht

Im vorangehenden ersten Hauptteil wurde die Wirkungserstreckung von *Schiedsvereinbarungen* erörtert; im folgenden zweiten Hauptteil wird untersucht, welche Wirkung von *Schiedsklauseln* ausgeht, die in Satzungen oder Gesellschaftsverträgen enthalten sind.[337] Diese umfassen Streitigkeiten, die zwischen Gesellschaft, Gesellschaftern und Gesellschaftsorganen im Zusammenhang mit dem Gesellschaftsverhältnis aufkommen können. Gerade bei solchen gesellschaftsinternen Streitigkeiten ist ein effektiver Rechtsschutz notwendig, da ansonsten die gemeinsame Zweckverfolgung an ungelösten internen Streitigkeiten zu scheitern droht. Der Vorteil einer schiedsgerichtlichen Konfliktlösung gegenüber einem Verfahren vor staatlichen Gerichten ist vor allem die Vertraulichkeit des Schiedsverfahrens, sodass streitentscheidende vertrauliche Informationen aus dem Inneren der Gesellschaft nicht publik werden.

Der Modellfall, der im Folgenden erörtert wird, ist die Schiedsklausel in der Satzung einer GmbH; denn die GmbH ist in Wissenschaft und Praxis der *„Prototyp der Gesellschaft mit Schiedsklausel"*. In diesem Zusammenhang werden auch die grundlegenden Aussagen der *Schiedsfähigkeit II*-Entscheidung erörtert und die daraus folgenden Fragen untersucht. Darauf aufbauend wird die Zulässigkeit von Schiedsklauseln in Satzungen von AGs erläutert. Dabei steht im Mittelpunkt, ob Schiedsklauseln in Anbetracht des Grundsatzes der Satzungsstrenge überhaupt als Satzungsregelungen in Betracht kommen, wenn das Aktiengesetz Rechtsschutz durch staatliche Gerichte vorsieht. Anschließend wird die Wirkung von Schiedsklauseln auf Gesellschaftsorgane erörtert; dabei ist besonders auf das Recht des Organmitglieds auf staatlichen Rechtsschutz einzugehen und zu fragen, inwieweit dieses Recht ohne Zustimmung des Organmitglieds beschnitten werden kann. Am Rande werden auch Schiedsvereinbarungen mit Organmitgliedern erörtert.

---

337 Siehe zur Unterscheidung von ‚Schiedsvereinbarung' und ‚Schiedsklausel' oben S. 3.

Abschließend wird auf die Wirkung von Schiedsklauseln in Gesellschaftsverträgen von Personengesellschaften eingegangen, wobei dort Publikumsgesellschaften im Blickpunkt stehen.

Zuvor stellt sich die Frage, ob Schiedsklauseln in Satzungen und Gesellschaftsverträgen als Schiedsvereinbarungen i.S.d. § 1029 ZPO oder als Schiedsanordnungen i.S.v. § 1066 ZPO einzuordnen sind. In diesem Zusammenhang wird auch die Grundlegung für die folgende Unterscheidung von *‚Anordnungskompetenz der Gesellschafter'* und *‚Legitimation der Wirkungserstreckung'* erläutert.

§ 9
Rechtsformübergreifende Vorfrage und Begrifflichkeiten

A. Übersicht

Rechtsformübergreifend ist zunächst die Einordnung von Schiedsklauseln als Anordnungen schiedsgerichtlicher Entscheidungskompetenz i.S.v. § 1066 ZPO oder als Schiedsvereinbarungen i.S.v. § 1029 ZPO zu erörtern. Daneben werden die Begrifflichkeiten erläutert, die der folgenden Untersuchung zugrunde liegen.

B. Schiedsklauseln als Vereinbarungen oder Anordnungen

Das Schiedsverfahrensrecht der ZPO unterscheidet zwischen zwei Möglichkeiten, eine schiedsgerichtliche Entscheidungskompetenz vorzusehen: durch individuelle Vereinbarung (§ 1029 ZPO) oder gemäß § 1066 ZPO durch Anordnung und damit in anderer, nicht auf Vereinbarung beruhender Weise.

I. Schiedsklauseln in Satzungen von Kapitalgesellschaften

Zunächst ist der Blick auf Schiedsklauseln in Satzungen zu richten.

1. Meinungsstand

Die überwiegende Meinung sieht die Grundlage statutarischer Schiedsklauseln in § 1066 ZPO.[338] Denn die Anordnung schiedsgerichtlicher Entscheidungskompe-

338 BGH BB 1951, 683 (zur AG); BGHZ 38, 155, 159; 160, 127, 132; OLG Hamburg SchiedsVZ 2004, 266, 268 (jeweils zur GmbH); *Ebbing*, NZG 1998, 281, 281 f.; *ders.*, NZG 1999, 754, 754 f.; *Geimer*, in: FS Schlosser (2005), 197, 210 f.; *Münch*, in: MünchKomm.ZPO, § 1066

tenz in der Satzung sei Ausfluss einer gesellschaftsinternen Willensbildung, die zu einer mitgliedschaftlich begründeten Wirkung der Schiedsklausel führe. Die Schiedsklausel wirke auf jeden Gesellschafter aufgrund seiner Mitgliedschaft, und nicht aufgrund individueller vertraglicher Unterwerfung, was gerade das typische Merkmal einer Vereinbarung i.S.d. § 1029 ZPO sei.[339]

Dem stehen verschiedene Ansichten in der Literatur entgegen: Einige Stimmen ordnen eine statutarische Schiedsklausel grundsätzlich als Vereinbarung i.S.v. § 1029 ZPO ein.[340] Denn Gesellschaftsgründungen und Gesellschaftsbeitritte seien rechtsgeschäftliche Akte und im Lichte des grundrechtsgleichen Rechts auf den gesetzlichen Richter zu beurteilen; daher könne nur eine Vereinbarung in der Form des § 1031 ZPO einen wirksamen Verzicht darauf begründen. Andere sprechen sich für eine analoge Anwendung des § 1029 ZPO aus, da der Schiedsklausel zwar keine Vereinbarung i.S.v. § 1029 ZPO zugrunde liege, aber das Erfordernis allgemeiner Zustimmung das Bestehen einer Vereinbarung impliziere.[341]

Zwischen diesen beiden Ansichten vermittelnd betrachtet *Haas* Schiedsklauseln, die bereits mit Gesellschaftsgründung vereinbart werden, als Vereinbarungen i.S.v. § 1029 ZPO; bei der nachträglichen Einführung von Schiedsklauseln durch Satzungsänderung soll dagegen § 1066 ZPO gelten, soweit das Mehrheitsprinzip gilt.[342] Auch beim Beitritt eines Gesellschafters zu einer Gesellschaft mit bestehender Schiedsklausel müsse zwischen zwei Ebenen unterschieden werden: Für den Erwerb der Gesellschafterstellung durch einen Aufnahmevertrag mit der Gesellschaft sollten die §§ 1029, 1031 ZPO mit Blick auf die Schiedsklausel gelten; ob und inwieweit dann für Streitigkeiten aus dem Mitgliedschaftsverhältnis ein Schiedsgericht zuständig sei, ergebe sich allein aus der Satzung, sodass nun § 1066 ZPO Anwendung finde.[343]

Eine andere Differenzierung nimmt *Schlosser* vor:[344] § 1066 ZPO sei auf Schiedsklauseln anzuwenden, die bereits bei Gesellschaftsgründung Teil der Satzung werden; denn die Gründungsgesellschafter seien durch die Gründungsvorschriften ausreichend geschützt, wie bereits das Erfordernis der notariellen Beurkundung der Gründungssatzung (vgl. § 23 Abs. 1 S. 1 AktG, § 2 Abs. 1 S. 1 GmbHG) zeige. Dagegen sollen die §§ 1029, 1031 ZPO Anwendung finden,

---

Rn. 8 f.; *Schmidt*, JZ 1989, 1077, 1079; *ders.*, ZHR 162 (1998), 265, 275-277; *Vetter*, DB 2000, 705, 706; *Wagner*, Prozeßverträge, 489-496.

339 Vgl. *Schmidt*, JZ 1989, 1077, 1079.

340 *Schwab/Walter*, Schiedsgerichtsbarkeit, Kap. 32 Rn. 5 f.

341 *Korff*, Beschlussmängelstreitigkeiten im Schiedsverfahren, 130 f.; siehe auch *Beckmann*, Statutarische Schiedsklauseln, 109-112 (Schiedsklauseln als eigenständige Fallgruppe).

342 *Haas*, SchiedsVZ 2007, 1, 7 f.

343 *Haas*, SchiedsVZ 2007, 1, 8.

344 *Schlosser*, in: Stein/Jonas, ZPO, § 1066 Rn. 10-15.

wenn jemand in eine Gesellschaft mit bestehender Schiedsklausel eintritt, ohne den Anteil eines anderen Gesellschafters zu übernehmen; denn Grundlage der Bindung an die Schiedsklausel könne nur eine gesonderte Vereinbarung sein.[345]

2. *Verweis des Regierungsentwurfs des SchiedsVfG auf das EuGH-Urteil vom 10.03.1992*

Der Regierungsentwurf zum SchiedsVfG tendierte zwar zu einer vertragsrechtlichen Einordnung von Schiedsklauseln in Satzungen, eine endgültige Einordnung erfolgte gleichwohl ausdrücklich nicht.[346] Diese Tendenz wurde mit dem Urteil des *EuGH* vom 10.03.1992 begründet, in dem die statutarische Gerichtsstandsvereinbarung einer AG als eine vertragliche Vereinbarung qualifiziert wurde.[347] Jedoch kann dieses Urteil für die Streitfrage der Anwendbarkeit des § 1029 ZPO oder aber des § 1066 ZPO keine Entscheidungshilfe sein.[348] Denn der *EuGH* hat allein festgestellt, dass eine statutarische Gerichtsstandsvereinbarung eine Vereinbarung i.S.d. Art 17 EuGVÜ[349] (nunmehr: Art. 23 EuGVVO[350]) sei. Diese Auslegung des Begriffs „Gerichtsstandsvereinbarung" ist jedoch europarechtlich autonom vorzunehmen,[351] und ein Rückschluss davon auf die Einordnung einer Schiedsklausel, die auf Grundlage des deutschen Prozessrechts vorzunehmen ist, ist nicht möglich.

3. *Stellungnahme*

Als Prämisse der Stellungnahme ist zunächst davon auszugehen, dass Ausgangspunkt jeder Gesellschaftsgründung und jedes Beitritts, jeder Satzungsänderung und auch jeder Übertragung von Gesellschaftsanteilen eines ist: ein rechtsgeschäftliches Zusammenwirken als Verwirklichung der Privatautonomie.[352] Mitgliedschaft ist somit das Resultat privatautonomen Handelns.[353]

---

345 *Schlosser,* in: Stein/Jonas, ZPO, § 1066 Rn. 13.

346 Begr. RegE SchiedsVfG, BT-Drucks. 13/5274, S. 66.

347 EuGH NJW 1992, 1671.

348 So auch *Münch,* in: MünchKomm.ZPO, § 1066 Rn. 8 f.; *Schlosser,* in: Stein/Jonas, ZPO, § 1066 Rn. 10; *Schmidt*, ZHR 162 (1998), 265, 276.

349 Übereinkommen über die gerichtliche Zuständigkeit und die Vollstreckung gerichtlicher Entscheidungen in Zivil- und Handelssachen vom 27.09.1968.

350 Verordnung (EG) Nr. 44/2001 des Rates vom 22.12.2000 über die gerichtliche Zuständigkeit und die Anerkennung und Vollstreckung von Entscheidungen in Zivil- und Handelssachen.

351 EuGH NJW 1992, 1671, 1671 f.; *Wagner,* Prozeßverträge, 383 f.

352 *Lutter*, AcP 180 (1980), 85, 94 f.

353 *Lutter*, AcP 180 (1980), 85, 96.

Auch die Begründung einer schiedsgerichtlichen Entscheidungskompetenz durch eine statutarische Schiedsklausel beruht zumindest mittelbar auf einer Vereinbarung der Gesellschafter.[354] Sieht man die Mitgliedschaft mit *Lutter* als Verwirklichung der Privatautonomie, so ist das Verankern einer Schiedsklausel in der Satzung die prozessuale Fortsetzung des privatautonomen Handelns. Mit Blick auf diese privatautonome Grundlage der Schiedsklausel kann jedoch nicht auf das Vorliegen einer Vereinbarung i.S.d. § 1029 ZPO geschlossen werden.

Denn bei Kapitalgesellschaften ist zu unterscheiden zwischen der Vereinbarung der Satzung der Gesellschaft und der Satzung als Basis des Zusammenwirkens in der Gesellschaft.[355] Mit der Entstehung der Gesellschaft löst sich die ursprüngliche Gründungsvereinbarung von den Gesellschaftsgründern und verselbstständigt sich;[356] sie „erlangt ein unabhängiges rechtliches Eigenleben, wird zur körperschaftlichen Verfassung“[357]. Die Wirkung der Satzung als generell-abstrakter Rahmenregelung ist dann von grundlegender Natur und geht über eine Vereinbarung zwischen den Gesellschaftern hinaus. Die Grundlage der Bindung des einzelnen Gesellschafters an die Satzung ist dann nur noch mittelbar die Vereinbarung – unmittelbar ist der Gesellschafter an die Satzung gebunden, da er Mitglied der Gesellschaft ist.[358]

Dies gilt auch für Schiedsklauseln in Satzungen von Kapitalgesellschaften. Denn die Wirkung statutarischer Schiedsklauseln gründet sich nicht unmittelbar auf die Vereinbarung der Gesellschafter, die eine schiedsgerichtliche Entscheidungskompetenz für gesellschaftsinterne Streitigkeiten vorgesehen haben. Die Wirkung der Schiedsklausel beruht auf der Stellung als Gesellschafter.[359] Dafür ist es im Übrigen unerheblich, wie man im Lichte von Vertrags- und Normentheorie die Verbindlichkeit der Satzung rechtsdogmatisch erklärt.[360] Denn ungeachtet dessen folgen aus der Mitgliedschaft verschiedene mitgliedschaftliche Rechtsverhältnisse, und es ergeben sich zahlreiche gesellschaftsinterne Rechte und Pflichten;[361] dazu zählen auch die Rechte und Pflichten aus der Schiedsklausel.

---

354 Siehe *Geimer,* in: FS Schlosser (2005), 197, 198 (verdeckte Vereinbarung); *Schmidt*, JZ 1989, 1077, 1079.

355 BGHZ 47, 172, 179 f. (zum Verein); *Schmidt,* Gesellschaftsrecht, § 5 I.1 (S. 76); *Wiedemann,* Gesellschaftsrecht, Bd. 1, § 3 II.1 a) (S. 159 f.).

356 *Flume,* Juristische Person, § 9 I (S. 319 f.).

357 BGHZ 47, 172, 179 (zum Verein).

358 *Flume,* Juristische Person, § 9 I (S. 319 f.); *Schmidt*, JZ 1989, 1077, 1079.

359 So auch *Geimer,* in: FS Schlosser (2005), 197, 199; *Schmidt*, ZHR 162 (1998), 265, 275; *Vollmer,* Satzungsmäßige Schiedsklauseln, 22.

360 *Geimer,* in: FS Schlosser (2005), 197, 200; *Schmidt*, ZHR 162 (1998), 265, 275.

361 *Lutter*, AcP 180 (1980), 85, 99; *Schmidt,* ZGR 2011, 108, 115.

Gegen die Bindung an Schiedsklauseln kraft Mitgliedschaft wird eingewendet, dass sie den Schutz vor dem Verzicht auf staatlichen Rechtsschutz vernachlässige.[362] Dagegen ist zu erwidern, dass § 1066 ZPO neben einer Anordnung – als erstem „Tatbestandsmerkmal" – als zweites voraussetzt, dass dies *„in gesetzlich statthafter Weise"* bewerkstelligt worden ist. § 1066 ZPO setzt insoweit nur die Möglichkeit der Anordnung einer schiedsgerichtlichen Entscheidungskompetenz voraus,[363] die Frage nach der Rechtmäßigkeit beurteilt sich indes nicht nach dem Prozessrecht, sondern nach dem Gesellschaftsrecht.[364] Daneben gelten freilich die allgemeinen Grenzen privatautonomen Handelns, wie die §§ 134, 138 BGB. Denn der Schutz der Gesellschafter unterliegt dem Gesellschaftsrecht und nicht dem Prozessrecht; dies gilt im Allgemeinen für die aus der Mitgliedschaft folgenden Belastungen und im Besonderen für den Schutz vor der Wirkung einer Schiedsklausel. Beispielsweise kann – und will – das Prozessrecht die Frage, ob eine Schiedsklausel durch Satzungsänderung eingeführt werden kann, nicht beantworten.

4. Keine Anordnung i.S.v. § 1066 ZPO bei Nebenabreden

Treffen die Gesellschafter neben der Satzung schuldrechtliche Nebenabreden[365] – was bei einer GmbH zumeist der Fall sein wird –, so binden diese die Gesellschafter als Parteien der Vereinbarung und nicht kraft Mitgliedschaft. Wird eine Schiedsvereinbarung in Form einer Nebenabrede neben der Satzung vereinbart, so ist dies kein Anwendungsfall des § 1066 ZPO. Die schiedsgerichtliche Entscheidungszuständigkeit beruht dann auf einer Vereinbarung und nicht auf einer Anordnung, sodass das in § 1031 ZPO angeordnete Formerfordernis gilt.

5. Zwischenergebnis

Grundlage einer statutarischen Schiedsklausel ist § 1066 ZPO, da es sich um eine Anordnung in sonstiger Weise handelt. Inwieweit dies in gesetzlich statthafter Weise geschehen ist, ist keine Frage des Prozessrechts, sondern des Gesellschaftsrechts und allgemein gültiger Grenzen, wie § 138 BGB.

---

362 *Schwab/Walter,* Schiedsgerichtsbarkeit, Kap. 32 Rn. 6.

363 *Schlosser,* in: Stein/Jonas, ZPO, § 1066 Rn. 1.

364 *Ebbing,* NZG 1999, 754 (zum Verein); *Schmidt,* JZ 1989, 1077, 1079; *ders.,* ZHR 162 (1998), 265, 275; *H. P. Westermann,* in: FS Goette (2011), 601, 604; in diese Richtung auch *Münch,* in: MünchKomm.ZPO, § 1066 Rn. 12; a.A. *Geimer,* in: FS Schlosser (2005), 197, 202 f.

365 Zur Unterscheidung von Nebenabreden und Satzungsbestandteilen *Noack,* Gesellschaftervereinbarungen bei Kapitalgesellschaften, 61-65.

II. Schiedsklauseln in Gesellschaftsverträgen von Personengesellschaften

Die Einordnung von Schiedsklauseln in Gesellschaftsverträgen ist mit Blick auf die im Wandel befindliche Dogmatik des Gesellschaftsvertrags besonders umstritten.

1. Meinungsstand

Während die herrschende Meinung Schiedsklauseln in Satzungen als Anordnung i.S.v. § 1066 ZPO ansieht,[366] soll dies bei Personengesellschaften anders sein. Die überwiegende Meinung ordnet Schiedsklauseln in Gesellschaftsverträgen als Vereinbarungen i.S.d. § 1029 ZPO ein.[367] Auch in der Begründung des Regierungsentwurfs zum SchiedsVfG wird von einem vertraglichen Charakter solcher Schiedsklauseln ausgegangen.[368] Begründet wird dies – erstens – mit dem fehlenden Satzungscharakter des Gesellschaftsvertrags.[369] Daneben wird – zweitens – die Schutzbedürftigkeit der Gesellschafter der Personengesellschaft als Argument herangezogen,[370] da nur bei einer Vereinbarung i.S.v. § 1029 ZPO das Formerfordernis des § 1031 ZPO Anwendung findet.[371]

Dagegen stellt sich eine stärker werdende Ansicht in der Literatur, die Schiedsklauseln auch in Gesellschaftsverträgen als Anordnung i.S.v. § 1066 ZPO ansieht.[372] Diese Ansicht stützt sich auf das – nach ihrer Meinung – gewandelte Rechtsbild der Personengesellschaft, wonach Gesellschaftsverträge behandelt werden müssten wie Satzungen.[373] Auch bei Publikumspersonengesellschaften soll eine Anordnung i.S.d. § 1066 ZPO vorliegen, die an der Inhaltskontrolle

---

366 Dazu vorhergehend I.

367 BGH NJW 1980, 1049, 1049 f.; NJW 1998, 371 (jeweils zur Publikums-KG); NZG 2002, 955 (zur KG); OLG Karlsruhe NJW-RR 1991, 493 (zur oHG); OLG Oldenburg NZG 2002, 931, 932 f. (zur Partenreederei); *Beckmann,* Statutarische Schiedsklauseln, 112 f.; *Ebbing*, NZG 1998, 281, 282; *Hopt,* in: Baumbach/Hopt, HGB, Einl. vor § 1 Rn. 90; *Münch,* in: MünchKomm.ZPO, § 1066 Rn. 20; *Schlosser,* in: Stein/Jonas, ZPO, § 1066 Rn. 5 a.E.

368 Begr. RegE SchiedsVfG, BT-Drucks. 13/5274, S. 66.

369 BGH NJW 1980, 1049.

370 *Schlosser,* in: Stein/Jonas, ZPO, § 1066 Rn. 5 a.E.

371 Dazu im Folgenden III.

372 *Geimer,* in: Zöller, ZPO, § 1066 Rn. 1; *Habersack*, SchiedsVZ 2003, 241, 243 f.; *Roth,* in: FS Nagel (1987), 318, 321-325; *Schäfer,* in: Großkomm.HGB, § 105 Rn. 45; *Schmidt*, ZGR 1988, 523, 538 f.; *ders.*, JZ 1989, 1077, 1079; *ders.*, ZHR 162 (1998), 265, 278 f. (einschränkend: Mindestens diejenigen Gesellschaftsverträge, die Mehrheitsbeschlüsse zulassen, die Anwendung des § 1066 ZPO im Übrigen bedarf der Klärung); *ders.*, BB 2001, 1857, 1862; *ders.*, in: Gesellschaftsrecht in der Diskussion (2009), 97, 117, 129 f.

373 *Schäfer,* in: Großkomm.HGB, § 105 Rn. 45; *Schmidt*, ZHR 162 (1998), 265, 278 f.

nach § 242 BGB zu messen sei.[374] Insofern erübrige sich auch der Schutz von Verbrauchern durch das Formerfordernis des § 1031 Abs. 5 ZPO, da die Inhaltskontrolle wesentlich weiter reiche.

2. Stellungnahme

Im Folgenden werden zunächst das (gewandelte) Rechtsverständnis des Gesellschaftsvertrags von Personengesellschaften und die (veränderten) Übertragungsmöglichkeiten von Anteilen an Personengesellschaften erläutert, um nach dieser dogmatischen Grundlegung zu untersuchen, ob Schiedsklauseln als Anordnung i.S.v. § 1066 ZPO einzuordnen sind.

a) Dogmatik des Gesellschaftsvertrags und der Gesellschafterstellung

Inwieweit Personengesellschaften eine eigene Verbandsordnung haben, wurde vom Gesetzgeber nur spärlich geregelt und im Wesentlichen Rechtsprechung und Lehre überlassen. Daher war lange umstritten, ob die Mitgliedschaft in einer Personengesellschaft vergleichbar mit der in einer Kapitalgesellschaft ist oder ob die Mitgliedschaft als bloße Teilhaberschaft am gesamthänderisch verbundenen Vermögen zu qualifizieren ist.[375] Hinsichtlich des Gesellschaftsvertrags ist somit zu fragen, ob dieser lediglich ein schuldrechtlicher Vertrag ist – oder ob er eine eigenständige Verbandsordnung begründet, wie im Recht der Kapitalgesellschaften.[376]

aa) Rechtsverständnis des Gesellschaftsvertrags

Mit Blick auf die hier maßgebliche Frage, die mögliche Einordnung einer Schiedsklausel in einem Gesellschaftsvertrag als Anordnung i.S.v. § 1066 ZPO, sind folgende Erkenntnisse der (andauernden) Diskussion relevant: Ein vertragliches Schuldverhältnis zwischen den Gesellschaftern ist die Grundvoraussetzung für das Bestehen einer GbR, oHG oder KG; insofern besteht kein Unterschied zur Satzung einer Kapitalgesellschaft.[377] Die Bedeutung des Gesellschaftsvertrags einer Personengesellschaft beschränkt sich nach herrschender Ansicht jedoch nicht auf eine schuldrechtliche Vereinbarung;[378] darüber hinaus begründet

---

374 Siehe dazu im Folgenden S. 198.

375 Eingehend *Wiedemann*, ZGR 1996, 286 ff.

376 Eingehend *Schmidt,* Gesellschaftsrecht, § 5 I. 1., 2. (S. 75-83).

377 *Lutter*, AcP 180 (1980), 85, 94 f.; *Wiedemann,* Gesellschaftsrecht, Bd. 2, § 2 I. 1. a) (S. 91).

378 Vom Sonderfall der Innengesellschaft ohne Gesamthansvermögen abgesehen, wo sich der Gesellschaftsvertrag auf die Begründung gegenseitiger Rechte und Pflichten beschränkt, *Schmidt,* Gesellschaftsrecht, § 7 I. 2. (S. 170).

der Gesellschaftsvertrag eine Gesellschaftsverfassung.[379] Insoweit unterscheidet sich der Gesellschaftsvertrag einer Personengesellschaft nicht vom Gründungsstatut einer Kapitalgesellschaft,[380] und dennoch wird zwischen Gesellschaftsvertrag und Satzung im Allgemeinen unterschieden.[381] Dies setzt sich in der Einordnung von Schiedsklauseln in Gesellschaftsverträgen als Vereinbarungen i.S.v. § 1029 ZPO fort.

bb) Übertragung der Gesellschafterstellung

Bevor auf die aufgeworfene Frage – nach der Einordnung von Schiedsklauseln – eingegangen wird, wird ein weiterer relevanter Streitpunkt des Personengesellschaftsrechts aufgeworfen: die Möglichkeiten der Übertragung von Anteilen an einer Personengesellschaft.

Die Übertragung von Anteilen an einer Personengesellschaft war früher nicht denkbar. Der ausscheidende und der eintretende Gesellschafter mussten jeweils eine Vereinbarung mit den übrigen Gesellschaftern treffen.[382] Ein Gesellschafter schied aus der Gesellschaft aus, ein anderer kam neu hinzu. Auch nach heutigem Rechtsstand *kann* – zwingend ist dies nicht mehr – der Eintritt eines neuen Gesellschafters durch einen Vertrag mit den übrigen Gesellschaftern erfolgen und führt dann zur Änderung des Gesellschaftsvertrags.[383] Darüber hinaus ist heute anerkannt, dass die Mitgliedschaft in einer Personengesellschaft auch übertragen werden kann durch den Rechtsübergang vom Veräußerer auf den Erwerber.[384] Die Rechtsfolge der Anteilsübertragung ist eine Einzelrechtsnachfolge des Erwerbers in die Mitgliedschaft des Veräußerers, sodass der Erwerber in das bestehende Gesellschaftsverhältnis einrückt und die Gesellschafterstellung übernimmt.[385] Darin zeigt sich eine deutliche Parallele zur Übertragung der Mitgliedschaft in

---

379 *Schäfer,* in: Großkomm.HGB, § 105 Rn. 40 f.; *Schmidt,* in: MünchKomm.HGB, § 105 Rn. 116; *Wiedemann*, ZGR 1996, 286, 291; a.A. BGHZ 11, 190, 190 f.

380 *Schmidt,* Gesellschaftsrecht, § 5 I.1 (S. 76); *Wiedemann,* Gesellschaftsrecht, Bd. 2, § 2 I. 1. a) (S. 91).

381 Siehe BGHZ 21, 370, 374 f.; BGH WM 1961, 303, 304; *Flume,* Personengesellschaften, § 7 III. 2. (S. 95); kritisch dazu *Schmidt,* in: MünchKomm.HGB, § 105 Rn. 116.

382 RGZ 83, 312, 314 f.

383 BGHZ 44, 229, 231; *Schäfer,* in: Großkomm.HGB, § 105 Rn. 289; *Wiedemann*, ZGR 1996, 286, 296.

384 BGHZ 13, 179, 185 f.; 44, 229, 231; 81, 82, 87; *Wiedemann*, ZGR 1996, 286, 296; eingehend *Flume,* Personengesellschaften, § 17 II. (S. 349-352); die Übertragung des Gesellschaftsanteils bedarf freilich der Zustimmung der übrigen Gesellschafter *Schmidt,* in: MünchKomm.HGB, § 105 Rn. 217 f.

385 *Schäfer,* in: Großkomm.HGB, § 105 Rn. 292; *Schmidt,* in: MünchKomm.HGB, § 105 Rn. 222.

der AG oder GmbH.[386] Diese Möglichkeit der Übertragung ist Ausdruck der Eigenständigkeit der Personengesellschaft[387] und darüber hinaus Zeichen für die Verselbstständigung des Gesellschaftsvertrags.

b) Schlussfolgerungen für die Anwendung des § 1066 ZPO

Auf dieser gesellschaftsrechtlichen Grundlage kann nun zu der zivilprozessualen Frage Stellung genommen werden, ob Schiedsklauseln in Gesellschaftsverträgen Vereinbarungen i.S.d. § 1029 ZPO oder Anordnungen nach § 1066 ZPO sind.

Zur Erinnerung:[388] Bei der Kapitalgesellschaft ist eine statutarische Schiedsklausel als Anordnung zu sehen, da die Wirkung der Satzung eine generell-abstrakte Rahmenregelung von grundlegender Natur ist und sich die Wirkung der statutarischen Schiedsklausel nicht auf eine Vereinbarung zwischen den Gesellschaftern gründet, sondern auf die Stellung als Gesellschafter. Dies gilt auch für Personengesellschaften.

Eine Schiedsklausel, die einmal in einem Gesellschaftsvertrag verankert wurde, wirkt für und jeden Gesellschafter. Dies gilt für die Gründer der Gesellschaft und auch für neu eintretende Gesellschafter; jeder ist aufgrund seiner Stellung als Gesellschafter gebunden. Die Schiedsklausel verselbstständigt sich damit – wie die Satzung in der Kapitalgesellschaft – und bildet die dauerhafte Grundlage zur Begründung einer schiedsgerichtlichen Zuständigkeit. Diese dauerhafte Bindung aller Gesellschafter ist das Kennzeichen einer Satzungsregelung.[389] Und § 1066 ZPO soll gerade eine solche Wirkungserstreckung ermöglichen, die nicht auf dem „Vertrags- oder Konsensprinzip“[390] beruht.

Dies steht auch im Einklang mit der jüngeren Rechtsprechung und Literatur, wonach die Stellung als Gesellschafter in einer Personengesellschaft als *Mitgliedschaft* zu qualifizieren ist und nicht (mehr) als *Teilhaberschaft*.[391] Der Mitgliedschaft liegt eine Sonderverbindung aller Gesellschafter zugrunde, und diese Verbindung wird durch den organisationsrechtlichen Teil des Gesellschaftsvertrags inhaltlich ausgestaltet. Ist eine Schiedsklausel Bestandteil des Gesellschaftsvertrags, so ist sie untrennbarer Bestandteil der Mitgliedschaft. Darüber

386 *Lutter*, AcP 180 (1980), 85, 97-101, 155 f.

387 *Wiedemann*, Gesellschaftsrecht, Bd. 2, § 5 II. 1. (S. 425).

388 Siehe oben I.

389 *Schmidt*, Gesellschaftsrecht, § 5 I.2 (S. 82 f.); *Wicke*, DNotZ 2006, 419, 424.

390 *Geimer*, in: FS Schlosser (2005), 197, 198 f.

391 BGHZ 81, 82, 84; *Habersack*, Mitgliedschaft – subjektives und „sonstiges“ Recht, 78; *ders.*, SchiedsVZ 2003, 241, 243; *Schäfer*, in: Großkomm.HGB, § 105 Rn. 205; *Schmidt*, Gesellschaftsrecht, § 45 I.1 (S. 1309 f.).

hinaus begründet jede Mitgliedschaft auch weitere Pflichten sowie Teilhabe- und Schutzrechte, die sich im Wesentlichen nach dem Gesellschaftsvertrag richten.

Im Ergebnis beruht die Bindung der Gesellschafter an Schiedsklauseln in Gesellschaftsverträgen von Personengesellschaften nicht auf einer Vereinbarung, sondern auf einer Anordnung i.S.v. § 1066 ZPO.

c) Blick auf das Prozessrecht der gesellschaftsinternen Streitigkeiten

Ein Blick auf die *actio pro socio* als Ausprägung des Prozessrechts der gesellschaftsinternen Streitigkeiten untermauert die Selbstständigkeit des Gesellschaftsvertrags, was wiederum die These der Bindung der Gesellschafter an die Schiedsklausel kraft Mitgliedschaft bestätigt.

Das Prozessinstitut der *actio pro socio* verdeutlicht, dass der Gesellschaftsvertrag nicht nur als Vertrag zwischen den Gesellschaftern zu sehen ist, sondern auch als Gesellschaftsverfassung. Unter dem Institut der *actio pro socio* versteht man das Prozessführungsrecht eines Gesellschafters, um Sozialansprüche gegen einen Mitgesellschafter geltend zu machen.[392] In diesem Zusammenhang waren verschiedene Fragen umstritten; eine davon ist hier von Interesse:[393] Ob der Gesellschafter bei der *actio pro socio* einen eigenen Anspruch oder aber einen Anspruch der Gesellschaft geltend macht. Während die frühere Rechtsprechung davon ausging, dass ein Gesellschafter bei der Klage gegen seinen Mitgesellschafter zwei Ansprüche geltend macht – einen Anspruch der Gesellschaft aus dem Gesellschaftsvertrag und einen eigenen Anspruch („Parallelanspruch“[394])[395] –, geht die heute überwiegende Meinung davon aus, dass nur *ein* Anspruch besteht: ein Anspruch der Gesellschaft.[396] Bei der *actio pro socio* macht der Gesellschafter diesen im eigenen Namen als fremdes Recht geltend. Es handelt sich somit um einen Anspruch, der sich aus der Gesellschaft heraus gegen die Gesellschafter richtet.

Mit Blick auf Schiedsklauseln in Gesellschaftsverträgen bestätigt dies die Anwendung des § 1066 ZPO: Denn die Anordnung schiedsgerichtlicher Entscheidungskompetenz für innergesellschaftliche Streitigkeiten wirkt ebenfalls aus der Gesellschaft heraus für und gegen alle Gesellschafter. Der Grund dafür

392 BGHZ 10, 91, 101; *Hadding,* Actio pro socio, 17-19.

393 Grundlegend *Hadding,* Actio pro socio, passim; eingehend auch *Bork/Oepen*, ZGR 2001, 515 ff.

394 BGH WM 1956, 88, 91.

395 BGHZ 10, 91, 101; 25, 47, 49; BGH WM 1956, 88, 91; NJW 1973, 2198, 2199.

396 OLG Düsseldorf NZG 2000, 475; *Bork/Oepen*, ZGR 2001, 515, 520-524; *Hadding,* Actio pro socio, 19 f., 23; *Hopt,* in: Baumbach/Hopt, HGB, § 109 Rn. 32; *Schäfer,* in: Großkomm.HGB, § 105 Rn. 256; *Schmidt,* Gesellschaftsrecht, § 21 IV. 4. (S. 636-638); *ders.*, in: MünchKomm. HGB, § 105 Rn. 198; *M. Schwab,* Prozeßrecht gesellschaftsinterner Streitigkeiten, 177, 714; *Wiedemann*, ZGR 1996, 286, 291; wohl auch BGH NJW 1985, 2830, 2831.

liegt nicht etwa in einer Schiedsvereinbarung der Gesellschafter, sondern in der Mitgliedschaft; kraft dessen bindet die Schiedsklausel die Gesellschafter als innergesellschaftliche Organisationsregelung.

3. Zwischenergebnis

Auch bei Schiedsklauseln in Gesellschaftsverträgen von Personengesellschaften handelt es sich um eine Anordnung schiedsgerichtlicher Entscheidungskompetenz i.S.v. § 1066 ZPO. Diese Anordnung muss ‚in gesetzlich statthafter Weise' geschehen, was insbesondere bei Publikumsgesellschaften noch zu erörtern sein wird.

III. Rechtsfolge: Keine Anwendung der Formerfordernisse gemäß § 1031 ZPO

Für Schiedsanordnungen i.S.v. § 1066 ZPO gelten nicht die in § 1031 ZPO normierten Formerfordernisse.[397] Dies muss konsequenterweise für Personen- und für Kapitalgesellschaften gelten, da ansonsten die Frage aufkommen würde, ob GmbH-Gesellschafter und Aktionäre weniger schutzwürdig sind als Gesellschafter von Personengesellschaften.[398]

§ 1031 ZPO ist nach dem Sinn und Zweck auf eine vertragliche Schiedsvereinbarung zugeschnitten und allein in dieser Konstellation stellt die Norm für die Vertragsparteien ein besonderes Formerfordernis auf. Die Bindung des einzelnen Gesellschafters an Satzung und Gesellschaftsvertrag und damit auch die Bindung an die Schiedsklausel ist jedoch keine Frage des Vertragsrechts, sondern eine Frage des Gesellschaftsrechts. Durch das Gesellschaftsrecht und daneben durch die allgemein-gesetzlichen Schranken wie § 138 BGB und § 242 BGB werden die Gesellschafter ausreichend geschützt, sodass für die Anwendung des § 1031 ZPO kein sachliches Bedürfnis besteht.[399] Dies verdeutlicht beispielhaft die Inhaltskontrolle von Gesellschaftsverträgen von Publikumsgesellschaften, die auch auf Schiedsklauseln Anwendung findet.[400] Denn der Schutz des Kapitalanlegers, der zugleich Verbraucher ist, – respektive des Gesellschafters – durch die Inhalts-

---

397 Die unterschiedlichen Ansichten zur Anwendung des § 1066 ZPO setzen sich hier fort, im Ergebnis aber übereinstimmend, *Bork*, ZHR 157 (1993), 48, 60; *Ebbing*, NZG 1998, 281, 281 f.; *ders.*, NZG 1999, 754, 754 f.; *Geimer*, in: Zöller, ZPO, § 1031 Rn. 35a; *Haas*, SchiedsVZ 2007, 1, 2 f.; *Münch*, in: MünchKomm.ZPO, § 1066 Rn. 23; *Reichert*, in: FS Ulmer (2003), 511, 529 f.; *Schmidt*, JZ 1989, 1077, 1080-1082; *ders.*, ZHR 162 (1998), 265, 277; *ders.*, BB 2001, 1857, 1860; *Wagner*, Prozeßverträge, 489-496.

398 Dies fragt zu Recht *Roth*, in: FS Nagel (1987), 318, 324.

399 *Wagner*, Prozeßverträge, 494.

400 Siehe dazu im Folgenden eingehend S. 196-200.

kontrolle nach § 242 BGB geht über das Schutzniveau des § 1031 Abs. 5 ZPO hinaus, da es in dieser speziellen Situation erforderlich ist. Im Ergebnis bieten die gesellschaftsrechtlichen Schutzmechanismen einen situationsabhängigen und situationsangemessenen Schutz der Gesellschafter. Daher widerspricht eine Anwendung der Formvorschrift des § 1031 ZPO nicht nur der Systematik der §§ 1066, 1031 ZPO; die Anwendung ist auch sachlich nicht geboten.

Bei Schiedsklauseln in Gesellschaftsverträgen gelangen im Übrigen auch diejenigen, die eine Schiedsklausel als Vereinbarung i.S.v. § 1029 ZPO ansehen, zu dem Ergebnis, dass eintretende Gesellschafter an die Schiedsklausel gebunden sind, ohne dass die Beitrittsvereinbarung der Form des § 1031 ZPO bedarf.[401] Zwar sei der Eintritt in eine Personengesellschaft keine Sonderrechtsnachfolge, die Schiedsklausel stelle jedoch eine Eigenschaft des abgetretenen Rechts (an der Gesellschaft) dar und gehe daher nach dem Grundgedanken des § 401 BGB mit auf den Erwerber über.[402] Diese Auffassung erweist sich aufgrund von zwei Gesichtspunkten als nicht überzeugend: Erstens ist § 401 BGB keine geeignete Grundlage für den Übergang einer Schiedsvereinbarung oder Schiedsklausel, sondern allein die §§ 398 S. 2, 401, 404 BGB.[403] Zweitens wird von der Rechtsprechung die Schutzbedürftigkeit des Gründungsgesellschafters betont und damit eine Anwendung des § 1031 ZPO begründet; der eintretende Gesellschafter wird jedoch nicht geschützt, um so der Übertragbarkeit von Gesellschaftsanteilen an Personengesellschaften Rechnung zu tragen. Dies ist wenig konsequent und überzeugt im Ergebnis nicht.

IV. Zwischenergebnis zu § 1066 ZPO

Bei Schiedsklauseln in Satzungen und Gesellschaftsverträgen handelt es sich um Anordnungen i.S.v. § 1066 ZPO. Sowohl bei Kapitalgesellschaften als auch bei Personengesellschaften gründet sich die Schiedsklausel zwar auf eine anfängliche Vereinbarung unter den anordnenden Gesellschaftern. Die Schiedsklausel verselbstständigt sich dann aber, sodass sie alle gegenwärtigen und zukünftigen Gesellschafter bindet, ohne dass diese zustimmen müssten. Die Schiedsklausel bindet kraft Mitgliedschaft und damit auf andere, nicht auf Vereinbarung beruhende Weise, so wie es in § 1066 ZPO vorgesehen ist.

---

401 BGH NJW 1980, 1797; NJW 1998, 371; NZG 2002, 955; *Hopt,* in: Baumbach/Hopt, HGB, Einl. vor § 1 Rn. 90; kritisch, aber im Ergebnis zustimmend *Ebbing*, NZG 1998, 281, 282; a.A. und die Form des § 1031 ZPO voraussetzend *Schwab/Walter,* Schiedsgerichtsbarkeit, Kap. 7 Rn. 32.

402 BGH NJW 1998, 371; NZG 2002, 955.

403 Siehe oben S. 21.

C. Legitimation des Verlusts staatlichen Rechtsschutzes durch die gemeinsame Zweckverfolgung

Die Wirkung von Schiedsklausel kraft Mitgliedschaft überzeugt auch mit Blick auf das Recht der Gesellschafter auf staatlichen Rechtsschutz. Denn die Entscheidung zur Mitgliedschaft ist ein willensgesteuerter privatautonomer Gestaltungsakt des einzelnen Gesellschafters;[404] die Entscheidung zur Mitgliedschaft in einer Gesellschaft, deren Gesellschaftsvertrag eine Schiedsklausel enthält, ist stets zugleich als Verzicht auf staatlichen Rechtsschutz zu werten – unter der Bedingung, dass die Zuständigkeit des Schiedsgerichts in gesetzlich statthafter Weise angeordnet worden ist.

Die gemeinsame Zweckverfolgung innerhalb der Gesellschaft erfordert stets ein Zurückstehen der Interessen und Rechte einzelner Gesellschafter, wie Loyalitäts- und Unterlassungspflichten und das Wettbewerbsverbot der Gesellschafter zeigen.[405] Eine Schiedsklausel begründet die besonders einschneidende Pflicht, auf staatlichen Rechtsschutz zu verzichten. Diese Verpflichtung ist Bestandteil des Zweckverfolgungsgedankens, der jeder Gesellschaft zugrunde liegt, und insofern die *„prozessuale Fortsetzung des Zweckverfolgungsgedankens"*[406]. Führen die Gesellschafter eine Schiedsklausel in die Satzung oder den Gesellschaftsvertrag ihrer Gesellschaft ein, bringen sie zum Ausdruck, dass die schiedsgerichtliche Lösung gesellschaftsinterner Streitigkeiten Mittel der Zweckerreichung ist.

D. Dogmatische Verortung der einzelnen Problemkreise

Mit Blick auf die folgende Untersuchung auf Grundlage des § 1066 ZPO ist eine Klarstellung und Präzisierung der einzelnen Untersuchungsmerkmale voranzustellen. Denn diese unterscheiden sich begrifflich und methodisch von den bisherigen Konzepten in Rechtsprechung und Lehre. Soweit sich die Begriffe ‚objektive Schiedsfähigkeit' und ‚subjektive Schiedsfähigkeit' gegenüberstanden, und auf Grundlage dieses Begriffspaar die Reichweite von Schiedsklauseln bestimmt wurde, wird im Folgenden darauf verzichtet. Dieses Begriffspaar war eng mit der objektiven und subjektiven Vergleichsbefugnis und § 1025 ZPO a.F. verknüpft, deren Bedeutung mit der Reform durch das SchiedsVfG geschwunden ist. Daher gründet sich die folgende Untersuchung der Wirkungserstreckung von Schiedsklauseln auf

404 *Lutter*, AcP 180 (1980), 85, 94 f.

405 Vgl. *Habersack,* Mitgliedschaft – subjektives und "sonstiges" Recht, 77 f.

406 Diese treffende Formulierung stammt von *M. Schwab,* Prozeßrecht gesellschaftsinterner Streitigkeiten, 263, der sich dabei auf die staatliche Gerichtsbarkeit und die Durchsetzung von Ansprüchen der Gesellschaft gegen die Gesellschafter bezieht.

einen neuen Ansatz. Zunächst wird untersucht, inwieweit die Gesellschafter für typische Streitigkeiten innerhalb von Gesellschaften über die Kompetenz zur Anordnung einer schiedsgerichtlichen Entscheidungszuständigkeit verfügen und in welchem Rahmen sie diese zulässigerweise ausüben können *(Anordnungskompetenz).*[407] In einem zweiten Schritt ist dann zu fragen, ob die Wirkung der Schiedsklausel und damit im Wesentlichen die Wirkung des Schiedsspruchs legitimiert ist *(Legitimation der Wirkungserstreckung).*[408]

I. Begrifflichkeit: die objektive Schiedsfähigkeit

Auf den Begriff der ‚objektiven Schiedsfähigkeit' soll jedoch nicht vollständig verzichtet werden. Soweit im Folgenden von objektiver Schiedsfähigkeit gesprochen wird, betrifft dies allein die abstrakte Tauglichkeit einer Streitsache, Gegenstand einer Schiedsvereinbarung zu sein. Dies bestimmt sich nach § 1030 ZPO, der für vermögensrechtliche Streitigkeiten im Grundsatz die objektive Schiedsfähigkeit bestimmt und lediglich für nicht vermögensrechtliche Streitigkeiten auf die Vergleichsbefugnis der Parteien abstellt.

II. Anordnungskompetenz der Gesellschafter

Die Untersuchung der Anordnungskompetenz der Gesellschafter erfolgt in zwei Schritten. Zunächst ist der Umfang der Streitigkeiten zu ermitteln, die Regelungsgegenstand einer Satzungsklausel sein können – also solcher Streitigkeiten, die Gegenstand statutarischer Bindung sind –, und dann zu fragen, ob diese objektiv schiedsfähig sind. In einem zweiten Schritt ist dann zu untersuchen, wie und unter welchen Voraussetzungen die Gesellschafter für diese Streitigkeiten eine schiedsgerichtliche Entscheidungskompetenz anordnen können. Dies betrifft einerseits die Frage nach Mehrheitserfordernissen und andererseits die Gestaltungserfordernisse für Schiedsklauseln, die Beschlussmängelstreitigkeiten umfassen sollen. Denn die Gesellschafter können eine schiedsgerichtliche Zuständigkeit nur *in gesetzlich statthafter Weise* anordnen (vgl. § 1066 ZPO).

III. Legitimation der Wirkungserstreckung

Wurde für eine Streitigkeit eine schiedsgerichtliche Entscheidungskompetenz in gesetzlich statthafter Weise angeordnet, ist mit Blick auf die Wirkung der entsprechenden Schiedsklausel zu untersuchen, ob diese im Lichte verfassungs-

407 Siehe sogleich II.

408 Siehe sogleich III.

rechtlicher und anderer rechtsstaatlicher Vorgaben legitimiert ist. Diese Legitimation der Wirkungserstreckung hat zwei Aspekte:

Zum einen ist die Wirkungserstreckung der Schiedsklausel zu erörtern. Dieser Untersuchungsschritt ist der Tatsache geschuldet, dass sich der Gesellschafterbestand in Gesellschaften regelmäßig ändern kann, sodass diejenigen Gesellschafter, die die Schiedsklausel vereinbart haben, nicht zwingend diejenigen Gesellschafter sind, die von der Wirkung der Schiedsklausel umfasst werden. Zentrale Frage ist daher, ob eine wirksam vereinbarte Schiedsklausel auch auf diejenigen Gesellschafter wirkt, die zum Zeitpunkt des Schiedsverfahrens von ihr betroffen sind.

Zum anderen ist auch die Wirkung des Schiedsspruchs als mittelbare Folge der Wirkungserstreckung der Schiedsklausel zu erörtern, was insbesondere die Gestaltungswirkung eines Schiedsspruchs betrifft. Auch hier stellt sich die Frage, unter welchen Voraussetzungen die Wirkungen eines Schiedsspruchs legitimiert sind.

§ 10
Wirkungserstreckung von Schiedsklauseln auf GmbH-Gesellschafter

A. Übersicht

Die Wirkung von Schiedsklauseln im Recht der GmbH befindet sich seit Jahrzehnten im Wandel, in jüngerer Zeit aufgrund von *Schiedsfähigkeit II*[409].

Im Folgenden werden zunächst die Möglichkeiten der Gesellschafter zur Anordnung einer schiedsgerichtlichen Entscheidungskompetenz erörtert. Neben der Untersuchung von *Schiedsfähigkeit II* und der Beantwortung der sich daraus ergebenden Fragen ist auch zu erörtern, auf welchen Wegen Schiedsklauseln nachträglich in Satzungen eingeführt werden können.

Im Anschluss wird die Legitimation der Wirkungserstreckung von Schiedsklauseln untersucht. Dabei muss zwischen einem unmittelbaren Entzug staatlichen Rechtsschutzes bei der Durchsetzung von Ansprüchen der Gesellschaft oder der Gesellschafter und einem mittelbaren Entzug staatlichen Rechtsschutzes bei Beschlussmängelstreitigkeiten unterschieden werden; denn bei einer stattgebenden Anfechtungsklage trifft die Gestaltungswirkung des Schiedsspruchs jeden, sodass auch die Wirkung gegenüber jedem legitimiert sein muss.

409 BGHZ 180, 221.

B. Anordnungskompetenz der Gesellschafter für eine schiedsgerichtliche Entscheidungszuständigkeit

Im Folgenden wird die Kompetenz der Gesellschafter zur Anordnung einer schiedsgerichtlichen Entscheidungszuständigkeit in zwei Schritten untersucht: Zunächst wird die objektive Reichweite von Schiedsklauseln bestimmt, um dann im zweiten Schritt zu klären, wie und unter welchen Voraussetzungen für diese Streitigkeiten eine schiedsgerichtliche Entscheidungskompetenz angeordnet werden kann.

I. Objektive Reichweite statutarischer Schiedsklauseln

Im Rahmen der Untersuchung der objektiven Reichweite von statutarischen Schiedsklauseln sind zunächst die Streitigkeiten einzugrenzen, die einer statutarischen Regelung zugänglich sind. Soweit diese Streitigkeiten objektiv schiedsfähig sind, können sie Gegenstand der Anordnungskompetenz der Gesellschafter sein.

1. Regelungsgegenstand von Satzungsklauseln

Regelungsgegenstand statutarischer Klauseln können grundsätzlich nur solche Streitigkeiten sein, deren Grund in den mitgliedschaftlichen Beziehungen zwischen der Gesellschaft und den Gesellschaftern liegt. Streitigkeiten über individualrechtliche Ansprüche können nicht der Wirkung einer Satzungsregelung unterstehen;[410] denn Satzungen entfalten eine Bindungswirkung nur für mitgliedschaftliche und nicht für individualrechtliche Rechtsverhältnisse.

2. Gesellschaftsrechtliche Streitfälle im Allgemeinen

Objektiv schiedsfähige Streitigkeiten, die einer Schiedsklausel unterstehen können, entstehen zwischen der Gesellschaft und ihren Gesellschaftern sowie zwischen den Gesellschaftern untereinander.

a) Rechtsverhältnisse zwischen Gesellschaft und Gesellschaftern

Schiedsfähige Streitigkeiten, die in den Wirkungskreis einer statutarischen Schiedsklausel fallen, können im Rahmen der vorliegenden Arbeit nicht in Gänze

---

410 BGHZ 38, 155, 161; 48, 35, 43; OLG München NZG 1999, 780, 781; *Bork*, ZHR 157 (1993), 48, 61; *Geimer,* in: FS Schlosser (2005), 197, 211; *Münch,* in: MünchKomm.ZPO, § 1066 Rn. 16; *Schlosser,* in: Stein/Jonas, ZPO, § 1066 Rn. 6; *Schmidt*, JZ 1989, 1077, 1083.

erörtert werden. Daher sollen exemplarisch die wichtigsten Fälle statutarischer Streitigkeiten dargestellt werden.

aa) Kapitalaufbringungs- und -erhaltungsvorschriften

Auf Grundlage des § 1025 ZPO a.F. wurde die Schiedsfähigkeit von Streitigkeiten über Einlageverpflichtungen (§ 19 GmbHG) mangels Vergleichsfähigkeit überwiegend abgelehnt.[411] Diese früher herrschende Ansicht kann auf Grundlage des § 1030 ZPO nicht mehr gelten; denn nunmehr ist jeder vermögensrechtliche Anspruch objektiv schiedsfähig, somit auch der Kapitalaufbringungsanspruch aus § 19 GmbHG.[412] Solche Streitigkeiten unterstehen als Streitigkeiten aus dem Gesellschaftsverhältnis der Wirkung von Schiedsklauseln. Auch für Auseinandersetzungen über Nebenleistungspflichten i.S.d. § 3 Abs. 2 GmbHG wirken Schiedsklauseln.[413] Dies muss konsequenterweise auch für die Wirkung statutarischer Schiedsklauseln auf die Ansprüche auf Erstattung verbotener Rückzahlungen (§§ 31, 30 GmbHG) gelten.[414] Gleiches gilt für die Ansprüche der Gesellschaft zur Sicherung der Kapitalaufbringung bei Sachgründungen (§ 9 GmbHG) und die Gründungshaftung (§§ 9a, 9b GmbHG).[415]

Soweit *Raiser* auch auf Grundlage des reformierten Rechts die Ansicht vertritt, dass Einlageansprüche (§ 19 GmbHG) sowie Ansprüche auf Erstattung verbotener Rückzahlungen (§§ 31, 30 GmbHG) nicht schiedsfähig seien,[416] überzeugt dies nicht. Denn nach der Intention des Gesetzgebers, der die Schiedsgerichtsbarkeit als eine der staatlichen Gerichtsbarkeit grundsätzlich gleichwertige Rechtsschutzmöglichkeit ansieht, sollen Verfügungs-, Vergleichs- und Verzichtsverbote der objektiven Schiedsfähigkeit nicht mehr entgegenstehen.[417] Der Argumentation von *Raiser*, dass die Grundsätze der Kapitalaufbringung nicht zur Disposition der Gesellschafter stünden und daher nicht zur Entscheidung an ein Schiedsgericht übertragen werden könnten, ist aus zwei Gründen zu widersprechen: Zum einen ist es nach verbreiteter Ansicht zulässig, einen ernsthaften rechtlichen oder tatsächlichen Streit über die Einlageverpflichtung durch beiderseiti-

---

411 OLG Köln GmbHR 1998, 143, 144; OLG Düsseldorf SchiedsVZ 2004, 262, 263 f.; a.A. *Harry Westermann,* in: FS Fischer (1979), 853, 855.

412 BGHZ 160, 127, 132-134; OLG Frankfurt SchiedsVZ 2004, 97, 98 f.; *Bayer*, ZIP 2003, 881, 833; *Schwab/Walter,* Schiedsgerichtsbarkeit, Kap. 4 Rn. 4; *Veil,* in: Scholz, GmbHG, § 19 Rn. 70.

413 Schiedsgericht Hamburg GmbHR 2008, 934, 935 f.

414 *Habersack,* SchiedsVZ 2004, 261, 262; *Verse,* in: Scholz, GmbHG, § 31 Rn. 73.

415 Zu § 9 GmbHG *Bayer*, ZIP 2003, 881, 883; zu §§ 9a, 9b GmbHG *Bork*, ZZP 100 (1987), 249, 264 f.

416 *Raiser,* in: Ulmer, GmbHG, § 13 Rn. 39.

417 Begr. RegE SchiedsVfG, BT-Drucks. 13/5274, S. 34; vgl. auch BGHZ 160, 127, 132-134.

ges Nachgeben durch Vergleich zu beenden,[418] was eine zumindest partielle Verfügungsmöglichkeit der Gesellschafter unterstreicht. Zum anderen wird die Aufbringung des Stammkapitals nicht durch die schiedsgerichtliche Entscheidungskompetenz gefährdet, da auch im Schiedsverfahren der Schutz der Gesellschaftsgläubiger gesichert ist.[419]

bb) Auskunftsansprüche

(1) Vorfrage: Auskunftsansprüche als Gegenstand der freiwilligen Gerichtsbarkeit

Der Wirkungserstreckung steht nicht entgegen, dass ein Verfahren nach §§ 51a, 51b GmbHG ein Verfahren der freiwilligen Gerichtsbarkeit ist.[420] Nach der früher herrschenden Ansicht war die Schiedsgerichtsbarkeit auf dem Gebiet der freiwilligen Gerichtsbarkeit ausgeschlossen.[421] Heute ist eine differenzierte Betrachtungsweise anerkannt, nach der die Zulässigkeit einer schiedsgerichtlichen Entscheidung mit Blick auf § 1030 ZPO und die Art des FamFG-Verfahrens zu beurteilen ist:[422] Die Entscheidung durch ein Schiedsgericht ist ausgeschlossen in Register-, Vormundschafts-, Betreuungs- und Nachlassverfahren, also in Verfahren, in denen die Parteien keine Dispositionsbefugnis über den Rechtsschutz durch staatliche Gerichte haben, da in diesen Fällen weiterhin ein Rechtsprechungsmonopol staatlicher Gerichte besteht.

Bei Informationsansprüchen ist nicht ersichtlich, aus welchem Grund das FamFG-Verfahren ein Rechtsprechungsmonopol begründen sollte, da es sich bei Streitigkeiten um Informationsansprüche nicht um den rechtsfürsorgenden Bereich der freiwilligen Gerichtsbarkeit handelt.[423] Somit ist eine schiedsgerichtliche Entscheidung im Grundsatz möglich.

---

418 BayOblG ZIP 1985, 33; OLG Hamm GmbHR 1988, 308; *Ebbing,* in: Michalski, GmbHG, § 19 Rn. 71; *Veil,* in: Scholz, GmbHG, § 19 Rn. 65; differenzierend *Ulmer,* in: Ulmer, GmbHG, § 19 Rn. 54.

419 Vgl. zur Gläubigerbenachteiligung durch einen Schieds*spruch* und allgemein gesetzlichen Lösungsmöglichkeiten *Bayer*, ZIP 2003, 881, 891 f.

420 Vgl. *Hüffer,* in: Ulmer, GmbHG, § 51b Rn. 13, 15; *Schmidt,* in: Scholz, GmbHG, § 51b Rn. 4.

421 RGZ 133, 128, 132; *Kornmeier,* Vergleichsbefugnis und Schiedsfähigkeit, 54.

422 Zum Folgenden *Müther,* in: Jansen, FGG, Vor §§ 3-7, Rn. 31 f.; *Schlosser,* in: Stein/Jonas, ZPO, vor § 1025 Rn. 19; *Sternal,* in: Keidel, FamFG, § 1 Rn. 23; *Vollmer,* ZGR 1982, 15, 37 f.; siehe auch *Bork*, ZZP 100 (1987), 249, 252, wonach echte Streitsachen der freiwilligen Gerichtsbarkeit zugewiesen werden, da dort eine flexibleres, schnelleres und damit effizienteres Rechtsschutzsystem vorliegt; eine Rechtsprechungsmonopol soll dagegen nicht stets geschaffen werden.

423 *Schmidt*, ZIP 1987, 218, 219.

(2) Auskunftsansprüche und Schiedsklauseln

Streitigkeiten über Auskunftsansprüche aufgrund der §§ 51a, 51b GmbHG sind nach § 1030 Abs. 1 S. 1 ZPO objektiv schiedsfähig.[424] Obwohl Auskunfts- und Informationsansprüche nicht unmittelbar mit einem geldwerten Vorteil zusammenhängen, dienen sie regelmäßig vermögensrechtlichen Zwecken und sind daher ihrerseits als vermögensrechtliche Streitigkeit i.S.v. § 1030 Abs. 1 S. 1 ZPO einzuordnen.[425] Als statutarische Streitigkeiten sind sie somit von der Reichweite einer Schiedsklausel umfasst.[426]

cc) Auflösungsklage

Zulässig ist auch die Anordnung einer schiedsgerichtlichen Entscheidungskompetenz für die Auflösung einer Gesellschaft nach § 61 GmbHG.[427] Die ausschließliche Zuständigkeit des Landgerichts (§ 61 Abs. 3 GmbHG) steht dem nicht entgegen.[428]

dd) Ausschließungsklage

Die Ausschließung eines Gesellschafters aus einer Gesellschaft setzt einen Beschluss der Gesellschafterversammlung voraus und muss mittels einer Gestaltungsklage durchgesetzt werden. Erst dann ist der Gesellschafter ausgeschlossen,[429] es sei denn, die Satzung ordnet an, dass die Ausschließung unmittelbar durch den Beschluss erfolgt. In diesem Fall wirkt der Beschluss rechtsgestaltend, und dem ausgeschlossenen Gesellschafter verbleibt nur die gerichtliche Nachprüfbarkeit des Beschlusses.[430]

---

424 OLG Koblenz NJW-RR 1990, 1374; OLG Hamm ZIP 2000, 1013, 1013 f.; *Bayer*, ZIP 2003, 881, 884; *Ebbing*, NZG 1998, 281, 287; *Müther,* in: Jansen, FGG, Vor §§ 3-7, Rn. 32; *Schlosser,* in: Böckstiegel (Hrsg.), Schiedsgerichtsbarkeit in gesellschaftsrechtlichen und erbrechtlichen Angelegenheiten, 97, 99; *ders.*, in: Stein/Jonas, ZPO, vor § 1025 Rn. 19; *Schmidt*, ZHR 162 (1998), 265, 268.

425 *Papmehl,* Schiedsfähigkeit gesellschaftsrechtlicher Streitigkeiten, 225.

426 OLG Koblenz NJW-RR 1990, 1374; OLG Hamm ZIP 2000, 1013, 1013 f.; *Bayer*, ZIP 2003, 881, 884; *Ebbing*, NZG 1998, 281, 287; *Schmidt*, ZHR 162 (1998), 265, 268; *ders.*, in: Scholz, GmbHG, § 51b Rn. 5.

427 BayObLG WM 1984, 809, 810; OLG Hamm ZIP 2000, 1013, 1014; *Geimer,* in: Zöller, ZPO, § 1066 Rn. 6; *Schmidt/Bitter,* in: Scholz, GmbHG, § 61 Rn. 6.

428 *Papmehl,* Schiedsfähigkeit gesellschaftsrechtlicher Streitigkeiten, 179 f.

429 BGHZ 9, 157, 174-176; 153, 285, 287; die Klage ist anders als bei § 140 HGB nicht von den übrigen Gesellschaftern, sondern von der GmbH zu erheben, vgl. BGHZ 9, 157, 177.

430 *Seibt,* in: Scholz, GmbHG, Anh. § 34 Rn. 51 f., 55 f.; *Ulmer,* in: Ulmer, GmbHG, Anh. § 34 Rn. 21.

Für die Klage der Gesellschaft auf Durchsetzung der Ausschließung kann die Zuständigkeit eines Schiedsgerichts angeordnet werden,[431] da dies eine vermögensrechtliche Streitigkeit darstellt (§ 1030 Abs. 1 S. 1 ZPO)[432] und ihre Grundlage im Gesellschaftsverhältnis liegt. Auf die Problematik der Gestaltungswirkung eines Schiedsspruchs wird im Rahmen der folgenden Untersuchung der Legitimation der Wirkungserstreckung eingegangen.[433] Der Ausschließungsbeschluss unterliegt wie jeder Beschluss der Gesellschafterversammlung der gerichtlichen Kontrolle im Wege der Anfechtungs- und Nichtigkeitsklage. Unter welchen Voraussetzungen eine Beschlussmängelkontrolle durch Schiedsgerichte zulässig ist, wird im Folgenden gesondert erörtert.[434]

Ist eine Ausschließungsklage der Gesellschaft erforderlich, wird häufig von dem betroffenen Gesellschafter die Unwirksamkeit des Ausschließungsbeschlusses im Wege der Widerklage geltend gemacht.[435] Eine solche Widerklage ist im Grundsatz auch im Schiedsverfahren möglich, wenn die Schiedsklausel für Beschlussmängelstreitigkeiten und nicht allein für die Ausschließungsklage gilt. Denn auch der Gegenstand der Widerklage muss von der Schiedsklausel oder Schiedsvereinbarung erfasst sein.[436] Die sonstigen Verfahrensvoraussetzungen der Widerklage sind der Schiedsvereinbarung oder der Schiedsverfahrensordnung zu entnehmen,[437] da § 33 ZPO im Schiedsverfahren keine Anwendung findet.[438]

b) Rechtsverhältnisse zwischen Gesellschaftern

Rechtsbeziehungen zwischen Gesellschaftern auf Grundlage des Gesellschaftsverhältnisses sind heute allgemein anerkannt.[439] Streitigkeiten zwischen Gesellschaftern sind, soweit sie ihre Grundlage im Gesellschaftsverhältnis haben, im

---

431 BGH WM 1983, 1207, 1208; OLG Hamburg GmbHR 2004, 795, 796 f.; *Geimer,* in: Zöller, ZPO, § 1066 Rn. 5; *Papmehl,* Schiedsfähigkeit gesellschaftsrechtlicher Streitigkeiten, 195; *Seibt,* in: Scholz, GmbHG, Anh. § 34 Rn. 42.

432 BGHZ 13, 5, 8 f.

433 Siehe im Folgenden C. II.

434 Siehe im Folgenden B. II. 2.

435 Siehe *Ulmer,* in: Ulmer, GmbHG, Anh. § 34 Rn. 29.

436 Begr. RegE SchiedsVfG, BT-Drucks. 13/5274, S. 49; *Schlosser,* in: Stein/Jonas, ZPO, § 1046 Rn. 3; *Stolzke,* Aufrechnung und Widerklage in der Schiedsgerichtsbarkeit, 115 f.

437 *Stolzke,* Aufrechnung und Widerklage in der Schiedsgerichtsbarkeit, 141.

438 *Münch,* in: MünchKomm.ZPO, § 1046 Rn. 34; *Stolzke,* Aufrechnung und Widerklage in der Schiedsgerichtsbarkeit, 118-121; a.A. *Schütze/Tscherning/Wais,* Handbuch des Schiedsverfahrens, Rn. 388.

439 BGHZ 65, 15, 18 f.; 98, 276, 279 f.; *Raiser,* in: Ulmer, GmbHG, § 13 Rn. 13 f.; *Wiedemann,* Gesellschaftsrecht, Bd. 1, § 8 I.2 (S. 413).

Grundsatz von der Wirkung statutarischer Schiedsklauseln umfasst.[440] Wiederum können vorliegend nur einige Fälle exemplarisch dargestellt werden.

aa) Feststellungsklage bei Streitigkeiten um die Mitgliedschaft

Ein Mitgliedschaftsstreit betrifft die im Rahmen einer Feststellungsklage zu klärende Frage, ob eine Person Gesellschafter einer GmbH ist. Dabei sind drei Konstellationen mit Blick auf die Wirkungserstreckung einer Schiedsklausel zu unterscheiden.

Zunächst kann ein Gesellschafter gegenüber einem Mitgesellschafter feststellen lassen, dass dieser Gesellschafter oder dass dieser kein Gesellschafter ist.[441] Für diese Feststellungsklage kann durch eine Schiedsklausel die Zuständigkeit eines Schiedsgerichts angeordnet werden.[442] Anders als eine stattgebende Anfechtungsklage bei Beschlussmängelstreitigkeiten wirkt der feststellende Schiedsspruch nur zwischen den Parteien des Schiedsverfahrens.[443]

Ferner kann ein Gesellschafter gegen seine Gesellschaft klagen, um feststellen zu lassen, dass ein Dritter kein Gesellschafter ist.[444] Das Urteil bindet in diesem Fall nicht nur die Gesellschaft und damit die Gesellschaftsorgane, sondern auch die übrigen Gesellschafter.[445] Diese weitreichende Wirkung kann ein Schiedsspruch nur entfalten, wenn auch die Voraussetzungen der *inter-omnes*-Wirkung eines stattgebenden Schiedsspruchs gegeben sind; die Voraussetzungen dafür werden im Folgenden im Rahmen der Beschlussmängelklage erörtert.[446]

Schließlich kann ein Gesellschafter einen Rechtsstreit gegen einen (vermeintlich) gesellschaftsfremden Dritten führen, um dessen Stellung als (Nicht-)Gesellschafter feststellen zu lassen.[447] Dieser Dritte untersteht der Wirkung der Schiedsklausel jedoch nicht kraft Mitgliedschaft, sodass eine Entscheidungskompetenz kraft Anordnung (§ 1066 ZPO) nicht in Betracht kommt. Die Behauptung, ein Dritter sei Gesellschafter, reicht zur Rechtfertigung der Wirkungserstreckung

---

440 BayObLG, Beschluss v. 15.12.1999 – 4Z SchH 6/99; *Beckmann,* Statutarische Schiedsklauseln, 293; *Raiser,* in: Ulmer, GmbHG, § 13 Rn. 39; *Schlosser,* in: Stein/Jonas, ZPO, § 1066 Rn. 7; *Schwab/Walter,* Schiedsgerichtsbarkeit, Kap. 32 Rn. 9b.

441 *Michalski/Funke,* in: Michalski, GmbHG, § 13 Rn. 187; *Raiser,* in: Ulmer, GmbHG, § 14 Rn. 111.

442 BGH NJW 1979, 2567, 2569; *Michalski/Funke,* in: Michalski, GmbHG, § 13 Rn. 92.

443 Vgl. BGH NJW 1979, 2567, 2569; *Michalski/Funke,* in: Michalski, GmbHG, § 13 Rn. 187; *Raiser,* in: Ulmer, GmbHG, § 14 Rn. 111.

444 OLG Stuttgart GmbHR 1967, 97; *Emmerich/Bitter,* in: Scholz, GmbHG, § 13 Rn. 54; *Raiser,* in: Ulmer, GmbHG, § 14 Rn. 111.

445 *Emmerich/Bitter,* in: Scholz, GmbHG, § 13 Rn. 54; *Raiser,* in: Ulmer, GmbHG, § 14 Rn. 111.

446 Siehe im Folgenden B. II. 2.

447 *Emmerich/Bitter,* in: Scholz, GmbHG, § 13 Rn. 54; *Raiser,* in: Ulmer, GmbHG, § 14 Rn. 111.

nicht aus.[448] Die Wirkung der Schiedsvereinbarung auf jede Partei des Schiedsverfahrens ist die Grundvoraussetzung der Wirkungserstreckung. Anders als die Zuständigkeitsprüfung eines staatlichen Gerichts bei einer doppelrelevanten Tatsache reicht für die schiedsgerichtliche Zuständigkeit nicht die schlüssige Behauptung aus, ein Dritter unterstehe aufgrund seiner Gesellschafterstellung der Schiedsgerichtsbarkeit. Andernfalls wäre der Dritte gezwungen, sich zunächst auf das Schiedsgerichtsverfahren einzulassen, um sich dort gegen die behauptete Gesellschafterstellung zu verteidigen. Dieser wäre dann gegen seinen Willen der Schiedsgerichtsbarkeit unterstellt.

bb) Exkurs: Regress unter Gesellschaftern

An der Schnittstelle zwischen mitgliedschaftlichem und individuellem Rechtsverhältnis ist die Frage zu verorten, ob Streitigkeiten über den Regress des Gesellschaftsbürgen oder eines anderen Sicherungsgebers der Wirkung einer Schiedsklausel unterfallen können.

Verpflichten sich mehrere Gesellschafter, für Verbindlichkeiten einer GmbH zu haften – beispielsweise als Bürgen –, und wird einer der Gesellschafter daraufhin in Anspruch genommen, so steht ihm ein Ausgleichsanspruch gegen die übrigen Gesellschafter zu. Die Anspruchshöhe richtet sich im Innenverhältnis nicht nach Kopfanteilen, sondern im Zweifel nach dem Verhältnis der Geschäftsanteile.[449] Dabei handelt es sich um einen Ausgleichsanspruch auf Grundlage eines gesetzlichen Schuldverhältnisses, das zwischen Gesellschaftern kraft Übernahme der Bürgschaft besteht.[450] Der Ausgleichsanspruch beruht folglich dem Grunde nach nicht auf einer statutarischen Rechtsbeziehung; allein der Umfang der Ausgleichspflicht der Gesellschafter bestimmt sich nach dem Gesellschaftsverhältnis.

Dennoch wird vertreten, dass der Streit über die Ausgleichsverpflichtung von der Wirkung einer statutarischen Schiedsklausel umfasst wird.[451] Begründet wird dies damit, dass sich die Höhe des Regressanspruchs durch die im Gesellschaftsvertrag geregelten Beteiligungsverhältnisse bestimmt.

---

448 Anders könnte dies allenfalls sein, wenn ein Dritter die Stellung als Gesellschafter beansprucht, siehe dazu im Folgenden § 13 C. II.

449 BGH NJW 1986, 1097, 1098; NJW 1992, 3228, 3229; ZIP 2011, 1103, 1104.

450 Vgl. Mot. S. 169 in *Mugdan,* Gesammte Materialien zum Bürgerlichen Gesetzbuch, Bd. 2, 93.

451 LG Mönchengladbach NJW-RR 1994, 425, 426; *Beckmann,* Statutarische Schiedsklauseln, 293 f.; *Schlosser,* in: Stein/Jonas, ZPO, § 1029 Rn. 18 a.E.; wohl auch *Ebbing*, NZG 1998, 281, 283; a.A. *Münch,* in: MünchKomm.ZPO, § 1029 Rn. 113; wohl auch *Michalski/Funke,* in: Michalski, GmbHG, § 13 Rn. 91 („bedenklich").

Eine *Stellungnahme* hat von der Prämisse auszugehen, dass sich eine statutarische Schiedsklausel allein auf solche Streitigkeiten erstrecken kann, die sich aus den mitgliedschaftlichen Beziehungen zwischen den Gesellschaftern ergeben.[452]

Der Regress unter Gesellschaftern beruht auf § 426 BGB und ist daher keine gesellschaftsrechtlich begründete Ausgleichspflicht. Daher gelten die Ausgleichsregelungen auch für den Nichtgesellschafter, der mit den Gesellschaftern gemeinsam Verbindlichkeiten der Gesellschaft sichert.[453] Allein die Höhe der Ausgleichspflicht kann sich unter den Gesellschaftern nach deren Beteiligungsquoten richten.

Entscheidend für die Frage der Einordnung als statutarische Streitigkeit ist allein der Rechtsgrund des Ausgleichsanspruchs. Denn die Begrenzung der Wirkung der Schiedsklausel auf verbandsrechtliche Streitigkeiten dient dem Schutz der gesellschaftsfreien Sphäre der Gesellschafter. Durch die Schiedsklausel haben die Gesellschafter allein für Streitigkeiten *mit Grundlage* im Gesellschaftsverhältnis auf staatlichen Rechtsschutz verzichtet. Haften die Gesellschafter aufgrund einer gesonderten Vereinbarung mit ihrem Privatvermögen, so ist für eine schiedsgerichtliche Entscheidungskompetenz ein gesonderter Verzicht auf staatlichen Rechtsschutz notwendig.

3. *Beschlussmängelstreitigkeiten als Problem der objektiven Schiedsfähigkeit?*

Eine Sonderstellung unter den gesellschaftsrechtlichen Streitigkeiten nehmen Beschlussmängelstreitigkeiten ein. In der Folge von *Schiedsfähigkeit I*[454] war in Rechtsprechung und Literatur zu vernehmen, dass aus dem Urteil die objektive Schieds*un*fähigkeit solcher Streitigkeiten folge.[455] Diese Deutung des Urteils trifft nicht zu.[456] Denn wie der *BGH* bereits damals feststellte, besteht kein staatliches Rechtsprechungsmonopol für Beschlussmängelstreitigkeiten, das der Annahme der objektiven Schiedsfähigkeit entgegensteht.[457] Dies war damals für alle Streitigkeiten relevant und ist es heute nur noch für nicht vermögensrechtliche

452 Nw. bei Fn. 410.

453 BGH NJW 1986, 1097, 1098; *Noack,* in: Staudinger, BGB, § 426 Rn. 253.

454 BGHZ 132, 278.

455 OLG Celle NZG 1999, 167, 168; *Ebbing*, NZG 1998, 281, 287; *Lüke/Blenske*, ZGR 1998, 253, 255; *Nietsch*, ZIP 2009, 2269, 2270; *Raiser,* in: Ulmer, GmbHG, Anh. § 47 Rn. 232; vgl. auch Begr. RegE SchiedsVfG, BT-Drucks. 13/5274, S. 35: „die von der herrschenden Meinung zum geltenden Recht angenommene Schiedsunfähigkeit bestimmter gesellschaftsrechtlicher Anfechtungs- und Nichtigkeitsklagen".

456 *Reichert,* in: FS Ulmer (2003), 511, 515; *Schmidt*, ZHR 162 (1998), 265, 269 f.; *ders.*, in: Gesellschaftsrecht in der Diskussion (2009), 97, 108-110; *Schulze,* Grenzen der objektiven Schiedsfähigkeit, 129.

457 BGHZ 132, 278, 283; vgl. auch *Bork*, ZHR 160 (1996), 374, 378.

Streitigkeiten. Bedenken äußerte der *BGH* allein hinsichtlich der *inter-omnes*-Wirkung eines stattgebenden Schiedsspruchs und dessen Rechtkrafterstreckung nach § 248 AktG;[458] entscheidend dafür ist, ob die Gesellschafter die schiedsgerichtliche Entscheidungskompetenz unter Einhaltung rechtsstaatlicher Vorgaben angeordnet haben.[459] Dies ist jedoch keine Frage der objektiven Schiedsfähigkeit.

II. Anordnung schiedsgerichtlicher Entscheidungskompetenz durch die Gesellschafter

Nachdem im ersten Schritt erörtert wurde, welche Streitigkeiten im Grundsatz von statutarischen Schiedsklauseln umfasst sein können, wird im Folgenden untersucht, wie Gesellschafter eine schiedsgerichtliche Entscheidungskompetenz in Satzungen anordnen können. Dabei wird unterschieden zwischen der Anordnung in einer Gründungssatzung, einer nachträglichen Einführung im Wege der Satzungsänderung und einer Einführung im Wege der Verschmelzung. Davon getrennt zu erörtern sind die Anordnungsvoraussetzungen für Schiedsklauseln, die für Beschlussmängelstreitigkeiten gelten sollen.

1. Schiedsklauseln in der Gründungssatzung der Gesellschaft

a) Ausgangslage

Unproblematische Ausgangskonstellation ist die Aufnahme einer Schiedsklausel in die Gründungssatzung einer GmbH. Den Gründungsgesellschaftern steht es frei, neben den in § 3 Abs. 1 GmbHG bestimmten Mindestregelungen weitere Regelungen – wie Schiedsklauseln[460] – als Satzungsbestandteile zu vereinbaren. Auch stellen sich insoweit keine Fragen nach Mehrheitserfordernissen oder dem Umfang der verfassungsrechtlich gebotenen Mitwirkung aller Gesellschafter.[461] Denn aufgrund der einstimmigen und allseitigen Annahme der Gründungssatzung (vgl. § 2 Abs. 1 S. 2 GmbHG) liegt die notwendige Zustimmung eines jeden anordnenden Gesellschafters vor und damit auch ein allseitiger Verzicht auf staatlichen Rechtsschutz.

---

458 BGHZ 132, 278, 285.

459 Dazu im Folgenden B. II. 2.

460 *Beckmann,* Statutarische Schiedsklauseln, 117; *Emmerich,* in: Scholz, GmbHG, § 3 Rn. 102; *Ulmer,* in: Ulmer, GmbHG, § 3 Rn. 109.

461 Siehe auch *Geimer,* in: Zöller, ZPO, § 1031 Rn. 35a.

b) Verweisung auf satzungsexterne Schiedsverfahrensordnungen

Sofern in einer statutarischen Schiedsklausel die Einzelheiten des Schiedsverfahrens nicht geregelt werden sollen und stattdessen auf eine (satzungs-)externe Schiedsverfahrensordnung verwiesen wird, stellt sich die Frage nach der Einhaltung des Beurkundungserfordernisses des § 2 Abs. 1 GmbHG.[462] Dieses Formerfordernis gilt gleichermaßen für den obligatorischen wie für den fakultativen Teil des Gesellschaftsvertrags, d. h. für alle Abreden, die körperschaftsrechtliche Wirkung (Satzungscharakter) haben sollen.[463] Daneben können die Gründer allerdings Abreden auch formlos treffen, die dann jedoch nur die beteiligten Parteien binden und somit keine korporative Wirkung haben.[464] Bezwecken die Gründer eine korporative Wirkung der Schiedsklausel, ist diese beurkundungsbedürftig.[465] Fraglich ist allerdings, wie weit das Beurkundungserfordernis reicht und ob ein beurkundeter dynamischer Verweis auf eine Schiedsverfahrensordnung die vorgeschriebene Form wahrt. Dies ist deshalb von Bedeutung, weil die Schiedsklausel bei einem Formverstoß unwirksam ist.[466]

aa) Dynamische Verweisungen auf quasi-amtliche Regelungen

Eine dynamische Verweisung in einer notariell zu beurkundenden Vereinbarung ist nicht grundsätzlich unzulässig, wie die Möglichkeit eines Verweises auf die VOB/B,[467] auf DIN-Normen[468] oder auf öffentlich zugängliche Indizes, wie den Lebenshaltungskostenindex,[469] zeigt. Bei einem solchen Verweis wird keine weitere vertragliche Regelung eingeführt, wie etwa bei einem Verweis auf AGB, sondern nur auf allgemein bekannte und allgemeingültige, quasi-amtliche Regelwerke verwiesen. Hintergrund dieser Verweisungsmöglichkeit – und damit des eingeschränkten Beurkundungserfordernisses – ist, dass die oben genannten Regelungen eine Allgemeingeltung beanspruchen können, sodass die Notwendigkeit der Mitbeurkundung einer bloßen Förmelei gleichkäme.

---

462 Die §§ 8 ff. BeurkG bestimmen nur die Art und Weise, in der die Erklärungen in der Urkunde zu fixieren sind, soweit nach dem zugrunde liegenden Recht ein Beurkundungserfordernis besteht, vgl. BGHZ 74, 346, 351.

463 *Emmerich,* in: Scholz, GmbHG, § 2 Rn. 14; *Michalski,* in: Michalski, GmbHG, § 2 Rn. 15.

464 BGH ZIP 1993, 432, 433; *Emmerich,* in: Scholz, GmbHG, § 2 Rn. 14; *Michalski,* in: Michalski, GmbHG, § 2 Rn. 15; *Ulmer,* in: Ulmer, GmbHG, § 2 Rn. 23.

465 *Lüttmann/Breyer*, ZZP 199 (2006), 475, 481 f.; *Tröder*, MittRhNotK 2000, 379, 383.

466 BGHZ 88, 314, 316 (für den Verein).

467 OLG Düsseldorf DNotZ 1985, 626.

468 *Winkler,* BeurkG, § 9 Rn. 81.

469 *Winkler,* BeurkG, § 9 Rn. 81.

Ob dies auch auf Schiedsverfahrensordnungen zutrifft, ist umstritten.[470] Im Ergebnis ist dies aber abzulehnen. Denn eine solche Allgemeingeltung kommt den verschiedenen Schiedsverfahrensordnungen nicht zu. Angesichts der Vielzahl von Verfahrensordnungen und deren differenzierter Regelungen können die Schiedsverfahrensordnungen der Deutschen Institution für Schiedsgerichtsbarkeit, der International Chamber of Commerce oder der Stockholm Chamber of Commerce nicht mit z.B. der VOB/B oder DIN-Normen verglichen werden. Im Ergebnis kommt auf dieser Grundlage keine Einschränkung des Beurkundungserfordernisses für (satzungs-)externe Schiedsverfahrensordnungen in Betracht.

bb) Reichweite des Beurkundungserfordernisses

Zu erörtern ist daher, welche Regelungen in der Schiedsklausel getroffen werden muss, um der Form des § 2 Abs. 1 GmbHG zu genügen. Die Reichweite des Beurkundungserfordernisses ist mit Blick auf Sinn und Zweck des § 2 Abs. 1 GmbHG zu ermitteln.[471] Dieser bezweckt im Interesse der Rechtssicherheit und des Rechtsverkehrs die Klarstellung, was Satzungsinhalt ist und daher für jeden derzeitigen und zukünftigen Gesellschafter gilt.[472] Soweit der Gesellschafter durch die Mitgliedschaft verpflichtet wird, soll er sich über die Beschneidung eigener Rechte informieren können, und gerade der eintretende Gesellschafter soll vor den satzungsbedingten Folgen seines Eintritts gewarnt werden.

Für die Formbedürftigkeit der Schiedsklausel ist daher zu fragen, vor welchen Rechtsverlusten die Satzung warnen muss, und darüber hinaus, worüber die Satzung mit Blick auf das Schiedsverfahren informieren muss.

Gewarnt werden muss vor der eigentlichen Anordnung der schiedsgerichtlichen Zuständigkeit. Denn daraus folgt der eigentliche Verzicht auf staatlichen Rechtsschutz kraft Mitgliedschaft.

Darüber hinaus muss die Satzung über die wesentlichen Elemente des Schiedsverfahrens informieren. Dies gilt für die Regelungen zur Bestellung der Schiedsrichter.[473] Denn das Recht zur Benennung des eigenen Parteischiedsrichters ist ein Kernelement zur Interessenwahrung der Gesellschafter.[474] Die Satzung muss daher darüber informieren, ob und ggf. wie das Schiedsgericht von den Gesellschaf-

470 Für eine Gleichstellung und daher für die Zulässigkeit einer Verweisung *Lüttmann/Breyer*, ZZP 199 (2006), 475, 484 f.; im Ergebnis ebenfalls für die Zulässigkeit, aber aufgrund der durch die ‚Beurkundung legitimierten Dynamik' *Schmitz*, RNotZ 2003, 591, 603; a.A. *Böttcher/Fischer*, NZG 2011, 601, 604; *Winkler*, BeurkG, § 9 Rn. 85.

471 *Lüttmann/Breyer*, ZZP 199 (2006), 475, 481.

472 *Ulmer*, in: Ulmer, GmbHG, § 2 Rn. 11; *Wicke*, ZIP 2006, 977, 977 f.

473 Siehe BGHZ 88, 314, 316 (zur Satzung eines Vereins).

474 Vgl. *K. P. Berger*, RIW 1993, 702, 706; *Geimer*, in: Zöller, ZPO, § 1034 Rn. 8.

tern bestellt wird oder ob dies einem unabhängigen Dritten übertragen wurde. Darüber hinaus besteht eine Beurkundungspflicht bei ungewöhnlichen oder nicht zu erwartenden Verfahrensregelungen wie einer selten vorkommenden Verfahrenssprache oder einem nicht zu erwartenden Ort des Schiedsverfahrens; dies sind jedoch Fragen des Einzelfalls.

Verweist die Schiedsklausel auf eine Schiedsverfahrensordnung, die öffentlich und jederzeit zugänglich ist,[475] so ist es ausreichend, dass die Satzung neben den oben ausgeführten Grundregelungen einen Verweis auf die jeweilige Schiedsverfahrensordnung enthält.[476] Denn eine Vorabinformation durch die Satzung über sämtliche Einzelheiten des Schiedsverfahrens ist in einem solchen Fall nicht notwendig. Rechtsklarheit und Rechtssicherheit werden angesichts der freien Zugänglichkeit der in Bezug genommenen Verfahrensordnungen nicht gefährdet.[477]

Im Ergebnis wird verhindert, dass elementare Änderungen, die die Gesellschafter in ihren Rechten beschneiden, ohne deren Zustimmung vorgenommen werden können. Andererseits bleibt die Schiedsklausel praktikabel, da kleinere verfahrensrechtliche Änderungen ohne Satzungsänderung eingeführt werden können, sodass die Durchführung des Schiedsverfahrens dem jeweils aktuellen Rechtsstand entspricht. Dies steht auch im Einklang mit den Grundsätzen der *Schiedsfähigkeit II*-Entscheidung, wonach keine vollumfängliche Satzungsregelung notwendig ist, sondern lediglich eine den rechtsstaatlichen Mindeststandards genügende Satzungsregelung, die die Kernelemente des Schiedsverfahrens normiert.[478]

c) Zwischenergebnis zur Gründungssatzung

Die Aufnahme einer Schiedsklausel in die Gründungssatzung einer GmbH muss einstimmig und mit Zustimmung aller Gesellschafter erfolgen. Dabei ist ein dynamischer Verweis auf Schiedsverfahrensordnungen mit Blick auf das Beurkundungserfordernis des § 2 Abs. 1 GmbHG eingeschränkt möglich.

475 Dies sind beispielsweise die Schiedsgerichtsordnungen der Deutschen Institution für Schiedsgerichtsbarkeit, der International Chamber of Commerce oder der Stockholm Chamber of Commerce.

476 Im Ergebnis ebenso *Lüttmann/Breyer*, ZZP 199 (2006), 475, 485.

477 Insoweit zutreffend der Hinweis von *Lüttmann/Breyer*, ZZP 199 (2006), 475, 484 f., wonach diverse Schiedsgerichtsordnungen im Internet frei verfügbar sind, während DIN-Normen im Regelfall nur kostenpflichtig einzusehen sind.

478 Vgl. BGHZ 180, 221, 228 f.

2. *Klauseln für Beschlussmängelstreitigkeiten in der Gründungssatzung*

Eine Sonderstellung nehmen Schiedsklauseln ein, die auch für Beschlussmängelstreitigkeiten gelten sollen. Diese bergen umfangreiche Probleme für die Anordnungskompetenz der Gesellschafter.

a) Beschlussmängelstreitigkeiten als Gestaltungsproblem

Zunächst mag es fragwürdig erscheinen, die schiedsgerichtliche Entscheidungskompetenz über Beschlussmängelstreitigkeiten als Problem der Gestaltung der Schiedsklausel einzuordnen, geht doch die augenscheinliche Problematik von der Gestaltungswirkung und der *inter-omnes*-Wirkung eines stattgebenden Schiedsspruchs aus. Allerdings ist die Begründung der schiedsgerichtlichen Entscheidungskompetenz für Beschlussmängelstreitigkeiten und der damit zusammenhängenden Legitimation der Wirkung des Schiedsspruchs eine privatautonom zu lösende Aufgabe der Gesellschafter.[479] Es handelt es sich daher um die Frage, unter welchen Voraussetzungen die Gesellschafter eine schiedsgerichtliche Entscheidungskompetenz anordnen können, und demnach um eine Frage der Anordnungskompetenz.

b) § 138 BGB als Grenze der Gestaltungsfreiheit

Der *BGH* beurteilt die Wirksamkeit einer Schiedsklausel nach Maßgabe des § 138 BGB bezogen auf den Zeitpunkt der Einführung der Schiedsklausel und nicht etwa zum Zeitpunkt der Einleitung des Schiedsverfahrens.[480]

aa) Dogmatische Verortung

Der *BGH* sieht in § 138 BGB die materiell-rechtliche Gültigkeitsgrenze der Schiedsklausel als Prozessvertrag, wodurch eine übermäßige Einschränkung des Rechtsschutzes verhindert werden soll.[481] Denn § 138 Abs. 1 BGB schütze die wesentlichen Grundsätze und grundlegenden Maßstäbe der Rechtsordnung, zu denen auch das Rechtsstaatsprinzip gehöre. Verschiedene Stimmen in der Literatur meinen, dass ein Rückgriff auf die Generalklausel des § 138 BGB nicht notwendig sei.[482] Fehle es einer Schiedsklausel an den notwendigen Legitimations-

---

479 BGHZ 180, 221, 227; zuvor bereits *Reichert,* in: FS Ulmer (2003), 511, 522; *Schmidt*, BB 2001, 1857, 1859.

480 BGHZ 180, 221, 227 f., 231.; zustimmend *H.-F. Müller*, GmbHR 2010, 729, 730.

481 BGHZ 180, 221, 228.

482 *Schmidt,* in: Gesellschaftsrecht in der Diskussion (2009), 97, 114 f.; *Wolff,* NJW 2009, 2021, 2022; wohl auch *Münch*, ZZP 123 (2010), 3, 19.

voraussetzungen für die urteilsgleiche Wirkung, so sei das Schiedsverfahren undurchführbar und die Klausel gegenstandslos; schließlich stelle § 1032 Abs. 1 ZPO die Nichtigkeit und Unwirksamkeit der Schiedsklausel sowie die Undurchführbarkeit des Schiedsverfahrens gleich.

Eine *Stellungnahme* hat zunächst davon auszugehen, dass die Inhaltskontrolle der Schiedsklausel die verfassungsmäßigen Rechte der Gesellschafter auf ein faires Verfahren sowie auf Waffengleichheit, eine gleichwertige Beteiligung an der Schiedsrichterbestellung und andere rechtsstaatliche Verfahrensprinzipien sichern soll. Adressat von Grundrechtsnormen sind jedoch grundsätzlich nur der Staat und seine Organe; im Verhältnis Privater zueinander wirken sie nur über die Generalklauseln des BGB wie §§ 138, 242 BGB.[483] Dieser Grundsatz gilt auch für die Begrenzung der Satzungsfreiheit. Dies zeigt auch das Beispiel der Wirksamkeitskontrolle von Ausschließungsklauseln in Satzungen und Gesellschaftsverträgen, welche ebenfalls an § 138 BGB zu messen sind.[484] Will man daher eine Satzungsklausel an den Prinzipien des Grundgesetzes messen, so ist § 138 BGB das *„privatrechtliche Einfallstor der Grundrechte"*[485] und sorgt für eine *präventive Kontrolle* der Schiedsklausel. Dies gilt folglich auch für die Frage, ob eine Schiedsklausel die grundgesetzlich garantierten Verfahrensstandards sichert.

Der dogmatische Ausgangspunkt der Prüfung auf Grundlage des § 138 BGB ist jedoch nicht die Einordnung der Schiedsklausel als Prozessvertrag,[486] sondern der Umstand, dass die Anordnung schiedsgerichtlicher Entscheidungskompetenz stets in ‚gesetzlich statthafter Weise' vollzogen werden muss. Dies ist eine Frage des Gesellschaftsrechts und subsidiär eine Frage der §§ 138, 242 BGB.[487]

bb) Beurteilungszeitpunkt

Aus der Anwendung von § 138 BGB folgt, dass bei der Beurteilung der Wirksamkeit einer Schiedsklausel allein auf den Zeitpunkt der Anordnung abzustellen ist.[488] Nicht maßgeblich ist damit der Zeitpunkt der Einleitung des Schiedsverfahrens, also der Augenblick, in dem die Schiedsklausel unmittelbar Wirkung

---

483 BverfGE 7, 198, 206; 81, 242, 256; 89, 214, 229; BGHZ 106, 336, 338; zur Präventivfunktion des § 138 BGB im Vergleich zu § 826 BGB *Canaris,* Grundrechte und Privatrecht, 37-39.

484 BGHZ 81, 263, 266; siehe auch *Spohnheimer,* Gestaltungsfreiheit bei antezipiertem Legalanerkenntnis des Schiedsspruchs, 138.

485 *Armbrüster,* in: MünchKomm.BGB, § 138 Rn. 20.

486 So aber BGHZ 180, 221, 228.

487 Vgl. auch BGHZ 81, 263, 266, wonach in einem Gesellschaftsvertrag nicht nur die allgemeinen Grundsätze der Rechtsordnung (§ 138 BGB), sondern auch die Grundprinzipien des Gesellschaftsrechts zu beachten sind.

488 BGHZ 180, 221, 231; unter Verweis auf BGHZ 100, 353, 359; 107, 92, 96 f.; 120, 272, 276; 125, 206, 209.

auf die Gesellschafter entfaltet. Die Gesellschafter müssen – wie dies im Verfahren vor staatlichen Gerichten ganz selbstverständlich ist – zu jeder Zeit Klarheit haben, wer für Streitigkeiten zuständig ist. Daher muss es einem Gesellschafter jederzeit möglich sein, die Unwirksamkeit der Schiedsklausel per Feststellungsklage klären zu lassen. Dies erfordert zwingend eine *ex-ante*-Sicht, die auf den Zeitpunkt der Anordnung schiedsgerichtlicher Kompetenz abstellt.

Damit wird der Entzug staatlichen Rechtsschutzes nicht mit Blick auf diejenigen Personen geprüft, denen der staatliche Rechtsschutz tatsächlich vorenthalten wird, sondern mit Blick auf diejenigen, die den Verzicht angeordnet haben. Dies verdeutlicht die tragende Bedeutung der Anordnungskompetenz der Gesellschafter.

c) Arbeitsthese auf Grundlage von Schiedsfähigkeit II

aa) Gestaltungsvorgaben aus Schiedsfähigkeit II

Eine Schiedsklausel, die für Beschlussmängelstreitigkeiten gelten soll, muss nach *Schiedsfähigkeit II* im Wesentlichen vier Vorgaben erfüllen, die sog. Gleichwertigkeitskautelen:[489]

- *Erstens* muss die Schiedsklausel mit Zustimmung sämtlicher Gesellschafter in der Satzung aufgenommen worden sein.[490]
- *Zweitens* müssen sämtliche Gesellschafter an der Auswahl und Bestellung der Schiedsrichter mitwirken können – vorausgesetzt, die Auswahl erfolgt nicht durch einen neutralen Dritten.
- *Drittens* müssen diejenigen, die durch das Schiedsverfahren in ihren Rechten betroffen werden, von der Gesellschaft über die Einleitung des Verfahrens informiert werden, um so eine Teilnahme als Partei oder Nebenintervenient zu ermöglichen.
- *Viertens* ist zu gewährleisten, dass alle denselben Streitgegenstand betreffenden Beschlussmängelstreitigkeiten bei *einem* Schiedsgericht konzentriert werden.

Die Einhaltung dieser Gestaltungsvorgaben vorausgesetzt, ist ein Schiedsgericht befugt, „den Beschluss nach den Maßstäben des objektiven Gesellschaftsrechts zu prüfen und ggf. mit den aus den §§ 248, 249 AktG ersichtlichen Wirkungen für nichtig zu erklären“.[491]

---

489 BGHZ 180, 221, 228 f.

490 Freilich kann eine Entscheidungskompetenz des Schiedsgerichts auch aufgrund einer satzungsexternen Schiedsvereinbarung oder als *ad hoc* Verfahren zustande kommen.

491 BGHZ 180, 221, 227.

bb) Arbeitsthese

Auf dieser Grundlage ist die Arbeitsthese für die folgende Untersuchung von Schiedsklauseln für Beschlussmängelstreitigkeiten zu entwickeln. Ausgangspunkt sind die Vorgaben aus *Schiedsfähigkeit II*, die jedoch für die vorliegende Untersuchung zu präzisieren und weiterzuentwickeln sind.

Die *erste Gleichwertigkeitskautel* ist keine Frage der Gestaltung der Schiedsklausel, sondern eine Frage der Legitimation der Wirkungserstreckung. Der *BGH* geht davon aus, dass eine Schiedsklausel, die einmal mit der Zustimmung aller Gesellschafter eingeführt worden ist, auf diejenigen fortwirkt, die zum Zeitpunkt des Entstehens der Streitigkeit Gesellschafter sind. Der *BGH* nimmt damit stillschweigend an, dass die einstimmige Einführung der Schiedsklausel die Wirkung für die Zukunft legitimiert, und zwar ohne Rücksicht auf einen etwaigen zwischenzeitlichen Wechsel des Gesellschafterbestands. Auf diese Problematik wird im Rahmen der Legitimation der Wirkungserstreckung zurückzukommen sein.[492] Dies verdeutlicht, dass zwischen der wirksamen Anordnung und der Legitimation der Wirkung einer Schiedsklausel zu unterscheiden ist.

Die *zweite Gleichwertigkeitskautel* – die Sicherstellung der Mitwirkung der Verfahrensbeteiligten bei Auswahl und Bestellung der Schiedsrichter – ist dagegen ein Problem der Anordnungskompetenz der Gesellschafter. Die Bestellung des eigenen Parteischiedsrichters ist ein elementares – wenn nicht sogar das bedeutendste[493] – Recht der Parteien des Schiedsverfahrens. Dieses Recht muss daher *in toto* in der Schiedsklausel geregelt werden, woraus komplexe Gestaltungsaufgaben erwachsen.

Die *dritte Gleichwertigkeitskautel* – die Sicherstellung der Information über die erfolgte Einleitung des Verfahrens – ist weniger ein Gestaltungsproblem als ein tatsächliches Problem.

Aus der *vierten Gleichwertigkeitskautel* – der Sicherung der Zuständigkeitskonzentration – folgen wiederum komplexe Gestaltungsprobleme, die untersucht werden sollen. An diesem Punkt wird sich zeigen, welch immense Gestaltungslast den Gesellschaftern aufgebürdet wird. Denn die Sicherung der Zuständigkeitskonzentration ist im Regelfall eine Aufgabe des Gesetzgebers. Eine entsprechende gesetzliche Regelung fehlt hier jedoch, wie im Folgenden ersichtlich wird.

---

492 Im Folgenden C. I.

493 Siehe zur Bedeutung der Schiedsrichterbestellung in Beschlussmängelverfahren *Lüke/Blenske*, ZGR 1998, 253, 268 f.

cc) Zur Erinnerung: die These vom eingeschränkten Gleichwertigkeitscredo

Im Eingangsteil wurde das vermeintliche Credo des Gesetzgebers von der Gleichwertigkeit des Rechtsschutzes durch Schiedsgerichte und durch staatliche Gerichte erläutert und teilweise eingeschränkt.[494] Dort ist die These aufgestellt worden, dass die Schiedsgerichtsbarkeit einen im Vergleich zur staatlichen Gerichtsbarkeit grundsätzlich gleichwertigen Rechtsschutz bieten *kann*. Dies ist nun zu präzisieren: Vorausgesetzt, die Vorgaben für die Gestaltung der Schiedsklausel werden von Gesellschaftern beachtet, dann bietet die Schiedsgerichtsbarkeit einen im Vergleich zur staatlichen Gerichtsbarkeit grundsätzlich gleichwertigen Rechtsschutz – auch für Beschlussmängelstreitigkeiten. Denn die Einhaltung der Gestaltungsvorgaben ist die Voraussetzung dafür, dass die Gestaltungswirkung einer stattgebenden Anfechtungsklage und die erweiterte Rechtskrafterstreckung nach § 248 Abs. 1 S. 1 AktG eintreten können.

d) Sicherung der Zuständigkeitskonzentration

Der *BGH* verlangt, dass Schiedsklauseln für Beschlussmängelstreitigkeiten eine Zuständigkeitskonzentration bewirken, sodass *„alle denselben Streitgegenstand betreffenden Beschlussmängelstreitigkeiten bei* einem *Schiedsgericht konzentriert werden"*.[495] Denn für das Schiedsverfahren gilt § 246 Abs. 3 S. 1 AktG nicht, da die dort angeordnete landgerichtliche Zuständigkeit durch die Schiedsklausel gerade abbedungen wird. Folglich ist auch nicht gesichert, dass mehrere Anfechtungsprozesse über einen Beschluss(-mangel) zur gleichzeitigen Verhandlung und Entscheidung verbunden werden.

aa) Vorfrage: Verfahrenskonzentration durch § 261 Abs. 3 Nr. 1 ZPO?

Als Vorfrage ist zunächst zu erörtern, ob die Sicherung der Zuständigkeitskonzentration überhaupt eine Gestaltungsaufgabe der Gesellschafter ist – wie der *BGH*[496] und Teile der Literatur[497] meinen – oder ob bereits auf Grundlage des § 261 Abs. 3 Nr. 1 ZPO eine Sperrwirkung besteht, die eine gesetzliche Zuständigkeitskonzentration bewirkt.[498]

---

494 Siehe oben § 3 B.

495 BGHZ 180, 221, 229 (Hervorhebung durch den *Verf.*).

496 BGHZ 180, 221, 232 f.

497 *Korff*, Beschlussmängelstreitigkeiten im Schiedsverfahren, 196; *Lüke/Blenske*, ZGR 1998, 253, 283.

498 So *Bayer*, ZIP 2003, 881, 887; *Bork*, ZHR 160 (1996), 374, 380; *Papmehl*, Schiedsfähigkeit gesellschaftsrechtlicher Streitigkeiten, 95 f.

§ 261 Abs. 3 Nr. 1 ZPO regelt die sog. Rechtshängigkeitssperre, die Verfahrensidentitäten verhindert, die zu sich widersprechenden Entscheidungen führen könnten. Dazu wird unterbunden, dass die Parteien eines ersten Prozesses – und darüber hinaus diejenigen, die von der Rechtskraft des Urteils dieses ersten Prozess umfasst werden – ein Parallelverfahren über den identischen Streitgegenstand führen können. Das Eingreifen der Rechtshängigkeitssperre setzt *objektiv* voraus, dass zwei Prozesse über einen identischen Streitgegenstand geführt werden. *Subjektiv* wird vorausgesetzt, dass die Parteien in einem ersten und einem zweiten Prozess identisch sind. Dies gilt für die Parteien des ersten Verfahrens und für die Personen, die von der Rechtskraft des ersten Urteils umfasst werden; diese müssen identisch sein mit den Parteien des zweiten Verfahrens und den von der Rechtskraft des zweiten Urteils umfassten Personen.

(1) Parteiidentität als subjektive Voraussetzung des § 261 Abs. 3 Nr. 1 ZPO

Ist eine Schiedsklage über eine bestimmte Beschlussmängelstreitigkeit rechtshängig und wird dennoch eine zweite Klage vor einem staatlichen Gericht oder einem anderen Schiedsgericht erhoben, so ist die subjektive Voraussetzung der Rechtshängigkeitssperre des § 261 Abs. 3 Nr. 1 ZPO erfüllt. Denn das Verbot der anderweitigen Rechtshängigkeit gilt für die Parteien des ersten Schiedsverfahrens und darüber hinaus für alle, auf die sich die materielle Rechtskraft des entsprechenden Schiedsspruchs erstreckt.[499] Nach § 248 Abs. 1 S. 1 AktG erstreckt sich die materielle Rechtskraft einer stattgebenden Anfechtungsklage auf alle Gesellschafter sowie sämtliche Organmitglieder.[500] Diesen Personen, auf die sich die Rechtskraft des Schiedsspruchs des zuerst rechtshängigen Schiedsverfahrens erstreckt, ist die Erhebung einer zweiten Klage untersagt, soweit der Streitgegenstand einer zweiten Klage identisch wäre.

(2) Identität der Streitgegenstände als objektive Voraussetzung des § 261 Abs. 3 Nr. 1 ZPO

Die nun maßgebliche Frage ist, ob eine Identität der Streitgegenstände vorliegt, wenn eine Schiedsklage über einen Beschluss bereits rechtshängig ist und den gleichen Beschluss betreffend eine zweite Klage erhoben wird. Dafür ist entscheidend, welchen Streitgegenstand die jeweiligen Beschlussmängelklagen haben und damit, von welchem Streitgegenstandsbegriff auszugehen ist.

---

499 Vgl. *Becker-Eberhard*, in: MünchKomm.ZPO, § 261 Rn. 51; *Roth*, in: Stein/Jonas, ZPO, § 261 Rn. 25.

500 Die Anwendung des § 248 AktG wird hier *arguendi causa* unterstellt.

Umstritten ist, wie der zugrunde liegende Sachverhalt einer Beschlussmängelklage zu bestimmen ist: Nach einer Ansicht besteht der maßgebliche Sachverhalt aus sämtlichen Vorgängen auf der Gesellschafterversammlung, die zur Anfechtung dieses Beschlusses berechtigen könnten.[501] Damit werden alle Beschlussmängel zu *einem* Streitgegenstand zusammengefasst, was zu einer einheitlichen Überprüfung des gesamten Beschlusses führt. Nach der entgegenstehenden Ansicht bestimmt sich der Sachverhalt nur nach denjenigen Tatsachen, aus denen der vom Kläger vorgetragene Beschlussmangel hergeleitet wird.[502] Begründet wird dies mit der allgemeinen prozessrechtlichen Dogmatik, wonach der Streitgegenstand durch den Klageantrag und den zugrunde liegenden Sachverhalt zu bestimmen ist.[503] In *Schiedsfähigkeit II* schloss sich der *BGH* der zweiten Meinung an und ging davon aus, dass Beschlussmängelstreitigkeiten nicht *„per definitionem stets denselben Streitgegenstand“* [504] betreffen; freilich ohne sich mit seinem vorherigen Urteil in BGHZ 152, 1 auseinanderzusetzen.[505]

Die Entscheidung dieser Streitfrage hängt letztlich davon ab, ob man ein allgemeines Interesse der Gesellschafter und des Rechtsverkehrs an der Gesetzes- und Satzungskonformität anerkennt und daher eine Gesamtüberprüfung des Beschlusses anstrebt oder ob man den Beibringungsgrundsatz als prozessuale Seite der Privatautonomie in den Vordergrund rückt und den Gerichten ein Recht zur Beschlusskontrolle nur insoweit zubilligt, wie der Vortrag der Prozessparteien dies gestattet.

(3) Keine Rechtshängigkeitssperre für staatliche Parallelverfahren

Ungeachtet dieser Streitfrage kann steht eine Erkenntnis fest: Die Sicherung einer *vollständigen* Verfahrenskonzentration auf ein Schiedsgericht aus einem anderen Grund nicht kraft § 261 Abs. 3 Nr. 1 ZPO erfolgen. Die Klage vor ei-

---

501 BGHZ 152, 1, 4-6 (zur AG – abl. Anm. *Bork*, NZG 2002, 1094 f.); zustimmend *Bayer*, in: Lutter/Hommelhoff, GmbHG, Anh. § 47 Rn. 78 f.; *Raiser*, in: Ulmer, GmbHG, Anh. § 47 Rn. 218; *Römermann*, in: Michalski, GmbHG, Anh. § 47 Rn. 482; *Rosenberg/Schwab/Gottwald*, Zivilprozessrecht, § 92 Rn. 11; eingehend und differenzierend *Schmidt*, in: Scholz, GmbHG, § 45 Rn. 152; vgl. zum Streitgegenstand auch BGH ZIP 2005, 706, 708.

502 *Hüffer*, in: MünchKomm.AktG, § 246 Rn. 18-20; *Noack*, Fehlerhafte Beschlüsse, 90; *M. Schwab*, in: Schmidt/Lutter, AktG, § 246 Rn. 1.

503 *Bork*, NZG 2002, 1094, 1095; vgl. zum Streitgegenstandsbegriff *Rosenberg/Schwab/Gottwald*, Zivilprozessrecht, § 92 Rn. 10 f.

504 BGHZ 180, 221, 233 (mit dem Verweis auf schiedsverfahrensrechtliche Erörterungen von *Korff*, Beschlussmängelstreitigkeiten im Schiedsverfahren, 196; *Lüke/Blenske*, ZGR 1998, 253, 283; *Papmehl*, Schiedsfähigkeit gesellschaftsrechtlicher Streitigkeiten, 96).

505 Dies ist umso verwunderlicher, da beide Urteile (BGHZ 152, 1 und BGHZ 180, 221) vom 2. Zivilsenat des BGH erlassen worden sind.

nem Schiedsgericht bewirkt keine Rechtshängigkeitssperre für ein Parallelverfahren vor einem staatlichen Gericht; stattdessen ist die Zulässigkeitsrüge nach § 1032 Abs. 1 ZPO einzuwenden.[506]

(4) Rechtshängigkeitssperre für parallele Schiedsverfahren

Allein wenn derselbe Streitgegenstand bei einem zweiten Schiedsgericht anhängig gemacht werden würde, könnte nach § 261 Abs. 3 Nr. 1 ZPO eine Rechtshängigkeitssperre eintreten, wiederum vorausgesetzt, die Streitgegenstände sind identisch.[507] Bei der Beantwortung dieser Frage ist zu differenzieren.

Der Grundaussage aus *Schiedsfähigkeit II* ist zuzustimmen, soweit der *BGH* dort ausführt, dass Beschlussmängelstreitigkeiten nicht „per definitionem stets denselben Streitgegenstand“[508] haben; allerdings folgt daraus nicht, dass § 261 Abs. 3 Nr. 1 ZPO mangels eines identischen Streitgegenstands einem zweiten Schiedsverfahren *stets* nicht entgegensteht.[509] Im Gegenteil: Im Regelfall wird § 261 Abs. 3 Nr. 1 ZPO einem zweiten Schiedsverfahren entgegenstehen, da die Streitgegenstände identisch sind. Denn der Sachverhalt, der in dem ersten Schiedsverfahren zur Begründung des Beschlussmangels vorgetragen wird, wird im Regelfall auch den Beschlussmangel umfassen, der dem zweiten Schiedsverfahren zugrunde liegt.[510] Dies gilt für Schiedsverfahren umso mehr, als Schiedsgerichte nicht durch den Beibringungsgrundsatz gebunden sind, sondern auch nach eigenem Ermessen Sachverhaltsaufklärung betreiben können.[511] Auf Grundlage des vorgetragenen und ermittelten Gesamtsachverhalts entscheidet das Schiedsgericht über alle Beschlussmängel, die sich auf diesem Sachverhalt ergeben. Denn auch im Schiedsverfahren gilt, dass die rechtliche Würdigung des Sachverhalts vollständig dem Schiedsgericht obliegt *(iura novit curia)*;[512] vorausgesetzt, die Parteien beschränken dies nicht (sog. „Ausschaltungsbefugnis“), was einer ausdrücklichen

506 BGH NJW 1958, 950; ZIP 2011, 1477, 1478; *Becker-Eberhard,* in: MünchKomm.ZPO, § 261 Rn. 15; *Rosenberg/Schwab/Gottwald,* Zivilprozessrecht, § 177 Rn. 8; *Schlosser,* in: Stein/Jonas, ZPO, § 1044 Rn. 3 f.

507 Vgl. *Bork,* ZHR 160 (1996), 374, 380; *Schlosser,* in: Stein/Jonas, ZPO, § 1044 Rn. 4.

508 Nw. bei Fn. 504.

509 So aber wohl *Korff,* Beschlussmängelstreitigkeiten im Schiedsverfahren, 196; *Lüke/Blenske,* ZGR 1998, 253, 283; *Papmehl,* Schiedsfähigkeit gesellschaftsrechtlicher Streitigkeiten, 96.

510 Vgl. *Schmidt,* in: Scholz, GmbHG, § 45 Rn. 152.

511 *Münch,* in: MünchKomm.ZPO, § 1042 Rn. 110, 104 f.; *Schlosser,* in: Stein/Jonas, ZPO, § 1042 Rn. 9; vgl. auch *ders.,* Schiedsgerichtsbarkeit, Rn. 637.

512 *Münch,* in: MünchKomm.ZPO, § 1042 Rn. 39; vgl. zum Verfahren vor staatlichen Gerichten *Rosenberg/Schwab/Gottwald,* Zivilprozessrecht, § 77 Rn. 9.

Vereinbarung bedarf und regelmäßig nicht der Fall sein wird.[513] Im Regelfall wird daher der vorgetragene und ermittelte Sachverhalt die Grundlage für eine umfassende rechtliche Würdigung des angegriffenen Beschlusses durch das zuerst angerufene Schiedsgericht sein, sodass ein zweites Schiedsverfahren im Regelfall nicht auf einem neuen Tatsachenvortrag beruhen wird, weshalb wiederum das zweites Schiedsverfahren nach § 261 Abs. 3 Nr. 1 ZPO unzulässig ist.

(5) Zwischenergebnis

Eine vollständige Verfahrenskonzentration auf ein Schiedsverfahren kann § 261 Abs. 3 Nr. 1 ZPO nicht besorgen. Denn die Klage vor einem Schiedsgericht bewirkt keine Rechtshängigkeitssperre für ein Parallelverfahren vor einem staatlichen Gericht.

Einem zweiten Schiedsverfahren steht hingegen § 261 Abs. 3 Nr. 1 ZPO im Regelfall entgegen, wobei mit Blick auf die Praxis zu bedenken ist, dass diese Konstellation wenig wahrscheinlich ist. Denn es müssten etwa alle Gesellschafter über das zweite Schiedsverfahren informiert und ein zweites Schiedsgericht konstituiert werden. Viel wahrscheinlicher ist die Klageerhebung vor einem staatlichen Gericht trotz eines in derselben Sache bereits eingeleiteten Schiedsverfahrens; diese Konstellation soll im Folgenden erörtert werden.

bb) Sperrwirkung kraft schiedsrechtlicher Treuepflicht

Als vorrangige Möglichkeit zur Sicherung der Konzentration auf ein Schiedsverfahren – oder zumindest als Auffangmöglichkeit – vertreten *Münch* und *Schlosser,* dass die Schiedsklausel eine allgemeine Pflicht der Gesellschafter begründet, Streitigkeiten über einen Beschluss allein vor einem Schiedsgericht auszutragen.[514] Dies könnte aber allenfalls eine Zuständigkeitskonzentration unter Schiedsgerichten bewirken, da die verklagte Gesellschaft dann die Bildung des zweiten Schiedsgerichts verweigern könnte – mit dem Hinweis auf die Pflichtverletzung des vor dem zweiten Schiedsgericht klagenden Gesellschafters.[515] Vor einem staatlichen Gericht müsste ungeachtet dessen die Einrede aus dem Schiedsvertrag erhoben werden.[516] Die Möglichkeit der Sperrwirkung für Verfahren vor staatlichen Gerichten – das eigentliche Problem – begründet auch diese Ansicht nicht.

---

513 *Münch,* in: MünchKomm.ZPO, § 1046 Rn. 26; dies ist bei Verfahren vor staatlichen Gerichten nicht möglich, vgl. *Rosenberg/Schwab/Gottwald,* Zivilprozessrecht, § 77 Rn. 10 f.

514 *Münch,* ZZP 123 (2010), 3, 17; *Schlosser,* in: Stein/Jonas, ZPO, § 1034 Rn. 24, § 1029 Rn. 30.

515 So wohl *Münch,* ZZP 123 (2010), 3, 17.

516 Vgl. *Geimer,* in: Zöller, ZPO, § 1029 Rn. 95.

cc) Ausgestaltung einer Regelung zur Verfahrenskonzentration

Die Zuständigkeitskonzentration zugunsten eines Schiedsgerichts gegenüber einem parallelen staatlichen Verfahren zu gewährleisten ist somit Teil der Anordnungskompetenz der Gesellschafter. Die Schiedsklausel muss daher eine Regelung enthalten, die die Obliegenheit für alle Gesellschafter begründet, Streitigkeiten über einen Beschluss der Gesellschafterversammlung nur vor einem Schiedsgericht auszutragen.[517] Erhebt ein Gesellschafter trotz eines bereits eingeleiteten Schiedsverfahrens Anfechtungs- oder Nichtigkeitsklage vor einem staatlichen Gericht, so müssen die Geschäftsführer der beklagten Gesellschaft kraft Satzung verpflichtet sein, die Einrede aus der Schiedsklausel zu erheben (§ 1032 Abs. 1 ZPO).[518] Unterlassen die Geschäftsführer jedoch die fristgerechte Geltendmachung der Einrede aus § 1032 Abs. 1 ZPO, so ist das staatliche Gericht entscheidungsbefugt, da es die Schiedshängigkeit einer Streitigkeit über denselben Gesellschafterbeschluss nicht von Amts wegen beachten muss.[519] Denn unterbleibt die Rüge nach § 1032 Abs. 1 ZPO ist das staatliche Gericht entscheidungsbefugt.[520] Somit können die Gesellschafter per Schiedsklausel keine vollständige Verfahrenskonzentration bewirken, da die Verfahrenskonzentration von der Geltendmachung der Schiedseinrede abhängig ist.

Allein der Gesetzgeber könnte dies; in Form einer Erweiterung der Konzentrationsnorm des § 246 Abs. 3 AktG auch auf Schiedsgerichte – oder durch eine Neuregelung des § 1032 ZPO, wonach aus der ‚Schiedseinrede' im Fall von Beschlussmängelstreitigkeiten eine von Amts wegen zu beachtende ‚Schiedseinwendung' würde. Mangels einer solchen gesetzlichen Verfahrenskonzentration auf ein Schiedsverfahren kann es zu Parallelverfahren vor einem Schiedsgericht und einem Landgericht kommen. Die Folgen dessen sind jedoch nicht derart gravierend, dass rechtsstaatliche Mindeststandards oder die Rechte einzelner Gesellschafter verletzt werden.[521]

dd) Folge einer privatautonom angeordneten Verfahrenskonzentration

Weist das Landgericht die Anfechtungsklage ab, so tritt keine *inter-omnes*-Wirkung des Urteils ein. Kommt das Schiedsgericht in der Folge zu einem anderen

---

517 *Nietsch*, ZIP 2009, 2269, 2274.

518 *Korff*, Beschlussmängelstreitigkeiten im Schiedsverfahren, 197, 213; *Nietsch*, ZIP 2009, 2269, 2274.

519 *C. Berger*, ZHR 164 (2000), 295, 311 f.; *Schlosser*, in: Stein/Jonas, ZPO, § 1044 Rn. 6.

520 *Münch*, in: MünchKomm.ZPO, § 1032 Rn. 4; *Schlosser*, in: Stein/Jonas, ZPO, § 1032 Rn. 1; *Schwab/Walter*, Schiedsgerichtsbarkeit, Kap. 7 Rn. 1.

521 So im Ergebnis auch *Bayer*, ZIP 2003, 881, 887 f.; *Nietsch*, ZIP 2009, 2269, 2274.

Ergebnis, so wirkt der Schiedsspruch auch gegen den Gesellschafter, der vor dem staatlichen Gericht geklagt hatte. Dies muss er hinnehmen, denn der Schiedsspruch beruht auf einer rechtmäßigen Anordnung schiedsgerichtlicher Entscheidungskompetenz, und der einzelne Gesellschafter soll sich dieser Anordnung nicht durch Initiierung eines staatlichen Parallelverfahrens entziehen können.

Gibt das Landgericht der Anfechtungsklage hingegen statt, so ist zu unterscheiden: Entscheidet das Landgericht zeitlich vor dem Schiedsgericht, so wird die Schiedsklage wegen der entgegenstehenden materiellen Rechtskraft des Urteils (§ 248 AktG) unzulässig.[522] Das Ziel des vor dem Schiedsgericht klagenden Gesellschafters ist auf diesem Wege erreicht, da das landgerichtliche Urteil *inter omnes* wirkt. Nach § 1057 ZPO entscheidet das Schiedsgericht dann nur noch über die Kosten, wobei es nicht an die §§ 91 ff. ZPO gebunden ist, sondern nach eigenem pflichtgemäßen Ermessen entscheiden kann.[523] Die Kosten des Schiedsverfahrens muss im Regelfall die Gesellschaft tragen, da deren Geschäftsführer die parallelen Verfahren vor dem staatlichen Gericht und dem Schiedsgericht ermöglicht hat, indem er die Geltendmachung der Einrede aus § 1032 ZPO unterließ. Eine Kostenentscheidung zulasten des vor dem staatlichen Gericht klagenden Gesellschafters ist nicht möglich, da dieser kein Beteiligter des Schiedsverfahrens ist.[524] Zur Erstattung dieser Kosten kommt eine Schiedsklage gegen denjenigen Gesellschafter in Betracht, der vor dem staatlichen Gericht klagte.

Entscheidet das Schiedsgericht zeitlich vor dem Landgericht, geht von dem Schiedsspruch materielle Rechtskraft analog § 248 AktG aus. Mit der Entscheidung des Schiedsgerichts tritt an die Stelle der Schiedseinrede (§ 1032 Abs. 1 ZPO) die Einrede der Rechtskraft.[525] Bei einem Schiedsspruch, dessen Rechtskraft analog § 248 AktG nicht nur *inter partes* gilt, muss das Landgericht die Rechtskraft nicht erst auf Geltendmachung der entsprechenden Einrede, sondern *von Amts wegen* beachten. Denn im Grundsatz gilt, dass bei der Kollision der Rechtskraft verschiedener Urteile die Rechtskraft des zeitlich ersten Urteils vorgeht;[526] dies gilt freilich (noch) überwiegend Ansicht nur bei Urteilen staatlicher Gerichte. Begreift man die Schiedsgerichtsbarkeit als gleichwertiges Surrogat

---

522 *Bayer*, ZIP 2003, 881, 887; *Nietsch*, ZIP 2009, 2269, 2274.

523 OLG München, Urt. v. 25.09.2006 – 34 Sch 12/06, juris-Rn. 40; *Geimer,* in: Zöller, ZPO, § 1057 Rn. 2; *Münch,* in: MünchKomm.ZPO, § 1057 Rn. 14; *Schlosser,* in: Stein/Jonas, ZPO, § 1057 Rn. 3; *Schwab/Walter,* Schiedsgerichtsbarkeit, Kap. 33 Rn. 1.

524 Vgl. *Münch,* in: MünchKomm.ZPO, § 1057 Rn. 12.

525 Vgl. Begr. RegE SchiedsVfG, BT-Drucks. 13/5274, S. 57; BGHZ 41, 104, 105; BGH NJW 1958, 950; *Münch,* in: MünchKomm.ZPO, § 1055 Rn. 9-13; *Schlosser,* in: Stein/Jonas, ZPO, § 1055 Rn. 5.

526 BGH NJW 1981, 1517, 1518; BAG ZIP 1986, 459, 461; *Vollkommer,* in: Zöller, ZPO, vor § 322 Rn. 77.

zur staatlichen Gerichtsbarkeit, ist allerdings kein Grund ersichtlich, weshalb man einem Schiedsspruch den zeitlich begründeten Vorrang verwehren sollte.[527]

Dies gilt erst recht in der hier maßgeblichen Situation: Vergegenwärtigt man sich, dass ein Gesellschafter entgegen der statutarischen Anordnung schiedsgerichtlicher Entscheidungskompetenz vor einem staatlichen Gericht klagt und es dort der Geschäftsführer versäumt, die Einrede aus § 1032 Abs. 1 ZPO geltend zu machen, sollte ein „Wettlauf der Gerichte" nicht zugunsten des später entscheidenden staatlichen Gerichts ausgehen. Der Gesellschafter, der sich der Schiedsanordnung in der Satzung widersetzt, darf nicht durch den generellen Vorrang „seines" Urteils begünstigt werden; dies würde dem Willen der Gesellschafter widersprechen, die einstimmig die Zuständigkeit des Schiedsgerichts vereinbart haben, und gilt erst recht vor dem Hintergrund, dass die Gesellschafter zur Regelung der Zuständigkeitskonzentration alles privatautonom Mögliche getan haben.

ee) Zwischenergebnis zur Zuständigkeitskonzentration

Die Gesellschafter müssen durch eine entsprechende Satzungsregelung eine Zuständigkeitskonzentration anordnen, soweit ihnen dies möglich ist. Eine mit § 246 Abs. 3 AktG vergleichbare vollständige Konzentrationswirkung kann eine solche Satzungsregelung jedoch nicht begründen.

e) Information der Gesellschafter über die Einleitung des Schiedsverfahrens

Sämtliche Gesellschafter müssen über die Einleitung des Schiedsverfahrens informiert werden, was mehr ein tatsächliches als ein Gestaltungsproblem ist. Dies sichert die Gewährung rechtlichen Gehörs und die Gleichbehandlung aller Betroffenen.[528] Mit Blick auf die Art und Weise der Information ist festzuhalten, dass dies inhaltlich nicht in der Schiedsklausel selbst geregelt werden muss; es kann insoweit auch auf eine externe Schiedsverfahrensordnung verwiesen werden.[529]

---

527 So auch die überwiegende Lehre, siehe *Bosch,* Rechtskraft und Rechtshängigkeit im Schiedsverfahren, 78-82; *Gaul,* in: FS Sandrock (2000), 285, 320 f.; *Geimer,* in: Zöller, ZPO, § 1055 Rn. 8; *Gottwald,* in: MünchKomm.ZPO, § 322 Rn. 62; *Loritz,* ZZP 105 (1992), 1, 12 f.; *Rosenberg/ Schwab/Gottwald,* Zivilprozessrecht, § 180 Rn. 33; *Spohnheimer,* Gestaltungsfreiheit bei antezipiertem Legalanerkenntnis des Schiedsspruchs, 22 f.; *Schwab/Walter,* Schiedsgerichtsbarkeit, Kap. 21 Rn. 6; a.A. die überwiegende Meinung, Nw. bei Fn. 525.

528 *Münch,* ZZP 123 (2010), 3, 20.

529 Vgl. OLG Bremen NZG 2010, 230, 231; OLG Frankfurt NZG 2011, 629, 630.

f) Konstituierung des Schiedsgerichts

aa) Übersicht: Möglichkeiten der Konstituierung

Für die Konstituierung des Schiedsgerichts kommen drei gleichwertige Wege in Betracht:[530]

- Bildung des Schiedsgerichts bereits vor Entstehen der Streitigkeit;[531]
- Bildung des Schiedsgerichts nach Entstehen der Streitigkeit durch einen neutralen Dritten; oder
- Konstituierung des Schiedsgerichts durch die Verfahrensbeteiligten.

bb) Schiedsrichterbestellung durch Dritten

‚Neutraler Dritter' kann etwa die Deutsche Institution für Schiedsgerichtsbarkeit sein, der Präsident eines Oberlandes- oder Landgerichts oder der Präsident der am Sitz der Gesellschaft amtierenden Handelskammer.[532] Wichtig ist aus Gründen der externen Waffengleichheit,[533] dass die Bildung des Schiedsgerichts in seiner Gesamtheit dem Dritten obliegt und keine Partei sich einen Vorteil durch einen selbst benannten Schiedsrichter sichern kann.[534]

cc) Konstituierung des Schiedsgerichts durch die Verfahrensbeteiligten

Obliegt den Parteien, also der Gesellschaft und den verfahrensbeteiligten Gesellschaftern, die Bildung des Schiedsgerichts, ist eine detaillierte Regelung des Bestellungsverfahrens in der Schiedsklausel notwendig.

(1) Verfahrensbeteiligung als Voraussetzung der Mitkonstituierung

Durch die Schiedsklausel muss sichergestellt werden, dass alle Gesellschafter von der Einleitung des Schiedsverfahrens über einen Beschlussmangel informiert wer-

---

530 Vgl. BGHZ 180, 221, 229 f.

531 Eine überaus selten gewählte Alternative, welche aufgrund der geringen Relevanz im Folgenden außer Acht bleibt. Denn aufgrund des möglicherweise langen Zeitraums zwischen der Konstituierung des Schiedsgerichts und dem Entstehen der Streitigkeit kann das Schiedsgericht im Streitfall gar nicht mehr zur Verfügung stehen, oder ein Gesellschafterwechsel in diesem Zeitraum kann eine Neukonstituierung notwendig machen, siehe *Nietsch*, ZIP 2009, 2269, 2275.

532 *Bork*, ZHR 160 (1996), 374, 383; *Nietsch*, ZIP 2009, 2269, 2275; *Reichert*, in: FS Ulmer (2003), 511, 525; *Schmidt*, BB 2001, 1857, 1859; ablehnend gegenüber der Bestellung durch den Präsidenten der Handelskammer *Bayer*, ZIP 2003, 881, 889.

533 Siehe zu diesem Begriff oben S. 11 f.

534 *Schlosser*, in: Stein/Jonas, ZPO, § 1034 Rn. 11.

den.[535] Dies sichert mit Blick auf die Konstituierung des Schiedsgerichts zwei Rechte der Gesellschafter: zum einen das Recht, dem Schiedsverfahren beizutreten, zum anderen das Recht, an der Konstituierung des Schiedsgerichts mitzuwirken. Voraussetzung für die Beteiligung an der Konstituierung des Schiedsgerichts ist jedoch die Teilnahme am Schiedsverfahren. Denn nur die Gesellschafter, die am Verfahren beteiligt sind, können das Schiedsgericht mit konstituieren; diejenigen, die sich nicht beteiligen, können keinen Einfluss geltend machen – dies gilt sowohl in staatlichen Verfahren als auch in Schiedsverfahren.[536]

Die Schiedsklausel muss die Wahrung dieser Rechte der Gesellschafter sichern, wobei zu beachten ist, dass allen Gesellschaftern lediglich die *Möglichkeit* der Beteiligung eingeräumt werden muss.[537] Diejenigen, die dann am Verfahren teilnehmen, müssen wiederum die *Möglichkeit* haben, sich an der Konstituierung des Schiedsgerichts zu beteiligen. Allein diese Möglichkeiten muss die Schiedsklausel sichern; ob die Gesellschafter sie wahrnehmen, bleibt ihnen überlassen.

Auch das *BVerfG* hat im Kontext einer Auflösungsklage nach § 61 GmbHG hervorgehoben, dass das Verfahrensrecht allein die *Möglichkeit* eröffnen muss, dass sich die durch die gerichtliche Entscheidung in ihren Rechten beeinträchtigten Gesellschafter rechtliches Gehör verschaffen können.[538]

(2) Fristen zur Verfahrensbeteiligung und zur Mitkonstituierung

Wenn die Gesellschafter über die Schiedsklage benachrichtigt werden, ist gleichzeitig eine Frist zu setzen, innerhalb derer sie sich am Verfahren beteiligen können. Nimmt ein Gesellschafter innerhalb der gesetzten Frist die Möglichkeit zum Verfahrensbeitritt nicht wahr, so verwirkt er sein Recht auf Mitkonstituierung des Schiedsgerichts.[539] Das Schiedsgericht wird in diesem Fall ohne ihn gebildet. Aufgrund dieser einschneidenden Folge des Fristablaufs muss diese Frist in der Schiedsklausel in der Satzung enthalten sein.

Fraglich ist mit Ablauf der Frist, ob der nicht beigetretene Gesellschafter sein Beitrittsrecht vollständig verwirkt hat oder ob ein Beitritt zum Verfahren nach Fristablauf noch möglich ist, freilich dann ohne Einfluss auf die Bildung des

535 BGHZ 180, 221, 228.

536 *Nietsch*, ZIP 2009, 2269, 2275.

537 Vgl. mit Blick auf gesellschaftsinterne Streitigkeiten vor staatlichen Gerichten *M. Schwab*, Prozeßrecht gesellschaftsinterner Streitigkeiten, 262: „Wer an das Urteil gebunden werden soll, muß daher zumindest die *Möglichkeit* haben, sich am Prozeß zu beteiligen. […] Gesellschaftern, die sich nicht am Prozeß beteiligen wollen, ist daher gleichermaßen die Möglichkeit der Beteiligung wie der Enthaltung hiervon einzuräumen – es sei denn, ihre Beteiligung ist kraft materiellen Rechts zwingend“ (Hervorhebung im Original).

538 BVerfGE 60, 7, 13 f.

539 *Nietsch*, ZIP 2009, 2269, 2276.

Schiedsgerichts. Dabei ist zu unterscheiden: Der auf Beklagtenseite Beitretende kann weiterhin beitreten. Für den auf Klägerseiten Beitretenden erscheint dies angesichts der Interventionsfrist des § 246 Abs. 4 S. 2 AktG jedoch zweifelhaft. § 246 Abs. 4 S. 2 AktG gilt entsprechend auch für eine Anfechtungsklage gegen eine GmbH,[540] und es ist nicht ersichtlich, wieso diese prozessuale Ausschlussfrist nicht im Grundsatz auch im Schiedsverfahren gelten sollte. § 246 Abs. 4 S. 2 AktG bewirkt eine zulässige Verkürzung des Anspruchs auf rechtliches Gehör,[541] und es ist nicht ersichtlich, wieso das Recht zur Nebenintervention in einem Schiedsverfahren weniger beschnitten sein sollte als in einem staatlichen Verfahren. § 246 Abs. 4 S. 2 AktG gilt daher im Grundsatz auch in Schiedsverfahren.

Zwingend ist die Frist des § 246 Abs. 4 S. 2 AktG für das Schiedsverfahren freilich nicht, d. h. die Gesellschafter können in der Schiedsklausel auch von § 246 Abs. 4 S. 2 AktG abweichende Fristen vereinbaren, bis hin zur nicht fristgebundenen Beitrittsmöglichkeit auf Klägerseite. Denn bei der Interventionsfrist handelt es sich um eine prozessuale Frist,[542] und Verfahrensfragen können die Parteien der Schiedsklausel selbst regeln, sofern dem nicht zwingende Vorschriften entgegenstehen. § 246 Abs. 4 S. 2 AktG ist keine derartige zwingende Norm, sodass es den Parteien der Schiedsklausel offensteht, die aktienrechtliche Interventionsfrist ganz abzubedingen.

Die Frist zur Verfahrensbeteiligung darf jedoch nicht vor der aktienrechtlichen Interventionsfrist des § 246 Abs. 4 S. 2 AktG ablaufen. Die Monatsfrist ist als Mindestfrist für die Möglichkeit des Beitritts anzusehen, die die Gesellschafter kraft Schiedsklausel nicht weiter verkürzen können.[543] Denn im Lichte des Rechts der Gesellschafter auf rechtliches Gehör (Art. 103 Abs. 1 GG), das auch in das Schiedsverfahren wirkt, ist eine kürzere Frist nicht zu rechtfertigen.

(3) Schiedsrichterwahl innerhalb der Verfahrensgruppierungen

Mit Ablauf der Beitrittsfrist kann eine Bestellung der Parteischiedsrichter[544] innerhalb der Kläger- und Beklagtengruppierung stattfinden.[545] Hinsichtlich der Bestellung kommen drei Fragen auf:

---

540 *Raiser,* in: Ulmer, GmbHG, Anh. § 47 Rn. 225; *Schmidt,* in: Scholz, GmbHG, § 45 Rn. 156.

541 OLG Frankfurt ZIP 2010, 1153, 1154; *Dörr,* in: Spindler/Stilz, AktG, § 246 Rn. 56; *Hüffer,* in: MünchKomm.AktG, § 246 Rn. 80; *Wilsing/Ogorek*, NZG 2010, 1058; a.A. *M. Schwab,* in: Schmidt/Lutter, AktG, § 246 Rn. 31 (Verletzung des Anspruchs aus Art. 103 Abs. 1 GG).

542 BGHZ 172, 136, 144 f.; *M. Schwab,* in: Schmidt/Lutter, AktG, § 246 Rn. 30.

543 A.A. *Bayer*, ZIP 2003, 881, 888; *Nietsch*, ZIP 2009, 2269, 2274 (jeweils für eine Mindestfrist von zwei Wochen).

544 Die Wahl des Obmanns kann den gewählten Beisitzern überlassen werden, siehe *Goette*, GWR 2009, 103, 105.

- Erstens, ob die Gesellschafter gezwungen werden können, sich auf je einen Parteischiedsrichter zu einigen;
- zweitens, wie das Stimmgewicht der beklagten Gesellschaft und der Gesellschafter zu bestimmen ist; und
- drittens, mit welchen Mehrheitserfordernissen Parteischiedsrichter innerhalb der Verfahrensgruppierungen gewählt werden können.

Gesichert ist, dass der Kläger, der im Schiedsverfahren als Erster agiert, mit Einreichen seiner Schiedsklage keinen Vorrang bei der Schiedsrichterwahl haben darf. Da jedem Gesellschafter die Möglichkeit offenstehen muss, sich an der Auswahl „seines" Parteischiedsrichters in gleicher Weise zu beteiligen, darf der Antrag auf Einleitung des Schiedsgerichtsverfahrens noch keine Bestellung des klägerischen Parteischiedsrichters enthalten.[546] Allein ein unverbindlicher Vorschlag des verfahrenseinleitenden Klägers ist zulässig.[547] Die Regelung in der Schiedsklausel sollte dies klarstellen.

(i) Recht auf einen eigenen Parteischiedsrichter

Das Recht jedes Verfahrensbeteiligten auf Bestellung eines eigenen Parteischiedsrichters wurde in den Rang eines Grundrechts der Parteien des Schiedsverfahrens erhoben.[548] Es ist jedoch kein Grundrecht im klassischen Sinn, sondern vielmehr ein grundrechtsgleiches Verfahrensrecht, das jedem Gesellschafter die gleiche Möglichkeit zur Bestellung „seines" Schiedsrichters sichert. Es sichert den Grundsatz der Waffengleichheit und ist somit ein Bestandteil eines fairen (Schieds-)Verfahrens.[549]

Über dieses Recht können die Gesellschafter verfügen. Sie können sogar gänzlich darauf verzichten, wie die Möglichkeit der Anordnung einer Schiedsrichterbestellung durch Dritte zeigt. Ein solcher vollständiger Verzicht ist jedoch nur dann zulässig, wenn das Bestellungsrecht auf einen unabhängigen Dritten übertragen wird.[550] Einer vollständigen Übertragung auf einen anderen Gesellschafter bereits bei Anordnung der schiedsgerichtlichen Zuständigkeit stehen der Grundsatz des fairen (Schieds-)Verfahrens und der Grundsatz der Waffengleichheit entgegen.

---

545 Eine Schiedsrichterbestellung vor Ablauf der Beitrittsfrist ist nicht wirksam, vgl. *Schlosser,* in: Stein/Jonas, ZPO, § 1034 Rn. 27 (jedoch Bezug nehmend auf die „Anfechtungsfrist").

546 BGHZ 180, 221, 230 f.

547 *Nietsch,* ZIP 2009, 2269, 2275.

548 BGHZ 132, 278, 288; *Nietsch,* ZIP 2009, 2269, 2277; *K. H. Schwab,* in: FS Habscheid (1989), 285, 290.

549 *C. Berger,* ZHR 164 (2000), 295, 305.

550 *Rosenberg/Schwab/Gottwald,* Zivilprozessrecht, § 178 Rn. 6.

Sieht die Schiedsklausel vor, dass sich Kläger- und Beklagtengruppierung auf jeweils einen Parteischiedsrichter einigen müssen, ist dies als Verzicht auf einen eigenen Schiedsrichter für jeden einzelnen Verfahrensbeteiligten zu werten. In diesem Fall haben sämtliche Gesellschafter über ihr eigenes Bestellungsrecht verfügt und zugestimmt, als Kläger und Beklagte mit ihren Nebenintervenienten eine prozessuale Einheit zu bilden. Innerhalb dieser Gruppen hat dann jeder Gesellschafter einen Anspruch auf Mitwirkung an der Schiedsrichterauswahl. Sieht die Schiedsklausel ein Dreierschiedsgericht vor – und damit jeweils einen Parteischiedsrichter –, so haben sich die Kläger- und die Beklagtengruppierung jeweils auf ihren Parteischiedsrichter zu einigen.[551] Dies ist zulässig und keinen rechtsstaatlichen Bedenken ausgesetzt. Denn die Grundlage des Schiedsverfahrens und damit auch der Schiedsrichterbenennung ist die parteiautonome Verfahrensgestaltung.[552] Verletzt die von den Parteien gewählte Gestaltung keine elementaren Grundsätze oder Rechte von Einzelnen, ist die von den Parteien vorgegebene Art und Weise der Schiedsrichterbenennung zu respektieren. Die Wahl eines Parteischiedsrichters innerhalb einer Verfahrensgruppierung ist unbedenklich, soweit sich keiner innerhalb der Verfahrensgruppierung einen Vorteil sichert *(interne Waffengleichheit)* und soweit sich die Wahl in beiden Verfahrensgruppierungen übereinstimmend vollzieht *(externe Waffengleichheit).*

Etwas anderes ergibt sich auch nicht aus dem Urteil der *Cour de Cassation,*[553] auf das in *Schiedsfähigkeit I* (noch) Bezug genommen wurde[554] und das als Nachweis für das Recht auf den „eigenen" Schiedsrichter dienen soll.[555] Zwar haben die Entscheidungen Pariser Gerichte (*Cour d'Appel* und *Cour de Cassation)* insofern eine gewisse „Orientierungsfunktion", da der Internationale Schiedsgerichtshof der Internationalen Handelskammer (ICC) in Paris sitzt, sodass für die dort verhandelten Schiedsverfahren die Pariser Gerichte die staatlichen Rechtsmittelinstanzen sind;[556] dem Urteil der *Cour de Cassation* lag allerdings ein Sachverhalt zugrunde, in dem die Interessen der beiden beklagten Parteien gegenläufig waren, und allein aus diesem Grund konnte ein gemeinsamer Parteischiedsrichter nicht interessengerecht sein. Fehlt es jedoch an derart gegenläufigen Interessen innerhalb einer Verfahrensgruppierung, so sind die Erwägungen der

---

551 *Nietsch,* ZIP 2009, 2269, 2276; *Schlosser,* in: Stein/Jonas, ZPO, § 1034 Rn. 16 (unter der Annahme, dass sich notwendige Streitgenossen stets auf einen Parteischiedsrichter einigen müssen); a.A. *Lüke/Blenske,* ZGR 1998, 253, 286 f.

552 *K. P. Berger,* RIW 1993, 702, 705; vgl. auch *Münch,* in: MünchKomm.ZPO, § 1035 Rn. 65.

553 Cour de Cassation Revue de l'Arbitrage 1992, 470-472 (im Original) = BB 1992, Beilage Nr. 15, 27 (Übersetzung ins Deutsche).

554 BGHZ 132, 278, 288.

555 So z.B. *Albrecht,* NZG 2010, 486, 488.

556 Vgl. *K. P. Berger,* RIW 1993, 702, 702 f.

Cour de Cassation zu dem Recht auf einen „eigenen" Schiedsrichter nicht übertragbar.[557] Im Fall der Beschlussmängelklage sind keine derartigen Interessengegensätze auf Kläger- oder Beklagtenseite erkennbar,[558] sodass sich aus dem Urteil der *Cour de Cassation* keine Schlüsse ziehen lassen. Die Klägergruppierung begehrt im Fall der Beschlussmängelklage die Nichtigkeit des Beschlusses der Gesellschafterversammlung, die Beklagtengruppierung geht von der Satzungs- und Gesetzeskonformität des Beschlusses aus. Jede Gruppierung verfolgt ein Prozessziel, und in einer solchen Entweder-oder-Situation müssen sich die Gruppierungen auf jeweils einen Parteischiedsrichter einigen.[559] Etwas anderes ergibt sich auf Seiten der Klägergruppierung auch nicht mit Blick auf den Klagegrund: Denn die ganz überwiegende Meinung in der GmbH-rechtlichen Literatur strebt eine einheitliche Überprüfung des angegriffenen Beschlusses mit einer Klage an.[560]

Die hier dargestellte Lösung wird dem Interesse der einzelnen Gesellschafter an der Benennung eines eigenen Schiedsrichters gerecht. Zwar ist anzuerkennen, dass der Parteischiedsrichter regelmäßig den Standpunkt seiner Partei oder auf anderem Wege die Interessen seiner Partei vertreten wird;[561] allerdings ist der Parteischiedsrichter ungeachtet seiner faktischen Stellung als Interessenvertreter kein Beauftragter, Vertreter oder gar Anwalt der Partei im Schiedsgericht.[562] Und auch in Anbetracht dessen, dass nur ein Klageziel der Kläger- und ein Klageziel der Beklagtengruppierung besteht, ist den einzelnen Gesellschaftern ein Recht auf einen eigenen Parteischiedsrichter nicht zuzubilligen.

(ii) Stimmgewicht von Gesellschaft und Gesellschaftern

Wie das Stimmgewicht innerhalb der Verfahrensgruppierungen zu bestimmen ist, insbesondere das der beklagten Gesellschaft, ist fraglich. Auf Beklagtenseite kommt eine Abstimmung nach Beteiligungsquoten nicht in Betracht, da die Stimmgewichtung der Gesellschaft nicht nach Beteiligungshöhe erfolgen kann. Eine Abstimmung innerhalb der Beklagtengruppierung kann daher allein nach

557 *Schlosser,* in: Stein/Jonas, ZPO, § 1034 Rn. 11, 22; vgl. auch *Reichert,* in: FS Ulmer (2003), 511, 527.

558 A.A. *Korff,* Beschlussmängelstreitigkeiten im Schiedsverfahren, 227.

559 *Schlosser,* Schiedsgerichtsbarkeit, Rn. 572.

560 *Bayer,* in: Lutter/Hommelhoff, GmbHG, Anh. § 47 Rn. 78 f.; *Raiser,* in: Ulmer, GmbHG, Anh. § 47 Rn. 218; *Römermann,* in: Michalski, GmbHG, Anh. § 47 Rn. 482; *Schmidt,* in: Scholz, GmbHG, § 45 Rn. 152; so auch BGHZ 152, 1, 4-6 (zur AG – abl. Anm. *Bork,* NZG 2002, 1094 f.); a.A. die überwiegende Meinung im aktienrechtlichen Schrifttum, Nw. bei Fn. 502.

561 Siehe nur BGH NJW 1972, 827; *Lüke/Blenske,* ZGR 1998, 253, 268; *Schlosser,* Schiedsgerichtsbarkeit, Rn. 565; *ders.,* in: Stein/Jonas, ZPO, § 1036 Rn. 16.

562 *Geimer,* in: Schlosser (Hrsg.), Integritätsprobleme im Umfeld der Justiz, 113, 142 f.; *Schlosser,* Schiedsgerichtsbarkeit, Rn. 565.

Köpfen erfolgen, da nur so gesichert ist, dass jedem Beteiligten der gleiche Einfluss auf die Wahl des „eigenen" Parteischiedsrichters zusteht.[563] Dies ist der einzige Weg zur Wahrung der Waffengleichheit innerhalb der Beklagtengruppierung *(interne Waffengleichheit)*. Der Grundsatz der Waffengleichheit gilt auch zwischen der Kläger- und Beklagtengruppierung *(externe Waffengleichheit),*[564] woraus folgt, dass die Schiedsrichterbestellung auf Kläger- und Beklagtenseite nach gleichen Vorgaben getroffen werden muss.[565] Denn nur so kann die prozessuale Gleichstellung aller Verfahrensbeteiligten gesichert werden.

Abzulehnen ist daher der Ansatz von *Bayer*, wonach auf Beklagtenseite allein die Gesellschaft den Parteischiedsrichter bestimmen soll und die Gesellschafter per Anweisung der Geschäftsführung ihren Einfluss geltend machen können, unter einem Stimmrechtsausschluss der klagenden Gesellschafter.[566] Dies beschneidet in unangemessener Weise das Recht der Gesellschafter auf Mitkonstituierung des Schiedsgerichts, dessen Bedeutung der *BGH* hervorgehoben hat.[567] Die bloß mittelbare Möglichkeit der Einflussnahme über den Umweg der Gesellschafterversammlung genügt zur Wahrung dieses ‚grundrechtsgleichen Verfahrensrechts' nicht.

(iii) Mehrheitserfordernis bei der Parteischiedsrichterwahl

Ausgehend von einer Abstimmung nach Köpfen stellt sich abschließend die Frage, ob die Wahl eines Parteischiedsrichters einstimmig erfolgen muss oder auch mehrheitlich erfolgen kann. In *Schiedsfähigkeit II* ging der *BGH* von der Anwendung des Mehrheitsprinzips aus und begründete dies wie folgt: Die Wahl eines Parteischiedsrichters sei mit der Abstimmung in Stimmrechtskonsortien zu vergleichen, und dort gelte das Mehrheitsprinzip; daher sei dies auch bei der Wahl eines Parteischiedsrichters möglich.[568] Dagegen geht die überwiegende Literaturmeinung von der Notwendigkeit einer einstimmigen Schiedsrichterbe-

563 *Nietsch*, ZIP 2009, 2269, 2277; wohl auch *Wagner,* Prozeßverträge, 592 f. (der eine Abstimmung nach „demokratischen Grundsätzen" befürwortet).

564 Siehe oben, S. 11 f., dort Nw. bei Fn. 39, 40.

565 *Nietsch*, ZIP 2009, 2269, 2277; einschränkend *C. Berger*, ZHR 164 (2000), 295, 309 (Bestellung eines Parteischiedsrichters nach § 1035 Abs. 3 ZPO und Wahl des anderen Schiedsrichters schließen sich nicht aus); vgl. auch *K. P. Berger,* RIW 1993, 702, 706.

566 *Bayer*, ZIP 2003, 881, 890; *ders.*, in: Lutter/Hommelhoff, GmbHG, Anh. § 47 Rn. 104.

567 BGHZ 180, 221, 229.

568 Siehe BGHZ 180, 221, 229, mit Verweis auf BGHZ 179, 13 (eine Entscheidung zur Beschlussfassung einer als Innen-GbR ausgestalteten Gruppe von Aktionären zur Sicherung einer einheitlichen Rechtsausübung – Stimmrechtskonsortium).

stellung aus.[569] Denn dem bei der Abstimmung unterlegenen Gesellschafter werde ansonsten das Recht auf Bestellung seines eigenen Schiedsrichters beschnitten und ihm ein Schiedsrichter gegen seinen Willen „aufgezwungen“[570].

Im Ergebnis überzeugt die Anwendung des Mehrheitsprinzips, die Begründung des *BGH* ist jedoch nicht plausibel. Die in *Schiedsfähigkeit II* herangezogene Parallele zwischen der Wahl eines Parteischiedsrichters und der Abstimmung in Stimmrechtskonsortien, die als Innen-GbR ausgestaltet sind,[571] lässt jegliche Auseinandersetzung mit dem Grundsatz der Waffengleichheit und dem Ausgleich zwischen möglichen Interessengegensätzen innerhalb der Verfahrensgruppierungen vermissen. Daneben erscheint zumindest zweifelhaft, ob Verfahrensgruppierungen als prozessuale Zweckgemeinschaften den materiell-rechtlichen Regelungen privater Verbände unterstehen.[572]

Der Annahme, die Parteischiedsrichter könnten innerhalb der Verfahrensgruppierungen mehrheitlich bestimmt werden, liegt der Gedanke zugrunde, dass jeder Gesellschafter die gleiche Möglichkeit haben muss, „seinen“ Parteischiedsrichter zu bestimmen. Bei einer Abstimmung nach Köpfen und einer mehrheitlichen Entscheidung für einen Schiedsrichter wird jedoch weder dem unterliegenden Gesellschafter das Recht auf Mitwirkung an der Schiedsrichterbestellung beschnitten, noch haben die obsiegenden Gesellschafter einen übermäßigen Einfluss auf die Schiedsrichterbestellung – das Entscheidende ist: Alle Gesellschafter haben den gleichen Einfluss. Daher wird auch keinem Gesellschafter ein Parteischiedsrichter „aufgezwungen“[573], wenn er bei der Wahl überstimmt wird. Verzichten die Gesellschafter in der Schiedsklausel einvernehmlich auf ihr individuelles Interesse an der einstimmigen Bestellung des Parteischiedsrichters, so ist dies unter dem Gesichtspunkt eines fairen Verfahrens unbedenklich.[574] Ordnet eine Schiedsklausel an, dass der jeweilige Parteischiedsrichter durch eine Mehrheitsentscheidung bestimmt wird, so steht dies einer gleichwertigen Mitwirkung aller Gesellschafter nicht entgegen.[575] Denn kein Gesellschafter hat einen überwiegenden Einfluss auf die Konstituierung des Schiedsgerichts, sodass das Ge-

569 *Bayer*, ZIP 2003, 881, 889; *Bork*, ZHR 160 (1996), 374, 380 f.; *Korff*, Beschlussmängelstreitigkeiten im Schiedsverfahren, 232-234; *Nietsch*, ZIP 2009, 2269, 2276 f.; *Papmehl*, Schiedsfähigkeit gesellschaftsrechtlicher Streitigkeiten, 98; *Schlosser*, in: Stein/Jonas, ZPO, § 1034 Rn. 22; a.A. *Reichert*, in: FS Ulmer (2003), 511, 527 f.

570 So ausdrücklich *Korff*, Beschlussmängelstreitigkeiten im Schiedsverfahren, 232.

571 Nw. bei Fn. 568.

572 Vgl. *Nietsch*, ZIP 2009, 2269, 2276.

573 So aber *Korff*, Beschlussmängelstreitigkeiten im Schiedsverfahren, 232.

574 A.A. *Bork*, ZHR 160 (1996), 374, 380 f.

575 A.A. *Korff*, Beschlussmängelstreitigkeiten im Schiedsverfahren, 232; *Lüke/Blenske*, ZGR 1998, 253, 287; *Papmehl*, Schiedsfähigkeit gesellschaftsrechtlicher Streitigkeiten, 98.

bot der Waffengleichheit im Speziellen und das Recht auf ein faires Schiedsverfahren im Allgemeinen gewahrt werden.[576]

Auch können die Gesellschafter der Klägergruppierung über die Gesellschafterversammlung keinen Einfluss auf die beklagte Gesellschaft nehmen. Dies ist durch den Stimmrechtsausschluss nach § 47 Abs. 4 S. 2 GmbHG verhindert. Denn wer Gegenpartei der Gesellschaft ist oder dieser beigetreten ist, wird grundsätzlich von Abstimmungen über die Einleitung des Rechtsstreits ausgeschlossen.[577] Der Begriff der Einleitung eines Rechtsstreits umfasst dabei auch die Konstituierung eines Schiedsgerichts.[578]

Außerdem ist zu beachten, dass prozessuale Schutzmechanismen bestehen. So kann ein Gesellschafter, der bei der Konstituierung des Schiedsgerichts benachteiligt wird, nach § 1034 Abs. 2 ZPO eine Neubestellung des Schiedsrichters durch ein staatliches Gericht durchsetzen. Dabei genügt es, dass eine Seite eine prozessuale Position erreicht hat, die objektiv günstigere Aussichten auf eine positive Entscheidung bietet, ohne dass es auf subjektive Merkmale ankommt.[579] Der Gesetzgeber wollte mit dieser Vorschrift gerade die Gleichbehandlung der Parteien im Mehrparteienschiedsverfahren sichern.[580] Unter den Anwendungsbereich des § 1034 Abs. 2 ZPO fällt auch die von *Christian Berger* geschilderte Missbrauchskonstellation, bei der Gesellschafter, die in Wahrheit den angegriffenen Beschluss verteidigen wollen, auf Seiten des Klägers beitreten, um so die Bestellung des Parteischiedsrichters des Klägers zu torpedieren.[581]

(iv) Zwischenergebnis

Im Ergebnis können die Parteischiedsrichter im Wege der Mehrheitsentscheidung nach Köpfen gewählt werden. Die leitende Maxime ist dabei, dass sich bei der Schiedsrichterbenennung kein Einzelner und keine Verfahrensgruppierung einen Vorteil verschaffen dürfen. Dies gilt innerhalb der Verfahrensgruppierungen mit Blick auf die interne Waffengleichheit und zwischen den Verfahrensgruppierungen mit Blick auf die externe Waffengleichheit. Denn das Recht des

---

576 In diese Richtung auch *Schlosser,* in: Stein/Jonas, ZPO, § 1034 Rn. 22; *Wagner,* Prozeßverträge, 592.

577 *Hüffer,* in: Ulmer, GmbHG, § 47 Rn. 160; *Römermann,* in: Michalski, GmbHG, § 47 Rn. 297; *Schmidt,* in: Scholz, GmbHG, § 47 Rn. 128.

578 *Hüffer,* in: Ulmer, GmbHG, § 47 Rn. 158; *Schmidt,* in: Scholz, GmbHG, § 47 Rn. 129.

579 *Münch,* in: MünchKomm.ZPO, § 1034 Rn. 9.

580 Begr. RegE SchiedsVfG, BT-Drucks. 13/5274, S. 39.

581 Vgl. *C. Berger*, ZHR 164 (2000), 295, 307; so ebenfalls *Korff,* Beschlussmängelstreitigkeiten im Schiedsverfahren, 232.

Einzelnen auf Bestellung eines „eigenen“ Parteischiedsrichters ist eng mit den Grundsätzen der Waffengleichheit und der Gleichbehandlung verknüpft.[582]

Mit Blick auf die eingangs erörterte Wirksamkeitskontrolle der Schiedsklausel nach § 138 BGB ist festzuhalten,[583] dass § 138 BGB eine *präventive Kontrolle* der Rechte der Gesellschafter an der Mitkonstituierung sichert und im laufenden Bestellungsverfahren § 1034 Abs. 2 ZPO reaktive Rechtsschutzmöglichkeiten bietet.

(4) Mischform der Parteibestellung

Zur Konstituierung des Schiedsgerichts kommt auch eine Mischregelung in Betracht: Die Bestellung des Schiedsgerichts durch einen unabhängigen Dritten kann für den Fall vorgesehen werden, dass zwar primär die Gesellschafter die Schiedsrichter bestellen sollen, falls sie sich jedoch nicht einigen können, subsidiär die Bestellung durch einen neutralen Dritten vorgesehen wird.[584]

g) Zwischenergebnis zur Schiedsklausel für Beschlussmängelstreitigkeiten

Die Geltung einer Schiedsklausel für Beschlussmängelstreitigkeiten setzt eine detaillierte dahingehende Regelung in der Schiedsklausel voraus, die das Fehlen einer gesetzlichen Regelung für solche Schiedsverfahren kompensieren muss. Insbesondere die Konstituierung des Schiedsgerichts und die Sicherung der Zuständigkeitskonzentration bergen einen hohen Gestaltungsaufwand der Gesellschafter.

Die Sicherung der Zuständigkeitskonzentration ist eine Aufgabe der Gesellschafter, da § 261 Abs. 3 Nr. 1 ZPO keine Parallelverfahren zwischen einem Schiedsgericht und staatlichen Gerichten verhindert. Die Parteischiedsrichter können im Wege der Mehrheitswahl innerhalb der Verfahrensgruppierungen bestimmt werden, wobei sich die Mehrheit nach Köpfen richtet. Dies gilt sowohl für die Kläger- als auch für Beklagtengruppierung.

3. Nachträgliche Einführung und Änderung der Schiedsklausel

Vorhergehend wurde der Einführung von Schiedsklauseln bei Gesellschaftsgründung nachgegangen; im Folgenden wird erörtert, wie bei bestehenden Satzungen die Zuständigkeit von Schiedsgerichten erstmals angeordnet werden kann und wie in Satzungen bereits vorhandene Schiedsklauseln an Rechtsentwicklungen angepasst werden können.

582 Vgl. *K. P. Berger,* RIW 1993, 702, 706.

583 Siehe dazu oben S. 109.

584 Dies favorisiert *Reichert,* in: FS Ulmer (2003), 511, 525-527.

a) Neueinführung einer Schiedsklausel

Soll nachträglich eine Schiedsklausel in eine Satzung eingeführt werden, ist dies nur im Wege der Satzungsänderung möglich.

aa) Mehrheitserfordernis für Satzungsänderung

Fraglich ist jedoch, ob eine Schiedsklausel mit einer Dreiviertelmehrheit der abgegebenen Stimmen erfolgen kann – also der nach § 53 Abs. 2 S. 1 GmbHG erforderlichen Mehrheit – oder ob dazu die Zustimmung aller Gesellschafter erforderlich ist. Die überwiegende Literaturmeinung hält die Zustimmung aller Gesellschafter für notwendig. Die Grundlage dafür wird entweder in der Garantie auf staatlichen Rechtsschutz gesehen[585] bzw. im Verbandsrecht unter Zuhilfenahme der Kernbereichslehre und/oder der entsprechenden Anwendung des § 53 Abs. 3 GmbHG.[586] Andere Literaturstimmen halten eine Satzungsänderung mit einer Dreiviertelmehrheit nach § 53 Abs. 2 GmbHG für ausreichend.[587]

Eine *Stellungnahme* hat zunächst davon auszugehen, dass jedem Gesellschafter die Möglichkeit offensteht, Rechtsschutz vor staatlichen Gerichten zu suchen, und zwar unabhängig davon, ob Streit über die Rechtmäßigkeit von Beschlüssen der Gesellschafterversammlung besteht oder Streit über Rechte und Pflichten aus dem Gesellschaftsverhältnis. Die Durchsetzung dieser Rechte vor staatlichen Gerichten wird durch den staatlichen Justizgewährungsanspruch gesichert, und der Verzicht auf diesen Rechtsschutz ist keine Frage der Kernbereichslehre. Nach der Kernbereichslehre sind bestimmte „Grundmitgliedsrechte“[588] prinzipiell mehrheitsfest, sodass sie keinem Gesellschafter durch Mehrheitsentscheidung der Gesellschafterversammlung entzogen werden können.[589] Denn sie ermöglichen einem Gesellschafter ungeachtet des Umfangs seiner Beteiligung ein Mindestmaß an Teilnahme am Gesellschaftsleben,[590] was etwa für zwingende Informationsrechte der Gesellschafter oder das Recht zur Beschlusskontrolle gilt. Die Grundlage dieser Rechte

---

585 *Korff,* Beschlussmängelstreitigkeiten im Schiedsverfahren, 155 f.; *Raiser,* in: Ulmer, GmbHG, § 13 Rn. 37; *Schlosser,* in: Stein/Jonas, ZPO, § 1066 Rn. 12; für den Verein BGHZ 144, 146, 148-150; dagegen wiederum *Haas*, ZGR 2001, 325, 341-343.

586 *Albrecht*, NZG 2010, 486, 487; *Bork*, ZHR 157 (1993), 48, 62; *Geimer,* in: Zöller, ZPO, § 1066 Rn. 7; *Hoffmann,* in: Michalski, GmbHG, § 53 Rn. 150; *Kornmeier,* Vergleichsbefugnis und Schiedsfähigkeit, 147 f.; *Raiser,* in: Ulmer, GmbHG, Anh. § 47 Rn. 234; *Roth,* in: FS Nagel (1987), 318, 326; *Schmidt*, ZGR 1988, 523, 531; *ders.*, JZ 1989, 1077, 1082.

587 *Beckmann,* Statutarische Schiedsklauseln, 148, 159; *Ebbing,* NZG 1999, 754, 755.

588 *Schmidt,* Gesellschaftsrecht, § 16 III.3 (S. 472).

589 *Schmidt,* Gesellschaftsrecht, § 16 III.3 (S. 472 f.); *Wiedemann,* Gesellschaftsrecht, Bd. 1, § 7 I. 1. b) (S. 361 f.).

590 Vgl. *Ebbing,* in: Michalski, GmbHG, § 14 Rn. 60; *Raiser,* in: Ulmer, GmbHG, § 14 Rn. 34 f.

liegt im Verbandsrecht, die Durchsetzung dieser Rechte ist dagegen keine Frage des Verbandsrechts, sondern des Verfassungs- und Prozessrechts, sodass eine Schiedsklausel auch keinen Eingriff in den Kernbereich der Gesellschafter bewirkt.[591]

Die Frage ist daher, unter welchen Voraussetzungen die Gesellschafter den Verlust ihres bislang bestehenden Rechts auf staatlichen Rechtsschutz hinnehmen müssen. § 53 Abs. 3 GmbHG verlangt für den Fall, dass den Gesellschaftern durch eine Satzungsänderung zusätzliche Leistungspflichten auferlegt werden sollen, die Zustimmung aller Gesellschafter. Der Begriff der Leistung ist dabei weit zu verstehen und umfasst nicht allein Beitragspflichten in Form von Zahlungspflichten, sondern auch sonstige Verpflichtungen, sofern durch die Satzungsänderung die bisher gesellschaftsfreie Vermögens-, Rechts- oder Individualsphäre der Gesellschafter beschnitten wird.[592] Eine Schiedsklausel, die durch eine Satzungsänderung eingeführt wird, beschneidet alle Gesellschafter in ihrem Recht auf staatlichen Rechtsschutz und somit in der bislang gesellschaftsfreien Sphäre. Daher ist die Zustimmung aller Gesellschafter nach § 53 Abs. 3 GmbHG zur nachträglichen Einführung einer Schiedsklausel notwendig. Allein der Verbleib in der Gesellschaft nach Einführung einer Schiedsklausel ist nicht als konkludente Zustimmung zu sehen, erst recht nicht aufgrund des Arguments, dass der Gesellschafter austreten könne, um sich der Wirkung der Schiedsklausel zu entziehen.[593]

Soweit *Beckmann* die nachträgliche Einführung einer Schiedsklausel durch einen Mehrheitsbeschluss für zulässig hält,[594] ist dem zu widersprechen. *Beckmann* begründet seine Ansicht wie folgt: Jeder Gesellschafter bringe mit dem Beitritt zur Gesellschaft seine generelle Zustimmung zum Ausdruck, sich Mehrheitsentscheidungen der Gesellschafterversammlung zu beugen, vorausgesetzt, diese Entscheidung ergehe innerhalb allgemeingültiger Grenzen. In dem Mehrheitsbeschluss zur Einführung einer Schiedsklausel sieht *Beckmann* daher keine Verletzung der Rechte der überstimmten Gesellschafter, was er daneben mit der Gleichwertigkeit von staatlicher Gerichtsbarkeit und Schiedsgerichtsbarkeit begründet.[595] Dies überzeugt nicht.

---

591 So für den Verein ebenfalls *Haas*, ZGR 2001, 325, 342 f.; für die Personengesellschaft ebenfalls *Habersack*, SchiedsVZ 2003, 241, 245.

592 *Hoffmann,* in: Michalski, GmbHG, § 53 Rn. 87; *Priester/Veil,* in: Scholz, GmbHG, § 53 Rn. 50; *Ulmer,* in: Ulmer, GmbHG, § 53 Rn. 86; siehe auch *Wiedemann*, ZGR 1977, 690, 692: „Das Belastungsverbot ist ein mitgliedschaftliches Grundrecht, mit dessen Hilfe eine Aushöhlung des Privatbereichs durch Gesellschafterbeschlüsse abgewehrt werden kann."

593 So BGHZ 144, 146, 149 f. (für den Verein).

594 *Beckmann,* Statutarische Schiedsklauseln, 140-159; im Ergebnis auch *Ebbing*, NZG 1999, 754, 755; siehe zur Vereinsschiedsgerichtsbarkeit *Haas*, ZGR 2001, 325, 341-343.

595 *Beckmann,* Statutarische Schiedsklauseln, 148, 154.

Mit dem Eintritt in eine Gesellschaft kann zwar die Zustimmung zu zukünftigen Belastungen (konkludent) erteilt werden, jedoch ist eine generelle und schrankenlose Unterwerfung, eine *„carte blanche"* für Mehrheitsbeschlüsse, aus Gründen des Minderheitenschutzes nicht möglich.[596] Daher kann in der Beitrittserklärung eines Gesellschafters auch keine generelle Zustimmung zur späteren Einführung einer Schiedsklausel im Wege der Mehrheitsentscheidung gesehen werden, selbst wenn die staatliche Gerichtsbarkeit und die Schiedsgerichtsbarkeit gleichwertigen Rechtsschutz bieten sollten. Andernfalls stünde der betroffene Gesellschafter vor der Wahl: Er unterwirft sich „freiwillig" der Schiedsgerichtsbarkeit oder nimmt die wirtschaftlichen Verluste aus dem Gesellschaftsaustritt hin. Dieser Ausgangspunkt der Ansicht *Beckmanns* ist mit dem Minderheitenschutz und dem notwendigen Schutz der gesellschaftsfreien Sphäre der Gesellschafter nicht zu vereinbaren.

bb) Heilung fehlender Zustimmung durch Eintragung in das Handelsregister

Wird eine Schiedsklausel nachträglich in die Satzung einführt, obwohl dem nicht alle Gesellschafter zugestimmt haben, und wird die Satzungsänderung dennoch vom Registergericht eingetragen, so stellt sich die Frage, welche Folgen diese Eintragung hat.

(1) Unterscheidung nach Art des Beschlussmangels

Einleitend ist zur Beantwortung der Frage nach der Heilung eines Beschlussmangels zu klären, welche Art eines mangelhaften Beschlusses vorliegt. Unterschieden werden nichtige, anfechtbare und unwirksame Beschlüsse:

- Unwirksame Beschlüsse sind nicht im eigentlichen Sinne mangelhaft, sondern zeichnen sich dadurch aus, dass zu ihrer endgültigen Wirksamkeit noch zusätzliche Voraussetzungen erfüllt sein müssen, z.B. die Zustimmung einzelner Gesellschafter;[597]
- nichtig ist ein Beschluss, wenn dies gesetzlich angeordnet ist;
- anfechtbar ist ein Beschluss, wenn eine Gesetzes- oder Satzungswidrigkeit vorliegt, die nicht zur Nichtigkeit führt und sich nicht im Verstoß gegen bloße Soll- und Ordnungsvorschriften erschöpft.[598]

Folglich ist ein Beschluss zur Einführung einer Schiedsklausel, dem nicht alle Gesellschafter zugestimmt haben, unwirksam. Denn es fehlt mit der notwendigen Zustimmung aller Gesellschafter an einer Wirksamkeitsvoraussetzung. Das Re-

596 *Wiedemann,* Gesellschaftsrecht, Bd. 1, § 7 IV. 1. a) (S. 393).

597 BGHZ 48, 141, 143; *Ulmer,* in: Ulmer, GmbHG, § 53 Rn. 102.

598 *Schmidt,* in: Scholz, GmbHG, § 45 Rn. 62, 93.

gistergericht hat in diesem Fall die Eintragung der Satzungsänderung abzulehnen.

(2) Sinn und Zweck der Heilung nach § 242 Abs. 2 AktG

Trägt ein Registergericht eine unwirksame Satzungsänderung ein, kann eine doppelt analoge Anwendung des § 242 Abs. 2 AktG zur Heilung des Mangels des Beschlusses der Gesellschafterversammlungen führen.[599] Dies setzt voraus, dass der Beschluss ins Handelsregister eingetragen wird, und der Mangel nicht innerhalb von drei Jahren geltend gemacht wird. Entsprechend § 242 Abs. 2 AktG wird dann eine Veränderung der materiellen Rechtslage und damit eine echte Heilung herbeiführt.[600] Diese Regelung dient der Rechtssicherheit und Rechtsklarheit, da Gesellschaftern, Gesellschaftsorganen und ggf. auch gesellschaftsfremden Dritten ein beachtenswertes Interesse zusteht, nach einer bestimmten Zeit auf die Gültigkeit der Satzung vertrauen zu können.[601] Dieses Interesse überwiegt die Interessen derjenigen Gesellschafter, die trotz der Zustimmungsbedürftigkeit einer Entscheidung nicht zugestimmt haben. Denn diese hatten drei Jahre lang die Möglichkeit, im Wege der Feststellungsklage den unwirksamen und dennoch eingetragenen Beschluss zu beseitigen.[602]

Trotz der erfolgten Heilung eines Beschlussmangels und trotz der Änderung der materiellen Rechtslage können unwirksame Beschlüsse jedoch dauerhaft analog § 242 Abs. 2 S. 3 AktG von Amts wegen gelöscht werden.[603]

(3) Keine Heilung der fehlenden Zustimmung einzelner Gesellschafter zur Schiedsklausel

Überträgt man das eben Gesagte auf die Frage nach der Heilung eines unwirksamen Beschlusses zur Einführung einer Schiedsklausel würde dies auf den

---

599 Grundsätzlich für eine analoge Anwendung des § 242 Abs. 2 AktG auf die GmbH, *Bayer,* in: Lutter/Hommelhoff, GmbHG, § 54 Rn. 19; *Casper,* Heilung nichtiger Beschlüsse im Kapitalgesellschaftsrecht, 346-349; *Ulmer,* in: Ulmer, GmbHG, § 53 Rn. 102; differenzierend: *Priester/Veil,* in: Scholz, GmbHG, § 54 Rn. 59; a.A. *Hoffmann,* in: Michalski, GmbHG, § 54 Rn. 45 (keine Heilungsmöglichkeit).

600 *Casper,* Heilung nichtiger Beschlüsse im Kapitalgesellschaftsrecht, 346-349, 140-153; *ders.,* in: Spindler/Stilz, AktG, § 242 Rn. 12; *Hüffer,* in: MünchKomm.AktG, § 242 Rn. 3; *M. Schwab,* in: Schmidt/Lutter, AktG, § 242 Rn. 14.

601 BGHZ 144, 365, 368; *Casper,* Heilung nichtiger Beschlüsse im Kapitalgesellschaftsrecht, 65 f., 69-71.

602 *Casper,* Heilung nichtiger Beschlüsse im Kapitalgesellschaftsrecht, 270 f.

603 *Casper,* Heilung nichtiger Beschlüsse im Kapitalgesellschaftsrecht, 349, 285 f.; *Hüffer,* in: MünchKomm.AktG, § 242 Rn. 26.

ersten Blick bedeuten: Die Eintragung eines Beschlusses zur Einführung einer Schiedsklausel heilt mit Ablauf von drei Jahren den Zustimmungsmangel. Dies überzeugt jedoch nicht, wie der folgende Gedankengang zeigt: Die Grundlage der Schiedsgerichtsbarkeit ist der freiwillige Verzicht aller Betroffenen auf staatlichen Rechtsschutz. Daher ist ein *inter omnes* wirkender Schiedsspruch im Rahmen der aktienrechtlichen Anfechtungsklage auch nur dann zulässig, wenn sich alle betroffenen Gesellschafter der Schiedsgerichtsbarkeit unterworfen haben. Ein Gesellschafter, für den eine entsprechende Schiedsklausel nicht gilt, untersteht nicht der Schiedsgerichtsbarkeit und die *inter-omnes*-Wirkung scheitert am grundrechtsgleichen Recht auf staatlichen Rechtsschutz. Dies gilt auch für eine *inter omnes* wirkende Heilung. Das Fundament der Schiedsgerichtsbarkeit, der freiwillige Verzicht auf staatlichen Rechtsschutz, kann nicht durch die Heilung fehlender Zustimmung ersetzt werden. Eine solche Heilung würde diejenigen Gesellschafter, die der Einführung nicht zugestimmt haben, in ihrem Recht auf staatlichen Rechtsschutz verletzen, und verstößt daher gegen einen elementaren Grundsatz der Rechtsordnung.

Im Ergebnis kommt somit die Anordnung schiedsgerichtlicher Entscheidungskompetenz kraft Heilung einer an sich unwirksamen Schiedsklausel nicht in Betracht.

cc) Zwischenergebnis zur nachträglichen Einführung einer Schiedsklausel

Auch die Einführung einer Schiedsklausel in eine bestehende Satzung durch eine Satzungsänderung bedarf der Zustimmung aller Gesellschafter. Eine Heilung der fehlenden Zustimmung analog § 242 Abs. 2 AktG ist nicht möglich.

b) Abänderung bestehender Schiedsklauseln

Sind in Satzungen bereits Schiedsklauseln enthalten und sollen diese nachträglich geändert werden, so ist mit Blick auf die erforderlichen Mehrheitserfordernisse zu unterscheiden: Wird der staatliche Justizgewährungsanspruch der Gesellschafter durch die Änderung weiter beschnitten, als es durch die bestehende Schiedsklausel geschieht, so bedarf auch die Änderung der Schiedsklausel eines einstimmigen Gesellschafterbeschlusses. Dies gilt z.B. für die Erweiterung der schiedsgerichtlichen Entscheidungszuständigkeit[604] oder auch für Änderungen elementarer Verfahrensgrundsätze.

Bewirkt eine Satzungsänderung hingegen keinen neuerlichen Verzicht der Gesellschafter auf staatlichen Rechtsschutz, reicht die Zustimmung der Gesellschafter mit qualifizierter Mehrheit (§ 53 Abs. 2 GmbHG) aus. Darunter fallen

604 *Reichert/Harbarth*, NZG 2003, 379, 381.

auch Abänderungen i.S. einer nachträglichen Aufhebung einer Schiedsklausel.[605] Denn für die Rückkehr zur staatlichen Gerichtsbarkeit müssen keine verfassungsrechtlichen Hürden überwunden werden. Die Notwendigkeit eines einstimmigen Gesellschafterbeschlusses ist allein im Lichte des Verzichts auf den staatlichen Rechtsschutz zu begründen; im Übrigen gilt der Grundsatz, dass eine qualifizierte Mehrheit ausreichend ist.

c) Nachbesserung von Schiedsklauseln (für Beschlussmängelstreitigkeiten)

Ein Sonderfall der Abänderung bestehender Schiedsklauseln ist die Anpassung bestehender Schiedsklauseln an aktuelle Rechtsentwicklungen, insbesondere die Anpassung von Schiedsklauseln an die Erfordernisse aus *Schiedsfähigkeit II.*

aa) Mehrheitserfordernis für Nachbesserung

Schiedsklauseln können aufgrund aktueller Rechtsentwicklungen, insbesondere Rechtsprechungsänderungen, unwirksam werden. Dann stellt sich die Frage, welche Mehrheit die Nachbesserung bereits bestehender, aber nunmehr unwirksamer Schiedsklauseln für Beschlussmängelstreitigkeiten erfordert.

Anders als bei der Neueinführung einer statutarischen Schiedsklausel führt die Nachbesserung einer bestehenden Schiedsklausel zu keinem erneuten Verlust des Rechts auf staatlichen Rechtsschutz; denn die Gesellschafter haben bereits auf dieses Recht verzichtet. Ohne Bedeutung ist dabei, dass die Schiedsklausel aufgrund (neuer) Erfordernisse unwirksam ist; denn der einmal geäußerte Wille der Gesellschafter, auf staatlichen Rechtsschutz zu verzichten, wird durch Rechtsprechungsänderungen nicht bedeutungslos. Und die qualitative Nachbesserung einer Schiedsklausel erweitert nicht die Entscheidungskompetenz des anzurufenden Schiedsgerichts, sodass der einmal geäußerte Verzicht auf staatlichen Rechtsschutz fortwirken kann. Daher kann die Nachbesserung auch durch Gesellschafterbeschluss mit einer qualifizierten Mehrheit (§ 53 Abs. 2 GmbHG) erfolgen.[606]

Soweit *Reichert/Harbarth* danach differenzieren, ob die Zuständigkeit des Schiedsgerichts durch die Änderung der Schiedsklausel erweitert wird – dann sei eine einstimmige Satzungsänderung notwendig – oder ob die Entscheidungsbefugnis trotz der Änderung gleich bleibe – dann reiche eine Mehrheitsentscheidung –,[607] ist dies zwar im Kern zutreffend, für die Anpassung einer Schiedsklausel für

605 *Reichert/Harbarth*, NZG 2003, 379, 381; a.A. *Geimer,* in: Zöller, ZPO, § 1066 Rn. 7; *Münch*, ZZP 123 (2010), 3, 19, dort Fn. 78 (es müsse ein „Neustart" erfolgen).

606 *Bayer*, ZIP 2003, 881, 890; *Nietsch*, ZIP 2009, 2269, 2277; *Raeschke-Kessler,* in: FS Goette (2011), 381, 394; *Reichert,* in: FS Ulmer (2003), 511, 533; *Schmidt*, BB 2001, 1857, 1862; offen gelassen BGHZ 180, 221, 235.

607 *Reichert/Harbarth*, NZG 2003, 379, 381; zustimmend *Albrecht*, NZG 2010, 486, 487.

Beschlussmängelstreitigkeiten aber nicht relevant. Denn das Schiedsgericht war sowohl vor als auch nach der Satzungsänderung für die Entscheidung über Beschlussmängelstreitigkeiten zuständig, und die Nachbesserung der Schiedsklausel hat daher keine Ausweitung der Entscheidungskompetenz zur Folge.

bb) Verpflichtung der Gesellschafter zur Nachbesserung

Kommt die nach § 53 Abs. 2 GmbHG notwendige Mehrheit nicht zustande, ist zu fragen, ob die Gesellschafter einer Anpassung der Schiedsklausel unter dem Gesichtspunkt der gegenseitigen Treuepflicht zustimmen müssen.[608]

Das Bestehen von Treuepflichten zwischen Gesellschaftern war zunächst allein im Personengesellschaftsrecht anerkannt und wird seit der *ITT-Entscheidung*[609] auch zwischen Gesellschaftern einer GmbH von der herrschenden Ansicht bejaht.[610] Ebenso war die Pflicht zur Zustimmung zu Satzungsänderungen zunächst nur für Gesellschafter von Personengesellschaften anerkannt,[611] was nach nunmehr herrschender Ansicht im Grundsatz auch für GmbH-Gesellschafter gilt.[612] Eine solche Zustimmungspflicht kommt nur in Betracht, wenn die Satzungsänderung den ggf. zustimmungspflichtigen Gesellschaftern zuzumuten ist und wenn die Änderung mit Rücksicht auf das Gesellschaftsverhältnis dringend erforderlich ist.[613] Ob die Satzungsänderung erforderlich ist, muss durch Abwägung der Interessen der Beteiligten, also der Gesellschaft und aller Gesellschafter, festgestellt werden.[614] Keine Zustimmungspflicht besteht, dem Grundgedanken des § 53 Abs. 3 GmbHG folgend, wenn eine Vermehrung von Leistungspflichten der Gesellschafter beschlossen werden soll; Gleiches gilt, wenn den Gesellschaftern Individual- oder Sonderrechte entzogen werden sollen.[615]

Daraus folgt für die Nachbesserung einer Schiedsklausel, dass eine Zustimmungspflicht der Gesellschafter ausgeschlossen wäre, sofern die Nachbesserung einen neuerlichen Verzicht auf staatlichen Rechtsschutz erfordern würde. Dies ist

608 Für eine grundsätzliche Zustimmungspflicht *Raeschke-Kessler,* in: FS Goette (2011), 381, 394; *Römermann,* in: Michalski, GmbHG, Anh. § 47 Rn. 561; differenzierend *Nietsch*, ZIP 2009, 2269, 2277 f.

609 BGHZ 65, 15, 18 f.

610 BGH ZIP 1991, 1584, 1585; *Raiser,* in: Ulmer, GmbHG, § 14 Rn. 67 f.; *Schmidt,* Gesellschaftsrecht, § 35 I.2 (S. 1035); *Seibt,* in: Scholz, GmbHG, § 14 Rn. 52.

611 BGHZ 64, 253, 257 f.; 129, 136, 143; 183, 1, 8; BGH ZIP 2005, 25, 26.

612 BGHZ 98, 276, 279 (für eine personalistisch ausgestaltete GmbH); 155, 329, 333 f. (Treuepflicht gerichtet auf Mitwirkung bei der Heilung einer verdeckten Sacheinlage); *Goette,* in: FS Röhricht (2005), 115, 121; *Winter,* Mitgliedschaftliche Treubindungen im GmbH-Recht, 178.

613 BGHZ 98, 276, 279; *Winter,* Mitgliedschaftliche Treubindungen im GmbH-Recht, 178-180.

614 *Goette,* in: FS Röhricht (2005), 115, 121; so zur oHG BGH ZIP 2005, 25, 26.

615 *Winter,* Mitgliedschaftliche Treubindungen im GmbH-Recht, 179 f.

bei einer Nachbesserung regelmäßig jedoch nicht der Fall, da der ursprünglich erklärte Verzicht ungeachtet der Nichtigkeit der Klausel fortwirkt.

Es ist daher zu fragen, ob die Änderung den Gesellschaftern zuzumuten ist und ob die Änderung mit Rücksicht auf das Gesellschaftsverhältnis dringend erforderlich ist. Dies sind Fragen des Einzelfalls. Im Maßstab gilt jedoch, dass zu prüfen ist, wie weit die unwirksame Schiedsklausel von dem Mindeststandard entfernt ist, der durch *Schiedsfähigkeit II*[616] festgelegt wurde. Dies betrifft vor allem die Regelungen zur Benennung des Schiedsgerichts. War beispielsweise schon in der alten Schiedsklausel das Benennungsrecht für das Schiedsgericht auf einen Dritten übertragen worden, ist nicht ersichtlich, welche Individualinteressen gegen eine Zustimmungspflicht zur Nachbesserung der Schiedsklausel sprechen. Denn sämtliche Gesellschafter hatten bereits auf eine eigene Benennung der Parteischiedsrichter verzichtet, und dieser Wille wirkt auch bei der Interessensabwägung fort.

d) Zwischenergebnis für Satzungsänderungen

Die Mehrheitserfordernisse bei Satzungsänderungen sind im Lichte des zu einem früheren Zeitpunkt bereits erfolgten Verzichts auf den staatlichen Justizgewährungsanspruch zu bestimmen. Daher ist bei einer Neueinführung von Schiedsklauseln und bei einer tiefgreifenden Veränderung bestehender Schiedsklauseln ein einstimmiger Beschluss aller Gesellschafter notwendig. Die Anpassung und Löschung bestehender Schiedsklauseln ist dagegen mit qualifizierter Mehrheit möglich.

4. Einführung von Schiedsklauseln durch Verschmelzung

Neben der nachträglichen Einführung von Schiedsklauseln durch Satzungsänderung kommt auch eine Einführung infolge einer Verschmelzung in Betracht.

a) Schiedsklausel allein in der Satzung der übernehmenden Gesellschaft

Werden zwei GmbHs durch Aufnahme zusammengeführt (§ 2 Nr. 1 i.V.m. §§ 4 ff. UmwG) und enthält die Satzung der übernehmenden Gesellschaft eine Schiedsklausel, die Satzung der übertragenden Gesellschaft jedoch nicht, so stellt sich die Frage, unter welchen Voraussetzungen die Schiedsklausel nach der Verschmelzung gelten kann.

Bei der Verschmelzung durch Aufnahme wird die übertragende Gesellschaft durch Gesamtrechtsnachfolge mit der übernehmenden Gesellschaft verschmolzen. Daher werden nach einer wirksamen Verschmelzung auch die Gesellschafter der

616 BGHZ 180, 221.

übertragenden Gesellschaft von einer Schiedsklausel in der Satzung der übernehmenden Gesellschaft umfasst. Problematisch ist diese erweiterte Wirkungserstreckung der Schiedsklausel, da nach § 50 Abs. 1 UmwG lediglich eine Mehrheit von mindestens drei Vierteln der abgegebenen Stimmen in den Gesellschafterversammlungen beider Gesellschaften für die Verschmelzung stimmen muss. Folglich würden diejenigen Gesellschafter der übertragenden Gesellschaft, die gegen die Verschmelzung oder gar nicht abstimmten, ohne ihre Zustimmung der staatlichen Gerichtsbarkeit entzogen werden. Das UmwG bietet hiergegen keinen Schutz.

aa) Erforderliche Mehrheit der übertragenden Gesellschafter

Daher werden in der Literatur zwei Lösungswege erörtert, die beide zur Bejahung der Notwendigkeit der Zustimmung aller Gesellschafter der übertragenden Gesellschaft kommen. Dies wird einerseits mit einer analogen Anwendung des § 53 Abs. 3 GmbHG und mit der Parallele zum Schutz der Gesellschafter der übertragenden Gesellschaft vor der Vermehrung von Leistungspflichten begründet.[617] Andererseits wird erwogen, analog §§ 50 Abs. 2, 13 Abs. 2 UmwG und in Parallele zum Entzug von Sonderrechten der Gesellschafter der übertragenden Gesellschaft eine einstimmige Entscheidung als notwendig zu erachten.[618]

Richtigerweise begründet hier eine entsprechende Anwendung des § 53 Abs. 3 GmbHG das Erfordernis einer einstimmigen Zustimmung aller Gesellschafter der übertragenden Gesellschaft. Denn die Vermehrung der obliegenden Leistungen i.S.d. § 53 Abs. 3 GmbHG ist weit zu verstehen und umfasst sämtliche Verpflichtungen, die die Individualsphäre der Gesellschafter betreffen.[619] Dies gilt somit auch für die Beschneidung des Rechts auf staatlichen Rechtsschutz, verbunden mit der Verpflichtung bei gesellschaftsinternen Streitigkeiten lediglich ein Schiedsgericht anzurufen. § 50 Abs. 2 UmwG betrifft dagegen den Entzug von Sonderrechten und Vorzugsrechten einzelner Gesellschafter,[620] und das Recht auf staatlichen Rechtsschutz ist kein Sonderrecht, sondern ein verfassungsmäßig garantiertes Recht, das jedem zusteht.

Ungeachtet der verschiedenen Begründungsansätze ist im Ergebnis gesichert, dass die Einführung einer Schiedsklausel im Weg der Verschmelzung für die eintretenden Gesellschafter eine Neueinführung der Schiedsklausel ist, die deshalb deren Zustimmung bedarf. Ein Fusionsbeschluss, dem nicht sämtliche Gesellschafter der übertragenden Gesellschaft zugestimmt haben, ist mangels der

617 *Reichert,* in: Semler/Arnold, UmwG, § 51 Rn. 17; *Winter,* in: Lutter/Winter, UmwG, § 51 Rn. 16.

618 *Reichert/Harbarth,* NZG 2003, 379, 382 f.

619 Nw. bei Fn. 592.

620 *Winter,* in: Lutter/Winter, UmwG, § 50 Rn. 13.

erforderlichen Zustimmung unwirksam.[621] Eine Schiedsklausel kann sich somit als potentielle „Verschmelzungsbremse"[622] erweisen. Denn auch der Verbleib derjenigen Gesellschafter, die nicht zugestimmt haben, in der Gesellschaft nach der Verschmelzung kann nicht als konkludente Zustimmung zu der Schiedsklausel gesehen werden.[623] Weder ist der Verbleib in der Gesellschaft als konkludenter Verzicht auf den staatlichen Justizgewährungsanspruch zu sehen, noch kann von einem Gesellschafter verlangt werden, aus der Gesellschaft auszutreten, um der Wirkung der Schiedsklausel zu entgehen.

Eine Rettung der Verschmelzung kommt indes durch die Änderung der Satzung der übertragenden Gesellschaft in Betracht, sofern die Schiedsklausel aufgehoben wird, was bereits mit qualifizierter Mehrheit möglich ist.[624]

bb) Wirkung der Eintragung nach § 20 Abs. 2 UmwG

Trägt das Registergericht die Verschmelzung trotz fehlender Zustimmung aller Gesellschafter der übertragenden Gesellschaft in das Handelsregister ein, so ist die Wirkung des § 20 Abs. 2 UmwG zu untersuchen. Nach § 20 Abs. 2 UmwG führt die Eintragung der Verschmelzung zwar nicht zur Heilung des Zustimmungsmangels, gleichwohl aber zur Irreversibilität der Verschmelzung.[625] Den Gesellschaftern, die durch den Beschlussmangel in ihren Rechten verletzt werden, steht dann einzig ein Schadensersatzanspruch nach §§ 25 ff. UmwG zu.

Zu einer Bindung der nicht zustimmenden Gesellschafter der übertragenden Gesellschaft kann dies jedoch nicht führen.[626] Denn der Bestandsschutz des § 20 Abs. 2 UmwG findet seine Grenze im *ordre public*.[627] Und Bestandteil des *ordre public* ist der Grundsatz, dass niemand ohne seine Zustimmung der Schiedsgerichtsbarkeit unterstehen kann.[628] Daraus folgt jedoch nicht, dass die eingetragene Verschmelzung als Ganze unwirksam ist. Sinn und Zweck des Bestandsschutzes des § 20 Abs. 2 UmwG ist der Erhalt des gesellschaftsrechtlichen Akts der Verschmelzung, da organisationsrechtliche Veränderungen und eine Rückübertragung jedes einzelnen Vermögensgegenstandes – also eine Entschmelzung – praktisch

621 *Reichert,* in: Semler/Arnold, UmwG, § 50 Rn. 55; *Winter,* in: Lutter/Winter, UmwG, § 50 Rn. 30.

622 So *Winter,* in: Lutter/Winter, UmwG, § 51 Rn. 16.

623 *Reichert/Harbarth,* NZG 2003, 379, 383; so im Grundsatz für den Verein BGHZ 144, 146, 149 f.

624 Vgl. zur Aufhebung einer statutarischen Schiedsklausel bereits S. 135 f.

625 *Reichert,* in: Semler/Arnold, UmwG, § 50 Rn. 57; *Winter,* in: Lutter/Winter, UmwG, § 50 Rn. 32; zur nicht möglichen Heilung eines Zustimmungsmangels bereits S. 133-135.

626 A.A. *Reichert/Harbarth,* NZG 2003, 379, 384.

627 *Kübler,* in: Semler/Arnold, UmwG, § 20 Rn. 89.

628 BGHZ 71, 131, 134 f.; *Schlosser,* in: Stein/Jonas, ZPO, § 1059 Rn. 16.

nicht möglich ist.[629] Ein Einklang zwischen dem Sinn und Zweck des § 20 Abs. 2 UmwG und den elementaren Grenzen der Rechtsordnung kann nur hergestellt werden, wenn die Verschmelzung auch ohne einstimmige Zustimmung auf Seiten der beitretenden Gesellschafter als wirksam angesehen wird, die Schiedsklausel jedoch unwirksam ist. Die Schiedsklausel ist damit keine „Verschmelzungsbremse"[630]; die Verschmelzung ist in diesem Fall ein ‚Schiedsklauselfilter'.

b) Schiedsklausel in der Satzung der übertragenden Gesellschaft

Enthält allein die Satzung der übertragenden Gesellschaft eine Schiedsklausel, hat dies keine Auswirkung auf die Zustimmungserfordernisse in den Gesellschafterversammlungen. Die Schiedsklausel geht mit der Satzung unter, was keine einstimmige Entscheidung der Gesellschafterversammlung der übertragenden Gesellschaft erfordert. Dies ergibt sich aus der entsprechenden Anwendung der Mehrheitserfordernisse, wie sie für den Fall einer Abänderung oder Löschung einer Schiedsklausel gelten.[631]

III. Zwischenergebnis zur Anordnungskompetenz

Hinsichtlich der im vorherigen Abschnitt untersuchten Kompetenz der Gesellschafter zur Anordnung einer schiedsgerichtlichen Entscheidungskompetenz ist folgendes Zwischenfazit zu ziehen:

Als Satzungsbestandteile können Schiedsklauseln nur auf solche Streitigkeiten wirken, deren Grundlage im Gesellschaftsverhältnis liegt; eine darüber hinaus gehende Wirkung bedarf einer gesonderten schuldrechtlichen Nebenabrede. Soll eine Schiedsklausel in die Satzung aufgenommen werden – sei es mit der Gesellschaftsgründung oder nachträglich durch im Wege der Satzungsänderung –, erfordert dies stets die Zustimmung aller Gesellschafter. Bereits mit qualifizierter Mehrheit ist hingegen die Löschung einer bestehenden Schiedsklausel möglich.

Bei Schiedsklauseln, die für Beschlussmängelstreitigkeiten gelten sollen, sind von den Gesellschaftern Gestaltungsvorgaben zu beachten, insbesondere was die Regelung der Verfahrenskonzentration und die Konstituierung des Schiedsgerichts betrifft. Die Sicherung der Verfahrenskonzentration ist Aufgabe der Gesellschafter, da es an einer gesetzlichen Regelung fehlt; § 261 Abs. 3 Nr. 1 ZPO kann allenfalls parallele Schiedsverfahren verhindern, was wiederum von der Frage abhängt, wie man den Streitgegenstand der Anfechtungsklage definiert. Daneben

---

629 *Grunewald,* in: Lutter/Winter, UmwG, § 20 Rn. 70 f.; *Kübler,* in: Semler/Arnold, UmwG, § 20 Rn. 84.

630 So aber *Winter,* in: Lutter/Winter, UmwG, § 51 Rn. 16.

631 Dazu bereits B. II. 3. b).

müssen die Gesellschafter, sofern die Bestellung der Schiedsrichter keinem unabhängigen Dritten überlassen ist, die Konstituierung des Schiedsgerichts in der Satzung regeln. Zulässig ist eine Satzungsregelung, die eine Auswahl der Parteischiedsrichter durch Abstimmung in den jeweiligen Verfahrensgruppierungen nach Köpfen und mit einfacher Mehrheit vorsieht.

Generell gilt, dass nicht sämtliche Regelungen über das Schiedsverfahren in der Satzung selbst enthalten sein müssen. Es reicht aus, wenn die wesentlichen Grundsätze in der Satzung geregelt werden und im Übrigen auf eine externe dynamische Schiedsverfahrensordnung verwiesen wird.

C. Legitimation der Wirkungserstreckung einer Schiedsklausel

Die Vorstufe der Legitimation der Wirkungserstreckung ist die wirksame Anordnung der schiedsgerichtlichen Entscheidungskompetenz. Haben die Gesellschafter die schiedsgerichtliche Entscheidungskompetenz wirksam angeordnet,[632] so stellen sich mit dem Aufkommen einer gesellschaftsinternen Streitigkeit zwei Fragen: Erstens, wirkt eine Schiedsklausel auch auf diejenigen Gesellschafter, die bei Einleitung des Schiedsverfahrens der Gesellschaft angehören? (Denn diese müssen nicht mit den anordnenden Gesellschaftern übereinstimmen, sodass sie selbst ggf. der Anordnung einer schiedsgerichtlichen Entscheidungszuständigkeit nicht zugestimmt haben.) Zweitens, unter welchen Voraussetzungen kommt einem Schiedsspruch Gestaltungswirkung zu? Dies ist Voraussetzung für eine schiedsgerichtliche Entscheidung von Beschlussmängelstreitigkeiten.

I. Wirkungserstreckung auf die Prozessparteien

Zunächst werden im Folgenden Fallgestaltungen untersucht, in denen sich der Schiedsspruch auf die Parteien des Schiedsverfahrens erstreckt; die zentrale Frage ist dabei, ob sich die Wirkung einer Schiedsklausel auch auf diejenigen Gesellschafter erstreckt, die erst bei der Einleitung des Schiedsverfahrens der Gesellschaft angehören und ggf. nicht zum Zeitpunkt der Anordnung der schiedsgerichtlichen Entscheidungszuständigkeit.

632 Dazu vorhergehend B.

1. Keine Veränderungen im Gesellschafterbestand

Unproblematisch ist die Grundkonstellation, in der der Kreis der Gesellschafter bei Einleitung des Schiedsverfahrens deckungsgleich ist mit dem Kreis der Gesellschafter, die seinerzeit der Einführung der Schiedsklausel zugestimmt haben. Dann wirkt die Schiedsklausel zweifelsfrei auf die Parteien des Schiedsverfahrens, und es bestehen keine Probleme mit Blick auf die Legitimation des Schiedsspruchs.

2. Aufnahme oder Beitritt eines neuen Gesellschafters

Bei der Wirkungserstreckung auf neue Gesellschafter ist zwischen der Abtretung eines Geschäftsanteils und dem Neueintritt eines Gesellschafters zu unterscheiden.

a) Übertragung der Gesellschafterstellung

Wird ein Geschäftsanteil von einem Gesellschafter an einen Neugesellschafter übertragen, so ist der neu eintretende Gesellschafter an die Schiedsklausel gebunden, und zwar auch ohne dessen ausdrückliche Zustimmung.[633]

Denn der Mitgliedschaft wohnt ein Bündel an aktuellen und potentiellen Rechten und Pflichten inne, die insoweit verselbstständigt sind, als sie ohne gesonderten Übertragungsakt auch für den Erwerber gelten.[634] Diese Rechte und Pflichten sind nicht mit der Person des Gesellschafters verknüpft,[635] sondern mit dem Geschäftsanteil. Bei der Abtretung geht der Geschäftsanteil samt mitgliedschaftlicher Rechte und Pflichten auf den Erwerber über, ohne dass es auf dessen Kenntnis von den Verpflichtungen ankommt.[636] Daher geht auch die Wirkung der Schiedsklausel auf den Erwerber über, da die schiedsgerichtliche Entscheidungskompetenz nicht auf einer schuldrechtlichen Vereinbarung, sondern auf einer Anordnung kraft Satzung beruht.[637] Dies gilt freilich nur, wenn es sich bei der Schiedsklausel um einen echten Satzungsbestandteil handelt und nicht bloß um eine schuldrechtliche Nebenabrede; diese wirken nur bei einer Vertragsübernahme für und gegen den Erwerber des Geschäftsanteils.[638]

---

633 BGH NJW 1979, 2567, 2567 f.; *Ebbing*, NZG 1998, 281, 282; *Michalski/Funke,* in: Michalski, GmbHG, § 13 Rn. 90; *Roth,* in: FS Nagel (1987), 318, 325; *Wagner,* Prozeßverträge, 315; ebenso für statutarische Gerichtsstandsvereinbarungen *Bork*, ZHR 157 (1993), 48, 54.

634 *Lutter*, AcP 180 (1980), 85, 99 f.; siehe auch *Schmidt,* ZGR 2011, 108, 115.

635 Mit Ausnahme von höchstpersönlichen Rechten und Sondervorteilen, siehe zur Abgrenzung von Sondervorteilen und Sonderrechten *Ebbing,* in: Michalski, GmbHG, § 14 Rn. 79.

636 *Bayer,* in: Lutter/Hommelhoff, GmbHG, § 15 Rn. 34.

637 Siehe oben § 9 B. I.

638 *Noack,* Gesellschaftervereinbarungen bei Kapitalgesellschaften, 171 f.; *Ulmer,* in: Ulmer, GmbHG, § 3 Rn. 116.

b) Bindung des ausscheidenden Gesellschafters

Der ausscheidende Gesellschafter bleibt an die Schiedsklausel weiterhin gebunden, soweit es sich um Streitigkeiten handelt, die aus dem Mitgliedschaftsverhältnis herrühren.[639] Dies gilt sowohl für einen Gesellschafter, der seinen Geschäftsanteil abtritt, als auch für einen Gesellschafter, der ersatzlos aus der GmbH ausscheidet.

Für den abtretenden Gesellschafter bleibt die Schiedsbindung bestehen, da der Zedent – vorbehaltlich einer anderen vertraglichen Regelung – stets an die Schiedsvereinbarung gebunden ist, die dem abgetretenen Recht innewohnt.[640] Daher ist auch der Gesellschafter über die Abtretung seines Geschäftsanteils hinaus an die Schiedsklausel gebunden.

Scheidet ein Gesellschafter ersatzlos aus der GmbH aus, sodass der Geschäftsanteil – wie im Fall der Einziehung des Geschäftsanteils – untergeht, ist eine Wirkung der Schiedsklausel weiter legitimiert. Denn mit der Vernichtung des Geschäftsanteils erlöschen nicht etwa alle mitgliedschaftlichen Rechte und Pflichten des betreffenden Gesellschafters; so haftet der ausgeschiedene Gesellschafter für Fehlbeträge auf offene Stammeinlagen (§ 24 GmbHG), für Nachschüsse (§§ 27, 28 GmbHG) und für verbotene Rückzahlungen (§ 31 Abs. 3 GmbHG).[641] Für solche Streitigkeiten gilt weiterhin die Schiedsklausel, da es sich um Streitigkeiten handelt, deren Grundlage noch während der Gesellschafterstellung des ausscheidenden Gesellschafters geschaffen wurde. Dies gilt auch für den Streit um die Einziehung des Geschäftsanteils und das Einziehungsentgelt.[642]

c) Neueintritt eines Gesellschafters

Die Übernahme neu entstehender Geschäftsanteile erfolgt rechtstechnisch aufgrund eines Übernahmevertrags zwischen dem Übernehmer und der GmbH.[643] Durch diesen Vertrag, dessen Rechtsnatur körperschaftsrechtlich ist, wächst dem Übernehmer kraft Gesetzes der Geschäftsanteil zu, sobald dieser mit Eintragung der Kapitalerhöhung entstanden ist. Anders als bei der Gesellschaftsgründung bedarf die Übernahmeerklärung des Übernehmers der notariellen Beglaubigung, nicht jedoch der notariellen Beurkundung (§ 55 Abs. 1 GmbHG).

---

639 *Beckmann,* Statutarische Schiedsklauseln, 175-177; *Schlosser,* in: Stein/Jonas, ZPO, § 1066 Rn. 9; *Schwab/Walter,* Schiedsgerichtsbarkeit, Kap. 32 Rn. 12.

640 *Massuras,* Mehrparteienschiedsgerichtsbarkeit, 122; *Schlosser,* Schiedsgerichtsbarkeit, Rn. 427.

641 *Sosnitza,* in: Michalski, GmbHG, § 34 Rn. 123; *Verse,* in: Scholz, GmbHG, § 34 Rn. 64.

642 Vgl. *Lutter,* in: Lutter/Hommelhoff, GmbHG, § 34 Rn. 94.

643 BGHZ 49, 117, 119; 140, 258, 260; *Ulmer,* in: Ulmer, GmbHG, § 55 Rn. 64.

Auch der neu eintretende Gesellschafter ist an eine bei seinem Eintritt bestehende Schiedsklausel gebunden. Denn der Geschäftsanteil, der mit der Eintragung entsteht, entsteht in dem zuvor gesteckten verbandsrechtlichen Rahmen in der Hand des Übernehmers, d. h. der Geschäftsanteil ist ab seiner Entstehung mit statutarischen Pflichten belastet,[644] was auch für eine Schiedsklausel in der Satzung gilt. Allerdings ist ein neu eintretender Gesellschafter gem. § 55 Abs. 2 S. 2 GmbHG in der Übernahmeerklärung auf die Schiedsklausel hinzuweisen, da es sich nicht um eine gesetzliche Verpflichtung kraft Gesellschafterstellung handelt, sondern um eine gesellschaftsvertragliche Pflicht, die für den Gesellschafter auch ohne dessen Zustimmung gilt.[645] Wenn dieser Hinweis fehlt – und das Registergericht die Anmeldung nicht zurückweist –, ist der eintretende Gesellschafter allerdings dennoch an die Schiedsklausel gebunden.[646]

3. Zwischenergebnis

Die Wirkungserstreckung einer Schiedsklausel ist auch bei einem wechselnden Gesellschafterbestand legitimiert. Denn eine einmal angeordnete schiedsgerichtliche Entscheidungskompetenz wirkt auf alle gegenwärtigen und zukünftigen Gesellschafter fort, sofern es sich um eine echte Satzungsregelung handelt.

II. Gestaltungswirkung eines Schiedsspruchs

Wenn Urteilen staatlicher Gerichte eine gestaltende Wirkung zukommt und anstelle der staatlichen Gerichte Schiedsgerichte entscheiden sollen, stellt sich die Frage nach der Gestaltungswirkung von Schiedssprüchen.

1. Gestaltungswirkungen im Gesellschaftsrecht

Zahlreiche Urteile mit gesellschaftsrechtlichem Hintergrund können gestaltend wirken; im Folgenden werden einige Beispiele kurz erläutert. Zuvor werden kurz die Grundlagen der Gestaltungswirkung und der materiellen Rechtskraft im Bezug auf die aktienrechtliche Anfechtungsklage erläutert, da hier verschiedentlich dogmatische Unklarheiten in Rechtsprechung und Literatur zu erkennen sind.

---

644 Vgl. *Hermanns,* in: Michalski, GmbHG, § 55 Rn. 73; *Ulmer,* in: Ulmer, GmbHG, § 55 Rn. 71.

645 Vgl. RGZ 82, 116, 121; *Hermanns,* in: Michalski, GmbHG, § 55 Rn. 73 f.; *Ulmer,* in: Ulmer, GmbHG, § 55 Rn. 71.

646 Vgl. *Hermanns,* in: Michalski, GmbHG, § 55 Rn. 73; *Ulmer,* in: Ulmer, GmbHG, § 55 Rn. 72.

a) Gestaltungswirkung im Fall der Anfechtungsklage – Grundlegung

Bei einem Urteil, das einer Anfechtungsklage stattgibt, sind Gestaltungswirkung und materielle Rechtskraft zu unterscheiden. Diese unterschiedlichen Wirkungen werden verschiedentlich vermischt,[647] sodass eine kurze Grundlegung erfolgt, um die Lösungsfindung im Folgenden nicht zu erschweren.

Die Gestaltungswirkung beruht auf § 241 Nr. 5 AktG, da das stattgebende formell rechtskräftige Urteil ein Nichtigkeitsgrund nach § 241 Nr. 5 AktG ist und es kommt daher aufgrund des Urteils zu einer Veränderung der materiellen Rechtslage.[648] Diese Gestaltungswirkung gilt für und gegen jedermann, sobald das Urteil formell rechtskräftig geworden ist.[649] § 248 Abs. 1 S. 1 AktG bezieht sich hingegen allein auf die Drittwirkung der materiellen Rechtskraft, die über die Rechtskraft eines *inter partes* wirkenden Urteils hinausgeht.[650] Materielle Rechtskraft bedeutet, dass der Inhalt der Entscheidung für die Parteien und für ein etwaiges neu angerufenes Gericht verbindlich ist, soweit es in einem späteren Verfahren um dieselbe Rechtsfolge geht.[651] Das stattgebende Urteil in einem Anfechtungsprozess entfaltet – wie jedes andere Urteil – materielle Rechtskraft unter den Parteien des Rechtsstreits; darüber hinaus ordnet § 248 Abs. 1 S. 1 AktG eine Wirkung der materiellen Rechtskraft auf die dort genannten Personen und Organmitglieder an. § 248 Abs. 1 S. 1 AktG begründet damit keine *inter-omnes*-Wirkung, sodass eine erneute Klage der in § 248 Abs. 1 S. 1 AktG Genannten un*zulässig* ist, während eine Klage Dritter, die nicht in § 248 AktG genannt werden, aufgrund der Gestaltungswirkung des Urteils un*begründet* ist.

Schließlich setzen § 241 Nr. 5 AktG und § 248 Abs. 1 S. 1 AktG ein rechtskräftiges Urteil voraus; damit ist die formelle Rechtskraft gemeint, also die Unangreifbarkeit des Urteils.[652] Solange ein Urteil auf einen Rechtsbehelf der Parteien hin aufgehoben werden kann, gehen von dem Urteil keine Gestaltungswirkung und keine materielle Rechtskraft aus.[653] Mit Blick auf die formelle Rechtskraft steht im Mittelpunkt der Diskussion um gestaltend wirkende Schiedssprüche die

---

647 Vgl. etwa OLG Zweibrücken NZG 2004, 382, 383.

648 *Calavros,* Urteilswirkungen zu Lasten Dritter, 121; *Noack,* Fehlerhafte Beschlüsse, 95 f.; *Schulte*, AG 1988, 67, 68.

649 *Dörr,* in: Spindler/Stilz, AktG, § 248 Rn. 6; *Hüffer,* in: MünchKomm.AktG, § 248 Rn. 5; *Roth,* in: Stein/Jonas, ZPO, vor § 253 Rn. 107.

650 *Dörr,* in: Spindler/Stilz, AktG, § 248 Rn. 18; *Hüffer,* in: MünchKomm.AktG, § 248 Rn. 8; *Noack,* Fehlerhafte Beschlüsse, 85; *Schulte*, AG 1988, 67, 68 f.

651 *Gottwald,* in: MünchKomm.ZPO, § 322 Rn. 1; *Leipold,* in: Stein/Jonas, ZPO, § 322 Rn. 29, 34.

652 *Dörr,* in: Spindler/Stilz, AktG, § 248 Rn. 5; *Hüffer,* in: MünchKomm.AktG, § 248 Rn. 11.

653 *Gottwald,* in: MünchKomm.ZPO, § 322 Rn. 17; *Leipold,* in: Stein/Jonas, ZPO, § 322 Rn. 9.

Frage, wann die Gestaltungswirkung eintritt bzw. ob dafür eine Vollstreckbarerklärung zwingend erforderlich ist.

b) Gestaltungswirkungen in anderen gesellschaftsrechtlichen Fällen

Auch in anderen Fällen – neben einer stattgebenden Anfechtungsklage – können Schiedssprüche als Surrogat für Gestaltungsurteile dienen. So kommt einem Urteil, das einer Auflösungsklage nach § 61 GmbHG stattgibt, gestaltende Wirkung zu,[654] ebenso im Fall der Ausschlussklage der Gesellschaft gegen einen Gesellschafter[655] oder der Nichtigkeitsklage nach den §§ 75, 77 GmbHG.[656] Das Ergebnis der folgenden Untersuchung zur Anfechtungsklage lässt sich auf diese Gestaltungsklagen übertragen; denn auch in diesen Fällen führt erst der Eintritt der formellen Rechtskraft zur Gestaltungswirkung, und in Parallele zur Anfechtungsklage wird diskutiert, ob es einer Vollstreckbarerklärung des Schiedsspruchs bedarf.[657]

2. „Rechtskräftiger Schiedsspruch" erst nach Vollstreckbarerklärung?

Es ist grundsätzlich anerkannt, dass Schiedssprüche Gestaltungswirkung entfalten können;[658] umstritten ist jedoch, unter welchen Voraussetzungen diese Wirkung eintritt. Denn die Hürde, die ein Urteil eines staatlichen Gerichts für den Eintritt der Gestaltungswirkung überwinden muss, ist der Eintritt der formellen Rechtskraft, d. h. die Endgültigkeit der Entscheidung im laufenden Verfahren.[659] Gegen einen Schiedsspruch ist jedoch kein Rechtsmittel statthaft,[660] sodass dieser im Grundsatz mit Eintritt der Formalien des § 1054 ZPO formell rechtskräftig ist.[661] Dennoch droht dem Schiedsspruch grundsätzlich die Aufhebung durch ein staatliches Gericht (§ 1059 ZPO). Dieser Zustand ist den Urteilen staatlicher

---

654 *Casper,* in: Ulmer, GmbHG, § 61 Rn. 42; *Schlosser,* Gestaltungsklagen und Gestaltungsurteile, 52; *Schmidt/Bitter,* in: Scholz, GmbHG, § 61 Rn. 5.

655 *Michalski/Funke,* in: Michalski, GmbHG, Anh. § 34 Rn. 30; *Seibt,* in: Scholz, GmbHG, Anh. § 34 Rn. 50.

656 *Schlosser,* Gestaltungsklagen und Gestaltungsurteile, 52; *Schmidt,* in: Scholz, GmbHG, § 75 Rn. 15.

657 Siehe *Casper,* in: Ulmer, GmbHG, § 61 Rn. 43 f.; *Paura,* in: Ulmer, GmbHG, § 75 Rn. 29.

658 BGHZ 132, 278, 182 f.; BayObLG WM 1984, 809, 810; *Massuras,* Mehrparteienschiedsgerichtsbarkeit, 449; *Schmidt,* ZGR 1988, 523, 527; *Schütze/Tscherning/Wais,* Handbuch des Schiedsverfahrens, Rn. 382; vgl. auch Begr. RegE SchiedsVfG, BT-Drucks. 13/5274, S. 35.

659 *Gottwald,* in: MünchKomm.ZPO, § 322 Rn. 185 („meist"); *Leipold,* in: Stein/Jonas, ZPO, § 322 Rn. 13; *Roth,* in: Stein/Jonas, ZPO, vor § 253 Rn. 107.

660 Jedenfalls, wenn die Parteien ein Rechtsmittel nicht vereinbart haben, was der Regelfall ist (vgl. *Schlosser,* in: Stein/Jonas, ZPO, § 1055 Rn. 2).

661 So *Schwab/Walter,* Schiedsgerichtsbarkeit, Kap. 21 Rn. 4.

Gerichte fremd, sodass fraglich ist, wann die Gestaltungswirkung eines Schiedsspruchs eintritt.

a) Meinungsspektrum

Christian Berger ist der Ansicht, dass die Gestaltungswirkung eines Schiedsspruchs erst nach dem Ablauf der Aufhebungsfrist des § 1059 Abs. 3 ZPO eintritt.[662] So würde keine umgehende Gestaltungswirkung des Schiedsspruchs mit Erlass eintreten, sondern in Parallele zu Urteilen staatlicher Gerichte erst mit Ablauf einer Frist, in der die unterlegene Partei den Antrag zur Aufhebung stellen kann. Erst nach der Unanfechtbarkeit des Schiedsspruchs soll folglich die Gestaltungswirkung eintreten.

Der Gedanke der Unanfechtbarkeit des Schiedsspruchs steht auch im Zentrum der Überlegungen von *Karsten Schmidt*.[663] Entgegen der eben genannten Ansicht soll nach seiner Auffassung stets eine Vollstreckbarerklärung des Schiedsspruchs erforderlich sein, um dessen Gestaltungswirkung zu legitimieren.[664] Denn ein Gestaltungsurteil vollstrecke sich von selbst, sodass eine analoge Anwendung des § 1060 ZPO geboten sei; zudem sei die rückwirkende Aufhebung eines *inter omnes* wirkenden Schiedsspruchs derart komplex, dass der Gestaltungswirkung eine Kontrolle rechtsstaatlicher Mindestanforderungen durch ein staatliches Gericht vorausgehen müsse.

Die *überwiegende Ansicht* in Rechtsprechung und Literatur geht jedoch vom Eintritt der Gestaltungswirkung eines Schiedsspruchs mit dessen Wirksamwerden aus, also mit Erfüllung der Formalien des § 1054 ZPO.[665] Gestützt wird dies auf die Systematik der §§ 1055, 1060 ZPO, wonach ein Schiedsspruch, aus dem keine Zwangsvollstreckung betrieben werden könne, auch keiner Vollstreckbarerklärung bedürfe; im Umkehrschluss sei eine Vollstreckbarerklärung (nur) notwendig, wenn man auch aus dem Schiedsspruch vollstrecken könne.[666] Zudem würde eine zwingende Vollstreckbarerklärung vor Eintritt der Gestaltungswirkung zu einer Umkehr der prozessualen Risikoverteilung führen: Denn im Regel-

662 *C. Berger*, ZHR 164 (2000), 295, 318 f.

663 *Schmidt*, ZGR 1988, 523, 535 f.; *ders.*, BB 2001, 1857, 1860; im Ergebnis ebenso BayObLG WM 1984, 809, 810.

664 *Schmidt*, BB 2001, 1857, 1860.

665 OLG Dresden BB 2001, Beilage 7, 22 f.; *Geimer,* in: Zöller, ZPO, § 1055 Rn. 2; *Lakkis,* Gestaltungsakte im internationalen Rechtsverkehr, 255 f.; *Loritz*, ZZP 105 (1992), 1, 17 f.; *Lüke/ Blenske*, ZGR 1998, 253, 273-276; *Münch,* in: MünchKomm.ZPO, § 1060 Rn. 6 (siehe aber auch *ders.,* in: MünchKomm.ZPO, § 1055 Rn. 22); *Papmehl,* Schiedsfähigkeit gesellschaftsrechtlicher Streitigkeiten, 188; *Schlosser,* in: Stein/Jonas, ZPO, § 1060 Rn. 2; *Schwab/Walter,* Schiedsgerichtsbarkeit, Kap. 21 Rn. 12; *Walter,* in: FS Schwab (1990), 539, 554.

666 *Walter,* in: FS Schwab (1990), 539, 540 f.

fall müsse diejenige Partei, die sich gegen die Gestaltungswirkung wehren möchte, die prozessuale Angriffslast tragen; bei einer zwingenden Vollstreckbarerklärung müsste hingegen die obsiegende Partei diese Last tragen, was nicht der Lastenverteilung des Zivilprozessrechts entspreche.[667]

b) Stellungnahme

Eine Stellungnahme zu den Voraussetzungen und dem Zeitpunkt des Eintritts der Gestaltungswirkung eines Schiedsspruchs muss mit der Frage beginnen, ob ein Schiedsspruch mit Gestaltungswirkung schneller – nämlich bereits mit Wirksamwerden – wirken kann als ein staatliches Urteil. Dies ist anhand objektiver Kriterien zu entscheiden und ohne Rücksicht auf den Willen der Parteien des Schiedsverfahrens oder der Schiedsvereinbarung.[668] Denn die Gestaltungswirkung unterliegt nicht der Disposition der Parteien, sondern ist eine gesetzlich angeordnete Folge eines Urteils oder eines Schiedsspruchs.

aa) Lösungsmöglichkeit im Prozessrecht

Ein Blick ins Prozessrecht hilft bei der Lösungsfindung nicht. Die Regierungsbegründung zu § 1055 ZPO ist insoweit keine Hilfe; denn einerseits soll die formelle Rechtskraft mit den Förmlichkeiten des § 1054 ZPO eintreten, andererseits wird auf § 705 ZPO verwiesen, wonach die formelle Rechtskraft staatlicher Urteile erst mit Ablauf der Rechtsmittelfrist eintritt.[669] Daneben sollen die Parteien durch Verkürzung der Frist des Aufhebungsverfahrens (§ 1059 Abs. 3 S. 1 ZPO) die „Bestandskraft des Schiedsspruchs" herbeiführen können.[670] Offen bleibt im Ergebnis, ob der Eintritt der Förmlichkeiten des § 1054 ZPO oder aber der Ablauf der Frist des § 1059 Abs. 3 S. 1 ZPO entscheidend ist.

Auch aus der Systematik der §§ 1055, 1060 ZPO lassen sich keine Anhaltspunkte für die Beantwortung der aufgeworfenen Frage gewinnen. Eine *inter-omnes*-Wirkung ist in § 1055 ZPO nicht geregelt, und § 1060 ZPO enthält keine Regelung für Schiedssprüche mit Gestaltungswirkung. § 1055 ZPO regelt die *inter-partes*-Wirkung eines Schiedsspruchs *(„unter den Parteien")*, wobei ‚unter den Parteien' nicht bedeutet ‚unter den Parteien der Schiedsvereinbarung', son-

667 *Loritz*, ZZP 105 (1992), 1, 18; *Lüke/Blenske*, ZGR 1998, 253, 275.

668 A.A. und das Ziel der Parteien, Streitigkeiten ohne Einschaltung staatlicher Organe zu entscheiden, als wesentlich erachtend, *Lüke/Blenske*, ZGR 1998, 253, 274; *Walter,* in: FS Schwab (1990), 539, 554.

669 Begr. RegE SchiedsVfG, BT-Drucks. 13/5274, S. 56.

670 Begr. RegE SchiedsVfG, BT-Drucks. 13/5274, S. 60.

dern ‚soweit die Schiedsvereinbarung subjektiv wirkt'.[671] *Spohnheimer* geht infolgedessen davon aus, dass der Gesetzgeber Art. 101 Abs. 1 S. 2 GG verletzen würde, wenn er die Wirkung des § 1055 ZPO über die Reichweite der Schiedsvereinbarung hinaus erweitern würde.[672]

Ein Gestaltungsurteil bewirkt eine Änderung der materiell-rechtlichen Rechtslage, und diese Änderung der Rechtslage tritt für und gegen jedermann ein;[673] die Wirkung geht demnach über den Personenkreis hinaus, den § 1055 ZPO regelt. Auf die Frage, ob die begrenzte Wirkung des § 1055 ZPO und die *inter-omnes*-Wirkung eines gestaltend wirkenden Schiedsspruchs miteinander zu vereinbaren sind, wird noch zurückzukommen sein.[674]

bb) Lösungsmöglichkeit auf Grundlage der §§ 241, 248 AktG

Die Lösung des aufgeworfenen Problems ist im Aktienrecht zu suchen, insbesondere auf Grundlage der §§ 241 Nr. 5, 248 Abs. 1 S. 1 AktG.

(1) Rechtssicherheit als maßgebliches Kriterium

Sowohl die Rechtskrafterstreckung gemäß § 248 AktG als auch die Gestaltungswirkung eines Urteils, das einer Anfechtungsklage stattgibt (§ 241 Nr. 5 AktG), setzen ein rechtskräftiges Urteil voraus. Diese Hemmung der Wirkung bis zum Eintritt der formellen Rechtskraft dient der Rechtssicherheit und soll folgendes Szenario verhindern: Wird ein Beschluss einer Gesellschafterversammlung zunächst erfolgreich angefochten und würde die Gestaltungswirkung bereits mit Erlass des stattgebenden Urteils eintreten, dann würde bis zum Eintritt der formellen Rechtskraft eine „Rückabwicklung der Gestaltungswirkung" drohen. Denn ein revidierendes Urteil wirkt *ex tunc*,[675] sodass sich durch Aufhebung des erstinstanzlichen Urteils die Rechtslage rückwirkend ändern würde. Dies verhindert das geltende Recht bei Urteilen staatlicher Gerichte, indem der Eintritt der Gestaltungswirkung die formelle Rechtskraft des Urteils voraussetzt.

---

671 *Massuras,* Mehrparteienschiedsgerichtsbarkeit, 449-453; *Münch,* in: MünchKomm.ZPO, § 1055 Rn. 21; *Schütze/Tscherning/Wais,* Handbuch des Schiedsverfahrens, Rn. 526; *Schwab/ Walter,* Schiedsgerichtsbarkeit, Kap. 21 Rn. 2 f.

672 *Spohnheimer,* Gestaltungsfreiheit bei antezipiertem Legalanerkenntnis des Schiedsspruchs, 26; siehe zur Kritik an Art. 101 Abs. 1 S. 2 GG als Grenze der Wirkungserstreckung von Schiedsvereinbarungen bereits § 3 C. II.

673 Nw. bei Fn. 649.

674 Siehe im Folgenden dd).

675 OLG Köln AG 1999, 471, 472; *Dörr,* in: Spindler/Stilz, AktG, § 248 Rn. 7; *Hüffer,* in: MünchKomm.AktG, § 248 Rn. 14-16; *M. Schwab,* in: Schmidt/Lutter, AktG, § 241 Rn. 28.

Würde man demnach einem Schiedsspruch bereits mit Wirksamwerden die Gestaltungswirkung zusprechen, so wie die herrschende Ansicht es tut,[676] würde genau diese Gefahr der Rückabwicklung der Gestaltungswirkung drohen. Denn bis zum Ablauf der Aufhebungsfrist nach § 1059 Abs. 3 S. 1 ZPO droht die Aufhebung des Schiedsspruchs durch ein staatliches Gericht. Dies ist mit dem Gebot der Rechtssicherheit, die die §§ 241 Nr. 5, 248 Abs. 1 S. 1 AktG sichern sollen, nicht zu vereinbaren. Daher ist der herrschenden Ansicht zu widersprechen und einem Schiedsspruch nicht bereits mit seinem Wirksamwerden die Gestaltungswirkung zuzubilligen.

(2) Eintritt der Unanfechtbarkeit bei Schiedssprüchen

Daher ist zu untersuchen, unter welchen Voraussetzungen eine Rückabwicklung der Gestaltungswirkung eines Schiedsspruchs nicht mehr droht, um damit dem Gebot der Rechtssicherheit Rechnung zu tragen. Dazu kommen zwei Wege in Betracht:

- durch die zwingende Vollstreckbarerklärung jedes gestaltenden Schiedsspruchs als Voraussetzung der Gestaltungswirkung – so wie *Karsten Schmidt* es vorsieht; oder
- der Ansicht *Christian Bergers* folgend – durch den Eintritt der Gestaltungswirkung erst mit Ablauf der Aufhebungsfrist des § 1059 Abs. 3 ZPO.

Für den Ansatz von *Christian Berger* sprechen die schlüssigeren Argumente. Denn mit Ablauf der Aufhebungsfrist des § 1059 Abs. 3 ZPO (oder einer an dessen Stelle vereinbarten Frist) erlangt der Schiedsspruch eine Bestandskraft, die mit der Bestandskraft nach erfolgter Vollstreckbarerklärung des Schiedsspruchs vergleichbar ist.[677] Dies ist zwar auch bei einer zwingenden Vollstreckbarerklärung gegeben; allerdings würde die Pflicht der obsiegenden Partei, den Schiedsspruch nach § 1060 ZPO für vollstreckbar erklären zu lassen, zu einer nicht gerechtfertigten Umkehrung der prozessualen Last führen.[678] Eine zwingende staatliche Kontrolle oder Legitimation des Schiedsspruchs ist zudem nicht gerechtfertigt. Zwar ist grundsätzlich eine Beeinträchtigung von Rechten Dritter durch die Gestaltungswirkung möglich,[679] dies rechtfertigt indes keine zwingende Vollstreckbarerklärung. Denn weder bei staatlichen Urteilen noch bei Schiedssprüchen kann gänzlich ausgeschlossen werden, dass Dritte von der *inter-omnes*-Wirkung beeint-

---

676 Nw. bei Fn. 665.

677 Zur Bestandskraft eines Schiedsspruchs nach Vollstreckbarerklärung BGH NJW-RR 2006, 995, 996.

678 So das Argument der h.M. (Nw. bei Fn. 667).

679 Vgl. *Bork*, ZHR 160 (1996), 374, 377; *Lüke/Blenske*, ZGR 1998, 253, 272 f.

rächtigt werden, ohne vorher angehört oder beigeladen worden zu sein. Dies ist jedoch kein alleiniges Problem der Schiedsgerichtsbarkeit, sondern eine allgemeine Problematik, die bereits seit Einführung der kassatorischen Anfechtungsklage diskutiert wird.[680] Die drohende Versagung des rechtlichen Gehörs Einzelner ist jedoch insofern hinzunehmen, da das öffentliche Interesse an einer einheitlichen *inter-omnes*-Wirkung höher zu gewichten ist.[681] Werden die Rechte Einzelner unangemessen eingeschränkt, stehen sowohl gegen Urteile staatlicher Gerichte als auch gegen Schiedssprüche verschiedene Möglichkeiten des Rechtsschutzes offen: die Wiederaufnahme nach den §§ 578 ff. ZPO[682] – oder ersatzweise die Klage zur Feststellung der Nichtigkeit des Schiedsspruchs[683] – und eine auf Rechtskraftdurchbrechung nach § 826 BGB gerichtete Klage[684].

Folgt man dagegen dem Ansatz von *Christian Berger,* wonach der Ablauf der Aufhebungsfrist das maßgebliche Kriterium für den Eintritt der Gestaltungswirkung ist, wird dem im Schiedsverfahren Unterlegenen die Obliegenheit auferlegt, innerhalb der Frist den Antrag auf Aufhebung des Schiedsspruchs vor einem staatlichen Gericht zu stellen. Ist den Parteien die dreimonatige Frist nach § 1059 Abs. 3 ZPO zu lang, kann in der Schiedsklausel eine kürzere Frist angeordnet werden; diese Frist bis zum „Eintritt der formellen Rechtskraft des Schiedsspruchs" kann verkürzt werden, wie § 1059 Abs. 3 S. 1 ZPO ausdrücklich klarstellt.

(3) Einreichen des Schiedsspruchs zum Handelsregister

Eine zwingende staatliche Kontrolle oder Legitimation des Schiedsspruchs ist auch mit Blick auf das Einreichen des Schiedsspruchs zur Eintragung in das Handelsregister nicht geboten.

Nach allgemeiner Ansicht sind rechtskräftige Gestaltungsurteile staatlicher Gerichte für die Registergerichte bindend.[685] Ein rechtskräftiges Urteil, das einer

---

680 Vgl. *Noack,* Fehlerhafte Beschlüsse, 99.

681 *Schlosser,* Gestaltungsklagen und Gestaltungsurteile, 219 f., 227-231.

682 Für die Anwendung der §§ 578 ff. ZPO auf Schiedssprüche *Schlosser,* in: FS Gaul (1997), 679, 681-685, 689; zur Anwendung der §§ 578 ff. ZPO auf Gestaltungsurteile, *Lakkis,* Gestaltungsakte im internationalen Rechtsverkehr, 231-233; *Schlosser,* Gestaltungsklagen und Gestaltungsurteile, 230

683 Siehe *Geimer,* in: Zöller, ZPO, § 1059 Rn. 11a; *Hausmann,* in: FS Stoll (2001), 593, 615 f.

684 Für die Anwendung des § 826 BGB auf Schiedssprüche, OLG Stuttgart SchiedsVZ 2003, 84, 88; *Oechsler,* in: Staudinger, BGB, § 826 Rn. 541; *Schlosser,* in: FS Gaul (1997), 679, 687 f.; *Wagner,* in: MünchKomm.BGB, § 826 Rn. 166; vgl. auch BGHZ 145, 376, 381-383; zur Anwendbarkeit der Klage aus § 826 BGB auf Gestaltungsurteile, *Lakkis,* Gestaltungsakte im internationalen Rechtsverkehr, 233-237; *Noack,* Fehlerhafte Beschlüsse, 100; *Schlosser,* Gestaltungsklagen und Gestaltungsurteile, 231.

685 *Hopt,* in: Baumbach/Hopt, HGB, § 16 Rn. 1; *Krafka,* in: MünchKomm.HGB, § 16 Rn. 1b.

aktienrechtlichen Anfechtungsklage stattgibt, ordnet die Nichtigkeit des angefochtenen Beschlusses objektiv und damit gegenüber jedermann an.[686] Diese gesetzlich angeordnete Rechtsfolge muss das Registergericht wie auch jeder andere Richter beachten.[687] Dies muss ebenfalls für Schiedssprüche gelten, sodass diese auch ohne vorherige Vollstreckbarerklärung als Grundlage für Eintragungen im Handelsregister dienen können,[688] jedoch erst mit Ablauf der Aufhebungsfrist des § 1059 Abs. 3 ZPO. Die Gegenansicht läuft der Grundintention des Reformgesetzgebers zuwider, da ansonsten Schiedssprüchen, die Anfechtungsklagen stattgeben, nur eine *„Rechtskraft zweiter Klasse"*[689] zukommen würde und stets eine staatliche Kontrolle stattfinden müsste. Dem Registergericht gegenüber ist daher neben dem Schiedsspruch auch der Nachweis zu erbringen, dass die Frist des § 1059 Abs. 3 S. 1 ZPO abgelaufen ist, ohne dass ein Antrag auf Aufhebung des Schiedsspruch gestellt wurde; bei einer abweichenden Frist ist die Fristdauer als Satzungsbestandteil aus dem Handelsregister ersichtlich.

(4) Keine Möglichkeit der Aufhebung des Schiedsspruchs durch die Parteien

Allerdings wird man für einen Schiedsspruch, dem Gestaltungswirkung zukommt und der als Grundlage einer Registereintragung dient, die Möglichkeit der Aufhebung des Schiedsspruchs durch die Parteien einschränken müssen.[690] Denn die Möglichkeit der Rückabwicklung der Gestaltungswirkung ist aus Gründen der Rechtssicherheit abzulehnen. Diese Intention des Gesetzgebers wurde am Beispiel der §§ 241 Nr. 5, 248 Abs. 1 S. 1 AktG bereits verdeutlicht.[691] Und auch das Beispiel der durch Urteil aufgelösten GmbH – dies setzt nach §§ 60 Abs. 1

686 *Noack,* Fehlerhafte Beschlüsse, 95 f.

687 *Nicklisch,* Bindung der Gerichte an gestaltende Gerichtsentscheidungen und Verwaltungsakte, 138.

688 *Geimer,* in: Zöller, ZPO, § 1055 Rn. 2; *Loritz,* ZZP 105 (1992), 1, 18 f.; *Schlosser,* in: Böckstiegel (Hrsg.), Schiedsgerichtsbarkeit in gesellschaftsrechtlichen und erbrechtlichen Angelegenheiten, 97, 102-104; *ders.,* in: Stein/Jonas, ZPO, § 1060 Rn. 2; *Schwab/Walter,* Schiedsgerichtsbarkeit, Kap. 28 Rn. 19; *Walter,* in: FS Schwab (1990), 539, 555 f.; a.A. BayObLG WM 1984, 809, 810; *Koch,* in: Großkomm.HGB, § 16 Rn. 15; *Krafka,* in: MünchKomm.HGB, § 16 Rn. 1b; *Münch,* in: MünchKomm.ZPO, § 1060 Rn. 6.

689 *Walter,* in: FS Schwab (1990), 539, 555.

690 Inwieweit diese Möglichkeit überhaupt besteht, kann hier offen bleiben; für eine solche Möglichkeit: OLG Bremen NJW 1957, 1035, 1036; *Geimer,* in: Zöller, ZPO, § 1055 Rn. 10; *Rosenberg/Schwab/Gottwald,* Zivilprozessrecht, § 180 Rn. 33; *Schlosser,* in: Stein/Jonas, ZPO, § 1055 Rn. 4; *Wagner,* Prozeßverträge, 715; einschränkend: *Münch,* in: MünchKomm.ZPO, § 1055 Rn. 29 (bis zur Vollstreckbarerklärung); ablehnend: *Gaul,* in: FS Sandrock (2000), 285, 324 f.; *Loritz,* ZZP 105 (1992), 1, 12 f.; *Spohnheimer,* Gestaltungsfreiheit bei antezipiertem Legalanerkenntnis des Schiedsspruchs, 24 f.; *Schwab/Walter,* Schiedsgerichtsbarkeit, Kap. 21 Rn. 7.

691 Siehe oben S. 150 f.

Nr. 3, 61 GmbHG die formelle Rechtskraft des Gestaltungsurteils voraus[692] – zeigt, dass eine Aufhebung eines auflösenden Schiedsspruchs schwer denkbar ist und eine Rückabwicklung der Gesellschaftsauflösung schwer umsetzbar ist.

Der Blick auf Schiedssprüche als Eintragungsgrundlage spricht ebenfalls gegen die Möglichkeit der Aufhebung durch die Parteien. Denn mit dem vom Handelsregister ausgehenden Vertrauensschutz wäre es nicht vereinbar, wenn die Eintragungsgrundlage zur beliebigen Disposition der Parteien stünde.[693]

Daher können Schiedssprüche, die gestaltend wirken und die als Eintragungsgrundlage für ein öffentliches Register dienen, allenfalls bis zum Ablauf der (disponiblen) Aufhebungsfrist des § 1059 Abs. 3 ZPO durch die Parteien aufgehoben werden – vorausgesetzt, man geht überhaupt vom Bestehen einer derartigen Befugnis der Parteien aus.

cc) Ergebnis

Im Ergebnis wirkt ein Schiedsspruch mit Ablauf der (disponiblen) Frist des § 1059 Abs. 3 S. 1 ZPO gestaltend. Erst zu diesem Zeitpunkt kommt dem Schiedsspruch eine Bestandskraft zu, die mit der formellen Rechtskraft eines Urteils vergleichbar ist. Ein darüber hinausgehende zwingende Vollstreckbarerklärung ist indes nicht notwendig, um die Gestaltungswirkung eines Schiedsspruchs oder die Bindungswirkung gegenüber dem Registergericht zu erreichen.

dd) Epilog: Begrenzte Reichweite des § 1055 ZPO und gestaltend wirkende Schiedssprüche

Mit Blick auf die vorhergehende Erörterung der Gestaltungswirkung von Schiedssprüchen, wonach Schiedssprüche die Rechtslage für jeden verändern können, und der Erörterung des § 1055 ZPO, wonach Schiedssprüche nur *inter partes* wirken – nämlich soweit die Schiedsvereinbarung reicht[694] –, drängt sich eine Frage auf: Wie lässt sich die begrenzte gesetzliche Wirkung des § 1055 ZPO mit der unbegrenzten Wirkung eines gestaltenden Schiedsspruchs vereinbaren?

Spohnheimer sieht in § 1055 ZPO die zentrale Norm der Gleichstellung von staatlicher Gerichtsbarkeit und Schiedsgerichtsbarkeit; denn in § 1055 ZPO sieht er ein *„antezipiertes Legalanerkenntnis“* des Schiedsspruchs, das diesen in den Rang eines hoheitlichen Urteils „transferiert“ und von der ursprünglichen Schiedsvereinbarung und damit auch von der Disposition der Parteien entkop-

---

692 Vgl. nur *Casper,* in: Ulmer, GmbHG, § 61 Rn. 42.

693 Aus diesem Grund lehnt *Koch* (in: Großkomm.HGB, § 16 Rn. 15) einen nicht vollstreckbar erklärten Schiedsspruch als Eintragungsgrundlage ab.

694 Nw. bei Fn. 671.

pelt.[695] *Spohnheimer* sieht aber zugleich die verfassungsmäßige Grenze der Reichweite des § 1055 ZPO in Art. 101 Abs. 1 S. 2 GG und geht daher davon aus, dass ein Schiedsspruch keine *inter-omnes*-Wirkung entfalten kann.[696]

Dem ist jedoch insoweit zu widersprechen, als der Ausgangspunkt der Gestaltungswirkung nicht § 1055 ZPO ist, sondern die einzelne Norm, die die gestaltende Wirkung anordnet. Die Gestaltungswirkung von Schiedssprüchen ist nicht im Verfahrensrecht geregelt, sondern in dem zugrunde liegenden materiellen Recht, wie es im Übrigen auch bei Urteilen staatlicher Gerichte der Fall ist. Dies ist im Fall der Anfechtungsklage § 241 Nr. 5 AktG und bei der Auflösungsklage § 60 Abs. 1 Nr. 3 GmbHG. Diese Normen ordnen an, dass ein formell rechtskräftiges Urteil die Rechtslage für jeden verändert; dass als Grundlage des § 241 Nr. 5 AktG und des § 60 Abs. 1 Nr. 3 GmbHG anstelle von Urteilen auch Schiedssprüche dienen können, ist Ausfluss des Credos des Gesetzgebers von der Gleichwertigkeit des Rechtsschutzes der staatlichen Gerichtsbarkeit und der Schiedsgerichtsbarkeit. Daher ist die Gestaltungswirkung auch nicht mit Blick auf § 1055 ZPO zu erörtern, sondern anhand von Sinn und Zweck der jeweiligen Normen, die die Gestaltungswirkung anordnen.

III. Zwischenergebnis zur Legitimation der Wirkungserstreckung

Ein wechselnder Gesellschafterbestand – und damit eine ggf. fehlende Deckungsgleichheit derjenigen, die die schiedsgerichtliche Entscheidungskompetenz angeordnet haben, und derjenigen, die der Wirkung des Schiedsklausel unterstehen – stellt keine Grenze für die Legitimation der Wirkungserstreckung dar. Denn als Satzungsbestandteil wirkt die Schiedsklausel gegen jeden gegenwärtigen und zukünftigen Gesellschafter.

An der Problematik von Schiedssprüchen mit Gestaltungswirkung zeigt sich erneut, dass ein Rückgriff auf gesellschaftsrechtliche Regelungen notwendig ist. Infolgedessen kann einem Schiedsspruch erst mit Ablauf der Aufhebungsfrist des § 1059 Abs. 3 S. 1 ZPO eine Gestaltungswirkung zukommen, und zwar in Parallele zu dem Urteil eines staatlichen Gerichts, das ebenfalls nicht mit Wirksamwerden gestaltend wirkt, sondern erst mit Ablauf der Rechtsmittelfristen, also mit Eintritt der formellen Rechtskraft.

---

695 *Spohnheimer,* Gestaltungsfreiheit bei antezipiertem Legalanerkenntnis des Schiedsspruchs, 13-17, 23.

696 *Spohnheimer,* Gestaltungsfreiheit bei antezipiertem Legalanerkenntnis des Schiedsspruchs, 26; vgl. auch *Münch,* in: MünchKomm.ZPO, § 1060 Rn. 6 einerseits und *ders.,* in: MünchKomm. ZPO, § 1055 Rn. 22 andererseits.

D. Zusammenfassung

1. Übersicht

Für die Gesellschafter einer GmbH bietet die Schiedsgerichtsbarkeit eine echte und allumfassende Alternative zur staatlichen Gerichtsbarkeit, um Streitigkeiten innerhalb der Gesellschaft zu lösen. Grundlage dafür kann allein eine einvernehmlich eingeführte Schiedsklausel sein; dies gilt unabhängig davon, ob die Schiedsklausel mit der Gesellschaftsgründung oder nachträglich durch Satzungsänderung eingeführt wird. Die Anordnung einer schiedsgerichtlichen Entscheidungskompetenz ohne die Zustimmung aller Gesellschafter, beispielsweise aufgrund einer Heilung durch Eintragung, ist dagegen nicht möglich. Ist die Schiedsklausel wirksamer Satzungsbestandteil, wirkt sie auch für und gegen eintretende Gesellschafter, ohne dass es deren Zustimmung bedarf.

Soll eine Schiedsklausel auch für Beschlussmängelstreitigkeiten gelten, sind die notwendigen Voraussetzungen für die Wirkung einer stattgebenden Anfechtungsklage durch die Gestaltung der Schiedsklausel zu sichern. Dies betrifft vor allem die Konzentrationswirkung, die bei Verfahren vor staatlichen Gerichten schon von Gesetzes wegen besteht, und die Konstituierung des Schiedsgerichts. Dies zeigt, dass die Gestaltungsfreiheit – einer der elementaren Vorteile der Schiedsgerichtsbarkeit – auch eine Last sein kann.

Einem Schiedsspruch, der einer aktienrechtlichen Anfechtungsklage stattgibt, kommt im Grundsatz eine Gestaltungswirkung gleich einem Urteil eines staatlichen Gerichts zu, jedoch erst mit Ablauf der Frist des § 1059 Abs. 3 S. 1 ZPO.

2. Zur These vom eingeschränkten Gleichwertigkeitscredo

Auf Grundlage der erfolgten Erörterung soll nun die These bekräftigt werden, dass die Schiedsgerichtsbarkeit ein Rechtsschutzniveau bieten *kann*, das dem der staatlichen Gerichtsbarkeit grundsätzlich gleichwertig ist.[697] Werden die Gestaltungsvorgaben, deren Grundlage *Schiedsfähigkeit II* bildet und die vorhergehend untersucht und präzisiert wurden, von den Gesellschaftern bei Vereinbarung der Schiedsklausel beachtet, dann bietet die Schiedsgerichtsbarkeit einen der staatlichen Gerichtsbarkeit gleichwertigen Rechtsschutz. Denn die Voraussetzungen für die gesetzlich angeordneten Folgen einer stattgebenden Anfechtungsklage – die *inter-omnes*-Wirkung und die Rechtskrafterweiterung nach § 248 AktG – müssen von den Gesellschaftern selbst geschaffen werden.

---

697 Siehe dazu bereits § 3 B. III und § 10 B. II. 2. c) cc).

§ 11
Wirkungserstreckung von Schiedsklauseln auf Aktionäre

A. Übersicht

Bei der AG ist – anders als bei der GmbH – zwischen solchen Streitigkeiten zu unterscheiden, in denen das Aktiengesetz Rechtsschutz durch staatliche Gerichte vorsieht, und solchen Streitigkeiten, in denen keine Zuständigkeit vorgegeben ist. Daher gliedert sich die folgende Untersuchung in zwei Abschnitte: Im ersten Teil werden in Anlehnung an die obigen Ausführungen zur GmbH diejenigen Fälle erörtert, in denen das Aktiengesetz keine Entscheidung eines bestimmten staatlichen Gerichts vorsieht. Im zweiten Teil wird am Beispiel der aktienrechtlichen Anfechtungsklage erörtert, ob eine schiedsgerichtliche Entscheidungskompetenz auch in solchen Fällen angeordnet werden kann, in denen das Aktiengesetz einen Rechtsschutz durch (staatliche) Gerichte vorsieht. Daher wird der Frage nachgegangen, ob Schiedsklauseln eine zulässige Ergänzung zur Gerichtsstandsanordnung des § 246 Abs. 3 S. 1 AktG sein können.

B. Schiedsklauseln in Fällen ohne aktienrechtliche Gerichtsstandsanordnung

Schiedsklauseln in Satzungen von Aktiengesellschaften sind Anordnungen i.S.v. § 1066 ZPO, sodass – wie bei der GmbH – zwischen der Anordnung einer schiedsgerichtlichen Entscheidungskompetenz und der Legitimation der Wirkungserstreckung zu unterscheiden ist.[698]

I. Anordnungskompetenz der Aktionäre für eine schiedsgerichtliche Entscheidungskompetenz

Was die Kompetenz der Aktionäre zur Anordnung einer schiedsgerichtlichen Entscheidungskompetenz anbelangt, kann aufgrund der vergleichbaren Rechtslage vollumfänglich auf die obigen Ausführungen zur GmbH verwiesen werden;[699] im aktienrechtlichen Kontext werden vergleichbare Einwände hinsichtlich prozess- oder materiell-rechtlicher Grenzen vorgebracht wie im GmbH-Recht.

---

698 Zu den Begrifflichkeiten § 9 D.

699 Siehe oben § 10 B.

Die erstmalige Anordnung einer schiedsgerichtlichen Entscheidungszuständigkeit erfordert stets die Zustimmung aller Aktionäre, unabhängig davon, ob die Schiedsklausel mit Gründung der Gesellschaft oder durch Satzungsänderung eingeführt wird.[700]

Schröder befürwortet die Einführung einer Schiedsklausel anhand einer Gesamtanalogie der §§ 50 S. 1, 93 Abs. 4 S. 3, 117 Abs. 4, 309 Abs. 3 Satz, 317 Abs. 4 AktG.[701] Danach sei zunächst ein zustimmender Beschluss der Hauptversammlung mit einfacher Mehrheit notwendig und als weitere (negative) Voraussetzung der fehlende Widerspruch einer Minderheit, deren Anteile zusammen den zehnten Teil des Grundkapitals erreichen. Dies überzeugt nicht. Die genannten Regelungen des AktG betreffen den Verzicht oder Vergleich auf Haftungsansprüche; die Schiedsklausel als Verzicht auf staatlichen Rechtsschutz kann dem nicht gleichgestellt werden. Damit es fehlt an einer vergleichbaren Interessenlage als Voraussetzung einer analogen Anwendung.

II. Legitimation der Wirkungserstreckung einer Schiedsklausel

Im Rahmen der Legitimation der Wirkungserstreckung stellt sich die Frage, ob Schiedsklauseln auch bei wechselndem Aktionärsbestand wirken können.

1. Keine Veränderung auf Aktionärsebene

Unproblematische Ausgangskonstellation ist die Identität des Aktionärsbestands zum Zeitpunkt der Einführung der Schiedsklausel und zum Zeitpunkt der Wirkungsentfaltung der Schiedsklausel, also der Einleitung des Schiedsverfahrens. Hier bestehen mit Blick auf den staatlichen Justizgewährungsanspruch keine Probleme.

2. Schiedsbindung neuer Aktionäre (mit Blick auf § 1031 Abs. 5 ZPO)

Sind zum Zeitpunkt der Einleitung des Schiedsverfahrens neue Aktionäre in die AG eingetreten, die der seinerzeitigen Einführung der Schiedsklausel nicht ausdrücklich zugestimmt haben, ist zu erörtern, ob diese der Wirkung der Schiedsklausel unterstehen.

---

700 *Baum,* Prozessuale Modifizierung von Wertpapieren, 155 f.; *Bork,* ZHR 157 (1993), 48, 62 f.; *Mock,* in: FS Meilicke (2010), 489, 495; *Schmidt,* JZ 1989, 1077, 1082; *M. Schwab,* in: Schmidt/ Lutter, AktG, § 246 Rn. 42; a.A. *Beckmann,* Statutarische Schiedsklauseln, 155 f.; *Ebbing,* NZG 1998, 281; *Vetter,* DB 2000, 705, 708 (diese halten bei der Einführung der Schiedsklausel durch Satzungsänderung eine qualifizierte Mehrheit für ausreichend; dazu bereits ablehnend 0).

701 *Schröder,* Schiedsgerichtliche Konfliktbeilegung bei aktienrechtlichen Beschlußmängelklagen, 177 f., 215.

a) Aktie als Gesellschaftsanteil und Wertpapier

Im Grundsatz gilt auch bei der AG, dass Schiedsklauseln als echte Satzungsbestimmungen mit generellem Regelungsanspruch für alle gegenwärtigen und zukünftigen Aktionäre Geltung beanspruchen.[702] Schiedsklauseln gelten aufgrund der korporationsrechtlichen Bindungswirkung auf den Erwerber bereits ausgegebener Aktien und auch auf den im Rahmen einer Kapitalerhöhung beitretenden Aktionär. Anders als ein GmbH-Geschäftsanteil ist der Gesellschaftsanteil an der AG – die Aktie – auch ein Wertpapier. Die Aktie verbrieft als mitgliedschaftliches Wertpapier die Rechtsstellung als Mitglied der AG.[703] Da die Aktie dieses Mitgliedschaftsrecht nur verbrieft und kein neues schafft, ist die Aktie ein kausales Wertpapier; daher richtet sich der Umfang des verbrieften Rechtsverhältnisses nach der Satzung als Grundverhältnis.[704] Folglich wirkt die in der Satzung verankerte Schiedsklausel auch auf die Aktie als verbrieftes Recht.

b) Freie Übertragbarkeit der Aktie und Schutz des eintretenden Aktionärs

Dieses Ergebnis ist jedoch Kritik ausgesetzt,[705] weil der neue Aktionär ungeachtet der verschiedenen Übertragungsmöglichkeiten der Wirkung der Schiedsklausel untersteht, ohne dass er durch besondere Formvorschriften gewarnt wird. Denn die Veräußerung der Mitgliedschaft erfolgt durch Zession – sofern sie nicht als Wertpapier verbrieft wurde – und anders als nach § 15 GmbHG können die Verpflichtungsvereinbarung und die Abtretung formlos erfolgen, da das deutsche Aktienrecht durch den Grundsatz der freien Übertragbarkeit des Mitgliedschaftsrechts geprägt ist.[706] Dadurch soll die Handelbarkeit der Aktien gewährleistet werden, wogegen bei der GmbH die Formvorschriften die Handelbarkeit hemmen und einen ständigen Gesellschaftswechsel erschweren sollen.[707]

---

702 *Holzborn,* in: Spindler/Stilz, AktG, § 179 Rn. 38; *Mock,* in: FS Meilicke (2010), 489, 495; *Stein,* in: MünchKomm.AktG, § 179 Rn. 16; ebenso für statutarische Gerichtsstandsklauseln *Bork,* ZHR 157 (1993), 48, 53 f.

703 *Hueck/Canaris,* Recht der Wertpapiere, 215.

704 *Hueck/Canaris,* Recht der Wertpapiere, 26.

705 *Baum,* Prozessuale Modifizierung von Wertpapieren, 157 f.; *de Lousanoff,* in: Böckstiegel (Hrsg.), Schiedsgerichtsbarkeit in gesellschaftsrechtlichen und erbrechtlichen Angelegenheiten, 7, 27 f. („zweifelnd"); vgl. auch *Beckmann,* Statutarische Schiedsklauseln, 269-275; *Schröder,* Schiedsgerichtliche Konfliktbeilegung bei aktienrechtlichen Beschlußmängelklagen, 125-130.

706 BGHZ 160, 253, 256; *Bayer,* in: MünchKomm.AktG, § 68 Rn. 34; *Cahn,* in: Spindler/Stilz, AktG, § 68 Rn. 28; siehe zum Ausnahmefall der vinkulierte Namensaktie *Schmidt,* Gesellschaftsrecht, § 26 IV.1 (S. 778).

707 Begr. RegE MoMiG, BT-Drucks 16/6140, S. 30; BGHZ 13, 49, 51 f.; 127, 129, 135 f.

Dennoch ist die Bindung aller Aktionäre an eine Schiedsklausel kraft Satzung gerechtfertigt. Denn der eintretende Aktionär wird – wie der GmbH-Gesellschafter[708] – Rechtsnachfolger des abtretenden oder übertragenden Aktionärs. Der Eintritt des neuen Aktionärs bewirkt das uneingeschränkte Einrücken des Rechtsnachfolgers in die durch die Satzung ausgestaltete Position des vorherigen Aktionärs.[709] Dass diese nicht über die Existenz einer Schiedsklausel informiert werden, insbesondere nicht durch die nach § 1031 ZPO vorgeschriebene Form, ist unschädlich. Denn es besteht ein schützenswertes Interesse des Rechtsverkehrs im Allgemeinen und der Aktionäre im Besonderen an der freien Handelbarkeit der Aktien einerseits und der Bindung aller Aktionäre an eine vorhandene Schiedsklausel andererseits. Denn ohne die einheitliche Bindung aller Aktionäre kann es für korporative Streitigkeiten keine Schiedsgerichtszuständigkeit geben.[710] Die Interessen des beitretenden Aktionärs müssen dahinter zurückstehen; denn ihm ist es zuzumuten, sich über den Inhalt dieses Rechts, also auch über eine möglicherweise bestehende Schiedsklausel, zu informieren.[711] Daher ist der Aktienerwerber als Rechtsnachfolger auch ohne seine ausdrückliche Zustimmung an eine bereits vorhandene Schiedsklausel gebunden.

III. Zwischenergebnis

Für Schiedsklauseln, die Fälle ohne aktienrechtliche Gerichtsstandsanordnung regeln, sind die zur GmbH entwickelten Grundsätze entsprechend anzuwenden.

C. Schiedsklauseln in Fällen mit aktienrechtlicher Gerichtsstandsanordnung

Von den eben erörterten Fällen sind solche Konstellationen zu unterscheiden, in denen das Aktiengesetz Rechtsschutz durch bestimmte Gerichte anordnet. Denn die Anordnung schiedsgerichtlicher Entscheidungskompetenz kann nur in ‚gesetzlich statthafter Weise' geschehen (§ 1066 ZPO); wann eine Anordnung gesetzlich statthaft ist, bestimmt sich nicht nach Prozessrecht, sondern nach dem zugrunde liegenden materiellen Recht – in diesem Fall: dem Aktiengesetz.

708 Siehe § 10 C. I. 2.

709 *Roth,* in: FS Nagel (1987), 318, 325.

710 Vgl. *Schmidt*, ZGR 1988, 523, 538.

711 So BGHZ 71, 162, 166 (für den Erwerb eines Kommanditanteils und darauf begründeter Schiedsbindung des Erwerbers).

I. Satzungsstrenge als Hindernis der Anordnungskompetenz

Sieht das Aktiengesetz in bestimmten Fällen, wie etwa in § 246 Abs. 3 S. 1 AktG, die ausschließliche Zuständigkeit des Landgerichts am Gesellschaftssitz vor, steht folgende Frage im Mittelpunkt der Diskussion um die Zulässigkeit von Schiedsklauseln: Lässt der Grundsatz der Satzungsstrenge eine Anordnung schiedsgerichtlicher Entscheidungskompetenz in den Fällen zu, in denen das Aktiengesetz den Rechtsschutz eines bestimmten staatlichen Gerichts vorsieht? Dieses Spannungsverhältnis zwischen Satzungsstrenge und Schiedsgerichtsbarkeit betrifft nicht allein Anfechtungsstreitigkeiten, für die das Landgericht ausschließlich zuständig ist (§ 246 Abs. 3 S. 1 AktG), auch wenn sich die Diskussion darauf zumeist konzentriert.[712]

Nach überwiegender Literaturansicht kann die Satzung ein Schiedsverfahren nicht anordnen, soweit das Aktiengesetz Rechtsschutz durch staatliche Gerichte vorsieht; es handele sich um eine nicht zugelassene Abweichung i.S.v. § 23 Abs. 5 S. 1 AktG.[713] Dies soll insbesondere für Anfechtungsklagen gelten.[714] Anstelle einer Schiedsklausel soll ein nicht-korporativer Schiedsvertrag zulässig sein, also eine Schiedsvereinbarung i.S.d. § 1029 ZPO.[715]

Gegen diese Ansicht wenden sich andere Vertreter der Literatur, die Schiedsklauseln mit Blick auf § 23 Abs. 5 AktG für zulässig erachten[716] und die Wirkung von Schiedsklauseln auch auf Anfechtungsklagen erstrecken wollen.[717]

---

712 Daneben ordnen § 132 Abs. 1 AktG eine ausschließliche Zuständigkeit für Entscheidungen über das Auskunftsrecht an und § 98 Abs. 1 AktG für die Entscheidung über die Zusammensetzung des Aufsichtsrats.

713 *Arnold,* in: KK.AktG, § 23 Rn. 152; *Pentz,* in: MünchKomm.AktG, § 23 Rn. 156; *Schmidt,* ZGR 1988, 523, 541; *ders.*, ZHR 162 (1998), 265, 282; *ders.*, BB 2001, 1857, 1859; *Seibt,* in: Schmidt/Lutter, AktG, § 23 Rn. 57.

714 *Dörr,* in: Spindler/Stilz, AktG, § 246 Rn. 10; *Hüffer,* in: MünchKomm.AktG, § 246 Rn. 33; *Reichert,* in: FS Ulmer (2003), 511, 530 f.; *Schmidt,* ZGR 1988, 523, 538 f.; *ders.*, AG 1995, 551, 553; *ders.*, ZHR 162 (1998), 265, 282; *ders.*, BB 2001, 1857, 1859 f.

715 Grundlegend *Schmidt,* AG 1995, 551, 553; zustimmend *Dörr,* in: Spindler/Stilz, AktG, § 246 Rn. 11; *Hüffer,* in: MünchKomm.AktG, § 246 Rn. 34 f.

716 *Beckmann,* Statutarische Schiedsklauseln, 113-115; *Geimer,* in: FS Schlosser (2005), 197, 212.

717 *Baum,* Prozessuale Modifizierung von Wertpapieren, 144; *Borris,* NZG 2010, 481, 482 f.; *Bork,* ZHR 160 (1996), 374, 377; *Korff,* Beschlussmängelstreitigkeiten im Schiedsverfahren, 172-175; *Lüke/Blenske,* ZGR 1998, 253, 257-259; *Papmehl,* Schiedsfähigkeit gesellschaftsrechtlicher Streitigkeiten, 102-104; *Schlosser,* in: Stein/Jonas, ZPO, § 1034 Rn. 29; *Schröder,* Schiedsgerichtliche Konfliktbeilegung bei aktienrechtlichen Beschlußmängelklagen, 134-142; *M. Schwab,* in: Schmidt/Lutter, AktG, § 246 Rn. 40; *Wagner,* Prozeßverträge, 593; *Zöllner,* AG 2000, 145, 150 f.

1. *Grundlagen: Aktienrechtliche Satzungsstrenge*

§ 23 Abs. 5 AktG regelt den zwingenden Charakter des Aktiengesetzes, nach dem von den gesetzlichen Regelungen in einer Satzung nur abgewichen werden darf, wenn dies gesetzlich ausdrücklich zugelassen wird (§ 23 Abs. 5 S. 1 AktG); darüber hinaus ist eine Ergänzung des Aktiengesetzes durch eine Satzung allein dann zulässig, wenn dieses insoweit keine abschließende Regelung enthält (§ 23 Abs. 5 S. 2 AktG). Dies bezweckt die Sicherstellung der Verkehrsfähigkeit der Aktie, sodass sich jeder Aktionär – insbesondere jeder künftige Aktionär – darauf verlassen kann, dass eine Satzung keine ungewöhnlichen oder überraschenden Bestimmungen enthält.[718]

Von einer zwingenden Gesetzesregelung i.S.d. § 23 Abs. 5 S. 1 AktG abweichende Bestimmungen liegen vor, wenn die gesetzliche Regelung durch eine Satzungsregelung ersetzt wird, die Satzung also etwas anderes bestimmt als das Gesetz vorschreibt.[719] Eine solche Abweichung ist nur dann statthaft, sofern der Wortlaut des Gesetzes dies ausdrücklich zulässt; bloßes Schweigen des Gesetzes begründet keine Abweichungsbefugnis.[720]

Ergänzende Satzungsbestimmungen sind dann zulässig, sofern das Aktiengesetz keine eigene abschließende Regelung enthält (§ 23 Abs. 5 S. 2 AktG), also, wenn das Gesetz die in der Satzung geregelte Frage nicht bereits regelt oder das Gesetz seinem Gedanken nach weitergeführt wird und damit im Grundsatz unberührt bleibt.[721] Wann eine gesetzliche Regelung abschließend ist, ist durch Auslegung der konkreten Norm zu ermitteln; dabei ist zu vermuten, dass diese nur im Ausnahmefall eine abschließende Regelung trifft.[722]

2. *Schiedsklauseln als ergänzende Bestimmung*

Schiedsklauseln sind auf dieser Grundlage als ergänzende Bestimmung (§ 23 Abs. 5 S. 2 AktG) nur zulässig, wenn das Aktiengesetz die gerichtliche Zuständigkeit nicht abschließend regelt.

Eine zulässige Abweichung i.S.v. § 23 Abs. 5 S. 1 AktG kann eine Schiedsklausel dagegen nicht sein, denn es fehlt im Aktiengesetz an der ausdrücklichen Zulassung von Schiedsklauseln.[723]

---

718 *Pentz,* in: MünchKomm.AktG, § 23 Rn. 150; *Seibt,* in: Schmidt/Lutter, AktG, § 23 Rn. 53.

719 *Pentz,* in: MünchKomm.AktG, § 23 Rn. 152; *Seibt,* in: Schmidt/Lutter, AktG, § 23 Rn. 54.

720 *Arnold,* in: KK.AktG, § 23 Rn. 138; *Seibt,* in: Schmidt/Lutter, AktG, § 23 Rn. 54.

721 *Arnold,* in: KK.AktG, § 23 Rn. 149; *Pentz,* in: MünchKomm.AktG, § 23 Rn. 157.

722 *Pentz,* in: MünchKomm.AktG, § 23 Rn. 157 f.; *Seibt,* in: Schmidt/Lutter, AktG, § 23 Rn. 57.

723 Dagegen trennen *Korff,* Beschlussmängelstreitigkeiten im Schiedsverfahren, 172, und *Schröder,* Schiedsgerichtliche Konfliktbeilegung bei aktienrechtlichen Beschlußmängelklagen, 134, nicht

3. *§ 246 Abs. 3 S. 1 AktG als abschließende Regelung?*

Ob die Zuständigkeitsregelungen des Aktiengesetzes abschließende Regelungen sind und damit Rechtsschutz zwingend durch staatliche Gerichte vorsehen, kann nicht abstrakt beantwortet werden. Dies kann nur konkret für die jeweilige aktienrechtliche Zuständigkeitsanordnung und deren Schutzzweck geschehen. Da die Anfechtungsklage im Mittelpunkt der wissenschaftlichen Diskussion steht und ihr die größte Relevanz zukommt, ist diese auch die Grundlage der folgenden Untersuchung.

a) Aktienrechtliches Rechtsschutzkonzept als Ausgangspunkt der Erörterung

Ausgangspunkt der Frage, ob § 246 Abs. 3 S. 1 AktG abschließend Rechtsschutz allein durch staatliche Gerichte vorsieht, ist das Rechtsschutzkonzept, das der Anfechtungsklage zugrunde liegt. Denn diejenigen, die eine Schiedsklausel als unzulässige Abweichung von § 246 Abs. 3 S. 1 AktG sehen, begründen dies in erster Linie mit der besonderen Bedeutung des aktienrechtlichen Rechtsschutzkonzepts.[724] Denn der grundrechtlich verankerte Schutz des inneren Aktienrechts sowie die Gewährleistung von Rechtssicherheit, Minderheiten- und Anlegerschutz würden zwingend staatlichen Rechtsschutz erfordern.

Der Prämisse dieser Argumentation – der Bedeutung der Rechtsschutzmöglichkeiten – ist zuzustimmen, dem daraus gezogenen Schluss jedoch nicht.

Zur Prämisse: Die von Anfechtungsklagen ausgehende Möglichkeit zur Rechtskontrolle hat verschiedene Facetten. Aus Sicht der Minderheitsaktionäre bezweckt das Anfechtungsrecht, solche Beschlüsse der Aktionärsmehrheit zu verhindern, die in unzulässiger Weise in die Rechte von Minderheitsaktionären eingreifen.[725] Darüber hinaus sichern Anfechtungsklagen das Recht eines jeden Aktionärs auf die Gesetzes- und Satzungskonformität von Beschlüssen.[726] Anders als Beschlüssen von Gesellschafterversammlungen kommt Hauptversammlungsbeschlüssen eine besondere Breitenwirkung zu, sodass bei der AG ein erhebliches Interesse an der Gültigkeit der Beschlüsse besteht.[727]

---

zwischen § 23 Abs. 5 S. 1 und S. 2 AktG; kritisch zu einer solchen Vermischung *Röhricht,* in: Großkomm.AktG, § 23 Rn. 168.

724 *Reichert,* in: FS Ulmer (2003), 511, 531; *Schmidt,* BB 2001, 1857, 1861; dagegen *Borris,* NZG 2010, 481, 482 f.

725 BGHZ 71, 40, 44 f.; 103, 184, 189 f.; *Wiedemann,* Gesellschaftsrecht, Bd. 1, § 8 I.4 (S. 423 f.).

726 BGHZ 43, 261, 265 f. (zur GmbH); *Habersack,* Mitgliedschaft - subjektives und "sonstiges" Recht, 229 f.; *Noack,* Fehlerhafte Beschlüsse, 45 f.

727 BGHZ 104, 66, 70 f.

Zum daraus gezogenen Schluss: Inwieweit ein Schiedsverfahren diese hohen Ansprüche an die Sicherung von Aktionärsrechten erfüllen kann, ist keine Frage, die sich allgemein beantworten lässt – weder positiv noch negativ. Dies stellt einen wesentlichen Unterschied zwischen Schiedsgerichtsbarkeit und staatlicher Gerichtsbarkeit dar. Während bei staatlichen Gerichtsverfahren stets darauf vertraut werden kann, dass Minderheitsrechte gewahrt werden und Rechtssicherheit hergestellt wird, muss in Schiedsverfahren stets der Einzelfall betrachtet werden. Wie die Erörterung der GmbH-Beschlussmängelstreitigkeiten gezeigt hat, ist die Qualität des schiedsgerichtlichen Rechtsschutzes stets mit Blick auf die zugrunde liegende Schiedsklausel zu beurteilen. Dem Einwand der überwiegenden Ansicht,[728] Schiedsgerichte gewährleisteten *generell* nicht den von §§ 243 ff. AktG bezweckten Rechtsschutz, ist damit zu widersprechen.

b) Arbeitsthese

Es gilt vielmehr wieder die These aufzugreifen, wonach die Schiedsgerichtsbarkeit einen der staatlichen Gerichtsbarkeit gleichwertigen Rechtsschutz bieten *kann.*[729] Im Fortgang der Arbeitsthese zu GmbH-Beschlussmängelstreitigkeiten[730] und der Gleichwertigkeitskautelen aus *Schiedsfähigkeit II*[731] ist der Untersuchung deshalb die folgende Arbeitsthese zugrunde zu legen: Die Schiedsgerichtsbarkeit *kann* einen Rechtsschutz bieten, der geeignet ist, die hohen Anforderungen des aktienrechtlichen Rechtsschutzkonzepts zu erfüllen; vorausgesetzt, die Schiedsklausel sichert entsprechende Verfahrensvoraussetzungen und -standards. Diese orientieren sich an den Gleichwertigkeitskautelen aus *Schiedsfähigkeit II*, die jedoch für die AG teilweise zu modifizieren sind.

Wenn die Schiedsklausel die Gleichwertigkeit des Rechtsschutzes von staatlichen Gerichten und Schiedsgerichten sichert, dann kann auch in § 246 Abs. 3 S. 1 AktG keine abschließende Regelung zugunsten staatlicher Gerichte gesehen werden.

c) Einheitliche Betrachtung verschiedener Aktiengesellschaftstypen

Die Frage nach der Einhaltung eines Mindeststandards für die Gestaltung von Schiedsklauseln muss einheitlich für alle Typen von AGs erfolgen, d. h. es kann nicht zwischen kleinen AGs und Publikumsgesellschaften unterschieden werden.

728 Nw. bei 724.

729 Siehe dazu bereits § 3 B. III. und § 10 D. 2.

730 Siehe dazu § 10 B. II. 2. c).

731 BHGZ 180, 221, 228 f.

§ 23 Abs. 5 AktG schränkt *de lege lata* die Satzungsfreiheit für alle AGs einheitlich ein, und zwar ohne Rücksicht auf ihre Struktur und Größe oder eine Börsennotierung. Daher muss erörtert werden, ob die in *Schiedsfähigkeit II* vorgegebenen Gestaltungsvorgaben für jeden Typus einer AG umsetzbar sind, ohne Rücksicht darauf, ob es sich um Familien-AGs oder um Publikumsgesellschaften handelt.[732]

Aufgrund dieser fehlenden Unterscheidung steht der Grundsatz der Satzungsstrenge in der Kritik.[733] Eine „Deregulierung" schlägt *Bayer* vor und betont dabei die geringe Anzahl an börsennotierten AGs im Verhältnis zur Gesamtzahl der AGs: Lediglich 4% der AGs sind börsennotiert.[734] Als Lösungsmöglichkeit *de lege lata* wird eine restriktive Auslegung des § 23 Abs. 5 AktG für nicht börsennotierte AGs gefordert.[735] Mit Blick auf die von der herrschenden Ansicht angenommene Unzulässigkeit von Schiedsklauseln in der AG wird daher auch *de lege ferenda* gefordert, Schiedsklauseln für Beschlussmängelstreitigkeiten für nicht börsennotierte AGs[736] bzw. für personalistisch geprägte, geschlossene AGs[737] bzw. generell[738] gesetzlich zuzulassen. Zum jetzigen Zeitpunkt ist *de lege lata* jedoch von einem einheitlichen Maßstab für alle Typen von AGs auszugehen.

d) Gleichwertigkeitskautelen aus Schiedsfähigkeit II in der AG

Auf dieser Grundlage ist zu erörtern, ob die Umsetzung der Gleichwertigkeitskautelen aus *Schiedsfähigkeit II* auch in der AG möglich ist. Diese sichern einen rechtsstaatlichen Mindeststandard, der auf der allgemeingültigen Grenze aus § 138 BGB beruht und daher im Grundsatz auch für AGs gilt.[739]

Zur Klarstellung ist zu betonen: Es geht allein um die Frage, ob die Einhaltung der Gleichwertigkeitskautelen in der AG überhaupt denkbar ist und inwieweit diese ggf. modifiziert werden müssen. Nur wenn eine Umsetzung der Gleichwertigkeitskautelen möglich ist, *kann* die Schiedsgerichtsbarkeit einen der staatlichen Gerichtsbarkeit gleichwertigen Rechtsschutz bieten, und allein dann

---

732 Dies übersehen: *Korff,* Beschlussmängelstreitigkeiten im Schiedsverfahren, 172-174; *Schröder,* Schiedsgerichtliche Konfliktbeilegung bei aktienrechtlichen Beschlußmängelklagen, 134-165.

733 *Bayer,* Gutachten E für den 67. Dt. Juristentag (Erfurt 2008), E 126–E 129; *Hirte,* in: Lutter/Wiedemann (Hrsg.), Gestaltungsfreiheit im Gesellschaftsrecht, 61, 97 f.; *Mertens*, ZGR 1994, 426, 427-436.

734 *Bayer,* Gutachten E für den 67. Dt. Juristentag (Erfurt 2008), E 20, E 81–E 117.

735 *Hopt,* in: Lutter/Wiedemann (Hrsg.), Gestaltungsfreiheit im Gesellschaftsrecht, 123, 144; *Seibt,* in: Schmidt/Lutter, AktG, § 23 Rn. 53.

736 *Bayer,* Gutachten E für den 67. Dt. Juristentag (Erfurt 2008), E 108.

737 Bericht der Regierungskommission „Corporate Governance", BT-Drucksache 14/7515, S. 80.

738 *Mertens*, ZGR 1994, 426, 438 f.

739 So auch *Borris*, NZG 2010, 481, 483; in diese Richtung auch *Goette*, GWR 2009, 103, 105.

steht das Rechtsschutzsystem der §§ 243 ff. AktG nicht der Zulässigkeit statutarischer Schiedsklauseln entgegen, sodass statutarische Schiedsklauseln keinen Verstoß gegen den Grundsatz der Satzungsstrenge begründen.

aa) Schiedsbindung aller Aktionäre

Die Schiedsklausel muss mit der Zustimmung aller Aktionäre in die Satzung aufgenommen worden sein, lautet für die AG die erste Gleichwertigkeitskautel.[740] Mit dieser ersten Voraussetzung ging der *BGH* in *Schiedsfähigkeit II* unausgesprochen davon aus, dass die einmal eingetretene Schiedsbindung der Aktionäre, die die Schiedsbindung angeordnet haben, auch alle ihm nachfolgenden Aktionäre trifft. Dies trifft bei einer statutarischen Schiedsklausel zu. Denn sie sind echte Satzungsbestimmungen, die korporative Rechtsverhältnisse mit genereller Wirkung für einen unbestimmten Personenkreis regeln.[741]

Die Kritiker einer statutarischen Lösung, allen voran *Karsten Schmidt*, offerieren als Alternative zu einer statutarischen Schiedsklausel eine nicht korporativ wirkende Nebenvereinbarung zur Begründung schiedsgerichtlicher Entscheidungskompetenz.[742] Hinter dieser Offerte steht – unausgesprochen – ein bestimmter Gedanke: das Erfordernis einer allseitigen ausdrücklichen Zustimmung zur Schiedsgerichtsbarkeit. Eine Schiedsvereinbarung würde nur diejenigen Aktionäre binden, die ihr ausdrücklich zugestimmt haben, und ein akzessorischer Übergang auf den eintretenden Aktionär als Rechtsnachfolger wäre nicht möglich.[743] Im Ergebnis würde eine solche Schiedsvereinbarung überhaupt nur dann Wirkung entfalten, wenn alle diejenigen Parteien zugestimmt haben, die bei Einleitung des Schiedsverfahrens Aktionäre sind. Eine solche „Legitimationslücke" zwischen den Parteien der Schiedsvereinbarung und den Parteien des Schiedsverfahrens existiert jedoch nicht.[744] Denn im Grundsatz gilt für jede Schiedsklausel in der Satzung einer Kapitalgesellschaft, dass eine einstimmige Entscheidung aller Gesellschafter zur Anordnung einer schiedsgerichtlichen Entscheidungskompetenz auch alle zukünftigen Gesellschafter bindet. Diese dauerhafte Bindung aller Gesellschafter ist das Kennzeichen einer Satzungsregelung.[745] Dies gilt somit

740 Zur GmbH BGHZ 180, 221, 228.

741 Siehe zur AG bereits § 11 B. II.

742 *Schmidt*, AG 1995, 551, 553; *ders.*, ZHR 162 (1998), 265, 282; *ders.*, BB 2001, 1857, 1861; zustimmend: *Dörr,* in: Spindler/Stilz, AktG, § 246 Rn. 11; *Reichert,* in: FS Ulmer (2003), 511, 531 f.; vgl. auch *Hüffer,* in: MünchKomm.AktG, § 246 Rn. 34, der die Einhaltung der Gestaltungskautelen aus *Schiedsfähigkeit II* auch in der Schiedsvereinbarung für notwendig hält.

743 *Noack,* Gesellschaftervereinbarungen bei Kapitalgesellschaften, 171 f.

744 Siehe bereits zur AG § 11 B. II. 2 und zur GmbH § 10 C. I.

745 *Schmidt,* Gesellschaftsrecht, § 5 I.2 (S. 82 f.); *Wicke*, DNotZ 2006, 419, 424.

auch für Schiedsklauseln, sodass jeder zukünftige Gesellschafter auch ohne seine explizite Zustimmung an diese gebunden ist.

bb) Pflicht zur Information der Aktionäre über die Einleitung des Schiedsverfahrens

Der Vorstand erfüllt seine Informationspflicht bereits durch Bekanntmachung der Einreichung der Schiedsklage in den Gesellschaftsblättern (§ 246 Abs. 4 S. 1 AktG).[746] Die Bekanntmachung erfolgt im elektronischen Bundesanzeiger (§ 25 S. 1 AktG), und die Aktionäre können sich auf der Homepage des elektronischen Bundesanzeigers ein ‚elektronisches Abonnement' einrichten lassen, was die tatsächliche Informationsmöglichkeit zusätzlich sichert.

Abweichend vom staatlichen Verfahren ist auch die Frist zur Ausübung der Beitrittsmöglichkeit zu bestimmen; diese Fristmitteilung sollte ebenfalls in den Gesellschaftsblättern erfolgen.

cc) Konstituierung des Schiedsgerichts

Bei der Konstituierung des Schiedsgerichts bestehen aufgrund der kapitalistischen Struktur der AG maßgebliche Unterschiede zur GmbH. So ist bei der GmbH eine Wahl der Parteischiedsrichter durch eine Abstimmung nach Köpfen mit qualifizierter Mehrheit möglich.[747] Dies ist bei der GmbH nur deshalb praktikabel, weil es sich bei der GmbH regelmäßig um eine „Personengesellschaft mit kapitalistischer Finanzverfassung"[748] handelt, was bei der AG nicht der Regelfall ist.

Bei der AG kommt deshalb nur eine Bestellung des Schiedsgerichts durch einen unabhängigen Dritten in Betracht:[749] Denn eine jeweilige Abstimmung innerhalb der Kläger- und Beklagtengruppierung ist in Anbetracht der Vielzahl an Aktienvarianten und in Anbetracht des Minderheitenschutzes nicht denkbar. So würde sich etwa die Frage stellen, wie Aktionäre mit Vorzugsaktien – also eigentlich ohne Stimmrecht – an der Wahl der Parteischiedsrichter zu beteiligen sind; denn solche Aktionäre können unter den gleichen Voraussetzungen wie Stammaktionäre Anfechtungsklage erheben[750] und müssen mit Blick auf die *inter-omnes*-Wirkung des Schiedsspruchs an der Schiedsrichterbestellung beteiligt werden.

---

746 *Borris*, NZG 2010, 481, 484.

747 Siehe S. 124-130.

748 Siehe Diskussionsbericht zum 11. ZGR-Symposium „25 Jahre ZGR" von *Kleindiek,* in: Lutter/Wiedemann (Hrsg.), Gestaltungsfreiheit im Gesellschaftsrecht, 99.

749 Im Grundsatz auch *Ebbing*, NZG 1998, 281, 286 f. (generell für eine Schiedsrichterbestellung durch Dritte); *Schlosser,* in: Stein/Jonas, ZPO, § 1034 Rn. 29 (außer bei einer Familien-AG); *Vetter*, DB 2000, 705, 707; a.A. *Borris*, NZG 2010, 481, 484.

750 BGHZ 119, 305, 317; *Spindler,* in: Schmidt/Lutter, AktG, § 140 Rn. 12.

Diejenigen Stimmen in der Literatur, die in einer Schiedsklausel für Beschlussmängelstreitigkeiten eine unzulässige Abweichung i.S.v. § 23 Abs. 5 AktG sehen,[751] heben zu Recht den Minderheitenschutz als tragenden Aspekt des Anfechtungsrechts in der AG hervor. Um diesen Schutz „trotz" der Verlagerung von Beschlussmängelstreitigkeiten in die Schiedsgerichtsbarkeit zu gewährleisten, sind die Schiedsrichter zwingend durch einen unabhängigen Dritten zu benennen. Die Unabhängigkeit der Schiedsrichter ist ein derart zentraler und entscheidender Punkt eines Schiedsverfahrens,[752] dessen Einhaltung die Verfassung gebietet,[753] dass in einer AG nur eine Schiedsrichterbenennung durch unabhängige Dritte zulässig ist. Anders als in einem staatlichen Verfahren existiert kein gesetzlicher Richter i.S.v. Art. 101 Abs. 1 S. 2 GG.[754] Dieser „Schwachstelle des Schiedsverfahrens" kann bei Beschlussmängelstreitigkeiten in der AG nur durch eine unabhängige Schiedsrichterbenennung begegnet werden.

dd) Sicherung der Zuständigkeitskonzentration

Auch die Sicherung der Zuständigkeitskonzentration ist eine Gestaltungsaufgabe der Aktionäre; insoweit gilt das zur GmbH Gesagte[755] entsprechend.

4. Zwischenergebnis: Zulässigkeit einer Schiedsklausel und § 23 Abs. 5 AktG

Damit ist als Zwischenergebnis festzuhalten, dass der Grundsatz der Satzungsstrenge der Aufnahme einer Schiedsklausel in die Satzung einer AG nicht entgegensteht. Weder erfordert das aktienrechtliche Rechtsschutzsystem zwingend Rechtsschutz durch *staatliche* Gerichte[756] noch ist eine Entscheidung kraft Natur der Sache staatlichen Gerichten vorbehalten.[757] Auch verlangen das Gebot der Rechtssicherheit sowie Anleger- und Minderheitenschutz nicht zwingend einen staatlichen Rechtsschutz.[758]

---

751 Nw. bei Fn. 714.

752 Vgl. zur Notwendigkeit eines unabhängigen Schiedsgerichts *Geimer,* in: Schlosser (Hrsg.), Integritätsprobleme im Umfeld der Justiz, 113, 142 f., 172-178.

753 *Geimer,* in: Schlosser (Hrsg.), Integritätsprobleme im Umfeld der Justiz, 113, 174.

754 Siehe dazu bereits § 3 C. III.

755 Siehe zum Ganzen zur GmbH bereits § 10 B. II. 2 d).

756 So auch *Bork*, ZHR 160 (1996), 374, 377.

757 So auch *M. Schwab,* in: Schmidt/Lutter, AktG, § 246 Rn. 40.

758 So auch *Borris*, NZG 2010, 481, 483; *Lüke/Blenske*, ZGR 1998, 253, 258.

II. Schiedsgerichtsbarkeit als realistische Alternative zur staatlichen Gerichtsbarkeit?

Nachdem die generelle Zulässigkeit von Schiedsklauseln mit Blick auf den Grundsatz der Satzungsstrenge erörtert wurde, ist zu fragen, welche Perspektiven für die Schiedsgerichtsbarkeit als alternative Form der Streitbeilegung bestehen.

1. Familien-AG / kleine AG

Bei einer Familien-AG oder einer kleinen AG, die aufgrund der geringen Anzahl der Aktionäre und des stetigen Aktionärsbestands vergleichbar mit einer GmbH sind, bietet die Schiedsgerichtsbarkeit eine echte Alternative zur Streitbeilegung vor staatlichen Gerichten.[759]

2. Große AG / Publikumsgesellschaft

Rechtlich zulässig wäre eine Schiedsklausel auch in der Satzung einer großen AG oder Publikumsgesellschaft.

a) Outsourcing von Schiedsverfahren über Beschlussmängel

Für AGs mit großer und wenig überschaubarer Aktionärszahl stellen sich bei der Durchführung eines Beschlussmängelschiedsverfahrens organisatorische Probleme, die eine Administration des Schiedsverfahrens durch die Gesellschaft nur in Ausnahmefällen zulassen werden. Es sind die taggenaue Kontrolle der Fristen und die Erfassung derjenigen Aktionäre, die sich an dem Schiedsverfahren beteiligen wollen, notwendig;[760] auch obliegt der Gesellschaft die Zustellung von Schriftsätzen. Die möglichen Fehlerquellen sind vielfältig, und ein Verstoß gegen formale Voraussetzungen kann zu einer Aufhebung des Schiedsspruchs führen. Damit würden die angestrebten Vorteile des Schiedsverfahrens zunichte gemacht. Diese administrative Leistung wird regelmäßig nur eine große Rechtsabteilung erbringen können. Daher bietet sich ein Outsourcing des Beschlussmängelschiedsverfahrens an eine Schiedsorganisationen, wie die Deutsche Institution für Schiedsgerichtsbarkeit an.[761] Die Geschäftsstelle einer solchen Organisation kann nach Einleitung des Verfahrens die administrativen Aufgaben übernehmen,

759 So im Ergebnis auch *Borris*, NZG 2010, 481, 486.

760 *Borris*, SchiedsVZ 2009, 299, 304; *ders.* NZG 2010, 481, 485.

761 In diese Richtung auch *Schmidt,* in: Gesellschaftsrecht in der Diskussion (2009), 97, 126 f.

was die Fehleranfälligkeit bei Zustellungen, Ladungen etc. deutlich verringert;[762] dies erhöht jedoch auch die Kosten des Schiedsverfahrens.

b) Zukünftige Rechtsentwicklung

Zukünftig wird es ohne gesetzliche Regelung keine Schiedsgerichtsbarkeit in Beschlussmängelstreitigkeiten in der AG geben. So lag *Schiedsfähigkeit II* ein kompromisslos ausgetragener Streit zugrunde, der für die notwendige Rechtsfortbildung sorgte, und der Schiedsgerichtsbarkeit in GmbH-Beschlussmängelstreitigkeiten zum Durchbruch verhalf. Etwas Vergleichbares ist für große AGs nicht zu erwarten; denn Beschlussmängelstreitigkeiten sind bei solchen Gesellschaften kein Gebiet, in dem es ratsam ist, prozessuale Fragen höchstrichterlich klären zu lassen.[763]

D. Zusammenfassung

Bei der AG zwingt der Grundsatz der Satzungsstrenge zu einer Unterscheidung zwischen solchen Fällen, in denen das Aktiengesetz einen Gerichtsstand zwingend anordnet, und anderen Fällen, in denen dies nicht der Fall ist. Ordnet das Aktiengesetz keine ausschließliche Zuständigkeit an, ist die Wirkungserstreckung einer Schiedsklausel unter denselben Voraussetzungen wie im GmbH-Recht möglich.

Ordnet das Aktiengesetz dagegen einen ausschließlichen Gerichtsstand zugunsten staatlicher Gerichte an, ist mit Blick auf § 23 Abs. 5 AktG festzuhalten, dass die Anordnung einer schiedsgerichtlichen Entscheidungszuständigkeit in einer Satzung eine zulässige Ergänzung i.S.v. § 23 Abs. 5 S. 2 AktG darstellt. Denn Schiedsgerichte können einen der staatlichen Gerichtsbarkeit gleichwertigen Rechtsschutz bieten, vorausgesetzt, die Schiedsklausel sichert die Einhaltung rechtsstaatlicher Mindeststandards, insbesondere den Minderheitenschutz. Infolgedessen sind die Gerichtsstandsanordnungen des Aktiengesetzes auch keine abschließenden Regelungen, die zwingend ein Verfahren vor staatlichen Gerichten vorsehen.

Eine Fortentwicklung der Schiedsgerichtsbarkeit, wie sie im Bereich der GmbH zu beobachten ist, wird zukünftig ohne gesetzliche Regelung jedoch nicht eintreten. Daher bietet sich im Anschluss an *Karsten Schmidt* die folgende Ergänzung des § 246 Abs. 3 AktG an: „Für die Anfechtung des Beschlusses einer im Zeitpunkt der Beschlussfassung nicht börsennotierten Gesellschaft kann die Satzung die Entscheidung durch ein Schiedsgericht bestimmen."[764]

---

762 *Borris*, SchiedsVZ 2009, 299, 304; *ders.* NZG 2010, 481, 485.

763 *Vetter*, DB 2000, 705, 706.

764 *Schmidt,* Referat – Verhandlungen des 63. Deutschen Juristentages (Leipzig 2000), O 24 f., O 34.

§ 12
Wirkungserstreckung von Schiedsklauseln auf Organwalter von Kapitalgesellschaften

A. Übersicht

Die Wirkung statutarischer Schiedsklauseln im Kapitalgesellschaftsrecht ist nicht auf Gesellschafter begrenzt; auch eine Wirkung auf Organwalter ist denkbar.[765] Im Fokus der vorliegenden Erörterung steht zunächst die GmbH als „Prototyp der Kapitalgesellschaft mit Schiedsklausel" und im Anschluss die Wirkungserstreckung von Schiedsklauseln auf Mitglieder des Vorstands und des Aufsichtsrats.

B. Wirkungserstreckung auf Geschäftsführer

Werden Rechte und Pflichten eines Geschäftsführers erörtert, so ist stets zwischen dem Organverhältnis und dem Anstellungsverhältnis zu unterscheiden; nicht anderes gilt mit Blick auf Schiedsklauseln und Schiedsvereinbarungen.

I. Wirkungerstreckung von Schiedsklauseln

Die Literatur hat sich bislang nur vereinzelt mit der Wirkungserstreckung auf Geschäftsführer auseinandergesetzt und es ist kein klares Bild erkennbar, ob und unter welchen Voraussetzungen Schiedsklauseln auf das statutarische Rechtsverhältnis zwischen Gesellschaft und Geschäftsführer wirken sollen. So wird von manchen bei der Geltendmachung von Organhaftungsansprüchen eine Wirkungserstreckung von Schiedsklauseln auf Geschäftsführer generell[766] oder jedenfalls Gesellschafter-Geschäftsführer[767] angenommen, von anderen wird eine Wirkungserstreckung gänzlich abgelehnt.[768]

In der folgenden Erörterung wird in Anlehnung an die bisherige Untersuchung zwischen der Anordnungskompetenz der Gesellschafter und der Legitimation der Wirkungserstreckung auf den Geschäftsführer unterschieden.[769]

---

765 Zu den generellen Vorteilen der Schiedsgerichtsbarkeit bei „Managerhaftung" *Thümmel,* in: FS Geimer (2002), 1331, 1333-1336.

766 *Haas/Hoßfeld,* in: FS Uwe H. Schneider (2011), 407, 413-416; mit Einschränkungen *Umbeck,* SchiedsVZ 2009, 143, 145 f.; siehe auch *Beckmann,* Statutarische Schiedsklauseln, 295.

767 *Haas/Ziemons,* in: Michalski, GmbHG, § 43 Rn. 245a.

768 *Thümmel,* in: FS Geimer (2002), 1331, 1337; so auch *Mock,* in: FS Meilicke (2010), 489, 502 (für die AG).

769 Zu den Begriffen oben § 9 D.

1. Anordnungskompetenz der Gesellschafter für eine schiedsgerichtliche Entscheidungszuständigkeit

Im Rahmen der Anordnungskompetenz sind zunächst die objektiv schiedsfähigen Streitigkeiten im Zusammenhang mit dem Gesellschaftsverhältnis einzugrenzen, um danach zu erörtern, mit welcher Mehrheit die Gesellschafter eine schiedsgerichtliche Entscheidungskompetenz anordnen können.

a) Statutarische Streitigkeiten

Soweit sich Streitigkeiten zwischen Gesellschaften und deren Geschäftsführern auf das Gesellschaftsverhältnis gründen, können sie Gegenstand einer Schiedsklausel sein; exemplarisch erörtert werden nachfolgend Haftungsstreitigkeiten und Streitigkeiten um die Abberufung eines Geschäftsführers.

aa) Haftung kraft Organstellung

Unter Organhaftung ist die Haftung zu verstehen, die einen Geschäftsführer aufgrund seiner Stellung als Organ trifft, also in erster Linie die Haftung nach § 43 Abs. 2 und 3 GmbHG und nach § 64 S. 1 GmbHG.[770] Diese Ansprüche beruhen auf der körperschaftlichen Rechtsbeziehung, sodass grundsätzlich die Wirkungserstreckung einer statutarischen Schiedsklausel auf die Geltendmachung dieser Ansprüche in Betracht kommt.

Davon abzugrenzen sind Ansprüche von Gesellschaftsgläubigern gegen einen Geschäftsführer, wie z.B. die Haftung aus § 823 Abs. 2 BGB i.V.m. § 15a InsO. Zwar ist nach § 15a InsO der Geschäftsführer als Organ verpflichtet, beim Vorliegen von Insolvenzgründen einen Insolvenzantrag zu stellen – die Antragspflicht ist eine insolvenzrechtliche Organpflicht –, jedoch wirken Satzungsregelungen nicht auf deliktische Ansprüche der Gesellschaftsgläubiger. Folglich kommt die Wirkungserstreckung einer Schiedsklausel insoweit nicht in Betracht.

bb) Streit um die Abberufung des Geschäftsführers

Wird ein (Gesellschafter-)Geschäftsführer aufgrund eines Beschlusses der Gesellschafterversammlung abberufen, so kann er die vermeintliche Fehlerhaftigkeit des Beschlusses gerichtlich feststellen lassen.[771] Die Bestellung zum Geschäftsführer begründet ein korporatives Rechtsverhältnis zwischen dem Ge-

770 Daneben kommt eine Haftung aus §§ 9a, 57 Abs. 4 GmbHG in Betracht.

771 BGH ZIP 2008, 757, 759; *Paefgen,* in: Ulmer, GmbHG, § 38 Rn. 89; *Schneider,* in: Scholz, GmbHG, § 38 Rb. 58b.

schäftsführer und der Gesellschaft, und dieser hat ein berechtigtes Interesse, zu wissen, ob ihm die Rechte und Pflichten eines Geschäftsführers zukommen oder nicht.[772] Daneben ist der Geschäftsführer berechtigt, Nichtigkeitsklage analog den §§ 249 Abs. 1 S. 1, 248 Abs. 1 AktG gegen den Abberufungsbeschluss zu erheben.[773] Diese Streitigkeiten können als korporative Streitigkeiten ebenfalls der Wirkung einer Schiedsklausel unterstehen.

Streitigkeiten, die aus der Kündigung des Anstellungsvertrags des Geschäftsführers resultieren, unterliegen dagegen nicht der Schiedsklausel; hier ist die Wirkung einer Schiedsvereinbarung im Anstellungsvertrag zu prüfen.[774]

b) Objektive Schiedsfähigkeit

Die objektive Schiedsfähigkeit[775] von Streitigkeiten zwischen einer Gesellschaft und den Gesellschaftsorganen ist mit Blick auf zwei Problemkreise zu erörtern: das Verzichts- und Vergleichsverbot für Ersatzansprüche und den Ausschluss der Anwendbarkeit der §§ 1025 ff. ZPO durch § 101 Abs. 3 ArbGG.

aa) Schiedsfähigkeit und Vergleichsverbote

Nach 1025 Abs. 1 ZPO a.F. war die Befugnis, einen Vergleich über den Gegenstand des Streits schließen zu können, Voraussetzung der objektiven Schiedsfähigkeit.[776] Daher stellte sich aufgrund von Vergleichsverboten stets die Frage nach der objektiven Schiedsfähigkeit von Ersatzansprüchen der Gesellschaft.[777] Mit der Neuregelung des Schiedsverfahrensrechts durch das SchiedsVfG hat sich diese Frage erledigt: Ersatzansprüche sind als vermögensrechtliche Ansprüche nach § 1030 Abs. 1 ZPO grundsätzlich objektiv schiedsfähig.[778]

bb) Schiedsfähigkeit und § 101 Abs. 3 ArbGG

Der Schiedsfähigkeit der genannten Streitigkeiten mit Geschäftsführern steht auch nicht § 101 Abs. 3 ArbGG entgegen, wonach die §§ 1025 ff. ZPO in Arbeitssachen nicht anwendbar sind. Denn nach § 5 Abs. 1 S. 3 ArbGG gelten solche Personen

---

772 *Papmehl,* Schiedsfähigkeit gesellschaftsrechtlicher Streitigkeiten, 225.

773 BGHZ 70, 384, 388; OLG Koblenz NZG 2006, 270, 271; *Bayer,* in: Lutter/Hommelhoff, GmbHG, Anh. § 47 Rn. 30; *Schmidt,* in: Scholz, GmbHG, § 45 Rn. 134.

774 Siehe dazu im Folgenden II.

775 Zu dem Begriff siehe § 9 D. I.

776 Zu § 1025 ZPO i.d.F. vom 1.01.1964, gültig bis 31.12.1997, *Bork,* ZZP 100 (1987), 249 ff.

777 Vgl. insofern zu § 1025 ZPO a.F. *Bork,* ZZP 100 (1987), 249, 264 f.

778 *Haas/Ziemons,* in: Michalski, GmbHG, § 43 Rn. 245; *Papmehl,* Schiedsfähigkeit gesellschaftsrechtlicher Streitigkeiten, 223 f.; *Umbeck,* SchiedsVZ 2009, 143, 144.

nicht als Arbeitnehmer, die kraft Gesetz oder Satzung allein oder als Mitglieder eines Vertretungsorgans zur Vertretung einer juristischen Person berufen sind. Auf Geschäftsführer findet § 101 Abs. 3 ArbGG daher keine Anwendung.[779] Dies gilt auch nach Abberufung des Geschäftsführers als Organ.[780]

c) Zustimmungserfordernis der Gesellschafter zur Schiedsklausel

Des Weiteren ist für die Anordnung einer schiedsgerichtlichen Entscheidungskompetenz stets die Zustimmung der Gesellschafter notwendig. Inwieweit ein Geschäftsführer der Einführung einer für ihn geltenden Schiedsklausel zustimmen kann oder muss, ist keine Frage der Anordnungskompetenz – diese steht allein den Gesellschaftern zu –, sondern der Legitimation der Wirkungserstreckung.

Bei der Gründungssatzung stellt sich die Frage nach Mehrheitserfordernissen nicht; in diesem Fall erfolgt die Einführung der Schiedsklausel stets einstimmig durch alle Gesellschafter.

Bei der nachträglichen Einführung einer Schiedsklausel ist dagegen zu untersuchen, ob eine qualifizierte Mehrheit i.S.v. § 53 Abs. 2 GmbHG ausreichend ist. Für die Einführung einer Schiedsklausel, die Streitigkeiten der Gesellschaft mit Gesellschaftern betrifft, wurde dies mit Blick auf das Recht der Gesellschafter auf staatlichen Rechtsschutz verneint.[781] Für die Einführung einer Schiedsklausel, die Streitigkeiten mit Gesellschaftsorganen umfasst, gilt dies ebenso. Denn der damit verbundene Verzicht auf staatlichen Rechtsschutz betrifft die prozessuale Grundstruktur der GmbH, sodass ein entsprechender Beschluss sämtlicher Gesellschafter vorliegen muss. Das Recht auf staatlichen Rechtsschutz ist ein unentziehbares Recht, das nur mit Zustimmung aller Gesellschafter im Gesellschaftsvertrag abbedungen werden kann.[782]

2. *Legitimation der Wirkungserstreckung einer Schiedsklausel*

Wurde eine Schiedsklausel in gesetzlich statthafter Weise durch die Gesellschafter in der Satzung verankert, stellt sich die Frage, inwieweit diese Schiedsklausel auf Geschäftsführer wirken kann.

Problematisch ist mit Blick auf das Recht auf staatlichen Rechtsschutz, dass ein Fremdgeschäftsführer an der Abstimmung über die Einführung einer Schiedsklausel als Satzungsregelung nicht aktiv teilnehmen kann. Allein ein geschäftsführender Gesellschafter hat aufgrund seiner Stellung als Gesellschafter eine Zustim-

---

779 *Geimer,* in: Zöller, ZPO, § 1031 Rn. 35a; *Haas/Hoßfeld,* in: FS Uwe H. Schneider (2011), 407, 418 f.; so auch *Mock,* in: FS Meilicke (2010), 489, 501 (für die AG).

780 *Hentzen,* in: Festg. Sandrock (1995), 181, 181 f.

781 Siehe oben S. 131-133.

782 Zur Begrifflichkeit ‚unentziehbares Recht' *Schmidt,* Gesellschaftsrecht, § 16 III.3 (S. 471).

mungsmöglichkeit. Daher meinen *Haas/Ziemons* auch, dass eine Schiedsklausel nur für einen Gesellschafter-Geschäftsführer gilt und nicht für einen Fremdgeschäftsführer.[783] *Umbeck* befürwortet eine Wirkung auf Geschäftsführer generell, sofern bei der Bestellung zum Geschäftsführer bereits eine Schiedsklausel in der Satzung vorhanden war.[784] Dagegen gehen *Haas/Hoßfeld* von einer generellen Schiedsbindung eines Geschäftsführers aus, eine Schiedsklausel auf den Geschäftsführer kraft körperschaftlicher Bindung wirke, d. h. auch ohne einen besonderen Zustimmungsakt.[785] Andere Literaturmeinungen lehnen eine Wirkungserstreckung von Schiedsklauseln auf Geschäftsführer vollständig ab.[786]

Im Rahmen der folgenden Stellungnahme zur Legitimation der Wirkungserstreckung auf Geschäftsführer sollen im Folgenden drei Begründungsansätze diskutiert werden:

- die Wirkungserstreckung kraft Haftungs- und Anspruchsmodifizierung,
- die Wirkungserstreckung durch Treuepflicht des Geschäftsführers, und
- die Wirkungserstreckung kraft Verbandsrecht/verbandsrechtlicher Zustimmung.

a) Wirkungserstreckung kraft Haftungs- und Anspruchsmodifizierung

Zunächst ist eine Wirkungserstreckung kraft einer statutarischen Modifizierung der Organhaftung durch die Schiedsklausel zu erörtern.

Für die Haftung des Geschäftsführers aus § 43 Abs. 2 GmbHG ist anerkannt, dass diese Haftung durch Satzungsregelungen modifiziert werden kann.[787] Ansprüche aus § 43 Abs. 3 S. 1 GmbHG und § 64 S. 1 GmbHG sind zwar insoweit der Dispositionsbefugnis der Gesellschafter entzogen, soweit die Befriedigung der Gesellschaftsgläubiger dies erfordert.[788] Eine prozessuale Modifizierung der Ansprüche aus § 43 Abs. 3 S. 1 GmbHG und § 64 S. 1 GmbHG durch eine Schiedsklausel ist im Grundsatz jedoch möglich, weil dies die Befriedigungschancen der Gesellschaftsgläubiger nicht beeinträchtigt, zumindest wenn man mit dem Gesetzgeber von einem einheitlichen Rechtsschutzniveau von staatlicher Gerichtsbarkeit und

---

783 *Haas/Ziemons,* in: Michalski, GmbHG, § 43 Rn. 245a.

784 *Umbeck*, SchiedsVZ 2009, 143, 146.

785 *Haas/Hoßfeld,* in: FS Uwe H. Schneider (2011), 407, 413-416; so auch *Beckmann,* Statutarische Schiedsklauseln, 295; insofern bereits zum Vereinsmitglied *Haas*, ZGR 2001, 325, 341 f.

786 *Thümmel,* in: FS Geimer (2002), 1331, 1337; so auch *Mock,* in: FS Meilicke (2010), 489, 502 (für die AG).

787 *Paefgen,* in: Ulmer, GmbHG, § 43 Rn. 7; *Schneider,* in: Scholz, GmbHG, § 43 Rn. 262.

788 *Haas/Ziemons,* in: Michalski, GmbHG, § 43 Rn. 238 f.; *Nerlich,* in: Michalski, GmbHG, § 64 Rn. 52; *Schmidt*, ZGR 1978, 425, 426 f.; *Thomas,* Haftungsfreistellung von Organmitgliedern, 36-39; siehe zum nicht statutarischen Verzicht BGH ZIP 2003, 945, 946; ZIP 2008, 736, 738.

Schiedsgerichtsbarkeit ausgeht.[789] Eine materiell-rechtlich wirkende Entlastung eines Geschäftsführers zum Nachteil der Gläubiger kann eine Schiedsklausel nicht herbeiführen, da sie nur auf die Geltendmachung des Anspruchs wirkt und nicht auf dessen Werthaltigkeit. Eine prozessual wirkende Modifizierung der Haftungsansprüche ist somit mit Blick auf das GmbH-Gesetz zulässig.

Allerdings verletzt die einseitige angeordnete Wirkung einer Schiedsklausel den betroffenen Geschäftsführer in seinem Recht auf staatlichen Rechtsschutz, sodass eine Wirkungserstreckung kraft Haftungsmodifizierung nicht in Betracht kommt. Denn die Wirkung der Schiedsklausel zulasten des Geschäftsführers ist weniger als Haftungsmodifizierung einzuordnen denn als Beschneidung von Rechten des Geschäftsführers aus seiner gesellschaftsfreien Sphäre. Durch die Schiedsklausel wird dem Geschäftsführer das Recht auf staatlichen Rechtsschutz genommen, und ein solch einseitiger Entzug dieses Rechts durch die Gesellschafter ist nicht zulässig.

b) Wirkungserstreckung kraft Treuepflicht und in Parallele zum Wettbewerbsverbot

Zur Begründung der Wirkungserstreckung einer statutarischen Schiedsklausel kraft Pflichtenbindung ist an die Treuepflicht der Geschäftsführer zu denken, insbesondere in Parallele zu dem darauf begründeten Wettbewerbsverbot.

Den Geschäftsführer trifft als Organ der GmbH eine Treuepflicht gegenüber der Gesellschaft,[790] und aufgrund dieser Pflicht unterliegt der Geschäftsführer einem Wettbewerbsverbot.[791] Dies gilt für alle Typen von Geschäftsführern, gleichgültig ob Fremdgeschäftsführer, Gesellschafter-Geschäftsführer oder faktischer Geschäftsführer.[792] Die sachliche Reichweite des Wettbewerbsverbots ist u.a. nach dem satzungsmäßigen Unternehmensgegenstand zu bestimmen.[793] Verletzt der Geschäftsführer das Wettbewerbsverbot, steht der Gesellschaft neben einem Schadensersatzanspruch auch ein verschuldensunabhängiger Unterlassungsanspruch zu.[794]

Fraglich ist nun, ob in Parallele zur Bindung des Geschäftsführers an dieses Wettbewerbsverbot die Bindung des Geschäftsführers an eine Schiedsklausel in

789 Nw. bei Fn. 1, vgl. dazu auch § 3 B.

790 BGHZ 49, 30, 31; BGH WM 1977, 194; *Paefgen,* in: Ulmer, GmbHG, § 43 Rn. 35.

791 Obwohl eine gesetzliche Regelung, wie § 88 AktG, nicht besteht, siehe BGHZ 49, 30, 31; BGH ZIP 1997, 1063, 1064; *Armbrüster,* ZIP 1997, 1269, 1276.

792 *Paefgen,* in: Ulmer, GmbHG, § 43 Rn. 39; *Schneider,* in: Scholz, GmbHG, § 43 Rn. 157-159.

793 *Haas/Ziemons,* in: Michalski, GmbHG, § 43 Rn. 100 f.; *Schneider,* in: Scholz, GmbHG, § 43 Rn. 163 f.

794 *Paefgen,* in: Ulmer, GmbHG, § 43 Rn. 48; *Schneider,* in: Scholz, GmbHG, § 43 Rn. 166.

Betracht kommt. Denn durch das Wettbewerbsverbot wird in die gesellschaftsfreie Sphäre des Geschäftsführers eingegriffen, da das Wettbewerbsverbot jede unternehmerische Tätigkeit des Geschäftsführers untersagt. Dieser Eingriff in dessen private Rechtssphäre ist gerechtfertigt, da der Geschäftsführer aufgrund seiner Stellung unternehmensinterne Informationen und Einflussmöglichkeiten erlangt, die eine Tätigkeit in Konkurrenz nicht zulassen.[795] Im Ergebnis führt das Wettbewerbsverbot, wie auch die Schiedsklausel, zu einer Beschneidung privater Rechte des Geschäftsführers, sodass eine Legitimation der Wirkungserstreckung in Parallele zu dem Wettbewerbsverbot in Betracht kommen könnte.

Allerdings kann der Eingriff in die private Rechtssphäre durch das Wettbewerbsverbot nicht mit dem Eingriff durch die Schiedsklausel verglichen werden. Durch das Wettbewerbsverbot wird der Geschäftsführer in seiner wirtschaftlichen Handlungsfreiheit und damit in seinen Rechten aus Art. 2, Art. 12 GG beschnitten. Als Ausgleich erhält der Geschäftsführer ein Entgelt, sodass der insoweit gegebene Verlust der eigenen wirtschaftlichen Betätigungsmöglichkeit zumutbar ist.[796] Durch die Schiedsklausel wird dem Geschäftsführer dagegen das grundrechtsgleiche Recht auf staatlichen Rechtsschutz genommen. Ob dieser Rechtsverlust durch überwiegende Interessen der Gesellschaft(er) oder durch eine Kompensation gerechtfertigt werden kann, erscheint fraglich. Zum einen kann die Gleichwertigkeit des Rechtsschutzes durch staatliche Gerichte und Schiedsgerichte nicht als Kompensation des Verlusts auf staatlichen Rechtsschutz dienen. Zum anderen ist kein anerkennenswertes Interesse der Gesellschaft(er) ersichtlich, das einen Eingriff in das Recht des Geschäftsführers rechtfertigen könnte; allein das Interesse der Gesellschaft(er) an einer nicht öffentlichen Streitentscheidung reicht nicht aus.

Somit kann auch auf dieser Grundlage keine Wirkungserstreckung auf den Geschäftsführer legitimiert werden.

c) Wirkungserstreckung kraft Verbandsrecht / verbandsrechtlicher Zustimmung

Abschließend wird im Folgenden eine Wirkungserstreckung kraft Verbandsrecht und kraft verbandsrechtlicher Zustimmung diskutiert. Dabei ist zwischen geschäftsführenden Gesellschaftern und Fremdgeschäftsführern zu unterscheiden.

---

795 Vgl. *Haas/Ziemons,* in: Michalski, GmbHG, § 43 Rn. 97.

796 Auch bei einem nachvertraglichen Wettbewerbsverbot ist im Regelfall eine Ausgleichszahlung als Entschädigung notwendig, siehe OLG Düsseldorf GmbHR 1998, 180, 181; *H. P. Westermann,* in: Scholz, GmbHG, § 43 Rn. 183.

aa) Geschäftsführender Gesellschafter

Ein geschäftsführender Gesellschafter untersteht aufgrund seiner Stellung als Gesellschafter bereits der Schiedsklausel kraft seiner Mitgliedschaft. Die Wirkung beschränkt sich aber nicht auf Streitigkeiten aus dem Gesellschafterverhältnis, sodass die Schiedsklausel auch für Streitigkeiten aufgrund der Stellung als Organwalter wirkt.[797] Der wirksame Verzicht auf staatlichen Rechtsschutz, der für den Gesellschafter wirkt, lässt sich nicht auf die Stellung als Gesellschafter und auf die Stellung als Organwalter aufspalten. Denn die Schiedsklausel gilt für alle Streitigkeiten aus dem Gesellschaftsverhältnis, also auch für Streitigkeiten mit Geschäftsführern.

bb) Fremdgeschäftsführer

Dagegen ist ein Fremdgeschäftsführer nicht bereits aufgrund seiner Gesellschafterstellung an die Schiedsklausel gebunden, sodass zu fragen ist, ob ein Verzicht auf staatlichen Rechtsschutz notwendig ist und ggf. wie dieser erfolgen kann.

Anders als *Haas/Hoßfeld* meinen, ist dieser Verzicht nicht aufgrund einer verbandsrechtlichen Bindung entbehrlich.[798] Zwar regelt die Satzung als Organisationsvertrag die Beziehungen der Gesellschafter, der Gesellschaft und der Gesellschaftsorgane[799] und auch die Rechtsstellung der Organwalter sowie deren Rechte und Pflichten[800]. Allerdings ist die Möglichkeit der Anordnung normativ wirkender Satzungsregelungen nicht schrankenlos möglich.[801] Hier müssen die Satzungsautonomie der Gesellschafter und die Grenzen der Satzungsgestaltung zur Wahrung von Individual- und Minderheitsrechten in Einklang gebracht werden. Dem Geschäftsführer steht staatlicher Rechtsschutz zur Wahrung seiner gesellschaftsfreien Sphäre zu, und durch eine einseitige Anordnung der Gesellschafter kann ihm dieses Recht nicht genommen werden. Denn Grundlage einer schiedsgerichtlichen Entscheidungskompetenz ist stets der freiwillige Verzicht auf staatlichen Rechtsschutz, soweit dieser nicht – wie im Fall des geschäftsführenden Gesellschafters – bereits durch andere Umstände ersetzt wird. Dieser Verzicht muss jedoch nicht ausdrücklich erfolgen; dies ist auch mittelbar möglich.[802]

---

797 Im Ergebnis ebenso *Haas/Ziemons,* in: Michalski, GmbHG, § 43 Rn. 245a.

798 *Haas/Hoßfeld,* in: FS Uwe H. Schneider (2011), 407, 413-416; so auch *Beckmann,* Statutarische Schiedsklauseln, 295.

799 So zumindest die (wohl) herrschende ‚modifizierte Normentheorie', vgl. *Michalski,* in: Michalski, GmbHG, § 2 Rn. 5 f.; *Schmidt,* Gesellschaftsrecht, § 5.I 1 (S. 77); *Ulmer,* in: FS Werner (1984), 911, 912, 916; *Wiedemann,* Gesellschaftsrecht, Bd. 1, § 3 II.1 a) (S. 159 f.).

800 *Ulmer,* in: FS Werner (1984), 911, 916.

801 *Wiedemann,* Gesellschaftsrecht, Bd. 1, § 3 II.1 b) (S. 162).

802 BAG NJW 1964, 268, 269.

Mit Blick auf die somit notwendige Zustimmung des Fremdgeschäftsführers zur Schiedsklausel ist zu unterscheiden, ob bei der Bestellung des Geschäftsführers bereits eine Schiedsklausel vorhanden gewesen ist oder nicht.[803]

(1) Bestehen einer Schiedsklausel bei Bestellung des Geschäftsführers

Die Schiedsklausel knüpft an die organschaftliche Sonderrechtsbeziehung zwischen der Gesellschaft und dem Geschäftsführer an und wirkt nur auf daraus entstehende Ansprüche. Diese organschaftliche Sonderrechtsbeziehung wird nicht durch einen einseitigen Rechtsakt der Gesellschaft begründet, sondern mit Zustimmung des Betroffenen.[804] Fraglich ist nun, ob mit Annahme der Bestellung zugleich das Einverständnis zu einer statutarischen Schiedsklausel abgegeben wird, wenn im Zeitpunkt der Bestellung des Geschäftsführers bereits eine Schiedsklausel vorhanden ist.

Aus der Annahme des Amts des Geschäftsführers folgen zahlreiche Verpflichten, die Gesetz und Satzung begründen können. Durch die Satzung können dem Geschäftsführer ohne dessen Zustimmung jedoch nur solche Pflichten auferlegt werden, die seine gesellschaftsfreie Sphäre nicht verletzten. Eine schrankenlose Beschneidung der Rechte des Geschäftsführers durch Satzungsregelungen ist nicht zulässig. Sind Rechte aus der gesellschaftsfreien Sphäre des Geschäftsführers betroffen, muss dieser dem Rechtsverzicht zustimmen; ansonsten scheidet insoweit eine Bindung des Geschäftsführers aus.

Das Recht auf staatlichen Rechtsschutz ist ein solches Recht aus der gesellschaftsfreien Sphäre, da es das ihm zustehende Recht betrifft, vor staatlichen Gerichten zu klagen und verklagt zu werden. Nimmt der Geschäftsführer seine Bestellung an und sieht, dass eine Schiedsklausel vorhanden ist – oder hätte dies erkennen können –, ist die Annahme der Bestellung als Zustimmung zur Schiedsklausel auszulegen. Die Zustimmung zur Bestellung als Geschäftsführer in dem Wissen, dass die ‚prozessuale Beziehung' durch die Schiedsklausel bestimmt wird. Konkludent bringt der Geschäftsführer daher zum Ausdruck, dass er auf sein Recht auf staatlichen Rechtsschutz verzichtet, soweit es sich um Streitigkeiten aus dem Organverhältnis handelt.[805]

Diesem Einverständnis kann seine Wirkung auch nicht aus Gründen der Form abgesprochen werden. Zwar ist der Fremdgeschäftsführer bei Abschluss des Anstellungsvertrages grundsätzlich Verbraucher;[806] es handelt sich bei einer

---

803 So auch *Umbeck*, SchiedsVZ 2009, 143, 145 f.

804 BGHZ 52, 316, 321; BGH GmbHR 1992, 303; *Baums,* Geschäftsleitervertrag, 38-41.

805 So auch *Umbeck*, SchiedsVZ 2009, 143, 145.

806 BAG ZIP 2010, 1816, 1818 (offen gelassen für Gesellschafter-Geschäftsführer); *Hümmerich,* NZA 2006, 709, 710 (kritisch mit Blick auf Gesellschafter-Geschäftsführer); *Micklitz,* in:

Schiedsklausel jedoch um eine Anordnung i.S.v. § 1066 ZPO, sodass § 1031 Abs. 5 ZPO keine Anwendung findet.[807] Daher ist es unschädlich, dass der Geschäftsführer die Bestellung konkludent und formlos annehmen kann.[808] Vor den materiellen Risiken der Geschäftsführerstellung wird dieser im Übrigen auch nicht gewarnt, weder durch Formerfordernisse noch durch einen Notar, obwohl diese Haftungsrisiken weit größere Gefahren begründen können.

Im Ergebnis wirkt eine statutarische Schiedsklausel auf den Geschäftsführer, sofern die Klausel vor dessen Bestellung bereits vorhanden war; denn in der Annahme der Bestellung ist zugleich ein Verzicht auf staatlichen Rechtsschutz zu sehen.

(2) Neueinführung einer Schiedsklausel nach Berufung des Geschäftsführers

Ist der Geschäftsführer bereits bestellt und wird anschließend eine Schiedsklausel eingeführt, erscheint eine Zustimmung des Geschäftsführers fraglich.

Eine stillschweigende Zustimmung könnte allenfalls in dem Verbleib als Geschäftsführer der Gesellschaft zu sehen sein. Würde man davon ausgehen, müsste der Geschäftsführer sein Amt niederlegen, um der Wirkung der Schiedsklausel zu entkommen. Eine Amtsniederlegung zur Pflichtenbefreiung und Haftungsumgehung ist bereits im Hinblick auf § 15a InsO und § 64 GmbHG bekannt.[809] In diesen Fällen ist die Amtsniederlegung jedoch wirtschaftlich geboten, was bei der Schiedsklausel nicht der Fall wäre. Daher kann ein Verbleib in der Gesellschaft als Geschäftsführer nicht als freiwilliger Verzicht auf staatlichen Rechtsschutz gesehen werden.[810] Denn der Verbleib geschieht nicht frei und unabhängig von wirtschaftlichen, sozialen oder sonstigen faktischen Sachzwängen.[811] Der Verzicht auf staatlichen Rechtsschutz – soweit dieser Verzicht nicht durch Verbandsrecht oder andere Rechtsgrundsätze ersetzt wird – muss ein einvernehmlicher und freiwilliger Verzicht sein und darf nicht aufgezwungen werden.[812] Daher kann der Verbleib des Geschäftsführers bei Neueinführung einer Schieds-

---

MünchKomm.BGB, § 13 Rn. 49; a.A. *Mülbert,* in: FS Goette (2011), 333, 337-342; zum Gesellschafter-Geschäftsführer sogleich unter II. 2.

807 Siehe oben § 9 B. III.

808 Siehe *Paefgen,* in: Ulmer, GmbHG, § 35 Rn. 10.

809 Siehe Begr. RegE MoMiG, BT-Drucks. 16/6140, S. 47.

810 *Umbeck*, SchiedsVZ 2009, 143, 146.

811 Vgl. BGHZ 144, 146, 149 f., wonach die Aufrechterhaltung einer Vereinsmitgliedschaft trotz Aufnahme einer Schiedsklausel nicht als Zustimmung auszulegen ist, wenn der Verbleib nicht frei und unabhängig von wirtschaftlichen, sozialen oder sonstigen faktischen Sachzwängen geschieht; ablehnend *Haas*, ZGR 2001, 325, 341-343.

812 *Geimer,* in: Schlosser (Hrsg.), Integritätsprobleme im Umfeld der Justiz, 113, 118-120.

klausel trotz der Möglichkeit der Amtsniederlegung nicht als ein Einverständnis zur Schiedsklausel ausgelegt werden.

Im Ergebnis ist die Wirkung einer Schiedsklausel auf einen Geschäftsführer, die nach seiner Bestellung eingeführt wird, nicht legitimiert, es sei denn, er stimmt dem ausdrücklich zu.

3. Ergebnis

Bei der Beurteilung der Wirkungserstreckung von Schiedsklauseln auf Geschäftsführer ist zwischen Gesellschafter-Geschäftsführern und Fremdgeschäftsführern zu unterscheiden. Gesellschafter-Geschäftsführer unterstehen stets der Wirkung einer statutarischen Schiedsklausel, da die Bindung kraft Gesellschafterstellung auch auf die Position als Geschäftsführer fortwirkt.

Auf Fremdgeschäftsführer wirken Schiedsklauseln hingegen nur, wenn bereits bei ihrer Bestellung eine entsprechende Satzungsregelung vorgelegen hat. Dann ist die Annahme der Bestellung zugleich der Verzicht auf staatlichen Rechtsschutz auszulegen. Andernfalls ist eine Wirkung der Schiedsklausel auf Fremdgeschäftsführer ohne dessen ausdrückliche Zustimmung nicht legitimiert.

II. Exkurs: Wirkungserstreckung von Schiedsvereinbarungen

Die Bestellung und die Anstellung von Geschäftsführern sind zu unterscheiden, so wie auch die Wirkung von Schiedsklauseln und Schiedsvereinbarungen zu unterscheiden ist. Eine Bindung kraft Schiedsvereinbarung hängt vor allem von der Einhaltung des Formerfordernisses des § 1031 Abs. 5 ZPO ab.

1. Abschluss der Schiedsvereinbarung i.S.v. § 1029 ZPO

GmbHs können mit ihren Geschäftsführern Schiedsvereinbarungen zusammen mit dem Anstellungsvertrag abschließen.[813] Dafür zuständig ist die Gesellschafterversammlung, da die Bestellungskompetenz (§ 46 Nr. 5 GmbHG) als Annex auch den Abschluss des Anstellungsvertrages umfasst.[814] Dies gilt auch für die Anstellungsbedingungen[815] und den Abschluss einer Schiedsvereinbarung.[816]

---

813 *Haas/Hoßfeld,* in: FS Uwe H. Schneider (2011), 407, 409; *Paefgen,* in: Ulmer, GmbHG, § 35 Rn. 269; *Thümmel,* in: FS Geimer (2002), 1331, 1336 f.; *Umbeck*, SchiedsVZ 2009, 143, 144 f.

814 BGHZ 89, 48, 51; BGH NJW 2000, 2983; *Baums,* Geschäftsleitervertrag, 108-111; *Römermann,* in: Michalski, GmbHG, § 46 Rn. 246; *Schmidt,* in: Scholz, GmbHG, § 46 Rn. 70.

815 *Baums,* Geschäftsleitervertrag, 85-89.

816 *Haas/Hoßfeld,* in: FS Uwe H. Schneider (2011), 407, 409.

2. *Formerfordernis des § 1031 Abs. 5 ZPO*

Geschäftsführer werden bei einem Vertragsschluss mit ihrer Gesellschaft überwiegend als Verbraucher angesehen,[817] weshalb auch § 1031 Abs. 5 ZPO auf eine Schiedsvereinbarung zwischen Gesellschaft und Geschäftsführer anzuwenden sein soll.[818] Hier muss jedoch zwischen Fremdgeschäftsführern und Gesellschafter-Geschäftsführern unterschieden werden.

a) Fremdgeschäftsführer

Für den Fremdgeschäftsführer ist der Anwendung des § 1031 Abs. 5 ZPO uneingeschränkt zuzustimmen. Nach der Legaldefinition des § 13 BGB ist Verbraucher jede natürliche Person, die ein Rechtsgeschäft zu einem Zwecke abschließt, der weder ihrer gewerblichen noch ihrer selbständigen beruflichen Tätigkeit zugerechnet werden kann. Der Fremdgeschäftsführer ist als weisungsgebundenes Organ nicht selbstständig beruflich tätig und trägt nicht das wirtschaftliche Risiko seines (gesetzeskonformen) Handelns. Infolgedessen ist der Geschäftsführer bei Abschluss der Schiedsvereinbarung als Verbraucher einzuordnen.[819] Die nach § 1031 Abs. 5 ZPO i.V.m. § 126 Abs. 1 BGB notwendige Schriftform ist somit gewahrt, wenn die Schiedsvereinbarung eindeutig räumlich abgesetzt und von jeder Schiedspartei unterschrieben wurde; ein separates Dokument ist hingegen zur Einhaltung der Form nicht notwendig.[820]

b) Gesellschafter-Geschäftsführer

Inwieweit dies auch für den Gesellschafter-Geschäftsführer gilt, ist fraglich. Im Schrifttum ist das Meinungsbild hierzu uneinheitlich.[821] Höchstrichterliche Rechtsprechung zur Frage der Verbrauchereigenschaft des Gesellschafter-Geschäftsführers bei Abschluss des Anstellungsvertrags existiert bisher nicht;[822] der

---

817 Nw. bei 806.

818 *Haas/Hoßfeld,* in: FS Uwe H. Schneider (2011), 407, 409-413; *Münch,* in: MünchKomm.ZPO, § 1031 Rn. 49; *Thümmel,* in: FS Geimer (2002), 1331, 1337; *Umbeck*, SchiedsVZ 2009, 143, 145.

819 Vgl. BAG ZIP 2010, 1816, 1818.

820 OLG Koblenz NJW-RR 1996, 970; *Münch,* in: MünchKomm.ZPO, § 1031 Rn. 59; *Umbeck,* SchiedsVZ 2009, 143, 145.

821 Die Verbraucherstellung bejahend, *Geimer,* in: Zöller, ZPO, § 1031 Rn. 35a; *Haas/Hoßfeld,* in: FS Uwe H. Schneider (2011), 407, 412 f.; keine Verbraucherstellung bei Leitungsmacht des Gesellschafters *Hümmerich*, NZA 2006, 709, 710; keine Verbraucherstellung bei Sperrminorität des Gesellschafters *Schmitt-Rolfes,* in: FS Hromadka (2008), 393, 396.

822 Offen gelassen in BAG ZIP 2010, 1816, 1818.

BGH geht lediglich davon aus, dass Mehrheitsgesellschafter, die zugleich Allein- oder Mitgeschäftsführer sind, bei Vertragsabschlüssen mit Dritten Verbraucher sind.[823] Inwieweit diese Rechtsprechung auf das Rechtsverhältnis zwischen Gesellschaft und Gesellschafter-Geschäftsführer übertragen werden kann, erscheint fraglich.[824]

Ausgangspunkt der Beantwortung dieser Frage ist die Stellung des Gesellschafter-Geschäftsführers bei Abschluss des Anstellungsvertrags; ob dabei ergänzend eine Schiedsvereinbarung abgeschlossen wird, ist für eine Verbraucherstellung unbeachtlich. Denn dafür ist allein dasjenige Rechtsgeschäft entscheidend, das der Schiedsvereinbarung zugrunde liegt.[825]

Das *BAG* stützte seine Entscheidung, dass ein Fremdgeschäftsführer bei Abschluss des Anstellungsvertrags Verbraucher ist, auf folgende Kriterien:[826]

- fehlendes persönliches wirtschaftliches Risiko,
- Weisungsabhängigkeit,
- fehlende Selbstständigkeit.

Für den Gesellschafter-Geschäftsführer kommt man auf Grundlage dieser Kriterien zu dem Ergebnis, dass dieser bei Abschluss des Anstellungsvertrags kein Verbraucher ist. Denn zum einen trägt ein GmbH-Gesellschafter ein wirtschaftliches Risiko. Auch wenn er nicht unmittelbar für die Verbindlichkeiten der Gesellschaft haftet, so partizipiert er doch mittelbar am wirtschaftlichen Erfolg und Verlust und trägt damit das wirtschaftliche Risiko mit.[827] Zum anderen hat ein Gesellschafter – mit Ausnahme des Minderheitsgesellschafters – Einfluss auf die Gesellschafterversammlung und damit Einfluss auf das Weisungsrecht gegenüber dem Geschäftsführer. Soweit die Gesellschafterversammlung ihre Weisungskompetenz gegenüber dem Geschäftsführer nutzt, kann der Gesellschafter-Geschäftsführer grundsätzlich mitstimmen und sich auf diese Weise selbst Weisungen erteilen.[828]

Die Relevanz des Weisungsrechts des Gesellschafters verdeutlicht auch ein Blick auf die Rechtsprechung des *EuGH* zur Arbeitnehmereigenschaft von Ge-

823 BGHZ 133, 71, 77 f.; 133, 220, 223; 144, 370, 379 f.; BGH ZIP 1997, 642, 642 f.

824 Siehe dazu *Hümmerich*, NZA 2006, 709, 710 f.

825 Begr. RegE SchiedsVfG, BT-Drucks. 13/5274, S. 37; siehe auch *Münch,* in: MünchKomm. ZPO, § 1031 Rn. 50 f.

826 BAG ZIP 2010, 1816, 1818.

827 In diese Richtung auch *Schmitt-Rolfes,* in: FS Hromadka (2008), 393, 396; a.A. *Haas/Hoßfeld,* in: FS Uwe H. Schneider (2011), 407, 413.

828 Jedenfalls soweit der Tatbestand des § 47 Abs. 4 GmbHG nicht erfüllt ist, vgl. *Hüffer,* in: Ulmer, GmbHG, § 46 Rn. 81; *Römermann,* in: Michalski, GmbHG, § 46 Rn. 332; *Schmidt,* in: Scholz, GmbHG, § 46 Rn. 117.

schäftsführern. Denn das maßgebliche Kriterium für die Einordnung als unionsrechtlicher Arbeitnehmer war, dass ein Geschäftsführer nach der Weisung oder unter der Aufsicht eines anderen Organs der Gesellschaft tätig ist.[829]

Es mutete eigentümlich an, wenn der Gesellschafter-Geschäftsführer, der als Gesellschafter einen spürbaren Einfluss auf die Gesellschaft hat, in seiner Rolle als Geschäftsführer zugleich bei Abschluss des Anstellungsvertrags ein schützenswerter Verbraucher wäre. Daher ist der Gesellschafter-Geschäftsführer in diesem Fall kein Verbraucher.

Gegen dieses Ergebnis spricht auch nicht, dass der *BGH* in ständiger Rechtsprechung den Gesellschafter-Geschäftsführer bei Geschäften mit Dritten als Verbraucher einordnet.[830] Auch wenn die Einordnung als Verbraucher nicht von einer konkreten Schutzbedürftigkeit abhängt und der Zweck aufgrund objektiver Kriterien zu bestimmen ist,[831] folgt daraus nicht, dass der Gesellschafter-Geschäftsführer stets Verbraucher ist, nur weil er bei Geschäften mit gesellschaftsfremden Dritten Verbraucher ist. Die Einstufung als Verbraucher ist stets eine relative Feststellung mit Blick auf das konkrete *Geschäft,* nicht mit Blick auf die konkrete Schutzbedürftigkeit;[832] daher sagt z.B. die Verbrauchereigenschaft des Geschäftsführers bei Abschluss eines Kaufvertrags mit der Gesellschaft nichts über dessen Verbrauchereigenschaft bei Abschluss des Anstellungsvertrags aus.

Im Ergebnis ist daher § 1031 Abs. 5 ZPO nicht anzuwenden auf Gesellschafter-Geschäftsführer mit spürbarem Einfluss auf die Gesellschafterversammlung. Der Einfluss eines Gesellschafters ist ‚spürbar', wenn dieser über die einfache Mehrheit der Stimmen der Gesellschafterversammlung verfügt, vorausgesetzt, die Satzung enthält keine besonderen Regelungen zum Weisungsrecht der Gesellschafter. Sind in der Satzung Sonderweisungsrechte einzelner Gesellschafter eingeräumt worden,[833] so ist ein spürbarer Einfluss mit Blick auf den Einzelfall zu bestimmen.

III. Zwischenergebnis zur Wirkungserstreckung auf Geschäftsführer

Geschäftsführer können der Wirkung von Schiedsklauseln und Schiedsvereinbarungen unterstehen. Dabei ist stets zwischen geschäftsführenden Gesellschaftern und Fremdgeschäftsführern zu unterscheiden. Geschäftsführende Gesellschafter

829 EuGH ZIP 2010, 2414, 2416.

830 Nw. bei 823.

831 *Bülow/Artz,* Verbraucherprivatrecht, Rn. 47; *Micklitz,* in: MünchKomm.BGB, § 13 Rn. 35; in der Tendenz auch BGH ZIP 2010, 334, 334 f.

832 Vgl. *Schmidt,* JuS 2006, 1, 2.

833 Zur Zulässigkeit von Satzungsregelungen zur Weisungsbefugnis *Schmidt,* in: Scholz, GmbHG, § 46 Rn. 112.

sind an Schiedsklauseln bereits aufgrund der Stellung als Gesellschafter gebunden, was auf die Position als Geschäftsführer fortwirkt. Bei Abschluss einer Schiedsvereinbarung – zusammen mit dem Anstellungsvertrag – sind sie keine Verbraucher, sofern sie einen spürbaren Einfluss in der Gesellschafterversammlung haben. Fremdgeschäftsführer müssen dagegen die Bindung an Schiedsklauseln durch ihre Zustimmung legitimieren. Diese sind zudem beim Abschluss von Schiedsvereinbarungen als Verbraucher einzuordnen, sodass § 1031 Abs. 5 ZPO zu beachten ist.

C. Wirkungserstreckung auf Mitglieder des Vorstands und des Aufsichtsrats

Auch auf die Mitglieder des Vorstands und des Aufsichtsrats kann sich die Wirkung von Schiedsklauseln und Schiedsvereinbarungen erstrecken.

I. Wirkungserstreckung von Schiedsklauseln

Die folgende Untersuchung der Wirkungserstreckung auf Mitglieder des Vorstands und des Aufsichtsrats unterteilt sich in die Erörterung der Anordnungskompetenz der Aktionäre und der Legitimation der Wirkungserstreckung auf die entsprechenden Organmitglieder.[834]

1. Anordnungskompetenz der Aktionäre für eine schiedsgerichtliche Entscheidungszuständigkeit

a) Schiedsfähige statutarische Streitigkeiten

Streitigkeiten, deren Grundlage statutarische Rechte und Rechtsverhältnisse sind, können auch zwischen der AG und dem Vorstand bzw. dem Aufsichtsrat bzw. deren Mitgliedern aufkommen. Dabei kommen Streitigkeiten zwischen der AG und den Organen in Betracht und auch Organstreitigkeiten, also solche zwischen verschiedenen Organen (Interorganstreit) und solche innerhalb eines Organs (Intraorganstreit). Im Folgenden werden drei Beispiele statutarischer und objektiv schiedsfähiger Streitigkeiten erörtert.[835]

834 Zu den Begriffen ‚Anordnungskompetenz‘ und ‚Legitimation der Wirkungserstreckung‘ § 9 D.

835 Beispiele weiterer Streitigkeiten, die einer Schiedsklausel unterfallen können, bei *H. P. Westermann,* in: FS Goette (2011), 601, 605.

aa) Streitigkeiten über die Entlastung von Organmitgliedern

Bei Streitigkeiten über die Entlastung von Organmitgliedern ist zu unterscheiden: Für Anfechtbarkeit und Nichtigkeit von Entlastungsbeschlüssen gelten wie für alle anderen Beschlüsse die §§ 241, 243 AktG. Gegen die Nichtentlastung kommt eine Leistungsklage eines Organmitglieds, gerichtet auf die Herbeiführung der Entlastung nach § 120 AktG, angesichts des Ermessens der Hauptversammlung nicht in Betracht.[836] Den Organmitgliedern verbleibt die Möglichkeit, mit einer negativen Feststellungsklage das Nichtbestehen bestimmter (Schadensersatz-)Ansprüche der Gesellschaft gegen sie gerichtlich feststellen zu lassen.[837] Im Wege der Feststellungsklage kann zudem jedes Aufsichtsrats- und Vorstandsmitglied aufgrund seiner Organstellung die Wirksamkeit oder Fehlerhaftigkeit von Beschlüssen des Aufsichtsrats geltend machen.[838] Da ein der Feststellungsklage stattgebendes Urteil für und gegen jedermann wirkt, insbesondere für und gegen sämtliche Aktionäre sowie Vorstands- und Aufsichtsratsmitglieder,[839] muss eine Schiedsklausel, die solche Streitigkeiten umfassen soll, die entsprechenden Gestaltungsvoraussetzungen erfüllen, um diese *inter-omnes*-Wirkung zu ermöglichen.[840]

bb) Streitigkeiten um Ersatzansprüche

Zu denken ist bei der Reichweite von Schiedsklauseln auch an Streitigkeiten über Ersatzansprüche der AG gegen Mitglieder des Vorstands und des Aufsichtsrats aus den §§ 48 und 93 AktG; diese können einer statutarischen Schiedsklausel unterstehen.[841] Auf Grundlage des § 1025 ZPO a.F. waren mit Blick auf die objektive Schiedsfähigkeit die Verzichts- und Vergleichsverbote aus §§ 50, 93 Abs. 4 AktG relevant. Durch die Neuregelung des § 1030 Abs. 1 ZPO (zuvor § 1025 Abs. 1 ZPO a.F.) sind die Ansprüche aus §§ 48 f. AktG nunmehr objektiv schiedsfähig;[842] gleiches gilt für Ansprüche aus § 93 Abs. 2 AktG.[843]

---

836 *Hoffmann,* in: Spindler/Stilz, AktG, § 120 Rn. 35; *Spindler,* in: Schmidt/Lutter, AktG, § 120 Rn. 51; *Weitemeyer*, ZGR 2005, 280, 304 f.; zur GmbH BGHZ 94, 324, 326.

837 *Weitemeyer*, ZGR 2005, 280, 305 f.

838 BGHZ 122, 342, 347-352; 135, 244, 247; *Habersack,* in: MünchKomm.AktG, § 108 Rn. 85.

839 *Habersack,* in: MünchKomm.AktG, § 108 Rn. 85; *Hopt/Roth,* in: Großkomm.AktG, § 108 Rn. 186; *Spindler,* in: Spindler/Stilz, AktG, § 108 Rn. 79

840 Siehe dazu bereits § 10 C. II.

841 Vgl. *Mertens/Cahn,* in: KK.AktG, § 84 Rn. 99.

842 Begr. RegE SchiedsVfG, BT-Drucks. 13/5274, S. 34; *Arnold,* in: KK.AktG, § 50 Rn. 11; *Pentz,* in: MünchKomm.AktG, § 50 Rn. 25

843 *Hölters,* in: Hölters.AktG, § 93 Rn. 342; vgl. auch *Spindler,* in: MünchKomm.AktG, § 93 Rn. 233, 221 zur Zulässigkeit eines Schiedsvergleichs und objektiven Schiedsfähigkeit.

Sofern Schadensersatzansprüche gegen mehrere Vorstandsmitglieder geltend gemacht werden, sollte die Schiedsklausel ein einheitliches Schiedsverfahren zur Bündelung der Verfahren anordnen; denn mehrere Vorstandsmitglieder, die ihre Pflichten verletzt haben, haften der Gesellschaft gemäß § 93 Abs. 2 S. 1 AktG als Gesamtschuldner. In diesem Fall sollte die Schiedsklausel zudem anordnen, dass sich die beklagten Vorstandsmitglieder auf einen Parteischiedsrichter einigen müssen;[844] dies ist bei gesamtschuldnerisch Haftenden zulässig.[845]

cc) Streitigkeiten über den Widerruf der Bestellung

Auch Streitigkeiten über den Widerruf der Bestellung zum Vorstandsmitglied unterstehen einer statutarischen Schiedsklausel.[846] Die gegenteilige Ansicht, wonach ein Schiedsgericht in diesem Fall ein zusätzliches Organ sein soll, das in unzulässiger Weise die Hierarchie der drei übrigen Organe beeinträchtigen würde,[847] überzeugt indes nicht. Denn wird durch eine Schiedsklausel eine schiedsgerichtliche Entscheidungskompetenz angeordnet, dann führt dies lediglich zu einer Verlagerung der gerichtlichen Zuständigkeit. Das Schiedsgericht besitzt keine weitergehenden Entscheidungsbefugnisse als ein staatliches Gericht, sodass auch kein viertes (Entscheidungs-)Organ hinzukommt.

b) Gebot der Satzungsstrenge als Schiedshindernis?

Mit Blick auf die aktienrechtliche Satzungsstrenge wird vereinzelt auch bei Streitigkeiten zwischen Gesellschaft und Gesellschaftsorganen bzw. den Organmitgliedern die Zulässigkeit der Anordnung schiedsgerichtlicher Entscheidungskompetenz abgelehnt.[848] Dies überzeugt, so wie auch im Fall einer Schiedsklausel für Beschlussmängelstreitigkeiten, nicht.[849] Entscheidend ist, dass die Schiedsklausel die Einhaltung rechtsstaatlicher Verfahrensstandards sichert; dies vorausgesetzt, bietet die Schiedsgerichtsbarkeit einen der staatlichen Gerichtsbarkeit gleichwertigen Rechtsschutz, sodass eine Schiedsklausel eine zulässige Ergänzung i.S.v. § 23 Abs. 5 AktG ist.

---

844 *Umbeck*, SchiedsVZ 2009, 143, 148.

845 Siehe *Schlosser,* Schiedsgerichtsbarkeit, Rn. 576.

846 *Mertens/Cahn,* in: KK.AktG, § 84 Rn. 99; *Papmehl,* Schiedsfähigkeit gesellschaftsrechtlicher Streitigkeiten, 225.

847 So *Spindler,* in: MünchKomm.AktG, § 84 Rn. 132; zustimmend *Fleischer,* in: Spindler/Stilz, AktG, § 84 Rn. 131; *Seibt,* in: Schmidt/Lutter, AktG, § 84 Rn. 53.

848 *Hopt/Roth,* in: Großkomm.AktG, § 108 Rn. 186 f.

849 Siehe bereits oben § 11 C. I.

c) Erfordernis der Zustimmung zur Aufnahme der Schiedsklausel

Auch in der AG erfordert die Anordnung schiedsgerichtlicher Entscheidungszuständigkeit stets eine einstimmige Entscheidung aller Aktionäre, sei es bei der Anordnung in der Gründungssatzung oder nachträglich im Wege der Satzungsänderung.[850] Das grundrechtsgleiche Recht auf staatlichen Rechtsschutz und der Verzicht darauf setzt bei GmbH und AG gleichermaßen eine einstimmige Entscheidung aller Gesellschafter voraus.[851] In der Praxis wird sich die Einführung einer Schiedsklausel nur bei einer Familien-AG oder kleinen AG mit einem überschaubaren Aktionärskreis bewerkstelligen lassen.

2. Legitimation der Wirkungserstreckung einer Schiedsklausel

Im Rahmen der folgenden Erörterung der Legitimation der Wirkungserstreckung werden neben dem Ausgangspunkt, dass in der AG die Zustimmung der Organmitglieder notwendig ist, aktienrechtliche Sonderkonstellationen erörtert.

a) Wirkungserstreckung allein mit Zustimmung des betroffenen Organmitglieds

Für die Legitimation der Wirkungserstreckung der Schiedsklausel gilt im Grundsatz das zur GmbH Geschriebene:[852] So wie ein Geschäftsführer zumindest konkludent mit Annahme seiner Bestellung auf staatlichen Rechtsschutz verzichten muss, müssen auch die Mitglieder des Vorstands und des Aufsichtsrats freiwillig auf den Schutz der staatlichen Gerichtsbarkeit verzichten. Dies ist die einzige Möglichkeit, eine Wirkung der Schiedsklausel auf die Organmitglieder zu legitimieren.

Die Bestellung der Aufsichtsratsmitglieder durch Wahlbeschluss oder Entsendung stellt ein korporationsrechtliches Rechtsgeschäft dar, das erst mit Annahme seitens des Bestellten wirksam wird.[853] Auch die Bestellung als Mitglied des Vorstands setzt sich aus einem entsprechenden Beschluss des Aufsichtsrats und der Annahmeerklärung durch den Bestellten zusammen.[854] Mit Annahme der Bestellung erklären diese den Verzicht auf staatlichen Rechtsschutz, vorausgesetzt, zu diesem Zeitpunkt ist eine Schiedsklausel in der Satzung vorhanden.

---

850 Vgl. *Hölters,* in: Hölters.AktG, § 93 Rn. 345.

851 Siehe zur GmbH § 12 B. I. 1. c).

852 Siehe bereits § 13 B. I. 2. c).

853 *Drygala,* in: Schmidt/Lutter, AktG, § 101 Rn. 12; *Habersack,* in: MünchKomm.AktG, § 101 Rn. 61; *Spindler,* in: Spindler/Stilz, AktG, § 101 Rn. 10; zugrunde gelegt in BGHZ 47, 341, 347.

854 *Baums,* Geschäftsleitervertrag, 38-41; *Fleischer,* in: Spindler/Stilz, AktG, § 84 Rn. 5; *Seibt,* in: Schmidt/Lutter, AktG, § 84 Rn. 10.

Eine Bindung der Organmitglieder an die Schiedsklausel ohne deren Zustimmung kommt indes nicht in Betracht. Anders als im Fall des Gesellschafter-Geschäftsführers wirkt die Bindung als Aktionär nicht auf die Stellung als Organmitglied fort. Denn das Halten eines Geschäftsanteils an einer GmbH ist mit dem Halten von Aktien mit Blick auf die Wirkungserstreckung nicht zu vergleichen.

b) Exkurs: Wirkung auf den besonderen Vertreter i.S.v § 147 Abs. 2 AktG

Die Geltendmachung von Ersatzansprüchen kann nach § 147 Abs. 2 AktG durch Beschluss der Hauptversammlung einem ‚besonderem Vertreter' übertragen werden. Der besondere Vertreter tritt dann insoweit an die Stelle des vertretungsberechtigten Organs der AG und hat zumindest organähnliche Legitimation inne.[855] Als Vertreter der Gesellschaft ist er bei der Geltendmachung der Ersatzansprüche an die Schiedsklausel gebunden.

c) Sonderfall: Ersatzbestellung von Organpersonen (§§ 85, 104 AktG)

Westermann griff die Frage auf, ob auch die Ersatzbestellung von Organpersonen nach §§ 85, 104 AktG durch ein Schiedsgericht vorgenommen werden kann.[856] Solche Streitigkeiten sind Streitigkeiten aus dem Gesellschaftsverhältnis, sodass sie grundsätzlich Regelungsgegenstand einer statutarischen Klausel sein können; zudem sind diese Streitigkeiten auch objektiv schiedsfähig, obwohl es sich um Verfahren der freiwilligen Gerichtsbarkeit handelt.[857] Dennoch kommt die Wirkung einer Schiedsklausel für die Verfahren nach §§ 85, 104 AktG nicht in Betracht.

Denn in diesen Verfahren sind zahlreiche Personen antragsberechtigt, die der Schiedsgerichtsbarkeit nicht unterstehen, da sie weder ausdrücklich zugestimmt haben noch auf anderem Wege der Wirkung der Schiedsklausel unterstehen. Im Verfahren nach § 85 AktG sind antragsberechtigt: Organmitglieder und Aktionäre (für diese würde die Schiedsklausel noch gelten), aber auch Gesellschaftsgläubiger, Vertragspartner und in bestimmten Fällen auch Betriebsverfassungsorgane;[858] auf diese erstreckt sich die Wirkung der Schiedsklausel nicht. Gemäß § 104 AktG ist bei mitbestimmten Gesellschaften der Kreis der Antragsberechtigten um die in

855 BGH ZIP 1981, 178, 179; *Nietsch*, ZGR 2011, 589, 626 f.; *Spindler*, in: Schmidt/Lutter, AktG, § 147 Rn. 23.

856 *H. P. Westermann*, in: FS Goette (2011), 601, 607 f., wobei das Ergebnis unklar bleibt.

857 Siehe dazu bereits 0; siehe auch *Bork*, ZZP 100 (1987), 249, 252, wonach echte Streitsachen der freiwilligen Gerichtsbarkeit zugewiesen werden, da dort eine flexibleres, schnelleres und damit effizienteres Rechtsschutzsystem vorliegt; eine Rechtsprechungsmonopol soll dagegen nicht geschaffen werden.

858 *Fleischer*, in: Spindler/Stilz, AktG, § 85 Rn. 8; *Seibt*, in: Schmidt/Lutter, AktG, § 85 Rn. 4.

§ 104 Abs. 1 S. 3 Nr. 1-7, S. 4 AktG Genannten erweitert; auch diese unterstehen der Schiedsklausel nicht.

Eine Aufspaltung der Zuständigkeit für diejenigen, die der Schiedsklausel unterstehen, und denjenigen, die vor einem staatlichen Gericht klagen müssen, ist mit dem Gebot der Rechtssicherheit nicht vereinbar. Gerade bei derart eilbedürftigen Verfahren muss stets gesichert sein, welches Gericht zuständig ist. Die Wirkungserstreckung scheitert somit an der fehlenden Legitimation auf einen Teil der antragsberechtigten Personen.

3. Ergebnis

Auch im Fall der AG kann eine einstimmige Entscheidung aller Aktionäre die Grundlage für die schiedsgerichtliche Entscheidung statutarischer Streitigkeiten zwischen der Gesellschaft und den Mitgliedern von Vorstand und Aufsichtsrat sein. Die aktienrechtliche Satzungsstrenge steht der Anordnung schiedsgerichtlicher Entscheidungskompetenz nicht entgegen.

Die Legitimation der Wirkung der Schiedsklausel erstreckt sich auf die Organmitglieder und auch auf den besonderen Vertreter i.S.v. § 147 AktG. Die verfassungsrechtlich gebotene Grenze findet die Legitimation bei dem Recht des Gesellschaftsgläubigers aus § 93 Abs. 5 AktG und daneben bei der Ersatzbestellung von Organpersonen nach §§ 85, 104 AktG. In diesen Fällen ist die Entscheidung eines Schiedsgerichts kraft einer Schiedsklausel nicht zulässig.

II. Exkurs: Schiedsvereinbarungen mit Organmitgliedern

Auch mit Mitgliedern des Vorstands und des Aufsichtsrats können separate Schiedsvereinbarungen abgeschlossen werden.

1. Vertretung der Gesellschaft

Bei Abschluss des Anstellungsvertrages mit einem Vorstandsmitglied wird die Gesellschaft durch den Aufsichtsrat vertreten, §§ 112, 84 Abs. 1 S. 5 AktG; weder das einzelne Aufsichtsratsmitglied noch der Aufsichtsratsvorsitzende sind einzelvertretungsberechtigt.[859] Der Aufsichtsrat entscheidet auch über den Inhalt des Anstellungsvertrages[860] und darüber, ob eine Schiedsvereinbarung geschlossen wird.[861]

---

859 BGHZ 41, 282, 285; OLG Stuttgart AG 1993, 85, 85 f.

860 *Baums*, Geschäftsleitervertrag, 70-72.

861 *Thümmel*, in: FS Geimer (2002), 1331, 1339; *Umbeck*, SchiedsVZ 2009, 143, 144.

Beim Abschluss von Vereinbarungen mit Aufsichtsratsmitgliedern wird die Gesellschaft durch den Vorstand vertreten, § 78 AktG. Dies gilt auch für den Abschluss einer Schiedsvereinbarung.[862] Wie sich im Umkehrschluss aus § 114 AktG zeigt, benötigt der Vorstand für Verträge, die keine Dienst- oder Werkverträge sind, auch keine Zustimmung des Aufsichtsrats, sodass der Vorstand frei darüber entscheiden kann, eine Schiedsvereinbarung mit den Aufsichtsratsmitgliedern abzuschließen. Sofern *Thümmel* aus § 147 AktG folgert, dass eine Schiedsvereinbarung mit einem Aufsichtsratmitglied nur mit Zustimmung der Hauptversammlung erfolgen kann,[863] ist dem zu widersprechen.[864] § 147 AktG regelt allein die Verpflichtung der Organe zur Durchsetzung von Ersatzansprüchen durch die Hauptversammlung, da ansonsten die Gefahr bestünde, dass Ersatzansprüche von den zuständigen Organen aus Solidarität oder aus Furcht vor der Aufdeckung eigener Versäumnisse nicht geltend gemacht würden.[865] Dem steht es jedoch nicht entgegen, dass der Vorstand zuvor die Art und Weise der Durchsetzung durch eine Schiedsvereinbarung modifiziert.

2. *Verbrauchereigenschaft von Organmitgliedern*

Daneben ist zu fragen, ob Vorstands- und Aufsichtsratsmitglieder bei Abschluss von Vereinbarungen mit der AG Verbraucher sind und damit § 1031 Abs. 5 ZPO anzuwenden ist.

a) Mitglied des Vorstands

Nach einer Entscheidung des *OLG Hamm* ist ein Vorstandsmitglied bei Abschluss eines Anstellungsvertrages mit Schiedsvereinbarung als Verbraucher zu sehen, sodass auch § 1031 Abs. 5 ZPO anzuwenden sei.[866] Ausdrücklich offengelassen wurde in dem Urteil, ob dies auch dann gilt, wenn in erheblichem Umfang Aktien an der Gesellschaft gehalten werden. Das Meinungsbild in der Literatur zur Verbrauchereigenschaft eines Vorstandsmitglieds ist uneinheitlich.[867]

---

862 *Thümmel,* in: FS Geimer (2002), 1331, 1339; *Umbeck*, SchiedsVZ 2009, 143, 144.

863 *Thümmel,* in: FS Geimer (2002), 1331, 1340.

864 So auch *Mock,* in: FS Meilicke (2010), 489, 501; *Umbeck*, SchiedsVZ 2009, 143, 144.

865 Siehe Begr. RegE UMAG, BT-Drucks. 15/5092, S. 19 f.

866 OLG Hamm AG 2007, 910, 911 f.; offen gelassen OLG Frankfurt BB 2012, 81, 82; ablehnend *Mertens/Cahn,* in: KK.AktG, § 84 Rn. 99.

867 Für eine Verbrauchereigenschaft des Vorstands bei Abschluss einer Schiedsvereinbarung, *Hölters,* in: Hölters.AktG, § 93 Rn. 344; *Münch,* in: MünchKomm.ZPO, § 1031 Rn. 49, dort Fn. 120; *Thümmel,* in: FS Geimer (2002), 1331, 1337; *Umbeck*, SchiedsVZ 2009, 143, 145; eine Verbraucherstellung bei einer Mehrheitsbeteiligung ablehnend *Mülbert,* in: FS Hadding

Wie im Fall des Geschäftsführers[868] ist eine differenzierte Betrachtung angebracht: Ein Vorstandsmitglied, das keine wesentliche Aktienbeteiligung hält, ist bei Abschluss des Anstellungsvertrags als Verbraucher einzuordnen. Zwar ist das Vorstandsmitglied in der Ausübung seiner Tätigkeit unabhängig, insbesondere weisungsunabhängig; jedoch übt das Vorstandmitglied keine Tätigkeit im eigenen Namen oder für eigene Rechnung aus, sodass eine unselbstständige Tätigkeit i.S.v. § 13 BGB vorliegt.[869] Liegt dagegen der eher seltene Fall vor, dass ein Vorstandsmitglied zugleich über eine Mehrheitsbeteiligung verfügt, so trägt es mittelbar auch das wirtschaftliche Risiko seines Handelns und kann als Mehrheitsaktionär die Bestellung des Aufsichtsrats maßgeblich beeinflussen. Es übt damit eine selbstständige Tätigkeit aus und ist bei Abschluss eines Vertrages mit „seiner" Gesellschaft kein Verbraucher i.S.v. § 13 BGB.[870]

b) Mitglied des Aufsichtsrats

Die Mitglieder des Aufsichtsrats sind dagegen bei Abschluss der Schiedsvereinbarung stets als Verbraucher einzuordnen.[871] Sie üben bei Abschluss der Schiedsvereinbarung, die mangels Anstellungsvertrags nur durch eine Sondervereinbarung geschlossen werden kann, keine selbstständige Tätigkeit aus.

III. Zwischenergebnis

Vorstand und Aufsichtsrat können für die Gesellschaft mit den Mitgliedern des jeweils anderen Organs Schiedsvereinbarungen schließen, ohne dass dafür die Zustimmung der Hauptversammlung notwendig ist. Bei Vorstandsmitgliedern, die keine Mehrheitsbeteiligung an der Gesellschaft halten, und bei Mitgliedern des Aufsichtsrats ist dabei das Formerfordernis des § 1031 Abs. 5 ZPO zu beachten.

(2004), 575, 582-584; ebenso bei einem Vertrag mit der AG *Schmitt-Rolfes,* in: FS Hromadka (2008), 393, 397.

868 Siehe dazu bereits § 12 B. II. 2.

869 Siehe zum Begriff ‚selbstständige Tätigkeit' *Micklitz,* in: MünchKomm.BGB, § 14 Rn. 31 f.

870 So auch *Mülbert,* in: FS Hadding (2004), 575, 583 f.; *Schmitt-Rolfes,* in: FS Hromadka (2008), 393, 397

871 *Micklitz,* in: MünchKomm.BGB, § 13 Rn. 49; *Mülbert,* in: FS Hadding (2004), 575, 582 (unentschlossen mit Blick auf den Aufsichtsratsvorsitzenden, 584); *Thümmel,* in: FS Geimer (2002), 1331, 1337; *Umbeck,* SchiedsVZ 2009, 143, 145.

D. Zusammenfassung

Sowohl durch Schiedsklauseln als auch durch Schiedsvereinbarungen kann eine schiedsgerichtliche Entscheidungskompetenz für Streitigkeiten zwischen Organen, Organmitgliedern und Gesellschaften vorgesehen werden.

Bei Schiedsklauseln ist – außer im Falle geschäftsführender GmbH-Gesellschafter – die Zustimmung des Betroffenen notwendig. Diese liegt in der Annahme der Bestellung, sofern zu diesem Zeitpunkt bereits eine statutarische Schiedsklausel vorhanden ist.

Beim Abschluss von Schiedsvereinbarungen ist die Verbrauchereigenschaft der Organmitglieder differenziert zu beurteilen. Während geschäftsführende Gesellschafter und Vorstandsmitglieder mit einem spürbaren Einfluss auf die Gesellschafter- bzw. Hauptversammlung keine Verbraucher sind, muss bei Geschäftsführern und Vorstandsmitgliedern im Übrigen und bei Aufsichtsratsmitgliedern stets das Formerfordernis des § 1031 Abs. 5 ZPO beachtet werden. Dies gilt jedoch nicht für Schiedsklauseln, da sie Anordnungen i.S.v. § 1066 ZPO sind und § 1031 Abs. 5 ZPO daher keine Anwendung findet.

§ 13
Wirkungserstreckung von Schiedsklauseln auf Gesellschafter von Personengesellschaften

A. Übersicht

Die dogmatische Grundlegung für Schiedsklauseln in Gesellschaftsverträgen von Personengesellschaften wurde im rechtformübergreifenden Teil der Erörterung bereits vorgenommen, und das dortige Ergebnis ist zunächst in Erinnerung zu rufen: Schiedsklauseln in Gesellschaftsverträgen sind entgegen der überwiegenden Ansicht Anordnungen i.S.v. § 1066 ZPO und keine Vereinbarungen i.S.v. § 1029 ZPO.[872] Daher können die Überlegungen zu Schiedsklauseln in Satzungen von GmbHs in wesentlichen Punkten entsprechend auf Personengesellschaften übertragen werden und im Mittelpunkt der folgenden Erörterung stehen zwei Fragestellungen: die Wirksamkeit von Schiedsklauseln in Gesellschaftsverträgen von Publikumspersonengesellschaften und die Wirkungserstreckung auf Streitigkeiten um Nachfolge- und Eintrittsklauseln.

872 Eingehend dazu bereits § 9 B. II.

B. Anordnungskompetenz der Gesellschafter

Im Folgenden wird zunächst kurz die objektive Reichweite von Schiedsklauseln in Gesellschaftsverträgen dargestellt. Sodann werden die verschiedenen Möglichkeiten der Anordnung einer schiedsgerichtlichen Entscheidungskompetenz erörtert. In diesem Zusammenhang wird auch die umstrittene Frage untersucht, ob Schiedsklauseln in Gesellschaftsverträgen von Publikumspersonengesellschaften der Inhaltskontrolle nach § 242 BGB standhalten.

I. Objektive Reichweite von Schiedsklauseln in Gesellschaftsverträgen

Für die objektive Reichweite von Schiedsklauseln in Gesellschaftsverträgen gilt prinzipiell das zur GmbH Gesagte, sodass auf die dazu dargestellten Grundsätze[873] zurückgegriffen werden kann. Eine Schiedsklausel kann Streitigkeiten über Mitwirkungsrechte, Gewinnbeteiligungen, Beitragspflichten, Auskunftsansprüche nach § 166 Abs. 3 HGB[874] sowie Streitigkeiten über den Ausschluss eines Gesellschafters[875] und die Auflösung der Gesellschaft[876] umfassen. Bei Gesellschafterdarlehen ist zu unterscheiden, ob dieses Darlehen auf einer gesellschaftsrechtlichen Grundlage gegeben wurde; allein die Bezeichnung als ‚Gesellschafterdarlehen' ist nicht ausreichend, um Gegenstand einer Schiedsklausel zu sein.[877]

II. Anordnung schiedsgerichtlicher Entscheidungskompetenz durch die Gesellschafter

1. Gesellschaftsgründung

Bei der Gründung einer Personengesellschaft können alle Gesellschafter einstimmig eine Schiedsklausel in dem Gesellschaftsvertrag verankern. So wie auch der Gesellschaftsvertrag erst mit der Zustimmung eines jeden Gesellschafters zustande kommt,[878] liegt auch eine wirksame Schiedsklausel erst vor, wenn alle

---

873 Siehe oben § 10 B.

874 *Müther,* in: Jansen, FGG, Vor §§ 3-7, Rn. 32; *Schlosser,* in: Stein/Jonas, ZPO, vor § 1025 Rn. 19; zu §§ 1025 ff. ZPO i.d.F. vom 1.01.1964, gültig bis 31.12.1997: BayObLG MDR 1979, 317; *Stangier/Bork,* GmbHR 1982, 169, 170 f.

875 *Hopt,* in: Baumbach/Hopt, HGB, § 140 HGB Rn. 30; *Schmidt,* in: MünchKomm.HGB, § 140 Rn. 90.

876 *Hopt,* in: Baumbach/Hopt, HGB, § 133 HGB Rn. 19; *Schmidt,* in: MünchKomm.HGB, § 133 Rn. 44.

877 BGH NZG 2002, 83, 83 f.

878 Siehe nur *Schäfer,* in: Großkomm.HGB, § 105 Rn. 154.

Gesellschafter der Anordnung einer schiedsgerichtlichen Zuständigkeit zustimmen und damit auf staatlichen Rechtsschutz verzichten.

2. *Nachträgliche Anordnung*

Auch die nachträgliche Einführung einer Schiedsklausel in einen Gesellschaftsvertrag setzt die Zustimmung aller Gesellschafter voraus;[879] insoweit gilt das zur GmbH Gesagte[880] entsprechend.

Sofern *Habersack* die Ansicht vertritt, dass dafür eine Mehrheitsentscheidung ausreichend ist,[881] ist dem nicht zu folgen. *Habersack* meint, dass die Änderung des Gesellschaftsvertrags im Grundsatz durch eine Mehrheitsentscheidung möglich sei, sofern nicht der Kernbereich der Mitgliedschaft betroffen werde; die Schiedsklausel betreffe jedoch nur die Durchsetzung mitgliedschaftlicher Rechte und damit nicht die Gesellschafterrechte dem Grunde nach.

Zwar ist dem insoweit zuzustimmen, als zwischen dem Bestehen von Rechten aus dem Kernbereich der Gesellschafter – einer Frage des Gesellschaftsrechts – und deren Durchsetzung – einer Frage des Prozessrechts – zu unterscheiden ist.[882] Nicht zuzustimmen ist *Habersack* allerdings in dem daraus gezogenen Schluss: Denn der Entzug staatlichen Rechtsschutzes bedarf der Zustimmung der Betroffenen. Dies gebietet das grundrechtsgleiche Recht aller Gesellschafter auf Zugang zur staatlichen Gerichtsbarkeit. Daher kann eine Entscheidung, die lediglich auf einer Gesellschaftermehrheit beruht, nicht zu einer Bindung aller Gesellschafter an die Schiedsklausel in einem Gesellschaftsvertrag führen. Und auch der Verbleib der überstimmten Gesellschafter in der Gesellschaft kann nicht als Zustimmung gesehen werden.[883] Somit bedarf die nachträgliche Einführung einer Schiedsklausel in den Gesellschaftsvertrag einer Personengesellschaft der Zustimmung aller Gesellschafter.

3. *Sonderfälle der Anordnungskompetenz*

Auf folgende Gesellschaftsformen ist mit Blick auf die Anordnungskompetenz der Gesellschafter gesondert einzugehen: die GmbH & Co. KG und die Publikumspersonengesellschaft.

---

879 *Roth,* in: FS Nagel (1987), 318, 326 f.; *Schäfer,* in: Großkomm.HGB, § 109 Rn. 71; *Schmidt,* in: MünchKomm.HGB, § 105 Rn. 125.

880 Siebe oben § 10 B. II. 3.

881 *Habersack*, SchiedsVZ 2003, 241, 245.

882 Siehe dazu bereits mit Blick auf die GmbH S. 131-133.

883 So BGHZ 144, 146, 149 f. (für den Verein).

a) GmbH & Co. KG

Bei der GmbH & Co. KG besteht die Notwendigkeit den Gesellschaftsvertrag der KG und die Satzung der Komplementär-GmbH miteinander zu harmonisieren.[884] So sollten etwa die Regelungen für den Ausschluss eines Gesellschafters derart verzahnt sein, dass der Ausschluss in der einen Gesellschaft nur wirksam erklärt werden kann, wenn zugleich die Beteiligung an der anderen Gesellschaft gekündigt wird. Das rechtliche Schicksal der Mitgliedschaften sollte im Regelfall voneinander abhängig sein.

Die Schiedsklauseln in dem Gesellschaftsvertrag der KG und der Satzung der GmbH sollten dies berücksichtigen, um eine effektive und interessensgerechte Streitlösung zu ermöglichen. So können beide Klauseln ein gemeinsames Schiedsverfahren in dem Falle vorsehen, dass parallele Streitigkeiten über die Stellung als Gesellschafter in KG und GmbH bestehen.

b) Publikumspersonengesellschaft

Publikumsgesellschaften sind zumeist Personengesellschaften, in der Regel GmbH & Co. KGs oder Immobilien-GbRs, die eine Vielzahl rein kapitalistisch beteiligter Gesellschafter als Anlagegesellschafter zusammenführen sollen.[885] Anders als bei der gesetzestypischen Persongesellschaft, bei der eine gemeinsame Unternehmerschaft der Gesellschafter die Grundlage bildet, bedarf es bei Publikumsgesellschaften einer auf § 242 BGB gestützten Inhaltskontrolle des Gesellschaftsvertrags.[886] Denn bei diesem handelt es sich zumeist um einen fertig vorformulierten Gesellschaftsvertrag, auf die die Anlagegesellschafter kein Einfluss haben.

Mit Blick auf Schiedsklauseln in Gesellschaftsverträgen von Publikumsgesellschaften stellt sich die Frage, ob Schiedsklauseln der Inhaltskontrolle unterstehen, und falls dies bejaht wird, ob Schiedsklauseln der Inhaltskontrolle standhalten.

aa) Inhaltskontrolle von Schiedsklauseln

Die Rechtsprechung sieht Schiedsklauseln in Gesellschaftsverträgen von Publikumsgesellschaften als zulässige Vereinbarung i.S.v. § 1029 ZPO, die in der nach

884 *Schmidt,* Gesellschaftsrecht, § 54 I.3 (S. 1627).

885 *Hopt,* in: Baumbach/Hopt, HGB, Anh. nach § 177a HGB Rn. 52.

886 Erstmals BGHZ 64, 238, 241; seitdem st. Rspr., siehe BGHZ 84, 11, 14; 102, 172, 176 f.; 104, 50, 53 f.; zustimmend *Basedow,* in: MünchKomm.BGB, § 310 Rn. 87 f.; *Hopt,* in: Baumbach/Hopt, HGB, Anh. nach § 177a HGB Rn. 68; *Schäfer,* in: Großkomm.HGB, § 109 Rn. 40; *Schmidt,* Gesellschaftsrecht, § 57 IV 1 (S. 1682 f.); *Wiedemann,* Gesellschaftsrecht, Bd. 1, § 9 III.2 (S. 501-504); eingehend *Schneider*, ZGR 1978, 1 ff.

§ 1031 ZPO notwendigen Form geschlossen werden muss.[887] Nach dieser Ansicht unterstehen Schiedsklauseln nicht der Inhaltskontrolle nach § 242 BGB, da sie als Schiedsvereinbarung kein echter Bestandteil des Gesellschaftsvertrags sind.

Dagegen fragen diejenigen Literaturstimmen, die Schiedsklauseln in Gesellschaftsverträgen – zutreffend[888] – als Anordnungen i.S.v. § 1066 ZPO sehen, ob eine Schiedsklausel bei Publikumsgesellschaften in *gesetzlich statthafter Weise* eingeführt werden kann.[889] Nach dieser Ansicht scheitern Schiedsklauseln regelmäßig an der Inhaltskontrolle, und sind daher als gesetzlich nicht statthafte Anordnungen unwirksam.

bb) Stellungnahme

Dogmatischer Ausgangspunkt der folgenden Stellungnahme ist, dass eine Anordnung schiedsgerichtlicher Entscheidungskompetenz stets in gesetzlicher statthafter Weise geschehen muss.[890] Es ist daher zu fragen, ob eine Schiedsklausel *in gesetzlicher statthafter Weise* in den Gesellschaftsvertrag einer Publikumsgesellschaft eingeführt werden kann, ob also eine Schiedsklausel der Inhaltskontrolle gemäß § 242 BGB standhalten kann.

Die Anwendung des § 1031 ZPO zum Schutz der Anlagegesellschafter überzeugt auf Grundlage der Einordnung von Schiedsklauseln in Gesellschaftsverträgen als Anordnungen i.S.v. § 1066 ZPO indes nicht. Wie im Folgenden ersichtlich wird, besteht dafür auch gar kein Bedürfnis, da die Inhaltskontrolle einen situativ angepassten Schutz garantiert, der über den Schutz durch § 1031 ZPO hinausgeht.

(1) Anwendung der aktienrechtlichen Vorschriften

Die Inhaltskontrolle eines Gesellschaftsvertrags kann sich an den wesentlichen Grundgedanken des AktG, des GmbHG oder des VereinsG orientieren.[891] Denn häufig stehen Publikumsgesellschaften den entsprechenden Gesellschaftstypen aufgrund von Struktur und kapitalistisch orientiertem Gesellschafterbestand wesentlich näher als einer gesetzestypischen Personengesellschaft.

---

887 BGH NJW 1980, 1049, 1049 f.; NJW 1998, 371; OLG Oldenburg NZG 2002, 931, 932; zustimmend *Schneider*, ZGR 1978, 1, 35; siehe auch *Geimer,* in: Zöller, ZPO, § 1031 Rn. 35a (keine Anwendung des § 1031 Abs. 5 ZPO auf Personengesellschaften, mit Ausnahme von Publikumspersonengesellschaften)

888 Siehe eingehend bereits § 9 B. II.

889 *Habersack*, SchiedsVZ 2003, 241, 244 f.; *Schäfer,* in: Großkomm.HGB, § 109 Rn. 71; *Schmidt*, ZGR 1988, 523, 539; *ders.*, DB 1989, 2315, 2317; *ders.*, ZHR 162 (1998), 265, 282; *ders.*, in: Gesellschaftsrecht in der Diskussion (2009), 97, 129 f.

890 Siehe dazu bereits § 9 B. I. 3.

891 BGHZ 69, 207, 220; BGH ZIP 1998, 859, 860; *Schneider*, ZGR 1978, 1, 15.

Sofern aufgrund dessen die Unwirksamkeit von Schiedsklauseln aus § 23 Abs. 5 AktG hergeleitet wird,[892] überzeugt dies nicht. Denn wie die Erörterung der aktienrechtlichen Anfechtungsklage ergeben hat, ist eine Schiedsklausel eine zulässige ergänzende Bestimmung i.S.v. § 23 Abs. 5 S. 2 AktG, selbst wenn das AktG die ausschließliche Zuständigkeit staatlicher Gerichte vorsieht.[893]

(2) Inhaltskontrolle der Schiedsklausel

Kann die Inhaltskontrolle nicht an spezialgesetzliche Regelungen anknüpfen, so ist auf Grundlage des § 242 BGB der folgende allgemeine Kontrollmaßstab entscheidend: Diejenigen, die die Gesellschaft leiten und den Gesellschaftsvertrag ausgestaltet haben, sollen aufgrund des Gestaltungsvorteils nicht unangemessen und einseitig ihre eigenen Belange verfolgen und damit die berechtigten Interessen der Anleger beeinträchtigen können.[894] Zu berücksichtigen ist dabei auch die berechtigte Erwartung der Anlagegesellschafter, dass sie vor übervorteilenden Gestaltungen des Gesellschaftsvertrags geschützt werden.[895] Ziel der Inhaltskontrolle ist es jedoch nicht, den Gesellschaftern einer Publikumsgesellschaft sämtliche Rechte einzuräumen, die den Gesellschaftern einer gesetzestypischen Personengesellschaft zustehen.[896]

Überträgt man diesen allgemeinen Kontrollmaßstab auf die Frage, ob Schiedsklauseln der Inhaltskontrolle nach § 242 BGB standhalten können, kristallisiert sich die folgende Problemstellung heraus: Es muss verhindert werden, dass sich die Gesellschaftsgründer durch die Schiedsklausel ungerechtfertigte Vorteile sichern und die Rechtsschutzmöglichkeiten zulasten der Kapitalanleger – respektive: der Gesellschafter – verändern. Denn wird ein Schiedsverfahren in einem Gesellschaftsvertrag einer Publikumsgesellschaft angeordnet, so haben die Kapitalanleger das berechtigte Interesse an einer wirkungsvollen Rechschutzmöglichkeit. Im Ergebnis muss die Schiedsklausel daher garantieren, dass die Schiedsgerichtsbarkeit das gleiche Rechtsschutzniveau bietet wie die staatliche Gerichtsbarkeit. Dies ist in erster Linie eine Frage der Unparteilichkeit des Schiedsgerichts.

892 Offen gelassen von *Habersack*, SchiedsVZ 2003, 241, 244.

893 Siehe oben § 11 C. I.

894 BGHZ 104, 50, 54.

895 BGHZ 69, 207, 220.

896 *Schneider*, ZGR 1978, 1, 14.

(i) Unparteilichkeit des Schiedsgerichts

Das Schiedsgericht muss unparteiisch sein und es darf sich keine Partei einen Vorteil bei der Schiedsrichterbenennung sichern.[897] Der Grundsatz der Waffengleichheit und der Grundsatz der Gleichbehandlung sind elementare Bestandteile eines fairen Verfahrens,[898] und diese Grundsätze manifestieren sich in der Unabhängigkeit des Schiedsgerichts.[899]

Kleinanleger, die sich häufig an Publikumsgesellschaften beteiligen, sind jedoch in aller Regel nicht in der Lage, einen eigenen Schiedsrichter zu benennen. Sie werden häufig nicht mit den Grundlagen der Schiedsrichterbenennung vertraut sein, sodass sie sich weitestgehend auf einen Interessenvertreter verlassen müssten. Da ein Kleinanleger jedoch weder die schiedsverfahrensrechtliche Kompetenz seines Rechtsanwalts beurteilen kann noch die Kompetenz seines Parteischiedsrichters, muss die Bestellung durch einen unabhängigen Dritten erfolgen. Wird ein Parteischiedsrichter durch einen Dritten bestellt, gebietet der Grundsatz der Waffengleichheit zwischen den Parteien des Schiedsverfahrens, dass auch der zweite Parteischiedsrichter durch einen unabhängigen Dritten bestellt werden muss.[900] Wird das gesamte Schiedsgericht beispielsweise durch den Präsidenten des Oberlandesgerichts am Gesellschaftssitz benannt, ist garantiert, dass das Schiedsgericht neutral besetzt wird.

Im Ergebnis muss eine Schiedsklausel im Gesellschaftsvertrag einer Publikumsgesellschaft eine Schiedsrichterbenennung durch einen neutralen Dritten vorsehen. Dadurch wird die Neutralität des Schiedsgerichts gesichert und eine Überforderung der Kleinanleger durch das Bestellungsverfahren verhindert. Damit wird die Funktion des § 1034 Abs. 2 S. 1 ZPO präventiv in die Inhaltskontrolle vorverlagert. § 1034 Abs. 2 S. 1 ZPO ermächtigt das staatliche Gericht zur eigenständigen Schiedsrichterbestellung, wenn eine Partei aufgrund der Zusammensetzung des Schiedsgerichts ein missbilligenswertes Übergewicht erlangt. Dies setzt jedoch einen entsprechenden Antrag des Unterlegenen voraus. Bei Publikumsgesellschaften verhindert bereits die vorgelagerte Inhaltskontrolle ein Übergewicht der Gesellschaftsgründer oder Gesellschaftsleiter bei der Schiedsrichterbestellung, was aufgrund der Schutzbedürftigkeit der Gesellschafter in Publikumsgesellschaften auch gerechtfertigt ist.

---

897 Vgl. zur Notwendigkeit eines unabhängigen Schiedsgerichts *Geimer,* in: Schlosser (Hrsg.), Integritätsprobleme im Umfeld der Justiz, 113, 142 f., 172-178.

898 Siehe dazu oben § 3 C. V.

899 *Wagner,* Prozeßverträge, 499 (zur Verbandsschiedsgerichtsbarkeit); vgl. dazu auch *C. Berger,* ZHR 164 (2000), 295, 305; *Bork,* ZHR 160 (1996), 374, 380 f.

900 Siehe oben S. 127.

(ii) Verfahrensort und Verfahrenssprache

Allgemein gilt, dass die Gestaltung der Rechtsschutzmöglichkeiten durch den Gesellschaftsvertrag die Anrufung des zuständigen Gerichts nicht unangemessen erschweren darf,[901] was insbesondere für den Verfahrensort und die Verfahrenssprache gilt.

Die Schiedsklausel muss einen Verfahrensort vorsehen, der allen Gesellschaftern eine Teilnahme am Verfahren nicht offensichtlich erschwert. Zur Beantwortung der Frage, wann ein Schiedsort zulässig ist, kann auf die Grundsätze zum Ort der Gesellschafterversammlung zurückgegriffen werden. Auch in diesem Fall darf die Teilnahme nicht durch die Ortswahl erschwert werden.[902]

Auch die gewählte Verfahrenssprache darf nicht dazu dienen, klagewillige Gesellschafter zu behindern oder abzuschrecken. Im Regelfall wird daher für eine Gesellschaft, die im Wesentlichen in Deutschland beworben und vertrieben wird, als Verfahrenssprache nur Deutsch zulässig sein.

(iii) Zwischenergebnis

Im Ergebnis scheitern Schiedsklauseln in Gesellschaftsverträgen von Publikumsgesellschaften nicht an der Inhaltskontrolle auf Grundlage des § 242 BGB, vorausgesetzt, ein faires Schiedsverfahren ist sichergestellt.

Dies verdeutlicht, dass der Schutz der Gesellschafter vor Schiedsklauseln nicht im Verfahrensrecht zu suchen ist – insbesondere nicht in der Formvorschrift des § 1031 ZPO –, sondern im Gesellschaftsrecht und den allgemeinen zivilrechtlichen Schranken, zu denen auch die Inhaltskontrolle nach § 242 BGB zählt.[903] Dadurch wird ein situativ angepasster Schutz der Gesellschafter vor Schiedsklauseln sichergestellt.

4. Zwischenergebnis zur Anordnungskompetenz

Auch Schiedsklauseln in Gesellschaftsverträgen von Personengesellschaften können nur mit der Zustimmung aller Gesellschafter eingeführt werden.[904] Bei Publikumsgesellschaften sind erhöhte Gestaltungsanforderungen zu beachten, da die Wirksamkeit der Schiedsklausel an der Inhaltskontrolle nach § 242 BGB zu messen ist.

---

901 BGH NJW 1977, 2263, 2264 (zur Schlichtungsklausel in einem Gesellschaftsvertrag einer Publikumsgesellschaft); vgl. auch *Bork*, ZHR 157 (1993), 48, 63 (zu einer statutarischen Gerichtsstandsvereinbarung, die einen anderen Ort als den Gesellschaftssitz vorsieht).

902 *Schneider*, ZGR 1978, 1, 22.

903 So auch *Schäfer,* in: Großkomm.HGB, § 109 Rn. 69.

904 Vgl. bereits zur GmbH § 10 B. II.

C. Legitimation der Wirkungserstreckung

Bei der Legitimation der Wirkungserstreckung ist neben dem Problem des wechselnden Gesellschafterbestands auf die Wirkung der Schiedsklausel auf Streitigkeiten aufgrund von Nachfolge- und Eintrittsklauseln einzugehen.

I. Wirkungserstreckung bei wechselndem Gesellschafterbestand

Schiedsklauseln in Gesellschaftsverträgen von Personengesellschaften wirken auch gegenüber eintretenden Gesellschaftern. Dies ist im Ergebnis unbestritten,[905] ungeachtet des Streits über die Einordnung der Schiedsklausel als Vereinbarung i.S.v. § 1029 ZPO oder als Anordnung i.S.v. § 1066 ZPO.[906] Während eine Ansicht die Wirkung auf den eintretenden Gesellschafter auf den „in § 401 BGB enthaltenen Grundgedanken"[907] stützt, gründet sich die Gegenansicht auf Einordnung der Schiedsklausel als die Anordnung i.S.v. § 1066 ZPO, die kraft Mitgliedschaft auf jeden Gesellschafter wirkt *(„ipso iure status"*[908]*)*.[909] Die letztgenannte Ansicht verdient Zustimmung.[910]

Die Wirkung einer Schiedsklausel endet auch nicht mit Ende der Mitgliedschaft in der Gesellschaft. Sie wirkt vielmehr weiterhin für solche Streitigkeiten, die Pflichten betreffen, die auch nach dem Ende der Gesellschafterstellung fortbestehen, z.B. nachwirkende Treuepflichten.[911] Der austretende Gesellschafter kann sich weder dieser nachwirkenden Pflichten entledigen noch der Wirkung der Schiedsklausel.

---

905 BGHZ 71, 162, 165 f.; BGH NJW 1998, 371, 371 f.; NZG 2002, 955; *Habersack*, SchiedsVZ 2003, 241, 243 f.; *Hopt,* in: Baumbach/Hopt, HGB, Einl. vor § 1 Rn. 90; *Schäfer,* in: Großkomm.HGB, § 105 Rn. 45, § 109 Rn. 69; *Schmidt,* in: Gesellschaftsrecht in der Diskussion (2009), 97, 129 f.; *ders.*, in: MünchKomm.HGB, § 105 Rn. 122.

906 Siehe dazu oben § 9 B. II.

907 BGH NJW 1998, 371; NZG 2002, 955; *Hopt,* in: Baumbach/Hopt, HGB, Einl. vor § 1 Rn. 90; kritisch, aber im Ergebnis zustimmend *Ebbing*, NZG 1998, 281, 282.

908 *Wiedemann,* Gesellschaftsrecht, Bd. 2, § 4 (S. 292).

909 *Habersack*, SchiedsVZ 2003, 241, 243 f.; *Roth,* in: FS Nagel (1987), 318, 326; *Schmidt*, JZ 1989, 1077, 1082 f.; *ders.*, ZHR 162 (1998), 265, 279; *ders.,* BB 2001, 1857, 1863.

910 Dazu bereits die eingehende Stellungnahme bei § 9 B. II. 2.

911 BGH NZG 2002, 955.

II. Wirkungserstreckung bei Streitigkeiten über die Nachfolge verstorbener Gesellschafter

Bei der Erörterung der Wirkungserstreckung im Fall des Todes eines Gesellschafters sind zwei gesellschaftsvertragliche Regelungen zu unterscheiden: Eintritts- und Nachfolgeklauseln.

1. Eintrittsklausel

Durch eine Eintrittsklausel kann zugunsten eines Erben (oder ggf. eines Dritten) ein schuldrechtlicher Anspruch auf den Eintritt in die Gesellschaft begründet werden.[912] Der Eintritt des Erben in die Gesellschaft vollzieht sich nicht *ipso iure* mit dem Todesfall, sondern aufgrund eines Aufnahmevertrags zwischen dem Eintrittsberechtigten und den verbleibenden Gesellschaftern.

Besteht zwischen zwei Erben Streit, wer von beiden anspruchsberechtigt ist, und enthält der Gesellschaftsvertrag eine Schiedsklausel, so kommen zwei Fragen auf: Erstens, erstreckt sich die Wirkung der Schiedsklausel auf die streitenden Erben (ein Problem der Legitimation der Wirkungserstreckung auf die Erben)? Zweitens, ist dieser Streit auch von der Schiedsklausel umfasst? Dies ist eine Frage der Anordnungskompetenz, die in diesem Kontext zu erörtern ist.

a) Legitimation der Wirkungserstreckung

Das Problem der Wirkungserstreckung einer Schiedsklausel auf die möglichen Erben lässt sich zu folgender Frage verallgemeinern: Wenn jemand die Stellung als Gesellschafter beansprucht und als Gesellschafter an die Schiedsklausel gebunden wäre, legitimiert dies bereits eine Wirkungserstreckung auf den Anspruchsteller? Hiergegen spricht zunächst aus rein formaler Sicht, dass der Anspruchstellende noch kein Gesellschafter ist, ja dass noch nicht einmal sicher ist, ob er einen Anspruch hat. Dennoch geht die herrschende Ansicht davon aus, dass die Erben von der Wirkung der Schiedsklausel umfasst werden.[913] Denn derjenige, der die Gesellschafterstellung beanspruche, könne dies nur im Einklang mit dem Gesellschaftsvertrag tun.

Dem ist im Ergebnis zuzustimmen; die Begründung ist allerdings zu ergänzen und dogmatisch zu präzisieren. Die Rechtskonstruktion, die der Eintritts-

---

912 *Schmidt,* in: MünchKomm.HGB, § 139 Rn. 25, 27; *Schäfer,* in: Großkomm.HGB, § 139 Rn. 16; vgl. zu alt. Gestaltungsmöglichkeiten *Schmidt,* in: MünchKomm.HGB, § 139 Rn. 27.

913 BGH NJW 1980, 1797; *Hopt,* in: Baumbach/Hopt, HGB, Einl. vor § 1 Rn. 90; *Münch,* in: MünchKomm.ZPO, § 1029 Rn. 54; *Schäfer,* in: Großkomm.HGB, § 109 Rn. 69.

klausel zugrunde liegt, ist ein Vertrag zugunsten Dritter (§ 328 BGB).[914] Sieht ein solcher Vertrag eine schiedsgerichtliche Entscheidung für Streitigkeiten im Zusammenhang mit dem Vertrag vor, ist der Begünstigte an diese Schiedsvereinbarung gebunden.[915] Daher wirkt die Schiedsklausel auf den Anspruch zugunsten des Dritten, vorausgesetzt, die objektive Reichweite der Schiedsklausel umfasst diesen Anspruch.[916] Ist dies der Fall, wirkt die Schiedsklausel auch auf den Streit aufgrund einer Eintrittsklausel. Denn derjenige, der aus der Eintrittsklausel einen Anspruch herleitet, ist sowohl hinsichtlich der Geltendmachung des Anspruchs an die Schiedsklausel gebunden als auch bei Erreichen des Anspruchsziels – des Eintritts in die Gesellschaft.

b) Streit über die Eintrittsklausel als Gegenstand der Schiedsklausel

Eine Schiedsklausel mit der üblichen Formulierung, wonach für alle Streitigkeiten im Zusammenhang mit dem Gesellschaftsverhältnis eine schiedsgerichtliche Entscheidungskompetenz bestehen soll, umfasst auch Streitigkeiten aufgrund einer Eintrittsklausel. Denn der Anspruch auf den Eintritt in die Gesellschaft wird durch den Gesellschaftsvertrag begründet, und derjenige, der in der Eintrittsklausel als Nachfolger bestimmt wird, erwirbt den Anspruch ungeachtet seiner Erbenstellung.

2. *Nachfolgeklausel*

Bei einer erbrechtlichen Nachfolgeklausel wird dagegen der Gesellschaftsanteil „vererblich gestellt“ und die Rechtsnachfolge der erbrechtlichen Gestaltung überlassen.[917] Der Anteil des verstorbenen Gesellschafters geht mit seinem Tode unmittelbar kraft Erbrechts auf den Erben über.[918] Dies kann der Erbe nur vermeiden, wenn er die Erbschaft ausschlägt; denn in diesem Fall gilt der Anfall der Erbschaft als nicht erfolgt (§ 1953 Abs. 1 BGB). Damit ist der Erbe zunächst Gesellschafter und als solcher auch von der Wirkungserstreckung der Schiedsklausel

---

914 *Schäfer,* in: Großkomm.HGB, § 139 Rn. 16; *Schmidt,* in: MünchKomm.HGB, § 139 Rn. 27.

915 BGHZ 48, 35, 45; *Geimer,* in: Böckstiegel/Berger/Bredow (Hrsg.), Beteiligung Dritter an Schiedsverfahren, 71, 76 f.; *Massuras,* Mehrparteienschiedsgerichtsbarkeit, 108 f.; *Münch,* in: MünchKomm.ZPO, § 1029 Rn. 54; *Schlosser,* in: Stein/Jonas, ZPO, § 1029 Rn. 33.

916 Dazu sogleich unter b).

917 So bei der einfachen erbrechtlichen Nachfolgeklausel, BGHZ 68, 225, 229. Bei einer qualifizierten Nachfolgeklausel sollen nicht alle Erben als Gesellschafter nachrücken, sondern nur einer oder einige von ihnen; damit wird derjenige oder werden diejenigen Gesellschafter, die in der Klausel benannt werden, siehe BGHZ 68, 225, 237 f.

918 BGHZ 108, 187, 192 f.; *Schäfer,* in: Großkomm.HGB, § 139 Rn. 9.

betroffen. Mit der Ausschlagung der Erbschaft erlischt *ex tunc* die Gesellschafterstellung, und der Erbe unterfällt nicht der Wirkung der Schiedsklausel.[919]

Besteht Streit über die Erbfolge, und beanspruchen verschiedene Erben die Gesellschafterstellung, so wirkt auch auf diesen Streit unter den potentiellen Erben die Schiedsklausel.[920] Zwar lässt sich dies nicht auf § 328 BGB stützen – wie im Fall der Eintrittsklausel –, jedoch gilt auch hier: Der Anspruchsteller ist sowohl hinsichtlich der Geltendmachung des Anspruchs an die Schiedsklausel gebunden als auch bei Erreichen des Anspruchsziels – des *ipso-iure*-Eintritts in die Gesellschaft. Auch umfasst die Schiedsklausel regelmäßig Streitigkeiten aufgrund einer Nachfolgeklausel; denn durch die Nachfolgeklausel im Gesellschaftsvertrag wird der Gesellschaftsanteil erst „vererblich gestellt", und das Ziel der Streitenden ist das unmittelbare Nachrücken in die Stellung des verstorbenen Gesellschafters. Es handelt sich mithin um eine Streitigkeit ‚im Zusammenhang mit dem Gesellschaftsverhältnis'.

D. Zusammenfassung

Das Ergebnis der vorhergehenden Untersuchung, dass Schiedsklauseln in Gesellschaftsverträgen Anordnungen i.S.v. § 1066 sind und daher § 1031 ZPO nicht anzuwenden ist, wird durch das Beispiel der Publikumsgesellschaft weiter untermauert. Denn der situativ angepasste Schutz durch gesellschaftsrechtliche Regelungen ist zweckdienlicher als der situationsunabhängige Schutz durch das Schriftformerfordernis des § 1031 ZPO. Daneben ist als Ergebnis festzuhalten, dass Schiedsklauseln für solche Streitigkeiten wirken, die auf einer Eintritts- oder Nachfolgeklausel beruhen. Insoweit sind auch diejenigen an eine bestehende Schiedsklausel gebunden, die noch keine Gesellschafter sind, sondern diese Stellung lediglich beanspruchen.

919 Vgl. zur *ex-tunc*-Wirkung *Otte,* in: Staudinger, BGB, § 1942 Rn. 10.

920 BGH WM 1971, 308, 309; *Schäfer,* in: Großkomm.HGB, § 109 Rn. 62; *Schwab/Walter,* Schiedsgerichtsbarkeit, Kap. 7 Rn. 30.

Exkurs: Wirkungserstreckung in der Insolvenz

§ 14 Wirkungserstreckung von Schiedsvereinbarungen und Schiedsklauseln auf Insolvenzverwalter

A. Übersicht

Zahlreiche Ersatz- und Haftungsansprüche, die im Zusammenhang mit der Wirkungserstreckung bislang in der vorliegenden Arbeit untersucht wurden, werden in einem Insolvenzverfahren über das Vermögen der Gesellschaft vom Insolvenzverwalter geltend gemacht. Daher lohnt ein Exkurs zur Wirkungserstreckung auf den Insolvenzverwalter.

Mit dem Insolvenz- und dem Schiedsverfahrensrecht treffen zwei Prozessrechtsordnungen aufeinander, die unterschiedlicher kaum sein könnten: Während das Insolvenzrecht – ein Gesamtvollstreckungsverfahren – überwiegend durch zwingende Regelungen geprägt ist, ist das Schiedsverfahrensrecht – ein Erkenntnisverfahren – vorrangig durch den Grundsatz der Parteidisponibilität gekennzeichnet. Aufgrund des zumeist zwingenden Charakters insolvenzrechtlicher Regelungen hat das Insolvenzrecht bei dem Aufeinandertreffen der beiden Rechtsgebiete eine Vorrangstellung, sodass die Kernfrage des Zusammentreffens stets lautet: Inwieweit akzeptiert die Insolvenzordnung die von dem Schuldner geschaffene Bindungswirkung von Schiedsvereinbarungen und Schiedsklauseln?[921]

B. Bindung des Insolvenzverwalters an Schiedsvereinbarungen des Schuldners

Um die allgemeine Wirkung von Schiedsvereinbarungen und Schiedsklauseln auf einen Insolvenzverwalter erörtern zu können, muss zunächst dessen Rechtsstellung vergegenwärtigt werden. Nach der herrschenden Amtstheorie handelt der Insolvenzverwalter für die Insolvenzmasse im eigenen Namen als Inhaber

921 Vgl. *Wagner*, KTS 2010, 39, 39 f.

eines privaten Amtes.[922] Prozesse führt er für den Schuldner als Partei kraft Amtes in gesetzlicher Prozessstandschaft.[923]

Als Prozessstandschafter macht der Insolvenzverwalter die Ansprüche des Insolvenzschuldners so geltend, wie sie zum Zeitpunkt der Eröffnung des Insolvenzverfahrens bestehen.[924] Entsprechend tritt der Insolvenzverwalter auch nach § 80 InsO in die Rechte und Pflichten des Schuldners ein, wie sie zum Zeitpunkt der Verfahrenseröffnung bestehen. Daher ist der Insolvenzverwalter auch an eine vor Eröffnung des Insolvenzverfahrens vom Schuldner geschlossene Schiedsvereinbarung gebunden,[925] und er hat kein Wahlrecht für die Erfüllung der Schiedsvereinbarung gemäß § 103 InsO.[926]

Keine Wirkung hat eine vorinsolvenzlich geschlossene Schiedsvereinbarung dagegen, soweit es sich um ureigene Rechte des Insolvenzverwalters handelt, über die der Schuldner grundsätzlich nicht verfügen kann,[927] was insbesondere bei Ansprüchen aus Insolvenzanfechtung der Fall ist.[928] Denn über den Rückgewähranspruch aus § 143 InsO kann allein der Insolvenzverwalter verfügen, was auch eine prozessuale Modifizierung des Rückgewähranspruchs durch eine Schiedsvereinbarung umfasst.

C. Wirkungserstreckung bei der Geltendmachung von Ersatz- und Haftungsansprüchen

Bei der Erörterung der Wirkungserstreckung auf den Insolvenzverwalter bei der Geltendmachung von Ersatz- und Haftungsansprüchen ist zu unterscheiden, ob es sich um Ansprüche der Gesellschaftsgläubiger oder der Gesellschaft handelt.

---

922 BGHZ 88, 33, 334; 100, 346, 351; *Bork,* in: Stein/Jonas, ZPO, vor § 50 Rn. 33-40; Überblick zur Stellung des Insolvenzverwalters *Bork,* Einführung in das Insolvenzrecht, Rn. 63-69.

923 *Bork,* in: Stein/Jonas, ZPO, vor § 50 Rn. 28; *Lindacher,* in: MünchKomm.ZPO, vor § 50 Rn. 44.

924 Siehe zur Frage der Wirkung einer Gerichtsstandsvereinbarung im Folgenden C. I. 2.

925 BGHZ 179, 304, 307 f.; BGH ZInsO 2004, 88; ZIP 2008, 478, 480; ZIP 2009, 627, 628; ZIP 2011, 1477, 1478; *Münch,* in: MünchKomm.ZPO, § 1029 Rn. 50; *Schlosser,* in: Stein/Jonas, ZPO, § 1029 Rn. 35; *Wagner*, KTS 2010, 39, 41 f.; zum Konkursverwalter BGHZ 24, 15, 18.

926 Nw. bei Fn. 161.

927 BGH ZInsO 2004, 88; ZIP 2011, 1477, 1478 f.

928 BGH ZIP 2008, 478, 479 f.; ZIP 2011, 1477, 1479; *Jacoby,* in: Kübler/Prütting/Bork, InsO, Anh. § 143 Rn. 8; *Kirchhof,* in: MünchKomm.InsO, § 146, Rn. 37; *Münch,* in: MünchKomm.ZPO, § 1029 Rn. 50; *Schumacher,* in: MünchKomm.InsO, vor §§ 85 bis 87, Rn. 54; *Wagner*, KTS 2010, 39, 48 f.; a.A. *Hirte,* in: Uhlenbruck, InsO, § 143 Rn. 66.

I. Ansprüche der Gesellschaftsgläubiger und vorinsolvenzliche Schiedsvereinbarungen

Hatte eine zwischenzeitlich insolvente Gesellschaft mit einem Gesellschaftsgläubiger eine Schiedsvereinbarung abgeschlossen, so stellt sich die Frage nach der Wirkungserstreckung der Schiedsvereinbarung auf den Insolvenzverwalter.

1. Wirkungserstreckung und § 93 InsO

In der Insolvenz einer Gesellschaft kann der Insolvenzverwalter die Ansprüche der Gesellschaftsgläubiger gegen die persönlich haftenden Gesellschafter geltend machen. Insoweit regelt § 93 InsO, dass dies bei Gesellschaften ohne Rechtspersönlichkeit (siehe § 11 Abs. 2 Nr. 1 InsO) und bei KGaAs möglich ist sowie nach allgemeiner Ansicht über den Wortlaut hinaus auch bei juristischen Personen.[929] Voraussetzung ist stets, dass ein Gesellschafter unbeschränkt und akzessorisch aufgrund einer gesellschaftsrechtlichen Norm haftet.[930] Daher wirkt § 93 InsO auf die Haftung des oHG-Gesellschafters gemäß § 128 HGB, des Komplementärs[931], des GbR-Gesellschafters[932] oder des GmbH-Gesellschafters im Fall der Durchgriffshaftung[933]. § 93 InsO ist jedoch keine eigenständige Anspruchsgrundlage oder Grundlage einer *cessio legis*; § 93 InsO ermächtigt den Insolvenzverwalter, die Ansprüche der Gesellschaftsgläubiger geltend zu machen.[934]

Für die Wirkungserstreckung auf den Insolvenzverwalter folgt daraus, dass auch dieser bei der Geltendmachung der Ansprüche der Gesellschaftsgläubiger an eine Schiedsvereinbarung gebunden ist, die zwischen der – zwischenzeitlich insolventen – Gesellschaft und den Gesellschaftsgläubigern abgeschlossen wurde. Denn die Gesellschaftsgläubiger bleiben materiell-rechtlich Anspruchsinhaber, und der Insolvenzverwalter ist nur zur Einziehung des fremden Anspruchs berechtigt. Der Insolvenzverwalter wird – zumindest nach der herrschenden Amtstheorie – *„prozessualer Rechtsnachfolger“*[935] des Insolvenzschuldners und tritt damit in die geschaffene Prozesslage ein.

---

929 *Bork,* in: Kölner Schrift zur Insolvenzordnung, Kap. 31 Rn. 24.

930 BGHZ 151, 245, 248 f.; *Brandes,* in: MünchKomm.InsO, § 93, Rn. 6; *Hirte,* in: Uhlenbruck, InsO, § 93 Rn. 17.

931 BGH ZIP 2009, 47, 47 f.; *Lüke,* in: Kübler/Prütting/Bork, InsO, § 93 Rn. 37.

932 BGH ZIP 2007, 79, 80; *Brandes,* in: MünchKomm.InsO, § 93, Rn. 4.

933 BGHZ 165, 85, 89 f.; *Brandes,* in: MünchKomm.InsO, § 93, Rn. 4; *Wagner,* in: FS Canaris, Bd. 2 (2007), 473, 482.

934 BGH ZIP 2007, 79, 80; ZIP 2008, 2224, 2225; *Brandes,* in: MünchKomm.InsO, § 93, Rn. 14; *Hirte,* in: Uhlenbruck, InsO, § 93 Rn. 3. Daneben sperrt § 93 InsO den Direktzugriff der Gläubiger auf das Vermögen des haftenden Gesellschafters.

935 *Bork,* in: Stein/Jonas, ZPO, § 38 Rn. 50.

2. *Exkurs: Gerichtsstandsvereinbarung und Insolvenzverwalter*

In diesem Kontext lohnt ein prozessualer Seitenblick auf die Wirkung einer Gerichtsstandsvereinbarung auf den Insolvenzverwalter. Nach überwiegender, aber nicht unbestrittener Ansicht bindet eine Gerichtsstandsvereinbarung, die der Insolvenzschuldner vor Antragstellung geschlossen hat, auch den Insolvenzverwalter.[936] Die eigentliche Streitfrage ist dabei, ob der Insolvenzverwalter als Nichtkaufmann an eine vorprozessuale Gerichtsstandsvereinbarung gebunden sein kann; denn auch in den Fällen, in denen der Schuldner ein Kaufmann ist oder einen kaufmännischen Betrieb führt, ist der Insolvenzverwalter kein Kaufmann.[937] Diese Frage ist zwar für die Wirkungserstreckung nur mittelbar relevant; sie verdeutlicht dennoch zwei interessante Gesichtspunkte: Zum einen wird klar, dass das Insolvenzrecht grundsätzlich prozessuale Verfügungen des Insolvenzschuldners über seine eigenen Rechte akzeptiert, soweit das zugrunde liegende (Prozess-)Recht dies zulässt. Im Fall der Gerichtsstandsvereinbarung dreht sich der Streit daher nicht um Regelungen der Insolvenzordnung, sondern um § 38 ZPO. Zum anderen verdeutlicht dies den bereits aufgezeigten Widerspruch hinsichtlich der Voraussetzungen von Gerichtsstands- und Schiedsvereinbarung:[938] Der Weg in die Schiedsgerichtsbarkeit – und damit das Verlassen der staatlichen Gerichtsbarkeit – ist wesentlich leichter möglich als der Wechsel eines Gerichtsstands innerhalb der staatlichen Gerichtsbarkeit.

II. Ansprüche der Gesellschaft und Schiedsklauseln

Die Frage nach der Wirkungserstreckung von Schiedsklauseln auf Insolvenzverwalter stellt sich auch, wenn Geschäftsführer aus § 43 Abs. 2 und 3 GmbHG oder § 64 S. 1 GmbHG gegenüber der Gesellschaft haften – Ansprüche, die regelmäßig erst in der Insolvenz geltend gemacht werden.

---

936 *Bork,* in: Stein/Jonas, ZPO, § 38 Rn. 50; *Brinkmann,* in: Uhlenbruck, InsO, § 47 Rn. 108; *Meyer-Lindemann,* JZ 1982, 592 ff.; *Vollkommer,* in: Zöller, ZPO, § 38 Rn. 10; a.A. LG Trier ZIP 1982, 460, 461 (abl. Anm. *Ackmann,* ZIP 1982, 462); LG Kleve MDR 2001, 291 (abl. Anm. *Treffer,* MDR 2001, 292); *Patzina,* in: MünchKomm.ZPO, § 38 Rn. 20; *Uhlenbruck,* in: Uhlenbruck, InsO, § 80 Rn. 107.

937 *Lüke,* in: Kübler/Prütting/Bork, InsO, § 80 Rn. 13; *Ott/Vuia,* in: MünchKomm.InsO, § 80 Rn. 99; *Uhlenbruck,* in: Uhlenbruck, InsO, § 80 Rn. 11.

938 Siehe oben bereits § 3 B. II.

1. *Anspruch aus § 64 S. 1 GmbHG*

Inwieweit eine statutarische Schiedsklausel auch für den Anspruch der Gesellschaft aus § 64 S. 1 GmbHG gilt, wurde von der Rechtsprechung bislang nicht entschieden und in der Literatur nur vereinzelt erörtert.

a) Ablehnende Haltung von Haas/Hoßfeld zur Wirkungserstreckung einer Schiedsklausel

Haas/Hoßfeld lehnen die Wirkung einer Schiedsklausel auf den Insolvenzverwalter bei Geltendmachung des Anspruchs aus § 64 S. 1 GmbHG ab.[939] Denn den Gesellschaftern fehle die Verfügungsbefugnis über den Anspruch, da es keinen Fall gebe, in dem die Gesellschaft den Anspruch aus § 64 S. 1 GmbHG selbst geltend machen könne.[940] Daneben führen *Haas/Hoßfeld* aus, dass der Anspruch aus § 64 S. 1 GmbHG mit dem Rückgewähranspruch aus § 143 InsO zu vergleichen sei, da beide dem Schutz der Gläubigergesamtheiten dienten; über den Anspruch aus § 143 InsO könne der Schuldner nicht verfügen, was auch auf den Anspruch aus § 64 S. 1 GmbHG zu übertragen sei.[941]

b) Stellungnahme

Eine Auseinandersetzung mit der Problematik hat von dem Ausgangspunkt auszugehen, dass § 64 S. 1 GmbHG einen Anspruch der Gesellschaft gegen den Geschäftsführer begründet (Innenhaftung), der im Fall der Insolvenz durch den Insolvenzverwalter nach § 80 InsO geltend gemacht wird. Es handelt sich somit nicht um einen insolvenzspezifischen Anspruch des Insolvenzverwalters, über den die Gesellschafter im Grundsatz durch eine Schiedsklausel verfügen können, anders als über den Rückgewähranspruch aus Insolvenzanfechtung (§ 143 InsO).[942] Zwar ist *Haas/Hoßfeld* zuzugestehen, dass der Anspruch gegen den Geschäftsführer in der Insolvenz geltend gemacht wird;[943] jedoch kann daraus nicht geschlossen werden, dass die Gesellschafter nicht verfügungsbefugt seien. Denn auch ein vorinsolvenzlicher Verzicht oder Vergleich der Gesellschafter über den Anspruch aus § 64 S. 1 GmbHG ist nach den §§ 64 S. 4, 43 Abs. 3 S. 2, 9b Abs. 1 GmbHG nur unwirksam, sofern die Befriedigung der Gesellschaftsgläubiger

939 *Haas/Hoßfeld,* in: FS Uwe H. Schneider (2011), 407, 422-424.

940 *Haas/Hoßfeld,* in: FS Uwe H. Schneider (2011), 407, 423.

941 *Haas/Hoßfeld,* in: FS Uwe H. Schneider (2011), 407, 423 f.

942 A.A. *Haas/Hoßfeld,* in: FS Uwe H. Schneider (2011), 407, 423 f.

943 Nach BGH ZIP 2000, 1896, 1897 setzt der Anspruch aus § 64 Abs. 2 S. 1 GmbHG a.F. (= § 64 S. 1 GmbHG n.F.) die Eröffnung des Insolvenzverfahrens voraus; zustimmend *Nerlich,* in: Michalski, GmbHG, § 64 Rn. 47; ablehnend *Schmidt,* in: Scholz, GmbHG, § 64 Rn. 59.

gefährdet wird. Die Anordnung einer schiedsgerichtlichen Entscheidungszuständigkeit als prozessuale Verfügung der Gesellschafter ist somit grundsätzlich zulässig, sofern die Befriedigung der Gesellschaftsgläubiger dadurch nicht beeinträchtigt wird. Denn insoweit sind die Gesellschafter verfügungsbefugt. Eine monetäre Beeinträchtigung der Gläubigerinteressen durch die Schiedsklausel ist jedoch nur schwer denkbar.[944] Aus der Anordnung einer schiedsgerichtlichen Entscheidungszuständigkeit folgt allein der Verzicht auf staatlichen Rechtsschutz; eine vermögensrechtliche Komponente enthält dieser Verzicht nicht.[945]

Wird im Übrigen das Insolvenzverfahren mangels Masse nicht eröffnet, können die Gesellschaftsgläubiger die Ansprüche gegen den Gesellschafter pfänden und sich zur Einziehung überweisen lassen.[946] In diesem Fall sind die Gläubiger ebenfalls an die Schiedsklausel gebunden. Denn die Überweisung stellt das vollstreckungsrechtliche Gegenstück zur materiell-rechtlichen Abtretung dar,[947] und die Abtretung ändert nichts an der Modifizierung der Forderung durch die Schiedsklausel; dies muss daher auch für die Pfändung gelten.

2. *Anspruch aus § 43 GmbHG*

Die Ansprüche der Gesellschaft aus § 43 Abs. 2 und 3 GmbHG werden in der Insolvenz ebenfalls gemäß § 80 InsO vom Insolvenzverwalter geltend gemacht. Auch bei der Geltendmachung dieses Anspruchs wirkt die statutarische Schiedsklausel auf den Insolvenzverwalter. Denn wie bei § 64 S. 1 GmbHG handelt es sich um Ansprüche der Gesellschaft, über die die Gesellschafter in Form der Schiedsklausel verfügen können.

D. Zusammenfassung

Nach Eröffnung des Insolvenzverfahrens erstreckt sich die Wirkung vorinsolvenzlicher Schiedsvereinbarungen des Schuldners mit Dritten auch auf den Insolvenzverwalter, sofern dieser Ansprüche der Gesellschaftsgläubiger gegen die Gesellschafter kraft § 93 InsO geltend macht. Auch die Wirkung einer statutarischen Schiedsklausel erstreckt sich auf den Insolvenzverwalter, sofern dieser Ansprüche aus § 43 Abs. 2 und 3 GmbHG oder aus § 64 S. 1 GmbHG geltend macht.

---

944 Vgl. zur Gläubigerbenachteiligung durch einen Schieds*spruch* und allgemein gesetzlichen Lösungsmöglichkeiten *Bayer*, ZIP 2003, 881, 891 f.

945 Soweit der Insolvenzverwalter auf Prozesskostenhilfe angewiesen ist, da in der Insolvenzmasse keine ausreichenden Mittel für den Kostenvorschuss des Schiedsgerichts vorhanden sind, ist die Schiedsklausel *ipso iure* unwirksam (denn im Schiedsverfahren gibt es keine Prozesskostenhilfe), siehe BGHZ 145, 116, 119 f.; OLG Düsseldorf ZIP 2004, 1956, 1962.

946 BGH ZIP 2000, 1896, 1897 f.

947 *Smid,* in: MünchKomm.ZPO, § 829 Rn. 3, § 835 Rn. 2.

Schlussbetrachtung

§ 15
Zusammenfassung der wesentlichen Ergebnisse

A. Credo von der Gleichwertigkeit des Rechtsschutzes durch Schiedsgerichte und durch staatliche Gerichte

Die Reform des Schiedsverfahrensrechts der ZPO durch das SchiedsVfG ist geprägt von dem Gedanken, dass die Schiedsgerichtsbarkeit einen der staatlichen Gerichtsbarkeit gleichwertigen Rechtsschutz bietet. Diesem Gleichwertigkeitscredo kann im Hinblick auf Streitigkeiten mit gesellschaftsrechtlichen Anknüpfungspunkten nicht *in toto* zugestimmt werden.

Allein sofern Schiedsgerichte bereits übliche Mehrparteienstreitigkeiten entscheiden und von dem Schiedsspruch keine besonderen Wirkungen ausgehen, kann dem Gleichwertigkeitscredo des Reformgesetzgebers zugestimmt werden. Dies gilt beispielsweise, wenn eine Gesellschaft und deren persönlich haftende Gesellschafter gemeinsam Beklagte sind oder wenn Schiedssprüche nur *inter-partes*-Wirkung haben. An solchen Streitigkeiten hat der Gesetzgeber die Reform der §§ 1025 ff. ZPO ausgerichtet und bietet wirksame Schutzmechanismen, um die Einhaltung rechtsstaatlicher Verfahrensstandards in schiedsgerichtlichen Verfahren zu sichern. In diesen Fällen bedarf es keiner präventiven Kontrolle von Schiedsklauseln anhand der Generalklauseln § 138 BGB oder § 242 BGB.

Sofern der Maßstab solche Streitigkeiten sind, die innerhalb von Gesellschaften entstehen, ist das Gleichwertigkeitscredo hingegen einzuschränken. Soll ein Schiedsgericht über Beschlussmängelstreitigkeiten entscheiden und kann daher dem Schiedsspruch eine *inter-omnes*-Wirkung zukommen, bedarf das Gleichwertigkeitscredo der folgenden einschränkenden Präzisierung: Die Schiedsgerichtsbarkeit *kann* einen der staatlichen Gerichtsbarkeit gleichwertigen Rechtsschutz bieten. Diese Einschränkung resultiert aus der weitgehenden Weigerung des Gesetzgebers, intra-gesellschaftsrechtliche Streitigkeiten gesetzlich zu regeln. Das Beispiel der Beschlussmängelstreitigkeiten zeigt, dass der Gesetzgeber die Sicherung rechtsstaatlicher Standards den betreffenden Gesellschaftern überantwortet hat. Diesen obliegt es, rechtsstaatliche Mindeststandards durch eine entsprechende Satzungsregelung eigenhändig zu sichern, um so eine schiedsgerichtliche Entscheidung über Beschlussmängelstreitigkeiten erst zu ermöglichen. Ohne eine Satzungsregelung, die die Einhaltung der sog. Gleichwertigkeitskautelen garantiert, kann ein Schiedsgericht nicht über Beschlussmängelstreitigkeiten entscheiden. *Vorausgesetzt,* diese Aufgabe wird erfüllt, *dann* bietet die Schiedsgerichtsbarkeit einen der staatlichen Gerichtsbarkeit gleichwertigen Rechtsschutz. Die Einhaltung dieser Voraussetzungen wird durch die präventive Kontrolle anhand der Generalklauseln § 138 BGB oder § 242 BGB gesichert.

B. Schiedsvereinbarung als Modalität des zugrunde liegenden Anspruchs

Schiedsvereinbarungen verändern die Klagbarkeit des zugrunde liegenden Anspruchs. Denn ein Anspruch besteht aus einem komplexen Bündel verschiedener Rechtsverhältnisse, über die im Grundsatz frei verfügt werden kann. Im Mittelpunkt dieses Bündels steht die materiell-rechtliche Grundlage, aufgrund derer der Anspruch erst entsteht. Daneben – und darauf ist der Fokus der vorliegenden Untersuchung gerichtet – hat ein Anspruch auch eine prozessuale Seite, die die gerichtliche Durchsetzbarkeit – *die Klagbarkeit* – betrifft. Schiedsvereinbarungen sind Verfügungen der Parteien über ebenjene Klagbarkeit. Diese prozessual wirkenden Dispositionsakte sind mit dem zugrunde liegenden Anspruch untrennbar verbunden und daher ein Bestandteil des zugrunde liegenden Rechts.

Dagegen spricht auch nicht, dass Schiedsvereinbarungen hauptvertragsautonome Vereinbarungen sind. Dies gilt allein für das Zustandekommen und Fortbestehen; die Wirkung von Schiedsvereinbarungen ist dagegen nicht hauptvertragsautonom, da sie sich *ipso iure* nach dem zugrunde liegenden Rechtsverhältnis richtet. Dies gilt etwa bei der Abtretung einer Forderung, für die eine Schiedsvereinbarung geschlossen wurde, wie auch bei der Haftung aus § 128 HGB für eine Gesellschaftsverbindlichkeit, für die eine Schiedsvereinbarung gilt.

C. Schiedsvereinbarung und Gesellschafterhaftung

Eine Schiedsvereinbarung, die eine Gesellschaft mit einem gesellschaftsfremden Dritten abschließt, wirkt auch für und gegen die persönlich haftenden Gesellschafter. Grundlage dieser Bindung ist § 128 HGB und nicht die Auslegung der Schiedsvereinbarung.

Die Prämisse dieser Wirkungserstreckung einer Schiedsvereinbarung kraft § 128 HGB ist, dass die Gesellschafterhaftung im Grundsatz unbeschränkt und inhaltsgleich mit dem Anspruch gegen die Gesellschaft ist. Die Grenze findet diese Haftung in der gebotenen Wahrung der gesellschaftsfreien Sphäre der Gesellschafter. Daher umfasst die Haftung aus § 128 HGB auch prozessuale Modalitäten oder Inhaltsbestimmungen, sofern dadurch die gesellschaftsfreie Sphäre der Gesellschafter nicht unangemessen beschnitten wird. Schließt eine Gesellschaft mit einem gesellschaftsfremden Dritten einen Vertrag samt Schiedsvereinbarung und haften die Gesellschafter auf Vertragserfüllung, umfasst diese Haftung auch die Schiedsvereinbarung. Die Wirkungserstreckung von Schiedsvereinbarungen kraft § 128 HGB schränkt die Gesellschafter in ihrer gesellschaftsfreien Sphäre nicht unangemessen ein. Denn persönlich haftende Gesellschafter müssen die Verlagerung von Streitigkeiten aus der staatlichen Gerichtsbarkeit in die Schiedsgerichtsbarkeit als Teil ihres strukturellen Haftungsrisikos hinnehmen. Eine andere Sichtweise würde in einer prozessual wirkenden Haftungsbeschränkung münden, die nicht gerechtfertigt ist. Denn eine unternehmerische Tätigkeit führt im deutschen Privatrecht stets zu einer unbeschränkten Haftung der Beteiligten, es sei denn, es besteht eine ausdrückliche Haftungsbeschränkung.

D. Schiedsklauseln als Anordnungen i.S.v. § 1066 ZPO

Schiedsklauseln in Satzungen und Gesellschaftsverträgen sind Anordnungen i.S.v. § 1066 ZPO und damit keine Vereinbarungen i.S.v. § 1029 ZPO. Zwar ist sowohl bei Körperschaften als auch bei Personengesellschaften die Grundlage des Entstehens der Gesellschaft eine privatautonome Einigung der Gesellschafter, und dies gilt auch für Schiedsklauseln, deren Grundlage die privatautonome Entscheidung der Gesellschafter ist, auf staatlichen Rechtsschutz zu verzichten. Satzung und Gesellschaftsvertrag verselbstständigen sich jedoch nach der Gründung und bilden die dauerhafte Basis für das Zusammenwirken von Gesellschaft, Gesellschaftsorganen und Gesellschaftern. Ebenso verselbstständigt sich eine Schiedsklausel, indem sie das dauerhafte prozessuale Fundament des Gesellschaftslebens bildet. Als solches bindet sie alle derzeitigen und zukünftigen Gesellschafter. Grundlage dieser dauerhaften Wirkung ist nicht die individuelle Zustimmung eines jeden Gesellschafters, sondern die Stellung als Gesellschafter: die Mitgliedschaft. Dies ist das typische Merkmal einer Schiedsanordnung i.S.v. § 1066 ZPO.

E. Schiedsklauseln als schiedsverfahrensrechtlicher Teil der Zweckverfolgung

Jeder Gesellschaftsform wohnt ein gemeinsamer Zweck inne, den die Gesellschafter verfolgen wollen. Dies verlangt ein organisiertes Zusammenwirken der Gesellschafter und die Einschränkung eigener Rechte und Interessen, die hinter den Interessen der Gesellschaft zurücktreten müssen. Eine statutarische Schiedsklausel begründet einen besonders einschneidenden Verzicht: den Verzicht auf staatlichen Rechtsschutz. Die Anordnung einer schiedsgerichtlichen Entscheidungskompetenz soll der gemeinsamen Zweckförderung dienen und ist daher Bestandteil des Zweckverfolgungsgedankens und insofern die *schiedsverfahrensrechtliche Fortsetzung des Zweckverfolgungsgedankens*. Die Mitgliedschaft in einer Gesellschaft erfordert in diesem Fall nicht nur die Beschneidung materieller Rechte, insbesondere vermögenswerter Positionen, sondern auch eines verfassungsmäßigen prozessualen Rechts: des Rechts auf staatlichen Rechtsschutz für gesellschaftsinterne Streitigkeiten.

F. Zur Anordnung ‚in gesetzlich statthafter Weise'

Die Anordnung einer schiedsgerichtlichen Entscheidungskompetenz muss stets *‚in gesetzlich statthafter Weise'* geschehen (§ 1066 ZPO). Was ‚gesetzlich statthaft' ist, entscheidet sich jedoch nicht nach dem Schiedsverfahrensrecht der ZPO, insbesondere nicht nach § 1031 ZPO, sondern auf Grundlage gesellschaftsrechtlicher und allgemein-zivilrechtlicher Regelungen. Diese grenzen die prozessuale Gestaltungsfreiheit der Gesellschafter ein.

Die Wirkung von Schiedsklauseln auf Gesellschafter beruht auf deren Gesellschafterstellung; aus diesem Grunde sind die Gesellschafter auch durch gesellschaftsrechtliche Regelungen zu schützen. Anders als durch § 1031 ZPO wird so ein situativ angepasster Schutz gewährleistet, der sich an der konkreten Schutzbedürftigkeit der Gesellschafter der jeweiligen Gesellschaftsform ausrichtet. Das Beispiel von Schiedsklauseln in Gesellschaftsverträgen von Publikumsgesellschaften verdeutlicht dies: Der Schutz durch die Inhaltskontrolle von Gesellschaftsverträgen am Maßstab des § 242 BGB geht über das undifferenzierte Schutzniveau der §§ 1029 ff. ZPO hinaus. Denn die Anlagegesellschafter genießen aufgrund ihrer strukturellen Unterlegenheit ein besonders hohes Schutzniveau; dies muss für sämtliche Vereinbarungen in einem Gesellschaftsvertrag gelten, auch für Schiedsklauseln.

G. Zustimmungerfordernis der Gesellschafter zu Schiedsklauseln

Die erstmalige Einführung von Schiedsklauseln in Satzungen oder Gesellschaftsverträgen erfordert stets die Zustimmung aller Gesellschafter. Dabei ist es unerheblich, ob Schiedsklauseln bereits bei Gesellschaftsgründung, nachträglich im Wege der Satzungsänderung oder durch Verschmelzung eingeführt werden. Nur die einhellige Zustimmung aller Gesellschafter begründet einen wirksamen Verzicht auf staatlichen Rechtsschutz für gesellschaftsinterne Streitigkeiten. Dies ist jedoch entgegen der überwiegenden Meinung keine Folge der Kernbereichslehre, sondern des Verzichts auf das Recht auf staatlichen Rechtsschutz. Denn die Kernbereichslehre umfasst den Kernbereich von Rechten aus der Mitgliedschaft, und allein die Begründung dieser Rechte richtet sich nach dem Gesellschaftsrecht. Die Durchsetzung dieser Rechte ist dagegen eine Frage des Rechts auf staatlichen Rechtsschutz; denn im Grundsatz gilt, dass jeder Gesellschafter seine Rechte vor staatlichen Gerichten geltend machen kann. Folglich greift ein Verzicht auf staatlichen Rechtsschutz für gesellschaftsinterne Streitigkeiten auch nicht in den Kernbereich der Mitgliedschaft ein.

H. Legitimation der Wirkungserstreckung von Schiedsklauseln

Haben alle Gesellschafter einer statutarischen Schiedsklausel einmal zugestimmt, wirkt die Anordnung einer schiedsgerichtlichen Entscheidungskompetenz auf alle zukünftigen Gesellschafter fort, und zwar ohne dass diese zustimmen müssten. Insofern kommt es zu einem Auseinanderfallen des Kreises derer, die der Schiedsklausel zugestimmt haben, und des Kreises derer, die der Wirkung der Schiedsklausel mit Einleitung des Schiedsverfahrens unterstehen. Infolge der wirksamen Einführung der Schiedsklausel ist die darauf aufbauende Wirkungserstreckung auf alle Gesellschafter nicht mehr am Recht auf staatlichen Rechtsschutz zu messen, sondern an gesellschaftsrechtlichen Regelungen; daher wird die vermeintliche Legitimationslücke zwischen Anordnung und Wirkung einer Schiedsklausel durch das Gesellschaftsrecht geschlossen.

I. Reichweite des Erfordernisses der Beurkundung der Schiedsklausel

Das Beurkundungserfordernis für Satzungen, wie nach § 2 Abs. 1 S. 1 GmbHG, umfasst im Grundsatz auch statutarische Schiedsklauseln. Problematisch ist jedoch die Reichweite des Formerfordernisses, insbesondere mit Blick auf dynamische Verweisungen auf externe Schiedsverfahrensordnungen.

Mit Blick auf den Sinn und Zweck des § 2 Abs. 1 S. 1 GmbHG müssen solche Klauselteile beurkundet werden, aus denen Rechtsverluste für die Gesellschafter folgen und vor denen die Gesellschafter daher gewarnt werden müssen, und daneben solche Klauselteile, die wichtige Informationen über das Schiedsverfahren und wesentliche Verfahrensregelungen enthalten, also solche Teile, über die die Gesellschafter informiert werden müssen. Gewarnt werden müssen die Gesellschafter vor dem Verlust des Rechts auf staatlichen Rechtsschutz, der aus der Mitgliedschaft folgt. Dies betrifft den eigentlichen Kern der Schiedsklausel. Informiert werden muss über die Regelungen zur Bestellung der Schiedsrichter; denn dieses Recht ist eines der *„Königsrechte der Parteien des Schiedsverfahrens"* zur Wahrung ihrer Interessen. Darüber hinaus sind dynamische Verweise auf Schiedsverfahrensordnungen zulässig. So können Änderungen, die die Gesellschafter in ihren Rechten beschneiden, nur mit deren Zustimmung vorgenommen werden; zugleich bleibt die Schiedsklausel praktikabel, da Änderungen einfacher Verfahrensvorschriften keiner aufwendigen Satzungsänderung bedürfen.

J. Verfahrenskonzentration bei Beschlussmängelstreitigkeiten

Eine Schiedsklausel, die Streitigkeiten über Beschlussmängel umfassen soll, muss die Verfahrenskonzentration auf *ein* Schiedsverfahren sicherstellen; denn eine gesetzliche Regelung für eine uneingeschränkte Verfahrenskonzentration fehlt. § 261 Abs. 3 Nr. 1 ZPO könnte allenfalls im Verhältnis zwischen zwei Schiedsgerichten eingreifen – vorausgesetzt, man geht von einem einzigen Streitgegenstand für alle Mängel eines Beschlusses aus –; für das Verhältnis zwischen einem Schiedsgericht und staatlichen Gerichten gilt die Norm gleichwohl nicht.

Aus diesem Grund muss die Schiedsklausel eine Verpflichtung des Geschäftsleiters begründen, in parallel zu einem Schiedsverfahren stattfindenden Gerichtsverfahren die anderweitige Schiedshängigkeit geltend zu machen. Versäumt der Geschäftsleiter die Geltendmachung, sodass parallel ein Schiedsverfahren und ein staatliches Verfahren stattfinden, dann sind die Parallelverfahren hinzunehmen. Sofern das Schiedsgericht einer Anfechtungsklage zeitlich vor dem staatlichen Gericht stattgibt, muss das staatliche Gericht die entgegenstehende Rechtskraft eines stattgebenden Schiedsspruchs jedoch von Amts wegen beachten. Gleiches gilt, wenn umgekehrt zuerst das staatliche Gericht der Anfechtungsklage stattgibt.

Eine umfassende Verfahrenskonzentration, wie sie § 246 Abs. 3 S. 1 AktG anordnet, kann durch eine Schiedsklausel nicht erreicht werden; dazu ist eine gesetzliche Regelung notwendig.

K. Bestellung der Parteischiedsrichter in Beschlussmängelverfahren

Die Auswahl der Parteischiedsrichter kann innerhalb der Kläger- und Beklagtengruppierung jeweils durch eine Abstimmung nach Köpfen und durch einfache

Mehrheit erfolgen. Eine einstimmige Wahl der Parteischiedsrichter ist nicht notwendig. Eine dementsprechende Regelung in einer Schiedsklausel ist somit wirksam, sofern sie gleichermaßen für Kläger- und Beklagtengruppierung gilt.

Der für die Begründung tragende Ausgangspunkt ist der Grundsatz des Schiedsverfahrens, dass die Parteien das Verfahren – und somit auch die Schiedsrichterbenennung – privatautonom frei gestalten können. Verletzt die von den Parteien gewählte Gestaltung keine elementaren Grundsätze der Rechtsordnung oder Rechte Einzelner, dann ist die von den Parteien angeordnete Art und Weise der Schiedsrichterbenennung zu respektieren. Die grundsätzliche Grenze für die Regelung der Schiedsrichterauswahl bilden die Grundsätze der Gleichbehandlung und der Waffengleichheit. Daher haben alle – d.h. Gesellschaft und Gesellschafter – bei einer Abstimmung das gleiche Stimmgewicht, und eine Mehrheitswahl der Parteischiedsrichter ist zulässig, soweit sich keiner innerhalb der Verfahrensgruppierung einen unzulässigen Vorteil sichert *(interne Waffengleichheit)* und sich die Wahl in beiden Verfahrensgruppierung nach den gleichen Regelungen vollzieht *(externe Waffengleichheit)*.

L. Gestaltungswirkung von Schiedssprüchen

Die Gestaltungswirkung von Schiedssprüchen tritt nicht bereits mit deren Wirksamwerden ein, also mit Erfüllung der Formalien des § 1054 ZPO, sondern erst mit Ablauf der (disponiblen) Aufhebungsfrist des § 1059 Abs. 3 ZPO.

Das Beispiel der Gestaltungswirkung eines Schiedsspruchs, der einer aktienrechtlichen Anfechtungsklage stattgibt, zeigt dies: Denn der Gesetzgeber hat die Gestaltungswirkung und die erweiterte Rechtskraftwirkung (§ 248 Abs. 1 S. 1 AktG) von der formellen Rechtskraft (staatlicher Urteile) abhängig gemacht, um eine drohende Rückabwicklung der Folgen von Gestaltungswirkung zu verhindern. Gegen Schiedssprüche gibt es keine Rechtsmittel im klassischen Sinn, und dennoch droht im Verfahren nach § 1059 ZPO die Aufhebung des Schiedsspruchs durch ein staatliches Gericht. Erst mit Ablauf der Aufhebungsfrist des § 1059 Abs. 3 ZPO – oder einer davon abweichend vereinbarten Frist – entspricht die Bestandskraft eines Schiedsspruchs der Bestandskraft eines formell rechtskräftigen Urteils eines staatlichen Gerichts. Daher kann aus Gründen der Rechtssicherheit auch erst mit Ablauf dieser Frist die Gestaltungswirkung eines Schiedsspruchs eintreten. Dagegen ist eine zwingende Vollstreckbarerklärung als Voraussetzung des Eintritts der Gestaltungswirkung nicht notwendig.

M. Satzungsstrenge und Beschlussmängelstreitigkeiten

Die überwiegende Ansicht, nach der § 246 Abs. 3 S. 1 AktG eine ausschließliche Zuständigkeit der Landgerichte begründet, da das Aktiengesetz zwingend aktienrechtlichen Rechtsschutz durch staatliche Gerichte vorsehe, überzeugt aufgrund der Bestätigung der folgenden These nicht: Die Schiedsgerichtsbarkeit *kann* einen der staatlichen Gerichtsbarkeit gleichwertigen Rechtsschutz bieten, und damit auch das Rechtsschutzniveau erreichen, das für einen wirkungsvollen Rechtsschutz innerhalb von Aktiengesellschaften notwendig ist. Ob ein solches Rechtsschutzniveau erreicht wird, ist eine Frage der konkreten Ausgestaltung der Schiedsklausel; denn diese bildet den Ausgangspunkt und Rahmen für den Ablauf des Schiedsverfahrens. Gewährleisten die Verfahrensregelungen der Schiedsklausel, dass der notwendige rechtsstaatliche und aktienrechtliche Mindeststandard eingehalten wird, dann ist der Annahme, Schiedsgerichte könnten keinen generell ausreichend aktienrechtlichen Rechtsschutz leisten, zu widersprechen. Daher ist eine Schiedsklausel eine zulässige Ergänzung von § 246 Abs. 3 S. 1 AktG (vgl. § 23 Abs. 5 S. 2 AktG).

N. Wirkungserstreckung von Schiedsklauseln auf Organwalter

Die Wirkungserstreckung statutarischer Schiedsklauseln auf Organwalter kann nicht durch eine einseitige Anordnung der Gesellschafter legitimiert werden. Allein die Zustimmung des Organwalters bzw. der Mitglieder des Organs vermag die Wirkungserstreckung einer Schiedsklausel zu rechtfertigen. Diese Zustimmung liegt in der Annahme der Bestellung als Organ, vorausgesetzt, zu diesem Zeitpunkt ist bereits eine Schiedsklausel vorhanden. Denn die Annahme der Bestellung ist eine Willenserklärung, die dahingehend auszulegen ist, dass das Organ der Schiedsklausel als prozessualer Rahmenregelung zustimmt.

Anders ist dies nur im Falle eines geschäftsführenden GmbH-Gesellschafters. Denn aufgrund seiner Stellung als Gesellschafter untersteht er schon der Schiedsklausel; somit hat er bereits wirksam auf sein Recht auf staatlichen Rechtsschutz verzichtet. Dieser Verzicht ist nicht teilbar in solche Streitigkeiten, die den Gesellschafter betreffen und solche Streitigkeiten, die den Geschäftsführer betreffen. Vielmehr verzichtet eine geschäftsführender GmbH-Gesellschafter für sämtliche Streitigkeiten aus dem Gesellschaftsverhältnis auf staatlichen Rechtsschutz, was sowohl für ihn als Gesellschafter als auch für ihn als Organ gilt.

Literaturverzeichnis

Abkürzungen werden entsprechend Duden, Die deutsche Rechtschreibung, 25. Aufl. 2009, Mannheim/Leipzig/Wien/Zürich, und *Kirchner,* Abkürzungsverzeichnis der Rechtssprache, 6. Aufl. 2008, Berlin/New York, verwendet.

* * *

Ackmann, Hans-Peter, Anmerkung zu LG Trier, Beschl. v. 22.10.1981 – 6 O 95/81, ZIP 1982, 462-464.

Ahrens, Jan-Michael, Die subjektive Reichweite internationaler Schiedsvereinbarungen und ihre Erstreckung in der Unternehmensgruppe, 2001, Frankfurt am Main.

Albrecht, Frauke, Offene Fragen zu Schiedsfähigkeit II, NZG 2010, 486-488.

Altmeppen, Holger, Abschied vom „Durchgriff" im Kapitalgesellschaftsrecht, NJW 2007, 2657-2660.

– Zur vorsätzlichen Gläubigerschädigung, Existenzvernichtung und materiellen Unterkapitalisierung in der GmbH, ZIP 2008, 1201-1207.

Armbrüster, Christian, Wettbewerbsverbote im Kapitalgesellschaftsrecht, ZIP 1997, 1269-1279.

Baum, Florian von, Die prozessuale Modifizierung von Wertpapieren durch Gerichtsstands- und Schiedsvereinbarungen, 1998, München.

Baumbach, Adolf (Begr.); Hopt, Klaus J.; Merkt, Hanno; Roth, Markus, Handelsgesetzbuch mit GmbH & Co., Handelsklauseln, Bank- und Börsenrecht, Transportrecht (ohne Seerecht), 35. Aufl. 2012, München (zitiert: *Bearbeiter,* in: Baumbach/Hopt, HGB).

Baums, Theodor, Der Geschäftsleitervertrag – Begründung, Inhalt und Beendigung der Rechtsstellung der Vorstandsmitglieder und Geschäftsführer in den Kapitalgesellschaften und Genossenschaften, 1987, Köln.

Baur, Fritz, Rechtshängigkeit – Schiedshängigkeit, in: Festschrift für Hans W. Fasching, 1988, Wien, 81-92.

Bayer, Walter, Schiedsfähigkeit von GmbH-Streitigkeiten, ZIP 2003, 881-892.

– Empfehlen sich besondere Regelungen für börsennotierte und für geschlossene Gesellschaften?, Verhandlungen des 67. Deutschen Juristentages (Erfurt 2008), Hrsg. von der ständigen Deputation des Deutschen Juristentages, 2008, München.

Becker-Eberhard, Ekkehard, Die Forderungsgebundenheit der Sicherungsrechte, 1993, Bielefeld.

van den Berg, Albert Jan, The ICC Arbitration Rules an Appointment of Arbitrators in Cases Involving Multiple Defendants, in: Festschrift für Ottoarndt Glossner, 1994, Heidelberg, 19-38.

Beckmann, Martin, Statutarische Schiedsklauseln im deutschen Recht und internationalen Kontext, 2007, Frankfurt am Main.

Berger, Christian, GmbH-rechtliche Beschlußmängelstreitigkeiten vor Schiedsgerichten, ZHR 164 (2000), 295-320.

Berger, Klaus Peter, Schiedsrichterbestellung im Mehrparteienschiedsverfahren, RIW 1993, 702-709.

Böckstiegel, Karl-Heinz, Vorwort und Einführung, in: Böckstiegel (Hrsg.), Schiedsgerichtsbarkeit in gesellschaftsrechtlichen und erbrechtlichen Angelegenheiten, 1996, Köln, 1-5.

Bork, Reinhard, Der Begriff der objektiven Schiedsfähigkeit (§ 1025 Abs. 1 ZPO), ZZP 100 (1987), 249-272.

– Gerichtsstandsklauseln in Satzungen von Kapitalgesellschaften, ZHR 157 (1993), 48-64.

– Zurechnung im Konzern, ZGR 1994, 237-265.

– Zur Schiedsfähigkeit von Beschlussmängelstreitigkeiten, ZHR 160 (1996), 374-385.

– Streitgegenstand der Beschlussmängelklage im Gesellschaftsrecht, NZG 2002, 1094-1095.

– Einführung in das Insolvenzrecht, 6. Aufl. 2012, Tübingen.

– Gesamt(schadens)liquidation im Insolvenzverfahren, in: Kölner Schrift zur Insolvenzordnung, 3. Aufl. 2009, Münster, 1021-1039.

– Allgemeiner Teil des Bürgerlichen Gesetzbuchs, 3. Aufl. 2011, Tübingen.

Bork, Reinhard; Oepen, Klaus, Einzelklagebefugnisse des Personengesellschafters, ZGR 2001, 515-553.

Borris, Christian, Die „Ergänzenden Regeln für gesellschaftsrechtliche Streitigkeiten" der DIS („DIS-ERGeS"), SchiedsVZ 2009, 299-311.

– Die Schiedsfähigkeit gesellschaftsrechtlicher Streitigkeiten in der Aktiengesellschaft, NZG 2010, 481-486.

Bosch, Wolfgang, Rechtskraft und Rechtshängigkeit im Schiedsverfahren, 1991, Tübingen.

Böttcher, Lars; Fischer, Henning, Einbeziehung von Schiedsordnungen in die Satzung einer GmbH, NZG 2011, 601-605.

Bülow, Peter; Artz, Markus, Verbraucherprivatrecht, 3. Aufl. 2011, Heidelberg.

Bydlinski, Franz, Juristische Methodenlehre und Rechtsbegriff, 2. Aufl. 1991, Wien.

Calavros, Constantin, Urteilswirkungen zu Lasten Dritter, 1978, Bielefeld.

Canaris, Claus-Wilhelm, Die Vertrauenshaftung im deutschen Privatrecht, 1971, München.

– Grundrechte und Privatrecht, 1999, Berlin, New York.

– Anmerkung zu BGH, Urteil v. 24.06.1991 – II ZR 293/90, NJW 1991, 2628-2629.

Casper, Matthias, Die Heilung nichtiger Beschlüsse im Kapitalgesellschaftsrecht, 1998, Köln.

Dörner, Heinrich, Dynamische Relativität – Der Übergang vertraglicher Rechte und Pflichten, 1985, München.

Dütz, Wilhelm, Rechtsstaatlicher Gerichtsschutz im Privatrecht, 1970, Bad Homburg v. d. H., Berlin, Zürich.

Ebbing, Frank, Schiedsvereinbarungen in Gesellschaftsverträgen, NZG 1998, 281-289.

– Satzungsmäßige Schiedsklauseln, NZG 1999, 754-757.

Eckhold, Thomas, Materielle Unterkapitalisierung – Zur Gesellschafterverantwortlichkeit in der Gesellschaft mit beschränkter Haftung, 2002, Köln.

Ehricke, Ulrich, Zur Begründbarkeit der Durchgriffshaftung in der GmbH, insbesondere aus methodischer Sicht, AcP 199 (1999), 257-304.

Emmerich, Volker, Erfüllungstheorie oder Haftungstheorie – Zur Auslegung von §§ 126 und 128 HGB –, in: Festschrift für Rudolfs Lukes, 1989, Köln, 639-653.

Esser, Josef, Grundsatz und Norm in der richterlichen Fortbildung des Privatrechts, 4. Aufl. 1990, Tübingen.

Fischer, Robert, Anmerkung zu BGH, Urteil v. 14.02.1957 – II ZR 190/55, LM § 128 HGB Nr. 4.

Flume, Werner, Der Inhalt der Haftungsverbindlichkeit des Gesellschafters nach § 128 HGB, in: Festschrift für Rudolf Reinhardt, 1972, Köln, 223-236.

– Die Personengesellschaften – Allgemeiner Teil des Bürgerlichen Rechts (Band I/1), 1977, Berlin.

– Die juristische Person – Allgemeiner Teil des Bürgerlichen Rechts (Band I/2), 1983, Berlin.

Frank, Christian, Der Durchgriff im Schiedsvertrag – Rechtsvergleichende Studie unter Berücksichtigung des französischen und des US-amerikanischen Rechts, 2000, Berlin.

Fuchs, Matthias, Verlustausgleich bei „qualifizierter Nachteilszufügung" – Aktienrechtliche Konsequenz aus Trihotel, 2011, Baden Baden.

Gaul, Hans Friedhelm, Die Rechtskraft und Aufhebbarkeit des Schiedsspruchs im Verhältnis zur Verbindlichkeit des staatlichen Richterspruchs, in: Festschrift für Otto Sandrock, 2000, Heidelberg, 285-328.

Geimer, Reinhold, Schiedsgerichtsbarkeit und Verfassung (aus deutscher Sicht), in: Schlosser (Hrsg.), Integritätsprobleme im Umfeld der Justiz, 1994, Bielefeld, 113-199.

– Beteiligung weiterer Parteien im Schiedsgerichtsverfahren, insbesondere die Drittwiderklage, in: Böckstiegel/Berger/Bredow (Hrsg.), Die Beteiligung Dritter an Schiedsverfahren, 2005, Köln, 71-91.

– Nichtvertragliche Schiedsgerichte, in: Festschrift für Peter Schlosser, 2005, Tübingen, 197-214.

Goette, Wulf, Zur entsprechenden Anwendung des § 242 Abs. 2 AktG im GmbH-Recht, in: Festschrift für Volker Röhricht, 2005, Köln, 115-128.

– Neue Entscheidung des Bundesgerichtshofes: Beschlussmängelstreitigkeiten im GmbH-Recht sind schiedsfähig, GWR 2009, 103-105.

Gross, Detlev G., Zur Inanspruchnahme Dritter vor Schiedsgerichten in Fällen der Durchgriffshaftung, SchiedsVZ 2006, 194-196.

Haas, Ulrich, Zur Einführung von Schiedsklauseln durch Satzungsänderungen in Vereinen, ZGR 2001, 325-349.

– Beruhen Schiedsabreden in Gesellschaftsverträgen nicht auf Vereinbarungen i.S. des § 1066 ZPO oder vielleicht doch?, SchiedsVZ 2007, 1-10.

Haas, Ulrich; Hoßfeld, Anne, Schiedsvereinbarungen zwischen Gesellschaft und GmbH-Geschäftsführer, in: Festschrift für Uwe H. Schneider, 2011, Köln, 407-427.

Haas, Ulrich; Oberhammer, Paul, Drittwirkung von Schiedsvereinbarung einer Personenhandelsgesellschaft gegenüber ihren persönlich haftenden Gesellschaftern?, in: Festschrift für Karsten Schmidt, 2009, Köln, 493-521.

Habersack, Mathias, Die Mitgliedschaft – subjektives und "sonstiges" Recht, 1996, Tübingen.

– Die Akzessorietät – Strukturprinzip der europäischen Zivilrechte und eines künftigen europäischen Grundpfandrechts, JZ 1997, 857-865.

– Der Regress bei akzessorischer Haftung – Gemeinsamkeiten zwischen Bürgschafts- und Gesellschaftsrecht –, AcP 198 (1998), 152-170.

– Die Personengesellschaft und ihre Mitglieder in der Schiedsgerichtspraxis, SchiedsVZ 2003, 241-247.

– Anmerkung zu BGH, Urteil v. 19.07.2004 – II ZR 65/03, SchiedsVZ 2004, 261-262.

– Trihotel – Das Ende der Debatte? Überlegungen zur Haftung für schädigende Einflussnahme im Aktien- und GmbH-Recht, ZGR 2008, 533-559.

Habscheid, J. Walther, Aus der höchstrichterlichen Rechtsprechung zur Schiedsgerichtsbarkeit, KTS 1962, 1-13.

– Aus der höchstrichterlichen Rechtsprechung zur Schiedsgerichtsbarkeit, KTS 1966, 1-10.

– Zur neueren Entwicklung des Schiedswesens, KTS 1970, 133-147.
– Zum Problem der Mehrparteienschiedsgerichtsbarkeit, in: Reymond/Bucher (Hrsg.), Schweizer Beiträge zur internationalen Schiedsgerichtsbarkeit, 1984, Zürich, 173-190.

Hachenburg, Max von (Begr.); Ulmer, Peter, Gesetz betreffend die Gesellschaften mit beschränkter Haftung: Großkommentar, Band 1 (Einleitung; §§ 1-34), 8. Aufl. 1992, Berlin, New York (zitiert: *Bearbeiter,* in: Hachenburg, GmbHG).

Hadding, Walther, Actio pro socio – Die Einzelklagebefugnis des Gesellschafters bei Gesamthandansprüchen aus dem Gesellschaftsverhältnis, 1966, Marburg.
– Inhalt und Verjährung der Haftung des Gesellschafters einer OHG oder KG, ZGR 1981, 577-591.

Hasselbach, Kai, Der Verzicht auf Schadensersatzansprüche gegen Organmitglieder, DB 2010, 2037-2044.

Hausmann, Rainer, Die Aufhebung von Schiedssprüchen nach neuem deutschen Schiedsverfahrensrecht, in: Festschrift für Hans Stoll, 2001, Tübingen, 593-617.

Heermann, Peter W., Materielle Unterkapitalisierung und sog. Haftungsdurchgriff, in: Theobald (Hrsg.), Entwicklungen zur Durchgriffs- und Konzernhaftung, 2002, Berlin, 11-58.

Hellwig, Hans-Jürgen, Zur Systematik des zivilprozeßrechtlichen Vertrages, 1968, Bonn.

Hentzen, Matthias, Die Schiedsvereinbarung zum Anstellungsvertrag bei Beendigung der Organstellung – Zur Reichweite von § 4 ArbGG, in: Iusto iure – Festgabe für Otto Sandrock, 1995, Heidelberg, 181-192.

Heymann, Ernst, Handelsgesetzbuch – Kommentar, Band 2 (§§ 105-237), 2. Aufl. 1996, Berlin, New York (zitiert: *Bearbeiter,* in: Heymann, HGB).

Hirte, Heribert, Die aktienrechtliche Satzungsstrenge – Kapitalmarkt und sonstige Legitimationen versus Gestaltungsfreiheit, in: Lutter/Wiedemann (Hrsg.), Gestaltungsfreiheit im Gesellschaftsrecht (ZGR Sonderheft 13), 1998, Berlin, 61-98.
– Kapitalgesellschaftsrecht, 6. Aufl. 2009, Köln.

Holeweg, Annette, Schiedsvereinbarungen und Strohmanngesellschaften, 1997, Heidelberg.

Hölters, Wolfgang, Aktiengesetz – Kommentar, 2011, München (zitiert: *Bearbeiter,* in: Hölters.AktG).

Hopt, Klaus J., Gestaltungsfreiheit im Gesellschaftsrecht in Europa, in: Lutter/ Wiedemann (Hrsg.), Gestaltungsfreiheit im Gesellschaftsrecht (ZGR Sonderheft 13), 1998, Berlin, 123-147.

Hopt, Klaus J.; Wiedemann, Herbert, Aktiengesetz: Großkommentar (zitiert: *Bearbeiter,* in: Großkomm.AktG),
Band 1 (Einleitung; §§ 1-53), 4. Aufl. 2004, Berlin,
Band 3 (§§ 76-94), 4. Aufl. 2009, Berlin,
Band 4 (§§ 95-117), 4. Aufl. 2006, Berlin.

Hueck, Alfred, Das Recht der offenen Handelsgesellschaft, 4. Aufl. 1971, Berlin.

Hueck, Alfred; Canaris, Claus-Wilhelm, Recht der Wertpapiere, 12. Aufl. 1986, München.

Hümmerich, Klaus, Der Verbraucher-Geschäftsführer – Das unbekannte Wesen, NZA 2006, 709-713.

Jansen, Paul (Begr.); Schuckmann, Hans-Joachim von; Sonnenfeld, Susanne, Gesetz über die Angelegenheiten der freiwilligen Gerichtsbarkeit: Großkommentar, Band 1 (Einleitung; §§ 1-34), 3. Aufl. 2006, Berlin (zitiert: *Bearbeiter,* in: Jansen, FGG).

John, Uwe, Die organisierte Rechtsperson – System und Probleme der Personifikation im Zivilrecht, 1977, Berlin.

Keidel, Theodor (Begr.); Engelhardt, Helmut; Sternal, Werner, Kommentar zum Gesetz über das Verfahren in Familiensachen und in den Angelegenheiten der freiwilligen Gerichtsbarkeit, 17. Aufl. 2011, München (zitiert: *Bearbeiter,* in: Keidel, FamFG).

Kisch, Wilhelm, Anmerkung zu RG, Urteil v. 30.10.1924 – VI 106/24, JW 1925, 2608.

Kleindiek, Detlef, Diskussionsbericht zu den Vorträgen von Hommelhoff und Hirte, in: Lutter/Wiedemann (Hrsg.), Gestaltungsfreiheit im Gesellschaftsrecht (ZGR Sonderheft 13), 1998, Berlin, 99-102.

Korff, Matthias, Beschlussmängelstreitigkeiten der Kapitalgesellschaft im Schiedsverfahren, 2004, Frankfurt am Main.

Kornmeier, Udo, Vergleichsbefugnis und Schiedsfähigkeit, dargestellt am Beispiel GmbH-rechtlicher Nichtigkeits- und Anfechtungsklagen, 1982, Göttingen.

Kübler, Bruno M.; Prütting, Hanns; Bork, Reinhard, Kommentar zur Insolvenzordnung, Loseblatt – Stand: Juli 2012, Köln (zitiert: *Bearbeiter,* in: Kübler/Prütting/Bork, InsO).

Lakkis, Panajotta, Gestaltungsakte im internationalen Rechtsverkehr – Zur prozessualen Bindung an in- und ausländische privatrechtsgestaltende Urteile und andere privatrechtsgestaltende Hoheitsakte, 2007, Tübingen.

Larenz, Karl; Canaris, Claus-Wilhelm, Methodenlehre der Rechtswissenschaft, 3. Aufl. 1995, Berlin.

Loritz, Karl-Georg, Probleme der Rechtskraft von Schiedssprüchen im deutschen Zivilprozeßrecht, ZZP 105 (1992), 1-19.

de Lousanoff, Oleg, Die Wirksamkeit von Schiedsklauseln in Gesellschaftsverträgen, in: Böckstiegel (Hrsg.), Schiedsgerichtsbarkeit in gesellschaftsrechtlichen und erbrechtlichen Angelegenheiten, 1996, Köln, 7-29.

Lüke, Wolfgang; Blenske, Holger, Die Schiedsfähigkeit von Beschlußmängelstreitigkeiten, Möglichkeiten und Grenzen der Rechtsgestaltung, ZGR 1998, 253-304.

Lutter, Marcus, Theorie der Mitgliedschaft, AcP 180 (1980), 85-159.

Lutter, Marcus; Hommelhoff, Peter, GmbH-Gesetz, 18. Aufl. 2012, Köln (zitiert: *Bearbeiter,* in: Lutter/Hommelhoff, GmbHG).

Lutter, Marcus; Winter, Martin, Umwandlungsgesetz – Kommentar mit systematischer Darstellung des Umwandlungssteuerrecht, 4. Aufl. 2009, Köln (zitiert: *Bearbeiter,* in: Lutter/Winter, UmwG).

Lüttmann, Ruth; Breyer, Michael, Notarielle Beurkundung von Schiedsvereinbarungen?, ZZP 199 (2006), 475-486.

Mangoldt, Hermann von; Klein, Friedrich; Starck, Christian, Kommentar zum Grundgesetz, Band. 3, 6. Aufl. 2010, München (zitiert: *Bearbeiter,* in: v. Mangoldt/Klein/Starck, GG).

Martens, Frank, Wirkungen der Schiedsvereinbarung und des Schiedsverfahrens auf Dritte, 2005, Frankfurt am Main.

Massuras, Konstadinos, Dogmatische Strukturen der Mehrparteienschiedsgerichtsbarkeit, 1998, Frankfurt am Main, Berlin, Bern, New York, Paris, Wien.

Maunz, Theodor; Dürig, Günter (Begr.), Grundgesetz – Kommentar, Loseblatt – Stand: April 2012, München (zitiert: *Bearbeiter,* in: Maunz/Dürig, GG).

Medicus, Dieter, Die Akzessorietät im Zivilrecht, JuS 1971, 497-504.

– Drittbeziehungen im Schuldverhältnis, JuS 1973, 613-622.

Mertens, Hans-Joachim, Satzungs- und Organisationsautonomie im Aktien- und Konzernrecht, ZGR 1994, 426-441.

Meyer-Lindemann, Hans-Jürgen, Gesamtrechtsnachfolge bei Gerichtsstandsvereinbarungen gemäß § 38 Abs. 1 ZPO, JZ 1982, 592-595.

Michalski, Lutz, Kommentar zum Gesetz betreffend die Gesellschaften mit beschränkter Haftung, 2. Aufl. 2010, München (zitiert: *Bearbeiter,* in: Michalski, GmbHG).

Mock, Sebastian, Schiedsvereinbarungen im Rahmen von Sonderprüfungen und der Geltendmachung von Ersatzansprüchen, in: Festschrift für Wienand Meilicke, 2010, Baden-Baden, 485-506.

Mugdan, Benno, Die gesammten Materialien zum Bürgerlichen Gesetzbuch für das Deutsche Reich, Band 1, Einführungsgesetz und Allgemeiner Teil, Neudruck der Ausgabe Berlin, 1899, 1979, Aalen.

– Die gesammten Materialien zum Bürgerlichen Gesetzbuch für das Deutsche Reich, Band 2, Recht der Schuldverhältnisse, Neudruck der Ausgabe Berlin, 1899, 1979, Aalen.

Mülbert, Peter, Der (zukünftige) Gesellschafter – stets ein Verbraucher?, in: Festschrift für Walther Hadding, 2004, Berlin, 575-592.

– Verbraucher kraft Organmitgliedschaft?, in: Festschrift für Wulf Goette, 2011, München, 333-344.

Müller, Hans-Friedrich, GmbH-Beschlussmängelstreitigkeiten im Schiedsverfahren, GmbHR 2010, 729-735.

Müller, Werner; Keilmann, Anette, Beteiligung am Schiedsverfahren wider Willen?, SchiedsVZ 2007, 113-121.

Müller-Freienfels, Wolfram, Zur Lehre vom sogenannten „Durchgriff" bei juristischen Personen im Privatrecht, AcP 156 (1957), 522-543.

Münch, Joachim, Der Beschlussmängelstreit im Schiedsverfahrensrecht – roma locuta causa finita!?, ZZP 123 (2010), 3-25.

Münchener Kommentar zum Aktiengesetz (zitiert: *Bearbeiter,* in: MünchKomm. AktG),
Band 1 (§§ 1-75), 3. Aufl. 2008, München,
Band 2 (§§ 76-117), 3. Aufl. 2008, München,
Band 4 (§§ 179-277), 3. Aufl. 2011, München.

Münchener Kommentar zum Bürgerlichen Gesetzbuch (zitiert: *Bearbeiter,* in: MünchKomm.BGB),
Band 1 (§§ 1-240), 6. Aufl. 2012, München,
Band 2 (§§ 241-432), 6. Aufl. 2012, München,
Band 5 (§§ 705-853), 5. Aufl. 2009, München.

Münchener Kommentar zum Handelsgesetzbuch (zitiert: *Bearbeiter,* in: Münch Komm.HGB),
Band 1 (§§ 1-104a), 3. Aufl. 2010, München,
Band 2 (§§ 105-160), 3. Aufl. 2011, München.

Münchener Kommentar zur Insolvenzordnung (zitiert: *Bearbeiter,* in: Münch Komm.InsO),
Band 1 (§§ 1-102), 2. Aufl. 2007, München,
Band 2 (§§ 103-269), 2. Aufl. 2007, München.

Münchener Kommentar zur Zivilprozessordnung (zitiert: *Bearbeiter,* in: Münch Komm.ZPO),
Band 1 (§§ 1-354), 4. Aufl. 2013, München,
Band 2 (§§ 355-1024), 4. Aufl. 2012, München
Band 3 (§§ 946-1086), 3. Aufl. 2008, München.

Nicklisch, Fritz, Die Bindung der Gerichte an gestaltende Gerichtsentscheidungen und Verwaltungsakte, 1965, Bielefeld.

Nietsch, Michael, Schiedsfähigkeit von Beschlussmängelstreitigkeiten in der GmbH, ZIP 2009, 2269-2278.
– Klageinitiative und besondere Vertretung in der Aktiengesellschaft, ZGR 2011, 589-637.
Niklas, Boris, Die subjektive Reichweite von Schiedsvereinbarungen, 2008, Tübingen.
Nirk, Rudolf, Zur Rechtsfolgenseite der Durchgriffshaftung, in: Festschrift für Walter Stimpel, 1985, Berlin, New York, 443-462.
Noack, Ulrich, Fehlerhafte Beschlüsse in Gesellschaften und Vereinen, 1989, Köln, Berlin.
– Gesellschaftervereinbarungen bei Kapitalgesellschaften, 1994, Tübingen.
Nörr, Knut Wolfgang; Scheyhing, Robert; Pöggeler, Wolfgang, Sukzessionen – Forderungszession, Vertragsübernahme, Schuldübernahme, Band 2, 2. Aufl. 1999, Tübingen (zitiert: *Bearbeiter,* in: Nörr/Scheyhing/Pöggeler, Sukzessionen).
Oberhammer, Paul, Die offene Handelsgesellschaft im Zivilprozeß, 1998, Wien.
Olshausen, Eberhard von, Gläubigerrecht und Schuldnerschutz bei Forderungsübergang und Regreß, 1988, Köln.
Papmehl, Markus A., Die Schiedsfähigkeit gesellschaftsrechtlicher Streitigkeiten, 2001, Frankfurt am Main.
Park, William W., Non-signatories and International Arbitration: An Arbitrator's Dilemma, in: Permanent Court of Arbitration (Hrsg.), Multiple party actions in international arbitration, 2009, Oxford, New York, 3-33 .
Prütting, Hanns, Schiedsgerichtsbarkeit und Verfassungsrecht, in: Festschrift für Peter Schlosser, 2005, Tübingen, 705-712.
Raeschke-Kessler, Hilmar, 60 Jahre höchstrichterliche Rechtsprechung zur Schiedsfähigkeit von Beschlussmängelstreitigkeiten – und neue offene Fragen, in: Festschrift für Wulf Goette, 2011, München, 381-395.
Raeschke-Kessler, Hilmar; Berger, Klaus Peter, Recht und Praxis des Schiedsverfahrens, 3. Aufl. 1999, Köln.
Reichert, Jochem, Beschlussmängelstreitigkeiten und Schiedsgerichtsbarkeit – Gestaltungs- und Reaktionsmöglichkeiten, in: Festschrift für Peter Ulmer, 2003, Berlin, 511-542.
Reichert, Jochem; Harbarth, Stephan, Statutarische Schiedsklauseln – Einführung, Aufhebung und umwandlungsrechtliche Behandlung, NZG 2003, 379-385.
Röhricht, Volker, Die GmbH im Spannungsfeld zwischen wirtschaftlicher Dispositionsfreiheit ihrer Gesellschafter und Gläubigerschutz, in: Festschrift aus Anlaß des fünfzigjährigen Bestehens von Bundesgerichtshof, Bundesanwaltschaft und Rechtsanwaltschaft beim Bundesgerichtshof, 2000, Köln, 83-122.
Rosenberg, Leo; Schwab, Karl Heinz; Gottwald, Peter, Zivilprozessrecht, 17. Aufl. 2010, München.

Roth, Günther, Schiedsklauseln in Gesellschaftsverträgen, in: Festschrift für Heinrich Nagel, 1987, Münster, 318-328.

Sandrock, Otto, "Intra" and "Extra"-entity Agreements to Arbitrate and their Extension to Non-Signatories under German Law, Journal of International Arbitration, Vol. 19 (2002), 423-443.

Schall, Alexander, Kapitalgesellschaftsrechtlicher Gläubigerschutz – Grund und Grenzen der Haftungsbeschränkung nach Kapitaldebatte, MoMiG und Trihotel, 2009, München.

Schlosser, Peter, Gestaltungsklagen und Gestaltungsurteile, 1966, Bielefeld.

– Das Recht der internationalen privaten Schiedsgerichtsbarkeit, 2. Aufl. 1989, Tübingen.

– Schiedsgerichtsbarkeit und Freiwillige Gerichtsbarkeit, in: Böckstiegel (Hrsg.), Schiedsgerichtsbarkeit in gesellschaftsrechtlichen und erbrechtlichen Angelegenheiten, 1996, Köln, 97-111.

– Schiedsgerichtsbarkeit und Wiederaufnahme, in: Festschrift für Hans Friedhelm Gaul, 1997, Bielefeld, 679-689.

– Der Grad der Unabhängigkeit einer Schiedsvereinbarung vom Hauptvertrag, in: Law of international business and dispute settlement in the 21st century – Liber Amicorum Karl-Heinz Böckstiegel, 2001, Köln, Berlin, Bonn, München, 697-713.

– Schiedsrichterliches Verfahrensermessen und Beiladung von Nebenparteien, in: Festschrift für Reinhold Geimer, 2002, München, 947-964.

Schmidt, Karsten, Entlastung, Entlastungsrecht und Entlastungsklage des Geschäftsführers einer GmbH, ZGR 1978, 425-446.

– Schiedsklausel und Informationsrecht des GmbH-Gesellschafters, ZIP 1987, 218-220.

– Schiedsfähigkeit von GmbH-Beschlüssen – Eine Skizze mit Ausblicken auf das Recht der AG und der Personengesellschaften, ZGR 1988, 523-541.

– Die Bindung der Personengesellschaft an vertragliche Schiedsklauseln, DB 1989, 2315-2319.

– Statutarische Schiedsklauseln zwischen prozessualer und verbandsrechtlicher Legitimation, JZ 1989, 1077-1084.

– Schiedsklagen gegen Hauptversammlungsbeschlüsse? Ein Beitrag zum Innenrecht der „kleinen AG", AG 1995, 551-554.

– Neues Schiedsverfahrensrecht und Gesellschaftsrechtspraxis – Gelöste und ungelöste Probleme bei gesellschaftsrechtlichen Schiedsgerichtsprozessen, ZHR 162 (1998), 265-289.

– Schiedsklauseln und Schiedsverfahren im Gesellschaftsrecht als prozessuale Legitimationsprobleme, BB 2001, 1857-1867.

– Referat, Verhandlungen des 63. Deutschen Juristentages (Leipzig 2000), Hrsg. von der ständigen Deputation des Deutschen Juristentages, 2001, München.
– Gesellschaftsrecht, 4. Aufl. 2002, Köln.
– Verbraucherbegriff und Verbrauchervertrag, JuS 2006, 1-8.
– Gesellschafterstreitigkeiten vor Schiedsgerichten, in: Gesellschaftsrecht in der Diskussion 2009, Jahrestagung der Gesellschaftsrechtlichen Vereinigung (VGR), 2010, Köln, 97-133.
– Das Recht der Mitgliedschaft: Ist „korporatives Denken" passé?, ZGR 2011, 108-135.

Schmidt, Karsten; Lutter, Marcus, Aktiengesetz – Kommentar, 2. Aufl. 2010, Köln (zitiert: *Bearbeiter,* Schmidt/Lutter, AktG).

Schmitt-Rolfes, Günter, Anwendbarkeit von AGB-Recht auf Verträge mit Organmitgliedern, in: Festschrift für Wolfgang Hromadka, 2008, München, 393-407.

Schmitz, Peter, Schiedsvereinbarungen in der notariellen Praxis, RNotZ 2003, 591-612.

Schneider, Uwe Helmut, Die Inhaltskontrolle von Gesellschaftsverträgen, ZGR 1978, 1-35.

Scholz, Franz, Kommentar zum GmbH-Gesetz (zitiert: *Bearbeiter,* in: Scholz, GmbHG)
Band 1 (§§ 1-34), 11. Aufl. 2012, Köln,
Band 2 (§§ 35-52), 10. Aufl. 2010, Köln,
Band 3 (§§ 53-85, Nachtrag MoMiG), 10. Aufl. 2010, Köln.

Schricker, Gerhard, Zur Geltung von Schiedsverträgen bei Anspruchsabtretung, in: Festschrift für Karlheinz Quack, 1991, Berlin, New York, 99-109.

Schröder, Matthias, Schiedsgerichtliche Konfliktbeilegung bei aktienrechtlichen Beschlußmängelklagen, 1999, Köln.

Schulte, Axel, Rechtsnatur und Wirkungen des Anfechtungs- und Nichtigkeitsurteils nach den §§ 246, 248 AktG, AG 1988, 67-74.

Schulze, Jörn-Christian, Grenzen der objektiven Schiedsfähigkeit im Rahmen des § 1030 ZPO – Eine Betrachtung des Rechts der Schiedsfähigkeit nach der Schiedsverfahrensrechtsreform, 2003, Frankfurt am Main.

Schütze, Rolf A.; Tscherning, Dieter; Wais, Walter, Handbuch des Schiedsverfahrens, 2. Aufl. 1990, Berlin.

Schwab, Karl Heinz, Die Entscheidung des Schiedsgerichts über seine eigene Zuständigkeit – Eine Stellungnahme zum Verhältnis von Hauptvertrag und Schiedsvertrag und zur sog. Kompetenz-Kompetenz des Schiedsgerichts, KTS 1961, 17-25.

– Mehrparteienschiedsgerichtsbarkeit und Streitgenossenschaft, in: Festschrift für Walther J. Habscheid, 1989, Bielefeld, 285-294.

Schwab, Karl Heinz; Walter, Gerhard, Schiedsgerichtsbarkeit, 7. Aufl. 2005, München.

Schwab, Martin, Das Prozeßrecht gesellschaftsinterner Streitigkeiten, 2005, Tübingen.

Semler, Johannes; Arnold, Michael, Umwandlungsgesetz mit Spruchverfahrensgesetz, 3. Aufl. 2012, München (zitiert: *Bearbeiter,* in: Semler/Arnold, UmwG).

Serick, Rolf, Rechtsform und Realität juristischer Personen, 2. Aufl. 1980, Tübingen.

Sessler, Anke, Anmerkung zu OLG München, Urteil v. 13.02.1997 – 29 U 4891/96, BB 1998, Beilage 9, 21-23.

Spindler, Gerald; Stilz, Eberhard, Kommentar zum Aktiengesetz, 2. Aufl. 2010, München (zitiert: *Bearbeiter,* in: Spindler/Stilz, AktG).

Spohnheimer, Frank, Gestaltungsfreiheit bei antezipiertem Legalanerkenntnis des Schiedsspruchs, 2010, Tübingen.

Stangier, Michael; Bork, Reinhard, Das Informationserzwingungsverfahren nach dem neuen GmbH-Gesetz, GmbHR 1982, 169-174.

Staub, Hermann (Begr.), Handelsgesetzbuch: Großkommentar, Band II/1 (§§ 105-144), 3. Aufl. 1973, Berlin, New York (zitiert: *Bearbeiter,* in: Großkomm.HGB (3. Aufl.)).

Staub, Hermann (Begr.); Canaris, Claus-Wilhelm; Habersack, Mathias; Schäfer, Carsten, Handelsgesetzbuch: Großkommentar (zitiert: *Bearbeiter,* in: Großkomm.HGB),
Band 1 (§§ 1-47b), 5. Aufl. 2009, Berlin,
Band 3 (§§ 105-160), 5. Aufl. 2009, Berlin.

Staudinger, Julius von, Kommentar zum Bürgerlichen Gesetzbuch mit Einführungsgesetz und Nebengesetzen (zitiert: *Bearbeiter,* in: Staudinger, BGB),
– §§ 90-124, §§ 130-133, Neubearbeitung 2011, Berlin,
– §§ 164-240, Neubearbeitung 2009, Berlin,
– §§ 241-243, Neubearbeitung 2009, Berlin,
– §§ 397-432, Neubearbeitung 2012, Berlin,
– §§ 826-829, ProdHaftG, Neubearbeitung 2009, Berlin,
– §§ 1922-1966, Neubearbeitung 2008, Berlin.

Stein, Friedrich; Jonas, Martin, Kommentar zur Zivilprozeßordnung (zitiert: *Bearbeiter,* in: Stein/Jonas, ZPO),
Band 1 (Einleitung, §§ 1-40), 22. Aufl. 2003, Tübingen,
Band 2 (§§ 41-127a), 22. Aufl. 2004, Tübingen,
Band 3 (§§ 128-252), 22. Aufl., 2005, Tübingen,

Band 4 (§§ 253-327), 22. Aufl. 2008, Tübingen,
Band 9 (§§ 916-1066, EG ZPO), 22. Aufl. 2002, Tübingen.

Stolzke, Sebastian, Aufrechnung und Widerklage in der Schiedsgerichtsbarkeit, 2006, Köln.

Thomas, Stefan, Die Haftungsfreistellung von Organmitgliedern, 2010, Tübingen.

Thümmel, Roderich C., Managerhaftung vor Schiedsgerichten, in: Festschrift für Reinhold Geimer, 2002, München, 1331-1343.

Treffer, Christian, Anmerkung zu LG Kleve, Beschl. v. 13.12.2000 – 7 O 75/00, MDR 2001, 292.

Tröder, Jörg, Die Einbeziehung von Schiedsabreden in notarielle Urkunden, MittRhNotK 2000, 379-383.

Uhlenbruck, Wilhelm; Hirte, Heribert; Vallender, Heinz, Insolvenzordnung, 13. Aufl. 2010, München (zitiert: *Bearbeiter,* in: Uhlenbruck, InsO).

Ulmer, Peter, Begründung von Rechten für Dritte in der Satzung einer GmbH?, in: Festschrift für Winfried Werner, 1984, Berlin, New York, 911-931.

– Gesellschafterhaftung in der Gesellschaft bürgerlichen Rechts: Durchbruch der Akzessorietätstheorie?, ZIP 1999, 554-565.

– Die höchstrichterlich „enträtselte" Gesellschaft bürgerlichen Rechts, ZIP 2001, 585-599.

– Von „TBB" zu „Bremer Vulkan" – Revolution oder Evolution? Zum Bestandsschutz der abhängigen GmbH gegen existenzgefährdende Eingriffe ihres Alleingesellschafters, ZIP 2001, 2021-2029.

Ulmer, Peter; Habersack, Mathias; Winter, Martin, Gesetz betreffend die Gesellschaften mit beschränkter Haftung (zitiert: *Bearbeiter,* in: Ulmer, GmbHG),
Band 1 (Einleitung, §§ 1-28), 2005, Tübingen,
Band 2 (§§ 29-52), 2006, Tübingen,
Band 3 (§§ 53-87), 2008, Tübingen.

Umbeck, Elke, Managerhaftung als Gegenstand schiedsgerichtlicher Verfahren, SchiedsVZ 2009, 143-149.

Veil, Rüdiger, Gesellschafterhaftung wegen existenzvernichtenden Eingriffs und materieller Unterkapitalisierung, NJW 2008, 3264-3266.

Vetter, Jochen, Schiedsklauseln in Satzungen von Publikumsgesellschaften, DB 2000, 705-709.

Voit, Wolfgang, Privatisierung der Gerichtsbarkeit, JZ 1997, 120-125.

Vollmer, Lothar, Satzungsmäßige Schiedsklauseln, 1970, Bad Homburg v. d. H.

– Unternehmensverfassungsrechtliche Schiedsgerichte, ZGR 1982, 15-44.

Wagner, Gerhard, Prozeßverträge – Privatautonomie im Verfahrensrecht, 1998, Tübingen.

– Bindung des Schiedsgerichts an Entscheidungen anderer Gerichte und Schiedsgerichte, in: Böckstiegel/Berger/Bredow (Hrsg.), Die Beteiligung Dritter an Schiedsverfahren, 2005, Köln, 7-53.
– Existenzvernichtung als Delikttatbestand - Einordnung, Ausgestaltung und Anknüpfung der Haftung wegen „existenzvernichtenden Eingriffs", Festschrift für Claus-Wilhelm Canaris, Band 2, 2007, München, 473-505.
– Insolvenz und Schiedsverfahren, KTS 2010, 39-67.

Walter, Gerhard, Die Vollstreckbarerklärung als Voraussetzung bestimmter Wirkungen des Schiedsspruchs, in: Festschrift für Karl Heinz Schwab, 1990, München, 539-559.

Weber, Dolf; Schlabrendorff, Fabian von, Die Erstreckung von Schiedsabreden aus Geschäften von Personengesellschaften auf ihre Gesellschafter, in: Festschrift für Ottoarndt Glossner, 1994, Heidelberg, 477-490.

Weihe, Lars, Der Schutz der Verbraucher im Recht der Schiedsgerichtsbarkeit, 2005, Frankfurt am Main.

Weitemeyer, Birgit, Die Entlastung im Aktienrecht – neueste Entwicklungen in Gesetzgebung und Rechtsprechung, ZGR 2005, 280-308.

Westermann, Harm Peter, Zur personellen und sachlichen Reichweite von Schiedsvereinbarungen über gesellschaftsrechtliche Streitigkeiten, in: Festschrift für Wulf Goette, 2011, München, 601-615.

Westermann, Harry, Gesellschaftsrechtliche Schiedsgerichte – Übersicht und Erfahrungsbericht, in: Festschrift für Robert Fischer, 1979, Berlin, New York, 853-865.

Wicke, Hartmut, Die Bedeutung der öffentlichen Beurkundung im GmbH-Recht, ZIP 2006, 977-982.
– Echte und unechte Bestandteile im Gesellschaftsvertrag der GmbH, DNotZ 2006, 419-437.

Wiedemann, Herbert, Kapitalerhöhung in der Publikums-KG, ZGR 1977, 690-697.
– Gesellschaftsrecht – Band I ▪ Grundlagen, 1980, München.
– Die Unternehmensgruppe im Privatrecht – Methodische und sachliche Probleme des deutschen Konzernrechts, 1988, Tübingen.
– Die Personengesellschaft – Vertrag oder Organisation?, ZGR 1996, 286-299.
– Gesellschaftsrecht – Band II ▪ Recht der Personengesellschaften, 2004, München.

Wiegand, Wolfgang, Die „neue" Gesellschaft bürgerlichen Rechts im Schiedsverfahren, SchiedsVZ 2003, 53-58.

Wilhelm, Jan, Rechtsform und Haftung bei der juristischen Person, 1981, Köln, Berlin, Bonn, München.

Wilsing, Hans-Ulrich; Ogorek, Markus, Die Nebeninterventionsfrist des § 246 IV 2 AktG – eine verfassungswidrige Verkürzung des Anspruchs auf rechtliches Gehör?, NZG 2010, 1058-1059.

Winkler, Karl, Kommentar zum Beurkundungsgesetz, 16. Aufl. 2008, München (zitiert: *Winkler*, BeurkG).

Winter, Martin, Mitgliedschaftliche Treubindungen im GmbH-Recht, 1988, München.

Wolff, Reinmar, Beschlussmängelstreitigkeiten im Schiedsverfahren, NJW 2009, 2021-2023.

Wünsch, Horst, Schiedsgerichtsbarkeit in Handelssachen, 1968, Graz.

Zöller, Richard, Zivilprozessordnung, 29. Aufl. 2012, Köln (zitiert: *Bearbeiter,* in: Zöller, ZPO).

Zöllner, Wolfgang, Zur Problematik der aktienrechtlichen Anfechtungsklage, AG 2000, 145-157.

Zöllner, Wolfgang; Noack, Ulrich, Kölner Kommentar zum Aktiengesetz, (zitiert: *Bearbeiter,* in: KK.AktG),
Band 1 (§§ 1-75), 3. Aufl. 2011, Köln,
Band 2 (§§ 76-94), 3. Aufl. 2010, Köln.

Schriften zum Verfahrensrecht

Herausgegeben von Jens Adolphsen, Peter Gottwald und Ulrich Haas

Band 1 Matthias Rauscher: Die neue Berufung in Zivilsachen. 2002.

Band 2 Jörn-Christian Schulze: Grenzen der objektiven Schiedsfähigkeit im Rahmen des § 1030 ZPO. Eine Betrachtung des Rechts der Schiedsfähigkeit nach der Schiedsverfahrensrechtsform. 2003.

Band 3 Roman Rodloff: Das vereinfachte Verfahren zur Festsetzung von Kindesunterhalt nach §§ 654 ff. ZPO. Zugleich ein Beitrag zur Unterhaltsannexklage nach § 653 ZPO und zum vereinfachten Abänderungsverfahren nach § 656 ZPO. 2003.

Band 4 Helia-Verena Daubach: Kammer oder Einzelrichter? Ist die Kammer ein Qualitätselement des Zivilprozesses? 2003.

Band 5 Thomas Gemmeke: Beweisverwertungsverbote im arbeitsgerichtlichen Verfahren. 2003.

Band 6 Wolfgang Kreißig: Der Sportverein in Krise und Insolvenz. 2004.

Band 7 Alexander M. Krämer: Leasingverträge in der Insolvenz. 2005.

Band 8 Timo Christian Walther: Das Verfahren bei Masseunzulänglichkeit nach den §§ 208 ff. InsO. 2005.

Band 9 Henning Müller: Die Lebensversicherung in der Zwangsvollstreckung. 2005.

Band 10 Oliver Hilsbos: Die Mitwirkungspflicht von Personenstandsbehörden in Nachlassverfahren. 2006.

Band 11 Matthias Holla: Der Einsatz von Schiedsgerichten im organisierten Sport. 2006.

Band 12 Matthias Hofmann: Die Eigenverwaltung in der Insolvenz. Darstellung eines Rechtsinstituts unter besonderer Berücksichtigung der Gesellschaftsinsolvenz. 2006.

Band 13 Christian Schindler: Rechtskraft und Innenbindung von Beschlüssen nach der ZPO-Reform. 2006.

Band 14 Carola Reimann-Dittrich: Die Finanzierungsfolgenverantwortung des Gesellschafters. 2006.

Band 15 Viktoria Kress: Internationale Zuständigkeit für elterliche Verantwortung in der Europäischen Union. Das neue europäische Familienverfahrensrecht in Fragen der elterlichen Verantwortung im Kontext der Haager Abkommen. 2006.

Band 16 Frank Martin Herget: Die internationale Zuständigkeit im Electronic Commerce in der Europäischen Union. 2006.

Band 17 Cornelia Drenckhahn: Urkundsvorlagepflichten im Zivilprozess und im arbeitsgerichtlichen Verfahren nach der ZPO-Reform unter besonderer Berücksichtigung der Neufassung des § 142 ZPO. 2007.

Band 18 Walter Boeckh: Beschwerde und Rechtsbeschwerde im Zivilverfahren. 2007.

Band 19 Gökçe Nazar Uzar: Rechtsmittel gegen Schiedssprüche nach dem neuen deutschen und türkischen Schiedsverfahrensrecht. 2007.

Band 20 Christa Kraemer: Eigenkapitalersatz und Insolvenz. Klassische und moderne Fallgruppen. 2007.

Band 21 Martin Beckmann: Statutarische Schiedsklauseln im deutschen Recht und internationalen Kontext. 2008.

Band 22 Ulf Pechartscheck: Entgeltansprüche aus Altersteilzeitarbeit in der Arbeitgeberinsolvenz. Analyse gegenwärtiger Sicherungsmodelle in Deutschland. 2008.

Band 23 Thomas Baumann: Patentstreitigkeiten vor Schiedsgerichten. Eine rechtsvergleichende Betrachtung ausgewählter Probleme nach deutschem und schweizerischem Recht. 2008.

Band 24 Désirée Cimmino: Das UNCITRAL-Modellgesetz über internationale ADR-Verfahren in Wirtschaftsstreitigkeiten. 2008.

Band 25 Ralf Burkhard: Der Einfluss der Schuldrechtsreform auf von § 103 InsO erfasste Kaufverträge. 2010.

Band 26 Stefan Roßkopf: Die Aufrechnung im deutschen und englischen Insolvenzrecht. Eine rechtsvergleichende Untersuchung. 2008.

Band 27 Thomas Rothammer: Die insolvenzrechtliche Restschuldbefreiung – Probleme und Lösungen. 2008.

Band 28 Franziska Schmalenberg: Anerkennung von Patenten in Europa. 2009.

Band 29 Michael Schaumann: Reform des Eigenkapitalersatzrechts im System der Gesellschafterhaftung. Unter Berücksichtigung der Änderungen durch das MoMiG. 2009.

Band 30 Hengliang Shen: Das Absonderungsrecht in der Insolvenz. Erfahrungen aus Deutschland und die Praxis in China. 2009.

Band 31 Alexander Panier: Der Grundsatz der Schadenseinheit. 2009.

Band 32 Ming-Sheng Liu: Die richterliche Hinweispflicht. Dogmatik und Rechtskultur. 2009.

Band 33 Lothar Czaja: Umsetzung der Kooperationsvorgaben durch die Europäische Insolvenzverordnung im deutschen Insolvenzverfahren. 2009.

Band 34 Stefanie Reiche: Die prozessualen Folgen eines Betriebsübergangs nach § 613a BGB. 2009.

Band 35 Christoph Stieber: Der gesicherte Geld- und Warenkredit in der Insolvenz. Das Insolvenzverwalterwahlrecht nach § 103 InsO und dessen Wirkungen auf die Sicherungsübereignung und den Eigentumsvorbehalt. 2009.

Band 36 Miguel Teixeira de Sousa: Die Zulässigkeitsprüfung im Zivilprozess. 2010.

Band 37 Michael Schulze: Das Besteuerungsverfahren der Personengesellschaft bei Insolvenz. 2010.

Band 38 Ulrich Hönle: Die deliktische Grundanknüpfung im IPR und IZVR. Auswirkungen der Kollisionsrechtsvereinheitlichung auf europäischer Ebene. 2011.

Band 39 Hilke Schapp: Die Präklusion von Gestaltungsrechten nach § 767 Abs. 2 ZPO. Eine kritische Untersuchung der Rechtsprechung unter besonderer Berücksichtigung der Rechtskraft und der materiellen Rechtslage. 2011.

Band 40 Moritz Büchele: Eingriff in Gesellschafterrechte im Insolvenzplan. 2011.

Band 41 Markus Wimmer: Unternehmenssanierung mittels Transfergesellschaften. 2011.

Band 42 Christoffer Bortz: Urheberrechtliche Lizenzen in nationaler und internationaler Insolvenz. 2012.

Band 43 Martin Wigand: Verzicht, Vergleich und sonstige Haftungsbeschränkungen im Gesellschaftsrecht. 2012.

Band 44 Michael Schick: Die Zwischenfeststellungsklage des § 256 Abs. 2 ZPO. 2013.

Band 45 Olaf Benning: Internationale Prinzipien für grenzüberschreitende Insolvenzverfahren. 2013.

Band 46 Gero von Jhering: Die Wirkung von Schiedsvereinbarungen, Schiedsklauseln und Schiedssprüchen im Gesellschaftsrecht. Eine Zusammenführung von Schiedsverfahrens- und Gesellschaftsrecht. 2013.

Band 47 Anne Hoßfeld: Die Abtretung schieds- und gerichtsstandsgebundener Forderungen. 2013.

www.peterlang.de